· 毛泽东谈文论史全编 ·

顾 问：龙新民 郑欣淼 陈 晋 阎晓宏

评点中国古代名诗赏析

MAOZEDONG PINGDIAN ZHONGGUO
GUDAI MINGSHI SHANGXI

3

毕桂发 主 编
陈锡祥 副主编

中国文史出版社

目　录

隋唐五代诗

隋唐五代诗

薛道衡

薛道衡（540—609），字玄卿，河东郡汾阴（今山西万荣西）人，隋朝大臣、诗人。

薛道衡出身河东薛氏，六岁丧父，专精好学，与卢思道、李德林齐名。他初仕北齐，授主客郎。再仕北周，拜内史舍人。隋朝建立后，任内史侍郎，加开府仪同三司。隋炀帝即位时，出为番州刺史，改任司隶大夫，世称薛司隶。隋文帝杨坚仁寿四年（604），隋炀帝杨广继位。后因上书隋炀帝，他被迫自尽，时年七十岁，天下冤之。唐朝建立后，凭借其子薛收功劳，追赠上开府、临河县公。

薛道衡诗文盛于周、隋两代，与卢思道齐名，史称"每有所作"，南人也"无不吟诵"。其诗虽未摆脱六朝文学浮艳绮靡的余风，却具有一种刚健清新的气息，在隋朝诗人中艺术成就最高。事迹见《隋书》《北史》本传。有文集七十卷流行于世，今存《薛司隶集》一卷。

【原文】

昔昔盐

垂柳覆金堤[1]，蘼芜叶复齐[2]。水溢芙蓉沼[3]，花飞桃李蹊[4]。采桑秦氏女[5]，织锦窦家妻[6]。关山别荡子[7]，风月守空闺[8]。恒敛千金笑[9]，长垂双玉啼[10]。盘龙随镜隐[11]，彩凤逐帷低[12]。飞魂同夜鹊[13]，倦寝忆晨鸡[14]。暗牖悬蛛网[15]，空梁落燕泥[16]。前年过代北[17]，今岁往辽西[18]。一去无消息[19]，那能惜马蹄[20]？

【毛泽东圈评等情况】

据《毛泽东年谱》1949年5月5日载："上午，派秘书田家英去颐和园接柳亚子到香山寓所叙谈。其间，谈论了南北朝诗人谢灵运《登池上楼》、隋朝诗人薛道衡《昔昔盐》、宋朝诗人苏轼《题惠崇春江晓景》等诗篇，并论及其中'池塘生春草''空梁落燕泥''竹外桃花三两枝，春江水暖鸭先知'等名句。中午，毛泽东宴请柳亚子，作陪的有朱德、江青及女儿李讷、秘书田家英。毛泽东将上述诸诗句题写在柳亚子《羿楼纪念册》上，并作一题记：'一九四九年五月五日柳先生惠临敝舍，曾相与论及上述诸语，因书以为纪念。'"

[参考] 中共中央文献研究室编：《毛泽东年谱》（1893—1949）下卷，中央文献出版社 1993 年版，第 496 页。

【注释】

（1）金堤，即堤岸。堤之土黄而坚固，故用"金"字修饰。

（2）蘼芜，香草名。苗似芎䓖，叶似当归，香气似白芷，是一种香草。古代妇女采撷蘼芜的鲜叶，于阴凉处风干之后作为香料，亦可以作为香囊的填充物。古人相信蘼芜可使妇人多子，然而在古诗词中蘼芜一词多与夫妻分离或闺怨有关。复，又。

（3）芙蓉，荷花。沼，水池。

（4）桃李蹊（xī），比喻吸引众人奔赴的地方。桃李，桃花和李花。蹊，小路。《史记·李将军列传》："余睹李将军悛悛如鄙人，口不能道辞。及死之日，天下知与不知，皆为尽哀。彼其忠实心诚信于士大夫也？谚曰：'桃李不言，下自成蹊。'此言虽小，可以论大也。"司马贞索隐："姚氏云：'桃李本不能言，但以华实感物，故人不期而往，其下自成蹊径也。"

（5）秦氏女，指罗敷。汉乐府《陌上桑》："秦氏有好女，自名为罗敷。罗敷喜蚕桑，采桑城南隅。"这里是用来表示思妇的美好。

（6）窦家妻，指晋窦滔妻苏蕙。蕙字若兰。窦滔被谪戍流沙，若兰织锦为回文诗寄赠。这里是用来表示思妇的相思。

（7）关山，关隘山岭。宋郭茂倩编《乐府诗集·横吹曲辞五·木兰诗》："万里赴戎机，关山度若飞。"荡子，游子，即在外乡漫游的人（后世所谓荡子是指浪荡不务正业的人）。

（8）风月，风月之夜。指男女间情爱之事。

（9）恒，常。敛（liǎn），收敛。千金笑，花费千金，买得美人一笑。意谓不惜代价，博取美人欢心。语本南朝宋鲍照《代白纻曲》之二："齐讴秦吹庐女弦，千金顾笑买芳年。"

（10）双玉，喻指双目流的两道泪痕。

（11）盘龙，铜镜背面所刻的盘曲的龙纹。南朝宋鲍照《代陈思王〈京洛篇〉》："绣桷金莲华，桂柱玉盘龙。"随镜隐，镜子因为闲置不用而隐藏在匣中。"盘龙随镜隐"意谓思妇无心打扮，用不着镜子。

（12）彩凤，锦幔上用彩色丝线绣的凤凰图案。逐帷低，言帷幔不上钩而长垂。思妇懒得整理房间，故帷帐老是垂挂着。

（13）"飞魂同夜鹊"句用三国魏曹操《短歌行》诗中"月明星稀，乌鹊南飞。绕树三匝，何枝可依"句意，用来形容神魂不定。即夜里睡不着，就像夜鹊见月惊起而神魂不定。唐赵嘏用《昔昔盐》二十首用本篇各句为题，第十三首作"惊魂同夜鹊"，似赵所见本"飞"作"惊"。

（14）倦寝，睡觉倦怠，即睡不着。倦寝忆晨鸡，像晨鸡那样早起不睡。

（15）牖（yǒu），窗户。语出《诗经·豳风·东山》："伊威在室，蟏蛸在户。"

（16）空梁，空室之屋梁。

（17）代北，古地区名，泛指魏、晋代郡。代，隋朝代州治所，在山西代县。

（18）辽西，郡名，战国燕置。秦、汉治所在阳洛（今辽宁义县西）。辖境相当于今河北迁西、乐亭以东，长城以南，辽宁松岭山以东、大凌河下游以西地区。北齐废，入北平郡。

（19）无消息，没有音信。

（20）那能，奈何这样。惜马蹄，言爱惜马蹄而不肯回家，用苏伯玉妻《盘中诗》"何惜马蹄归不数"句意。

【赏析】

《昔昔盐》，曲名，始见于薛道衡。昔昔即夕夕，夜夜之意；盐，犹

"艳"，曲的别名，如诗词中的吟、行、引、曲。宋郭茂倩编《乐府诗集》七九引《乐苑》："昔昔盐，羽调曲，唐亦为舞曲。昔盐，一作'析'。"这首诗是薛道衡写闺怨的名篇，借乐府题名来表现闺怨，通常认为此诗作于隋炀帝时期。

全诗二十句，可分三节。"垂柳覆金堤"等四句为第一节，先从写景入手，展现一幅春光明媚的美景：柳丝依依笼金堤，蘼芜叶齐遍野地。春水涨满荷花池，桃李香径落英飞。面对旖旎的阳春景色，唤起空闺独守的少妇的，不是无限愉悦之感，而是不尽的愁思怅缕。此所谓以哀景写乐，倍增其哀。从艺术表现上看，开头四句写垂柳、蘼芜、荷花、飞花，四种各自独立的景物犹如四扇互不相干的挂屏，但作者却以思念征夫的情感将它们融为一体。原来，在这四扇色彩缤纷的挂屏后面，却暗藏着一位春心荡漾的思妇呢，她便是此诗的主人公。此为第一节。

"采桑秦氏女"以下十二句为第二节，描写女主人公"风月空闺"的寂寞心境。女主人公贤淑美丽，忠于爱情。丈夫从征，关山阻隔，少妇独守空闺，孤苦悲凉。"采桑"句承汉乐府《陌上桑》之意写思妇的美好，"织锦"句借"窦家妻"苏蕙之典写闺房少妇的相思。接着从"风月守空闺"生发出"恒敛千金笑"八句，通过典型环境的烘托和细节描写，展示人物的相思之苦和悲寂之情。"恒敛千金笑"，一收；"长垂双玉啼"，一放。一收一放之中，将思妇愁苦心情外化为泪如泉涌的意象。"盘龙"句写厌倦梳妆的思妇将以"盘龙"为饰的铜镜长久地隐藏在匣中。"彩凤"句写懒于整理闺房的思妇使绣有彩凤的帏帐不上钩而长垂。二句不仅对仗工稳，而且在情思的外化上也有"同树异花、同花异果"之妙。接着，诗人借用三国魏曹操《短歌行》中"月明星稀，乌鹊南飞。绕树三匝，何枝可依"，以月夜鹊飞来映衬思妇内心的凄凉。并且以"倦寝忆晨鸡"来描述思妇独守空闺彻夜难眠的心态。"暗牖"二句是历代传诵的名句。上句从《诗经·豳风·东山》"蠨蛸在户"化出，下句则别出心裁，道人所未道。刘餗《隋唐嘉话》记载："炀帝善属文，而不欲人出其右。司隶薛道衡由是得罪。后因事诛之，曰：'更能作空梁落燕泥否？'"此系传说，当与诗人遇害关系不大，但这种典型环境中的典型细节的成功描写，是艺术上的独造，因而流布甚广，影响极大。但究其二句艺术魅力何在？不外乎诗人为读者留下了广阔的想象余地。试想，思妇居室的窗户上结满了蛛网，征夫去后，人去楼空，房梁上却有成双结对的燕子忙着筑巢，不时掉下点点泥巴。"蛛网""燕泥"的典型细节，映衬出思妇的百无聊赖，双飞双栖的燕子更反衬出思妇的孤独凄苦。显然，"暗牖"二句摆脱了具象的束缚，打破了时空的界限，为读者留下了丰富的想象余地。此为第二节，是此诗的核心部分。

"前年过代北，今岁往辽西。一去无消息，那能惜马蹄"，末四句为第三节，以思妇的口吻抒写了对征人的思念。思妇在想，丈夫前年经过代北，今年又往辽西。年复一年的辗转迁徙，致使"一去无消息"。但丈夫哪能不想家念妻呢？"那能惜马蹄"，反用苏伯玉妻《盘中诗》中"何惜马蹄归不数"之句，意谓丈夫哪能因为路途遥远便怜惜马蹄而不归家呢？思妇如此婉转地为丈夫设想，益发显得她对丈夫的坚贞不渝，一往情深。此为第三节。

全诗辞藻华丽，对仗工稳，虽受齐梁文风影响，但抒写细腻自然，情景浑一，意境深远，更有"暗牖悬蛛网，空梁落燕泥"妙笔生花之句，不愧为文学史上的名篇佳作。

1949 年 5 月 5 日，毛泽东在双清别墅寓所邀著名诗人柳亚子叙谈。两位诗人谈到薛道衡《昔昔盐》中"空梁落燕泥"等名句。之后，毛泽东又把这些名句题写在柳亚子的《羿楼纪念册》上，以为纪念。两位诗人如何评论这些诗作及其名句，已无从查考，但这件事本身已成为中国现代文坛上的一段佳话。（毕桂发）

骆宾王

骆宾王（约640—约684），婺州义乌（今浙江义乌附近）人，初唐诗人。他早年为道王李元庆属官，历官武功、长安主簿，仪凤三年，入朝为侍御史。因事下狱，次年遇赦。调露二年（680），除临海丞，不得志，辞官。后因上书触怒武后，被贬为临海县丞。武则天光宅元年（684），徐敬业在扬州起兵，讨伐武则天，后代徐敬业作《讨武曌檄》，一时传诵。敬业兵败后，宾王的下落不明，有被杀、自杀、逃匿不知所终等传说。

骆宾王为初唐四杰之一，与王勃、卢照邻、杨炯齐名。其诗整炼缜密，长篇最见才力，七言歌行颇具特色，《帝京篇》《畴昔篇》等诗慷慨流动，排比铺陈而不堆砌，是初唐仅有的大篇。《帝京篇》在当时被称为"绝唱"。有《骆临海集》。

【原文】

在狱咏蝉

西陆蝉声唱[(1)]，南冠客思深[(2)]。不堪玄鬓影[(3)]，来对白头吟[(4)]。露重飞难进，风多响易沉[(5)]。无人信高洁[(6)]，谁为表予心[(7)]？

【毛泽东圈评等情况】

毛泽东在读清蘅芜退士原编《注释唐诗三百首》"五言律诗"类时在此诗题目上方天头空白处画了一个大圈，作为圈阅的标记。

[参考]中央档案馆整理：《毛泽东评点诗词曲精选（上册）》，中国档案出版社1998年版，第72页。

【注释】

（1）西陆，指秋天。唐魏征等《隋书·天文志》："日循黄道东行，一日一夜行一度。三百六十五日有奇周天，行东陆谓之春，行南陆谓之夏，行西陆谓之秋，行北陆谓之冬。"

（2）南冠，囚犯的代称。典出《左传·成公九年》："晋侯观于军府见钟仪，问之曰：'南冠而絷者谁也？'有司对曰：'郑人所献楚囚也。'"客思（sì），指客居在外的思乡情绪。深，一作"侵"。

（3）不堪，一作"那堪"，不能忍受的意思。玄鬓，指蝉的黑色翅膀。

（4）白头吟，汉乐府《杂曲歌辞·古歌》："座中何人，谁不怀忧？令我白头。"作者忧心深重，自称白头。吟，指蝉鸣。一说《白头吟》，西汉卓文君曾作《白头吟》自伤。

（5）"露重"句与"风多"句，是说自己像蝉一样，有翅难飞，有口难言，比喻自己含冤负屈难申。

（6）信，相信。高洁，清高自洁，这里是诗人以蝉自喻。

（7）为（wèi），替，帮。表，表明，表白。

【赏析】

这是一首五言律诗，约作于唐高宗李治时期。关于骆宾王下狱的原因，有两种说法，一说是因为他屡次上书论天下大事，得罪了武则天，被诬陷；另一说是由于任长安主簿时犯过法。也有综合两说，认为是他得罪了武则天才被追究或诬陷的。无论原因为何，狱中的骆宾王，沉重而悲愤的心情在此诗中都显而易见。诗前原有一序，云：

"余禁止所禁垣西，是法厅事也，有古槐数株焉。虽生意可知，同殷仲文之古树；而听讼斯在，即周召伯之甘棠。每至夕照低阴，秋蝉疏引，发声幽息，有切尝闻。岂人心异于曩时，将虫响悲于前听？嗟乎，声以动容，德以象贤。故洁其身也，禀君子达人之高行；蜕其皮也，有仙都羽化之灵姿。候时而来，顺阴阳之数；应节为度，审藏用之机。有目斯开，不以道昏而昧其视；有翼自薄，不以俗厚而易其真。吟乔树之微风，韵姿天纵；饮高秋之坠露，清畏人知。仆失路艰虞，遭时徽缠。不哀伤而自怨，未摇落而先衰。闻蟪蛄之流声，悟平反之已奏；见螳螂之抱影，怯危机之未安。感而缀诗，贻诸知己。庶情沿物应，哀弱羽之飘零；道寄人知，悯余声之寂寞。非谓文墨，取代幽忧云尔。"

从诗序可以看出，此诗作于患难之中，诗人是以蝉自喻，抒发了自己品性高洁但却无罪被诬的愤懑，充满对人世不平的哀怨。

"西陆蝉声唱，南冠客思深"，首联两句中的"西陆"，指秋天。唐魏征等《隋书·天文志》："日循黄道东行……行西陆谓之秋。""南冠"，囚犯的代称，典出《左传·成公九年》："晋侯观于军府，见钟仪，问之曰：'南冠而絷者谁也？'有司对曰：'郑人所献楚囚也。'"诗人以蝉声来起兴客思。秋蝉惊心，狱中的诗人深深怀念起家园。

"不堪玄鬓影，来对白头吟"，颔联两句中，诗人物我映衬，慨叹不已。仕途的政治磨难，一再消蚀了大好的青春，高歌的蝉儿还是如女子的鬓发般乌亮，而诗人却因愁困早已满头飞雪了。白头吟又是古乐府的曲名，相传西汉时司马相如对卓文君用情不专后，卓文君曾作《白头吟》自伤，诗曰："凄凄重凄凄，嫁娶不须啼。愿得一心人，白头不相离。"此处"白头吟"三字就含有了这一层讽喻，不满执政者辜负了诗人对国家的忠忱。

"露重飞难进，风多响易沉。"颈联描写蝉的艰苦，比喻自己的处境。无一字不说蝉，亦无一字不说己。世道的艰辛，政坛的风波，让人举步履险，幻生幻灭。

"无人信高洁，谁为表予心"，尾联承上而作结。古人认为蝉"饮露而不食"，把它当作清高的象征。故说蝉儿餐风饮露可谓高洁，可是诗人的清白和衷曲，又有谁来剖白和明辨？

全诗情感充沛，取譬明切，用典自然，语意双关，达到了物我一体的境界，是咏物诗中的名作。（毕桂发　韩鸣英）

王　勃

　　王勃（约650—约676），字子安，绛州龙门（今山西河津）人。出身儒学世家，初唐杰出诗人，"初唐四杰"之一。

　　王勃的祖父是隋代学者王通，叔祖王绩是初唐诗人。王勃自幼聪敏好学，据《旧唐书》记载，他六岁即能写文章，文笔流畅，被赞为"神童"。九岁时，读颜师古注《汉书》，作《指瑕》十卷以纠正其错。十六岁时，应幽素科试及第，授职朝散郎。沛王李贤闻其贤，召为王府修撰。后因为沛王写了一篇《斗鸡檄》，触怒高宗，被逐出王府。之后，王勃历时三年游览巴蜀山川景物，创作了大量诗文。返回长安后，求补得虢州参军。在参军任上，因私杀官奴二次被贬。其父王福畤也受牵连，被贬交趾令。高宗李治上元三年（676）八月，他自交趾探望父亲返回时，不幸渡海溺水，惊悸而死。其诗语言清新流畅、朴实自然，对五言律诗的成熟有贡献，代表作品有《送杜少府之任蜀州》。其主要文学成就是骈文，代表作品有《滕王阁序》等。有《王子安集》。

　　对于王勃，毛泽东曾这样评价："这个人高才博学，为文光昌流丽，反映当时封建盛时的社会动态，很可以读。"称他是"英俊天才"。

【原文】

九日登高

　　九月九日望乡台[1]，他席他乡送客杯[2]。人情已厌南中苦[3]，鸿雁那从北地来？

【毛泽东圈评等情况】

　　毛泽东读清沈德潜编选《唐诗别裁集》卷十九"七言绝句"类时圈阅

了这首《九日登高》。

[参考] 张贻玖：《毛泽东评点、圈阅的中国古典诗词》，

中国工人出版社 1992 年版，第 225 页。

【注释】

（1）望乡台，古代出征或流落在外的人登高眺望家乡的土台。宋乐史《太平寰宇记》引《益州记》说：升迁亭有一台，其中一个叫望乡台，在成都县北九里。

（2）他席他乡，别人的酒席和故乡。

（3）人情，人之常情，世间约定俗成的事理标准。此指诗人的感受。南中，晋常璩《华阳国志》载：南中在从前夷越所居之地，有滇濮、夜郎等十几个小国。此指今四川大渡河以南与云南、贵州二省。三国蜀汉以巴蜀为根据地，其地在巴蜀之南，故名。

【赏析】

王勃于唐高宗李治总章二年（669）五月从长安出发，花了一个月的时间，终于到达山奇水险、物华文茂的蜀中。这首诗作于王勃南游巴蜀之时，时间在总章二年九月九日。作者在九月九日登高，遥望故乡，客中送客，愁思倍加，忽见一对鸿雁从北方飞来，将佳节思亲的感情推到高峰，于是写下了这首诗。

这是一首满溢乡愁的诗篇，《全唐诗》题又作《蜀中九日》。其中，"望乡台"，据宋乐史《太平寰宇记》引《益州记》说：升迁亭有二台，其中一个叫望乡台，在成都县北九里。"人情"，指诗人的感受。唐佚名《搜玉小集》，南宋计有功编《唐诗纪事》和明张燮纂《王子安集》中，此句又作"人今已厌南中苦"。"南中"，晋常璩《华阳国志》载：南中在从前是夷越所居之地，有滇濮、夜郎等十几个小侯国。据此，南中当指今四川南部与云南北部一带，正是诗人当时的游历之地。

《王子安集》中此诗题目又作《蜀中九日登玄武山旅眺》。玄武山在当时剑南道梓州玄武县东南二里，即今四川三台附近。

　　这是一首七言绝句。"九月九日望乡台，他席他乡送客杯"，前两句是说，九月九日重阳节，我们登上望乡台似的高山，乡愁郁郁。我们在异乡，又在别人的筵席上，喝着送别的酒。"九月九日"四字扣题，点明撰诗的节令场合。九九重阳插茱萸、饮菊酒，据说可以辟除邪气、消灾长寿。"望乡台"实有其地，离玄武山不远，这里借用其名，突出"望乡"二字。王勃不得已远游异乡，寄食他人，"望乡"之意，与重阳饮酒消灾的喜乐形成鲜明对比，为全诗笼上一层惆怅气氛。次句"他席他乡送客杯"中的"送客"，是这次酒会的另一使命。此诗但言思归，并无留别之意，可知客人不是王勃自己。"他席他乡"，已经隐寓一个"客"字。自身为客，却又践他方之地，借他人之席，举送客之杯，可见自己仍不得不在他乡异地继续逗留，叠用"他"字，与隐去不书的"我"字形成鲜明对比，反映出诗人席间心情的沉重。

　　"人情已厌南中苦，鸿雁那从北地来"，后面两句是说，人们已厌恶南中这块苦地方了，你看，就连北方的鸿雁也不应着节令向这个方向飞来了。诗人仍然写羁旅情怀，而又翻进一层，"人"与"雁"对比。读王勃文集可知，他游蜀时，每每作些但说好话的应酬碑文，作为游食的一种手段，这于恰因不世故而遭文祸的青年才子来说，是多么难堪的违心之举。一个"厌"字，集中反映了他对这种浪迹生活深深厌倦的情绪。年方弱冠的少年王勃，因此产生了对故乡生活的深深怀恋。凭高远望，蓝天白云之间，有队队飞鸿哀哀而来。"北地"是鸿雁的故乡。这二句诗可作两层理解：一层意思是说，我今已对南国生活深深厌苦，你鸿雁何苦重蹈覆辙，离乡背井呢。另一层意思是，鸿雁南飞，乃为严冬所逼，政治打击像自然界的冬天一样冷酷，王勃感到自己与鸿雁的命运一样凄苦。该两句以雁喻人，人雁对比，以反问语气，奏变徵之音。

　　诗的基调是感伤的，甚至有些凄清。少年王勃，不只有"风烟望五津"时的一腔豪气，同样也有一颗青春期敏感多愁的心。九月九日，他触景生情，皆起自那场令人忧伤的聚会，这才让他乡愁满怀。这比之王维的那首《九月九日忆山东兄弟》来，同是"每逢佳节倍思亲"，王维的想象是"遥知兄弟登高处，遍插茱萸少一人"，的确是摩诘的达观成熟的境界；

而王勃的伤感，是少年维特式的年轻而随意。这份情绪一旦形成，则年轻的诗人观山则愁满山，观海则愁溢于海。壮游所历的南中之风景，如今看来索然无味，令人厌倦；抬头没有看到按时令该南下的雁阵，也一并迁怒于这块异乡土地。看来，树要有根，人要有家，飘泊的灵魂终要寻到各自的归宿和家园。这便是人生的真谛。南宋计有功《唐诗纪事》载，王勃的这首诗是与同行朋友们的和诗。其他人的同题之作是，唐邵大震："九月九日望遥空，秋水秋天生夕风。寒雁一向南飞远，游人几度菊花丛。"唐卢照邻："九月九日眺山川，归心归望积风烟。他乡共酌金花酒，万里同悲鸿雁天。"对比之下，无论是遣辞还是造句，这二人都得让王勃一等。

诗只短短二十八字，而百回九折，曲尽思乡之情。复叠、对比、拟人等艺术手法也都运用得圆润妥帖。（毕桂发　范登高）

【原文】

送杜少府之任蜀州

城阙辅三秦⁽¹⁾，风烟望五津⁽²⁾。与君离别意⁽³⁾，同是宦游人⁽⁴⁾。
海内存知己⁽⁵⁾，天涯若比邻⁽⁶⁾。无为在歧路⁽⁷⁾，儿女共沾巾⁽⁸⁾。

【毛泽东圈评等情况】

《送杜少府之任蜀州》这首诗，毛泽东曾背诵书写过，并题写"王勃唐朝少年诗人王勃"。一次还写书过"海内存知己，天涯若比邻"二句，并署上名字，写明书写时间是"一九六一年十月十六日"。

[参考] 中央档案馆编：《毛泽东手书选集·古诗词（上）》，
北京出版社 1996 年版，第 81—82 页。

在一本清蘅塘退士原编《注释唐诗三百首》五言律诗所载王勃的这首诗的天头上毛泽东批道："好"。他又在旁边连着画了三个圈。

[参考] 中央档案馆整理：《毛泽东评点诗词曲精选（上册）》，
中国档案出版社 1998 年版，第 72 页。

隋唐五代诗

1966 年 10 月 25 日，毛泽东在一封《致阿尔巴尼亚劳动党第五次代表大会的贺电》中，毛泽东引用了"海内存知己，天涯若比邻"二句。

[参考] 中央档案馆整理：《毛泽东评点诗词曲精选（上册）》，中国档案出版社 1998 年版，第 72 页。

【注释】

（1）城阙，指长安的城郭宫阙。阙，皇宫门前的望楼。辅，护持。三秦，泛指当时长安附近关中一带。项羽曾分秦地为雍、塞、翟三国，封秦将章邯等三人为王。辅三秦，以三秦为辅。一作"俯三秦"。

（2）风烟，风和雾霭。五津，指蜀中从灌县以下到犍为一段岷江上的白华津、万里津、江首津、涉头津和江南津五个大渡口。津，渡口。指杜少府所去的地方。

（3）君，对人的尊称，相当于"您"。

（4）同，一作"俱"。宦（huàn）游，出外做官。宦游人，指离乡在外做官或求官的人。

（5）海内，四海之内，此指全国各地。古代人认为我国疆土四周环海，所以称天下为四海之内。

（6）天涯，天边。这里比喻极远的地方。比邻，近邻。三国魏曹植《赠白马王彪》诗："丈夫志四海，万里犹比邻。"此处是化用其意。

（7）无为，无须、不必。歧（qí）路，岔路。古人送行常在大路分岔处告别。

（8）沾巾，泪水沾湿了袖巾。意思是挥泪告别。沾，湿。南朝宋范晔《后汉书·束皙传》："反效儿女子涕泣乎！"

【赏析】

这是一首五言律诗，收录于《全唐诗》中。此诗意在慰勉友人勿在离别之时悲哀，堪称送别诗中的不世经典。全诗仅仅四十个字，却纵横捭阖，变化无穷，仿佛在一张小小的画幅上，包容着无数的丘壑，有看不尽的风光，至今广泛流传。

蜀州，一作"蜀川"。这是作者王勃在长安的时候写的。"少府"，是唐朝对县尉的通称。姓杜的少府将到四川去做官，王勃在长安相送，临别时赠送给他这首送别诗。它虽是赠别之词，却充满了豪迈的气概，洋溢着昂扬奋发的精神。它表现出作者对朋友的深情厚谊，也反映出唐初社会处于恢复、发展时期，有所作为的青年人积极进取、不甘平庸的精神面貌。

"城阙辅三秦，风烟望五津"，诗的首联以工整的对偶句式，对送别友人和友人即将要去的地方形势和风貌，进行了生动的描绘，并暗示出恋恋不舍的离别情意。第一句写为"三秦"所护卫的京城长安，气势雄伟，巍峨壮丽，点明送别之地。第二句中的"五津"指蜀中岷江上的五大渡口白华津、万里津、江首津、涉头津、江南津。这里代指朋友要赴任的蜀地，点明杜少府即将宦游之地。而"风烟""望"，则把长安和相隔千里的蜀地联系了起来，一个"望"字深情地表达了对友人的关切和安慰。

"与君离别意，同是宦游人"，颔联为宽慰之辞，点明离别的必然性，以散调相承，以实转虚，文情跌宕。此联点题，突出自己与杜少府的共同点。"与君离别意"承首联写惜别的感受。跟你杜少府离别的情意啊……怎么样呢？没有说这离别情意如何，却忽然来了个转折，用"同是宦游人"来宽慰杜少府。我们彼此都是远离故土、宦游他乡以求仕进的人，不可能长相聚处。长安不是你我的故乡，这次的离别，不过是客中之别，又何必伤感！这一联是对出行者的安慰，可以使他感到下面的祝词更亲切。

颈联奇峰突起，高度概括了"友情深厚，江山难阻"的情景，使友情升华到一种更高的美学境界。正因为"同是宦游人"，所以紧接着颈联五、六两句，以激扬奋励的笔调，写出了千古绝唱："海内存知己，天涯若比邻。"四海之内到处可以有知心朋友，真正的知己哪怕远隔天涯，也自会心心相印，如同近邻一样。这心胸是何等的开阔！它一扫离别时的惆怅和哀伤，把人们的送别情谊，升华到了一个新的境界。从构思方面看，很可能受曹植《赠白马王彪》中"丈夫志四海，万里犹比邻。恩爱苟不亏，在远分日亲"的启发，化用其意而自铸新词。

"无为在歧路，儿女共沾巾"，尾联点出"送"的主题，而且继续劝勉、叮咛朋友，也是自己情怀的吐露。以劝慰友人作结。"在歧路"，点出题目中的"送"字。歧路也就是岔路。古人送行，常至大路分岔处分手，所以往往把临别称为"临歧"。临别之时作者劝慰杜少府说：不要在这分手的路上，像小儿女那样悲伤哭泣。也就是说，我们的分离用不着悲伤，因为我们志在四方。它表现了诗人的乐观胸怀和高尚志趣。

这样的祝词无疑有助于壮行色、鼓勇气，所以千百年来为人传诵不衰。南朝的著名文学家江淹在《别赋》里写了各种情态的离别，却都免不了"黯然销魂"的悲酸。而王勃的这一首，却一洗悲酸之态，在古代送别之作中独标高格，意境开阔，音调爽朗，浸润着大丈夫的阳刚之气。

王勃的这首诗何以风格如此雄浑劲健？作者作此诗时，正值青春年少，"少年不识愁滋味"；作者个性倾向于开朗阳刚，艺术上不屑于落入俗套；初唐较清明的政治局面使广大士子对国家和个人的前途充满希望，等等。这些因素的综合作用，可说是很重要的原因。

我们从毛泽东对这首诗的圈点批阅、手书、引用的情况来看，他对这首诗是十分欣赏的。（毕国民）

陈子昂

陈子昂（661—702），字伯玉，梓州射洪（今四川射洪）人，唐代文学家、诗人，初唐诗文革新人物之一。诗词意激昂，被誉为"诗骨"。因曾任右拾遗，后世称陈拾遗。

陈子昂青少年时轻财好施，慷慨任侠，睿宗文明元年（684）举进士。他在武后初当政时，上《大周受命颂》，得武后赏识，拜麟台正字，转右拾遗。他敢于陈述时弊，议论益国、利民、刑狱和边事问题，都能切中要害。他直言敢谏，曾因"逆党"反对武后而株连下狱。曾两度从军边塞，对边防事务颇有远见。他曾随武攸宜征契丹，一再进言，要求分兵，为武攸宜所憎恶，受到降职处分。圣历元年（698）因父老解官回乡，不久父死。陈子昂居丧期间，权臣武三思指使射洪县令段简罗织罪名，加以迫害，最终冤死狱中。

陈子昂于诗标举汉魏风骨，强调兴寄，反对柔靡之风。陈子昂存诗共100多首，其诗风骨峥嵘，寓意深远，苍劲有力。其中最有代表性的有《登幽州台歌》《登泽州城北楼宴》和组诗《感遇诗三十八首》《蓟丘览古赠卢居士藏用七首》等。所作《感遇诗》三十八首，指斥时弊，风格高昂清峻，是唐代诗歌革新的先驱，对唐诗发展颇有影响。有《陈拾遗集》。

【原文】

登幽州台歌

前不见古人[1]，后不见来者[2]。念天地之悠悠[3]，独怆然而涕下[4]！

【毛泽东圈评等情况】

毛泽东说："读诗就是学习嘛……你随便读一首我听听，读好读的。"

孟锦云拿着《唐诗三百首》随手一翻，正好翻到了陈子昂的《登幽州台歌》，她朗读起来：前不见古人，后不见来者。念天地之悠悠，独怆然而涕下！毛泽东听了，连声称赞："孟夫子选得好嘛。这首诗（按：指《登幽州台歌》）虽短，可内容是情意深长噢！"

[参考] 郭金荣著：《毛泽东的黄昏岁月》，学苑出版社1993年版，第123页。

【注释】

（1）前，过去。古人，古时的人。《书·益稷》："予欲观古人之象。"此指古代的贤人和有为之士。

（2）来者，将来的人，后辈。《论语·子罕》："后生可畏，焉知来者之不如今也？"此指作者同时的贤人和有为之士。古人、来者，指那些能够礼贤下士的贤明君主。

（3）念，想到。悠悠，遥远，辽阔。《诗经·唐风·鸨羽》："悠悠苍天，曷其有极？"

（4）怆（chuàng）然，悲伤之态。三国魏曹操《让县自明本志令》："孤每读此二人书，未尝不怆然流涕也。"涕，古时指眼泪，此指流泪。涕下，流眼泪。

【赏析】

《登幽州台歌》这首古诗，由于深刻地表现了诗人怀才不遇、寂寞无聊的思想感情，语言苍劲有力，奔放不羁，极富艺术感染力，因而成为历来传诵的名篇。

本篇是作者第二次从军出塞期间所作。武则天万岁通天元年（696），契丹李尽忠、孙万荣等攻陷营州。武则天派建安王武攸宜征讨契丹，陈子昂在武攸宜幕府担任参谋，随同出征。武为人轻率，少谋略。次年兵败，情况紧急，陈子昂请求遣万人为前驱以击敌，武不允。稍后，陈子昂又向武进言，不听，反把他降为军曹。诗人连受挫折，眼看报国宏愿成为泡影，因此登上幽州台，慷慨悲吟，写下了著名的《登幽州台歌》和《蓟州览古赠卢居士藏用七首》等诗篇。幽州台，即蓟北楼，故址在今北京大兴。

"前不见古人，后不见来者"，前两句叙事。这里的古人是指前代那些能够礼贤下士的贤明君主。据《蓟州览古赠卢居士藏用七首》所写，诗人对战国时期燕昭王礼遇乐毅、郭隗，燕太子丹礼遇田光、荆轲等历史事迹，表示无限钦慕。从此我们可以看出，诗人所期望的是燕昭王那样的明君与乐毅等那样的有为之臣间的君臣遇合，但是后来的贤明君主他没有看到，一种生不逢时、怀才不遇之情油然而生。诗人在"古人"与"来者"、"前"与"后"之间，跨越了巨大的历史长空，写得大气磅礴。

"念天地之悠悠，独怆然而涕下"，后两句抒情。诗人带着压抑在心底的痛苦，登上了幽州台，向远处眺望，独立苍茫，因为这个台是古代的建筑物，不免引起古今变易的感触；又因为眼前是空旷的天宇和原野，又不免引起天地悠久，人生短暂，宇宙无垠，个人渺小的慨叹。作者是有远大抱负的诗人，怀才不遇，所以又有一些不逢知音的孤独感。本篇以慷慨悲凉的调子，抒发了诗人失意的境遇和寂寞苦闷的情怀。这种悲哀常常为旧社会许多怀才不遇的人士所共有，因而得到了广泛的共鸣。屈原《楚辞·远游》："惟天地之无穷兮，哀人生之长勤。往者余弗及兮，来者吾不闻。"显然，无论在思想感情与遣辞造句方面，本篇都受《远游》的影响而又有所创发。

晚年的毛泽东，时常叫身边的工作人员为他读诗。有一次护士孟锦云为他读完陈子昂的这首诗后，毛泽东连声称赞："孟夫子选得好嘛，这首诗虽短，可内容是情深意长噢！"毛泽东以他一生不凡的阅历，以他登上历史高峰的境界，理解起这首情深意长的诗来，是否从中体会到一种"伟大的孤独"呢？（毕桂发）

宋之问

宋之问（约656—约712），字延清，一名少连，虢州弘农（故址在今河南灵宝西南）人，一说汾州（今山西汾阳附近）人。唐高宗李治时中上元进士。武后时官至尚书监丞。中宗李显时因谄附张易之，被贬为泷州（今广东罗定）参军。不久，逃归洛阳。以告密有功，擢鸿胪主簿，迁考功员外郎。后事太平公主，复附安乐公主，为太平公主告发，贬汴州长史。中宗增置修文馆学士，他与杜审言同入选，后因罪贬越州（今浙江绍兴）长史。睿宗即位，流放钦州（在今广西钦县北）。先天元年（712）八月，唐玄宗李隆基即位后，被赐死于徙所。

宋之问诗与沈佺期齐名，号称"沈宋"，多为应制之作，文辞华靡，自然流畅，对律诗的定型颇有影响。原集已佚，有辑本《宋之问集》二卷。《全唐诗》录存其诗三卷。

【原文】

灵隐寺

鹫岭郁岧峣[(1)]，龙宫锁寂寥[(2)]。楼观沧海日[(3)]，门对浙江潮[(4)]。桂子月中落[(5)]，天香云外飘[(6)]。扪萝登塔远[(7)]，刳木取泉遥[(8)]。霜薄花更发[(9)]，冰轻叶未凋[(10)]。夙龄尚遐异[(11)]，搜对涤烦嚣[(12)]。待入天台路[(13)]，看余度石桥[(14)]。

【毛泽东圈评等情况】

毛泽东手书过《灵隐寺》诗中的"楼观沧海日，门对浙江潮"两句。

[参考] 中央档案馆编：《毛泽东手书选集·古诗词（上）》，北京出版社1996年版，第88页。

【注释】

（1）鹫（jiù）岭，本是印度灵鹫山，这里借指灵隐寺前的飞来峰，在灵隐寺门外。郁，积，此指重重叠叠。岧峣（tiáo yáo），山势高峻而陡峭的样子。此指峰岩。

（2）龙宫，龙王的宫殿，泛指灵隐寺中的殿宇。佛经故事：海龙王诣灵鹫山，闻佛说法，心生欢喜，欲请佛至大海龙宫供养。佛许之。龙王即入大海化作大殿，佛与诸比丘菩萨共涉宝阶入龙宫，受诸龙供养，为说大法。见《海龙王经·请佛品说》。因以"龙宫"指佛寺。此处借指灵隐寺。寂寥，寂静。

（3）沧海，大海，此指东海。

（4）浙江潮，杭州的钱塘江又称浙江，故而浙江潮就是指钱塘江潮。浙江的下游，称钱塘江。江口呈喇叭状，海潮倒灌，形成著名的"钱塘潮"。

（5）桂子月中落，桂子，即桂花，古代传说月亮中有一棵桂树。灵隐寺里种了不少桂树，由此想到月中桂树。

（6）天香，异香。此指桂花香。

（7）扪（mén）萝，攀援藤萝。扪，持、执。登塔远，攀登远处的古塔。

（8）刳（kū），剖开后挖空。取泉遥，到远处去取水。

（9）更发，（开得）更加旺盛。

（10）凋，凋落。

（11）夙龄，年轻的时候。尚，爱好。遐（xiá），远。

（12）搜，寻求。烦嚣，扰攘喧嚣。

（13）待，等。天台路，到天台山的路。天台山在浙江天台北，风景优美。相传汉朝刘晨、阮肇入山采药遇仙。

（14）石桥，石造的桥，是天台山楢（yóu）溪一景。特指浙江天台山的名胜石梁。梁连接二山，形似桥，故名。

【赏析】

唐中宗景龙四年（710），宋之问贬为越州长史，离京赴越。这首《灵隐寺》是他途中经过杭州，游灵隐寺时所作的五言古诗。

　　这首诗按照诗人游览的路线展开描写，从飞来峰入手，描写了诗人秋天登灵隐寺所见的幽美、清秀的景色，最后写到诗人出来后的感想和打算，表现了一种强烈的寻胜、猎奇的人生志趣。

　　首句"鹫岭郁岧峣"，这一句从大处着笔，形容了飞来峰的高峻葱郁。次句"龙宫锁寂寥"，"龙宫"化用了龙王请佛入龙宫说法的佛教故事，此处借指灵隐寺。"锁寂寥"用一个"锁"字形象地突出了灵隐寺中的清静。这两句诗，先从大处起笔描写了飞来峰，即灵隐寺的周边环境，再慢慢地聚焦到一点上来描写了灵隐寺。

　　"楼观沧海日，门对浙江潮"两句，写从灵隐寺的楼阁上可以眺望大海日出时的壮丽景观，灵隐寺的寺门又正对着钱塘江汹涌的潮水，对仗工整，气势雄壮，在描绘实景的同时又增加了景物的层次，给人雄壮的感受。

　　"桂子月中落，天香云外飘"是吟咏桂花的名句，当为诗人根据灵隐寺每到金秋时节便有桂子从月中落下的传说加以想象而成，构思相当绝妙。月宫中的桂子从天外飘下，寺庙中的香火从人间飘到了天外，天上人间仿佛都是相通的，显出了佛教圣地的神秘色彩。第二联和第三联描写的是诗人在灵隐寺中见到的景色，第二联是实景，第三联是虚景。这两联虚实结合，更能显出灵隐寺之神秘。

　　"扪萝登塔远，刳木取泉遥"，形容诗人跋山涉水之艰辛。这一联采用了互文的修辞手法，描写了诗人不分远近地时而登塔，时而寻找名泉的游览过程。"霜薄花更发，冰轻叶未凋"这一联是诗人在登塔取泉的过程中见到的深秋美景：山花迎着薄霜开放，树叶虽逢细冰而未凋。此处借景抒情，抒发了诗人虽遭受贬黜却仍然坚强的心智。"夙龄尚遐异，搜对涤烦嚣"，诗人自述一直以来就爱好奇山异水，因其可以洗涤尘世中的烦恼和喧嚣，在灵隐寺的游览也涤尽了诗人心中的烦恼。明钟惺《唐诗归》："霜薄"字妙，"夙龄"二语似古诗，入律觉妙。最后一联"待入天台路，看余度石桥"，是写诗人还打算去浙江的天台山游览石桥。全诗在诗人想象的游览情景中结束，构思新颖，且以诗人对另一佛教胜景的向往，反衬出在灵隐寺游览时的意犹未尽，还带有一些出世归隐的向往。

整首诗按照诗人游览的路线展开描写，第一联，从外部环境飞来峰入手，接着写到灵隐寺，第二、三两联写的是灵隐寺中的景色，第四、五两联是从灵隐寺出来见到的景色，最后两联是诗人离开时的感想和打算。思路清晰顺畅，语言凝练自然，描写了灵隐寺及其附近一带的奇丽风光，并在诗歌的结尾隐隐表露了出世归隐的意向。

全诗意境开阔，构思奇妙，景色描写清丽淡远，整体上清新雄壮，还带有一些出世的洒脱，开启了唐代山水诗的道路。明邢昉《唐风定》说："宏丽巍峨，初唐之杰，不必辨为骆为宋。"

毛泽东圈阅此诗并手书"楼观沧海日，门对浙江潮"二句，说明他对此诗特别是这两个境界阔大、对仗工稳的名句比较欣赏。（东民）

沈佺期

沈佺期（约656—约714），字云卿，相州内黄（今河南安阳内黄）人，祖籍吴兴（今浙江湖州）。唐代诗人，与宋之问齐名，称"沈宋"。

唐高宗李治上元二年（675）进士。武后朝他任通事舍人，预修《三教珠英》，转考功郎给事中。坐交张易之，流驩州。稍迁台州录事参军。神龙中召见，拜起居郎，修文馆直学士，历中书舍人，太子少詹事。开元初去世。

沈佺期诗多应制之作，有齐梁靡丽余风，善属文，尤长于七言之作。有《沈佺期集》。

【原文】

独不见

卢家少妇郁金堂⁽¹⁾，海燕双栖玳瑁梁⁽²⁾。

九月寒砧催下叶⁽³⁾，十年征戍忆辽阳⁽⁴⁾。

白狼河北音书断⁽⁵⁾，丹凤城南秋夜长⁽⁶⁾。

谁为含愁独不见⁽⁷⁾，使妾明月照流黄！⁽⁸⁾

【毛泽东圈评等情况】

毛泽东读清蘅塘退士原编《注释唐诗三百首》"七言·律诗乐府"类所载这首《独不见》诗时在此诗题目上方天头空白处连画了三个圈，留下了圈阅的标记。

[参考] 中央档案馆整理：《毛泽东评点诗词曲精选（上册）》，中国档案出版社1998年版，第117—118页。

【注释】

（1）卢家少妇，泛指少妇。堂，亦作香。南朝梁武帝萧衍《河中之水歌》："河中之水向东流，洛阳女儿名莫愁。十五嫁为卢家妇，十六生儿字阿侯。卢家兰室桂为梁，中有郁金苏合香。"因此"卢家妇"就是少妇的代称。郁金堂，用郁金香涂饰的房屋。郁金，郁金香，可浸酒涂壁，旧谓出大秦国，即今小亚细亚。

（2）海燕，又名越燕，燕的一种。因产于南方滨海地区（古百越之地），故名。玳瑁梁，形容屋梁涂饰成玳瑁色。玳瑁，一种海龟，甲呈黄褐色相间花纹，古人用为装饰品。

（3）寒砧（zhēn），寒风里捣衣的砧杵相击声。砧是捣衣石。古代妇女缝制衣服前，先要将衣料捣过。为赶制寒衣，妇女每于秋夜捣衣，故古诗常以捣衣声寄思妇念远之情。下叶，一作"木叶"，落叶。

（4）征戍，出征守卫边疆。辽阳，辽河以北，泛指辽东地区（今辽宁辽阳附近）。

（5）白狼河，古称白狼水，即今辽宁大凌河。音，一作"军"。

（6）丹凤城，此指长安。相传秦穆公女弄玉吹箫引凤凰集于咸阳，因以"丹凤"为城名，后人称京城为凤城。再后以凤城称京城。唐时长安宫廷在城北，住宅在城南。长安大明宫正南门为丹凤门。城南，指长安城中南边的住宅区。

（7）谁为，是"为谁"的倒文。一作"谁谓"。

（8）使妾，一作"更教"。流黄，黄紫色相间的丝绢品。这里指少妇所捣的衣服或帷帐。

【赏析】

《独不见》是唐代诗人沈佺期在初唐时期创作的一首七言乐府诗。此诗刻画了一位对远戍丈夫刻骨相思的闺中贵妇形象。诗人通过环境描写烘托思妇的哀怨，以双飞双栖的燕子反衬思妇的孤独；以寒砧催落叶、明月照流黄来烘托离愁别恨。明胡震亨《唐音癸签》说："沈诗篇题原名《独不见》，一结翻题取巧，六朝乐府变声，非律诗正格也。"

此诗用乐府古题"独不见"，又一题作《古意呈乔补阙知之》，疑为副题。乔补阙为乔知之，万岁通天（武则天年号，696—697）年间任右补阙，此诗当作于这段时间。

一、二句"卢家少妇郁金堂，海燕双栖玳瑁梁"。卢家少妇，名莫愁，南朝梁武帝萧衍诗中的人物，后来用作少妇的代称。郁金是一种香料，和泥涂壁能使室内芳香；玳瑁是一种海龟，龟甲极美观，可作装饰品。开头两句以重彩浓笔夸张地描绘女主人公闺房之美：四壁以郁金香和泥涂饰，顶梁也用玳瑁壳装点起来，无比芬芳，无比华丽，连海燕也飞到梁上来安栖了。"双栖"两字，暗用比兴。看到梁上海燕那相依相偎的柔情蜜意，这位"莫愁"女也许有所感触吧。此时，又听到窗外西风吹落叶的声音和频频传来的捣衣的砧杵之声。秋深了，天凉了，家家户户忙着准备御冬的寒衣，有征夫游子在外的人家，就更要格外加紧了。这进一步勾起少妇心中之愁。

三、四句"九月寒砧催下叶，十年征戍忆辽阳"。"寒砧催下叶"，造句十分奇警。分明是萧萧落叶催人捣衣而砧声不止，诗人却故意主宾倒置，以渲染砧声所引起的心理反响。事实上，正是寒砧声落叶声汇集起来在催动着闺中少妇的相思，促使她更觉内心的空虚寂寞，更觉不见所思的愁苦。夫婿远戍辽阳，一去就是十年，她的苦苦相忆，也已整整十年了。

五、六句"白狼河北音书断，丹凤城南秋夜长"。"白狼河北"正应上句的辽阳。主人公想：十年了，夫婿音讯断绝，他现在处境怎样？命运是吉是凶？几时才能归来？还有无归来之日？一切的一切，都在茫茫未卜之中，叫人连怀念都没有一个准着落。因此，这位长安城南的思妇，在这秋夜空闺之中，心境就不单是孤独、寂寥，也不只是思念、盼望，而且在担心，在忧虑，在惴惴不安，越思越愁，越想越怕，以至于不敢想象了。上句的"忆"字，在这里有了更深一层的表现。寒砧声声，秋叶萧萧，叫卢家少妇无法入眠。更有那一轮恼人的明月，竟也来凑趣，透过窗纱把流黄帏帐照得明晃晃的炫人眼目，给人愁上添愁。

前六句是诗人充满同情的描述，到结尾两句"谁为含愁独不见，使妾明月照流黄"，则转为女主人公愁苦已极的独白，她不胜其愁而迁怒于明月了。诗句构思新巧，比之前人望月怀远的意境大大开拓一步，从而增强了抒情色彩。

这首诗，人物心情与环境气氛密切结合。"海燕双栖玳瑁梁"烘托"卢家少妇郁金堂"的孤独寂寞，寒砧木叶、城南秋夜，烘托"十年征戍忆辽阳""白狼河北音书断"的思念忧愁，结尾二句"含愁独不见"的情语借助"明月照流黄"的景物渲染，便显得余韵无穷。论手法，则有反面的映照（"海燕双栖"），有正面的衬托（"木叶""秋夜长"），多方面多角度地抒写了女主人公"思而不得见"的愁肠。诗虽取材于闺阁生活，语言也未脱尽齐梁以来的浮艳习气，却显得境界广远，气势飞动，读起来给人一种"顺流直下"（《诗薮·内编》卷五）之感。

明胡应麟《诗薮·内编》卷五说："卢家少妇体格丰神，良称独步，惜颔颇偏枯，结非本色。同乐府语也，同一人诗也。然起句千古骊珠，结语几成蛇足。"清方东树《昭昧詹言》说："本以燕之双栖兴少妇独居，却以'郁金堂''玳瑁梁'等字攒成异彩，五色并驰，令人目眩，此得齐梁之秘而加神妙者。三、四句不过叙流年时景，而措语沉着重稳。五、六句分写行者，居者，匀配完足，复以'白狼''丹凤'攒染设色。收拓并一步，正跌进一步。曲折圆转，如弹丸脱手，远包齐梁，高振唐音。"清沈德潜《说诗晬语》卷上说："云卿《独不见》一章，骨高，气高，色泽情韵俱高，视中唐'莺啼燕语报新年'诗，味薄语纤，难分上下。"

从毛泽东圈阅此诗时在题头上方连画三个圈来看，他对这首诗是很喜欢爱好。（赵悦）

贺知章

贺知章（约659—约744），越州永兴（今浙江萧山）人，唐代著名诗人、书法家。与张若虚、张旭、包融并称"吴中四士"。

少时就以诗文知名。武则天征圣元年（695）中乙未科状元，授国子四门博士，迁太常博士。因张说推荐，入丽正殿书院修书。玄宗李隆基开元十三年（725）官礼部侍郎兼集贤院学士，又充太子宾客，累迁秘书监。天宝初（742），归隐镜湖。

为人旷达不羁，有"清谈风流"之誉，晚年尤纵，自号"四明狂客""秘书外监"。八十六岁告老还乡，旋逝。贺知章诗文以绝句见长，其诗富于感情，挥洒自如。著名的《咏柳》《回乡偶书》两首脍炙人口。

【原文】

回乡偶书

少小离家老大回⁽¹⁾，乡音无改鬓毛衰⁽²⁾。
儿童相见不相识，笑问客从何处来⁽³⁾。

【毛泽东圈评等情况】

少奇同志：

前读笔记小说或别的诗话，有说贺知章事者。今日偶翻《全唐诗话》，说贺事较详，可供一阅。他从长安辞归会稽（绍兴），年已八十六岁，可能妻已早死。其子被命为会稽司马，也可能六七十了。"儿童相见不相识"，此儿童我认为不是他自己的儿女，而是他的孙儿女或曾孙儿女，或第四代儿女，也当有别户人家的小孩子。贺知章在长安做了数十年太子宾客等官，同明皇有君臣而兼友好之遇。他曾推荐李白于明皇，可见彼此惬洽。在长安几十年，不会没有眷属。这是我的看法。他的夫人中年逝世，他就变成独处，也未可知。他是信道教的，也有可能摒弃眷属。但一个九十多岁像齐白石这样高年的人，没有亲属共处，是不可想象的。他是诗人，又是书家（他的草书《孝经》，至今犹存）。他是一个胸襟洒脱的人，不是一个清教徒式的人物。唐朝未闻官吏禁带眷属事，整个历史也未闻此事。所以不可以"少小离家"一诗便作为断定古代官吏禁带眷属的充分证明。自从听了那次你谈到此事以后，总觉得不甚妥当。请你再考一考，可能你是对的，我的想法不对。睡不着觉。偶触及此事，故写了这些，以供参考。

毛泽东

一九五八年二月十日上午十时

复寻《唐书·文苑·贺知章传》（《旧唐书·列传一百四十》，页二十四），亦无不带家属之记载。

近年文学选本注家，有说"儿童"是贺之儿女者，纯是臆测，毫无确据。

[参考]《建国以来毛泽东文稿》第 7 册，中央文献出版社
1992 年版，第 77—78 页。

毛泽东还手书过这首《回乡偶书》。

[参考]中央档案馆编：《毛泽东手书选集·古诗词（上）》，
北京出版社 1996 年版，第 89 页。

毛泽东读清蘅塘退士原编《注释唐诗三百首》"七言绝句"类时在《回乡偶书》诗正文上方天头空白处画了一个大圈。

[参考]中央档案馆整理：《毛泽东评点诗词曲精选（上册）》，
中国档案出版社 1998 年版，第 129 页。

【注释】

（1）少小离家，贺知章三十七岁中进士，在此之前就离开了家乡。离家，一作"离乡"。老大，年纪大了。作者八十多岁才返故乡，所以称"老大"。

（2）乡音，家乡的口音。无改，没什么变化。一作"难改"。鬓毛衰（cuī），鬓发稀疏脱落。鬓毛，面颊两边靠近两耳边的头发。鬓毛，一作"面毛"。衰，一作"催"，稀疏、脱落的意思。

（3）相见，即看见我。不相识，即不认识。故笑着询问。一本作"却问"，一本作"借问"。

【赏析】

诗题《回乡偶书》，偶书，随便写的诗。偶，说明诗写作得很偶然，是随时有所见、有所感就写下来的。贺知章在唐玄宗李隆基天宝三载（744），辞去朝廷官职，告老返回故乡越州永兴（今浙江杭州萧山），时已八十六岁。此时距他离开家乡已有五十多个年头了。人生易老，世事沧桑，他心头有无限感慨，于是写下了这组诗（共两首）。

第一首是久客异乡、缅怀故里的感怀诗，写于初来乍到之时，抒写久客伤老之情。文章本天成，妙手偶得之。贺知章的这首诗，可说是臻于化境的佳作。在第一、二句"少小离家老大回，乡音无改鬓毛衰"中，诗人置身于故乡熟悉而又陌生的环境之中，一路迤逦行来，心情颇不平静：当年离家，风华正茂；今日返归，鬓毛疏落，不禁感慨系之。首句用"少小离家"与"老大回"的句中自对，概括写出数十年久客他乡的事实，暗寓自伤"老大"之情。次句以"鬓毛衰"顶承上句，具体写出自己的"老大"之态，并以不变的"乡音"映衬变化了的"鬓毛"，言下大有"我不忘故乡，故乡可还认得我？"之疑，从而为唤起下两句儿童不相识的发问作好了铺垫。

三、四句"儿童相见不相识，笑问客从何处来"，从充满感慨的一幅自画像，转而为富于戏剧性的儿童笑问的场面。"笑问客从何处来"，在儿童，这只是淡淡的一问，言尽而意止；在诗人，却成了重重的一击，引出了他的无穷感慨，自己的老迈衰颓与反主为宾的悲哀，尽都包含在这看似平淡的一问中了。全诗就在这有问无答处悄然作结，而弦外之音却如空谷传响，哀婉备至，久久不绝。

就全诗来看，一、二句尚属平平，三、四句却似峰回路转，别有境界。后两句的妙处在于背面敷粉，了无痕迹：虽写哀情，却借欢乐场面表现；虽为写己，却从儿童一面翻出。而所写儿童问话的场面又极富于生活的情趣，即使读者不为诗人久客伤老之情所感染，也不能不被这一饶有趣味的生活场景所打动。

这首源于生活现实、发自心底的好诗，风格自然，朴实无华，不事雕琢，颇得毛泽东的喜爱，他在许多本诗集中，一再圈点并手书过。1958年，刘少奇同志曾以这首诗为例证，说明古代官吏是禁带家属的。毛泽东听了，"总觉不甚妥当"。为了弄清贺知章诗中"儿童相见不相识"一句中"儿童"是否是贺的后代，贺在外做官，中年丧妻后是否再娶，以及当时官吏可否带家属，他不仅翻阅了《全唐诗话》，还特地查阅了《旧唐书·贺知章传》，同年他特意给刘少奇同志写了上面所引那封信，对这首诗和诗人及唐代的官吏制度都有论及。

在这封信中，毛泽东从贺知章的官职及其与君王的关系，从他的性格特点及作者所处的时代的一般惯例，引述了大量资料，细心考证，以近乎一个职业文字史家的方式，层层分析、推论，令人信服。所论证的虽是一句古诗的理解，一项古代官制的小事，但其批评态度之谨严、批评方法之周密，给后人多方面的启发。

附录：之二"离别家乡岁月多，近来人事半消磨。惟有门前镜湖水，春风不改旧时波。"（东民）

张若虚

张若虚（约660—约720），扬州（今江苏扬州）人，唐代诗人。曾官兖州兵曹。文学与贺知章、张旭、包融齐名，称"吴中四士"。《春江花月夜》为其代表作。《全唐诗》录存其诗二首。

【原文】

春江花月夜

　　春江潮水连海平，海上明月共潮生⁽¹⁾。滟滟随波千万里⁽²⁾，何处春江无月明。江流宛转绕芳甸⁽³⁾，月照花林皆似霰⁽⁴⁾。空里流霜不觉飞⁽⁵⁾，汀上白沙看不见⁽⁶⁾。江天一色无纤尘⁽⁷⁾，皎皎空中孤月轮⁽⁸⁾。江畔何人初见月，江月何年初照人？人生代代无穷已⁽⁹⁾，江月年年只相似。不知江月照何人，但见长江送流水。白云一片去悠悠，青枫浦上不胜愁⁽¹⁰⁾。谁家今夜扁舟子⁽¹¹⁾？何处相思明月楼⁽¹²⁾？可怜楼上月徘徊⁽¹³⁾，应照离人妆镜台⁽¹⁴⁾。玉户帘中卷不去⁽¹⁵⁾，捣衣砧上拂还来⁽¹⁶⁾。此时相望不相闻⁽¹⁷⁾，愿逐月华流照君⁽¹⁸⁾。鸿雁长飞光不度⁽¹⁹⁾，鱼龙潜跃水成文⁽²⁰⁾。昨夜闲潭梦落花⁽²¹⁾，可怜春半不还家。江水流春去欲尽，江潭落月复西斜。斜月沉沉藏海雾，碣石潇湘无限路⁽²²⁾。不知乘月几人归⁽²³⁾，落月摇情满江树⁽²⁴⁾。

【毛泽东圈评等情况】

　　毛泽东读清沈德潜编选《唐诗别裁集》卷五"七言古诗"时圈阅了这首《春江花月夜》。

[参考] 张贻玖：《毛泽东评点、圈阅的中国古典诗词》，中国工人出版社1992年版，第225页。

【注释】

（1）生，出现、升起。

（2）滟滟（yàn），水波荡漾闪光的样子。千万里，说月光随水流转之远。

（3）宛转，迂回曲折的样子。芳甸，花草丛生的田野。

（4）霰（xiàn），雪珠。

（5）空里，空中。流霜，月光白如霜、流如水，形容月光照临地面。不觉飞，是说流霜由于寒气可以感觉到，月光则感觉不到。

（6）汀，江边沙滩。

（7）江天一色，碧空和浅蓝的江水颜色一样。江天，一作"江上"。无纤尘，在月光映照下，水天一色，空中连一粒微尘也看不见。纤尘，微细的灰尘。

（8）皎皎，明亮之状。孤月轮，一个圆圆的月亮。月轮，指月亮，因为月圆时像车轮，所以称为月轮。

（9）穷已，穷尽。

（10）去悠悠，自由自在而去，指白云移动。青枫浦，今湖南浏阳南浏水中有青枫浦，一名双枫浦。这里泛指游子所在的地方。暗用屈原《楚辞·招魂》"湛湛江水兮上有枫，目极千里兮伤春心"句意，隐含离别之意。此是泛指。浦，水口。

（11）扁（piān）舟，小舟，孤舟。扁舟子，漂泊在江上的游子。

（12）明月楼，月下闺楼，指旅人妻子的住处。

（13）月徘徊，指月光偏照闺楼，徘徊不去，令人不胜其相思之苦。徘徊，三国魏曹植《七哀诗》："明月照高楼，流光正徘徊。"一作"裴回"。

（14）妆镜台，梳洗妆扮用的台子。离人，指思妇。

（15）玉户，玉饰的户口。用作门户的美称。西汉司马相如《长门赋》："挤玉户以撼金铺兮，声噌吰而似钟音。"

（16）捣衣砧（zhēn），捣衣用的石头。

（17）相闻，互通音讯。

（18）逐，跟从。月华，月光。

（19）长飞，远飞。光不度，飞不出月光的影子。

（20）潜跃，在水底翻腾跳跃一下。水成文，江面上激起波纹。文，即纹。

（21）闲潭，幽静的水潭，即下文的江潭。

（22）碣（jié）石，山名，在今河北昌黎。潇湘，水名，在今湖南。这里以碣石代表北方，以潇湘代表南方。无限路，是说离人相去遥远。

（23）乘月，趁着月光。

（24）摇情，激荡情思，犹言牵情。

【赏析】

《春江花月夜》是乐府旧题，宋郭茂倩编《乐府诗集》列入《清商曲辞·吴声歌曲》，相传创自陈后主（《旧唐书·音乐志》）。现存最早歌词为隋炀帝的两首五言诗，各四句，仍属宫体艳诗一类。这首诗以生花妙笔，以月为主体，以江为场景，描绘了一幅幽美邈远、惝恍迷离的春江月夜图，抒写了游子思妇真挚动人的离情别绪以及富有哲理意味的人生感慨，表现了一种迥绝的宇宙意识，创造了一个深沉、寥廓、宁静的境界。春江花月夜的绚烂迷人的景色，抒发了民间离别相思之苦，内容深厚，艺术上乘，有"孤篇盖全唐"之誉，被视为唐诗开山之作。

这是一首七言古诗。全诗三十六句，可分为五节。前八句为第一节，描写春江花月夜美妙动人的景色。诗人出手不凡，一开始便对春江花月夜的景观进行正面描写：江水下海，海潮入江，潮来潮去，江与海平。"春江"二句写潮涨月升，同时点出"春江""明月"。"海上明月共潮生"，诗人用"生"，而不用"升"，因为月亮从海上升起，纯是自然现象，"明月共潮生"则赋予明月与潮水以生命，把景物写活了。"滟滟"，是月光随水波晃动之状。"千万里"，言月光随水流转之远。"滟滟"二句写月水相通，月光随风流向四面八方，哪里的江河没有月光映照呢？境界进一步扩大。"宛转"，迂回曲折的样子。"芳甸"，是芳草丛生的田野。"霰"，即雪珠。月照花林，阴影交杂，光亮闪烁，望去如下雪珠一般，故说"月照花林皆似霰"。"江流"二句写月夜江边芳甸花林的景色，点出花。"空里"，空中。"流霜"，古代诗文中常想象霜也像雪一般凝结于寒空而飘降在地面，这里形容月光照临地面。"不觉飞"，是说流霜由于寒气可以感到，月光则感觉不到。"汀"是江边沙滩。"看不见"，月光照临地面，一片白色的"白沙"便不易分辨。"空里"二句写月光，上句写空中，下句写地面。短短八句，诗人由大到小，由远及近，把春、江、花、月、夜五个各不相关的景物，化成了一种审美的整体，以情制景，使情物化，从而创造了完美和谐的艺术境界。这是诗人的高妙之处。

"江天一色无纤尘"以下八句为第二节，抒发诗人望江月而生的感慨。江天一色，清明澄澈，一粒微尘也没有，只有一轮明月高悬空中，诗人仿佛置身于一个神话般的世界里，自然产生了遐思冥想："江畔何人初见月？江月何年初照人？"当然，这是一个天真而幼稚的发问，是一个永远解不开的谜。但通过这发问，我们看到诗人在紧张地探索人生的哲理与宇宙的奥秘。问而不得其答，于是转为感慨："人生代代无穷已，江月年年只相似。不知江月照何人，但见长江送流水。"人生代代相承，江月年年如此。一轮孤月在中天徘徊，像在等待着什么人；月光下，只见长江流水滚滚东去。江月长存而人有变易，时光永恒而人生短暂，这便是诗人的感叹，但这感伤并不颓唐与绝望，而是基于对人生的追求与热爱，所以是"哀而不伤"。

"白云一片去悠悠"以下四句是第三节，承上启下，由对大自然美景的描绘转入游子思妇离愁别绪的抒写。飘忽不定的"白云"是游子的象征，"青枫浦"是伤别的地方。今湖南浏阳南浏水有青枫浦，一名双枫浦。此是泛指。"扁舟"，孤舟。前二句写白云离开青枫浦而去，象征着人的分别。后二句以"扁舟子"和楼上妇对照，显出两地相思，上下关索，是本诗枢纽。

"可怜楼上月徘徊"以下八句为第四节，写思妇在闺中的愁情。"徘徊"，一作"裴回"。三国魏曹植《七哀诗》："明月照高楼，流光正徘徊。""月华"，指月光。前四句是想象闺中月色恼人的情景。"卷不去""拂还来"，都是指月光好像对思妇充满了无限情义，不忍离去；"玉户帘中""捣衣砧上"又暗示出思妇事事都难以排遣心中的苦闷。后四句则进一步写思妇想随月光去见丈夫。此时此刻思妇与丈夫虽在同一月光下，但却无法互通音讯，那只好让月光来寄送相思之情吧。善于远飞的大雁也越不出月光照射的范围，水底鱼龙潜跃也因月光映照而成水面波纹，渲染了明月的生机与神奇，写出了思妇的一片痴情。

末八句为第五节，写游子客中离愁，又换一个角度。"碣石"，山名，在今河北。"潇湘"，水名，在今湖南。这里以碣石代表北方，以潇湘代表南方。"摇情"，激荡情思。上节写思妇想念丈夫，这节写游子思念妻子，他昨夜梦见花落江潭，感到一番春事又将过去，而自己仍然"不还家"。随着江水的流去，春天也过去了。这时月亮西斜，影落深潭，终于躲进了"海雾"之中，而游子与思妇仍远隔千山万水，相见无期。末二句说江树挂着落月的余晖，仍然牵引着人的情思，写出春江花月夜的消失，以照应开头，结束全诗。

从内容上看，这首诗所展示的大自然的美，表现的对青春年华的珍惜和对美好生活的向往，以及对于宇宙和人生真谛的探索，都使人感同身受，感人至深。在艺术方面，则得力于意境的创造。明谭元春说："春江花月夜，字字写得有情、有想、有故。"（《唐诗归》）明李攀龙说："绮回曲折，转入闺思，言愈委婉轻妙，极得趣者。"（《唐诗选》）现代美学家宗白华在他的《美学散步》中说："美感的养成在于能空，对物象造成距离，使自己不沾不滞，物象得以孤立绝缘，自成境界：舞台的帘幕，图画的框廓，雕像的石座……从窗户看山水，黑夜笼罩下的灯火市街，明月下的幽淡小景，都是在距离化、间隔化条件下诞生的美景。"本篇正是运用"间离"的艺术原理，巧妙地把"春江""潮水""芳甸""花林""流霜""白沙""白云""鸿雁""鱼龙""江潭""海雾"等特定的景物都笼罩在朦胧的月光和夜色之中，造成一种如梦似幻的艺术氛围，折射出诗人的思想之光，取得了感人至深的艺术效果，也使诗人因这一首诗"孤篇横绝，竟为大家"，此诗也成为"诗中的诗，顶峰上的顶峰"（闻一多评《宫体诗的自续》），在文学史上占有不可磨灭的历史地位。（毕桂发）

苏　颋

苏颋（670—727），字廷硕，京兆武功（今陕西武功）人，唐代大臣、诗人。弱冠敏悟，武后朝进士及第，调乌程（在今浙江湖州）尉。武后朝，举贤良方正异等，除左司御率胄曹参军，迁监察御史，转给事中、修文馆学士，拜中书舍人。玄宗李隆基时袭封国公，进同紫黄门平章事。累迁中书舍人，助玄宗平内难，袭父爵封许国公。玄宗朝居宰相位，与宋璟同当国，共理朝政，罢为礼部尚书，卒谥文宪。

文辞为时人所重，与张说（燕国公）齐名。其诗骨力高峻，韵味深醇，情景声华俱佳。后人辑有《苏廷硕集》。《全唐诗》录存其诗二卷。

【原文】

奉和春日幸望春宫应制

东望望春春可怜[(1)]，更逢晴日柳含烟。
宫中下见南山尽[(2)]，城上平临北斗悬[(3)]。
细草偏承回辇处[(4)]，飞花故落舞筵前[(5)]。
宸游对此欢无极[(6)]，鸟弄歌声杂管弦[(7)]。

【毛泽东圈评等情况】

毛泽东读清沈德潜编选《唐诗别裁集》卷十三“七言律诗”类时圈阅了这首《奉和春日幸望春宫应制》。

[参考]张贻玖：《毛泽东评点、圈阅的中国古典诗词》，
中国工人出版社1992年版，第225页。

【注释】

（1）"东望"句，向东眺望望春宫的春色很可爱。望春，既指观赏春色，又切宫名，一语双关。春，指春色。可怜，可爱。

（2）"宫中"句，在望春宫往下看终南山一目了然。南山，即终南山，秦岭主峰之一，在陕西西安南。兼含"如南山之寿"意，表示祝贺。

（3）"城上"句，高悬的北斗星与望春宫城墙相平。北斗，星宿名，即北斗星，在北天排列成斗形的七颗亮星。

（4）回辇（niǎn）处，帝后车驾外出返回之处。辇，车子，秦汉后特指帝王乘坐的车。

（5）飞花故落舞觞前，一作"轻花微落奉觞前"。觞（shāng），盛满酒的杯，泛指酒器。

（6）宸（chén）游，皇帝的游幸。宸，北极星所居，即紫微垣。因以指帝王的宫殿，又作为帝王的代称。

（7）鸟弄声声入管弦，一作"鸟弄歌声杂管弦"。弄，鸣叫。管弦，管乐器和弦乐器，亦泛指乐器。

【赏析】

这是一首奉和应制七言律诗，即臣下奉命应和皇帝首唱之作。皇帝驾临某处叫作"幸"。望春宫是唐代京城长安郊外的行宫，有南、北两处。此指南望春宫，在东郊万年县，南对终南山。

《奉和春日幸望春宫应制》诗作于唐中宗李显景龙二年（708）十二月立春日。当时唐中宗李显迎春作诗，群臣奉和。中宗原作即今存《立春日游苑迎春》。同时奉和者还有李适、刘宪、崔湜、岑羲、崔日用、李义、马怀素、薛稷、郑愔、沈佺期、韦元旦等人，诗皆存。

"东望望春春可怜，更逢晴日柳含烟"，首联写景，点出"春日幸望春宫"。"东望望春"，既说向东眺望望春宫，又谓望见春光，一词兼语，语意双关。更兼"望望""春春"，不连而叠，音节响亮，起句便于平中见奇。而春光可爱，打动圣上游兴，次句便说更逢天气晴朗，柳丝婀娜，阳春烟景，正宜出游，如合圣意。开头点题破题，便显出诗人的才思和技巧。

"宫中下见南山尽，城上平临北斗悬"，颔联写景，述望春宫所见。从望春宫南望，终南山尽收眼底；而回望长安城，皇都的城墙上接从天空垂下的北斗七星。此二句写景，气度不凡。清诗评家沈德潜在《唐诗别裁集》中于此二句旁批注曰："写高峻意，语特浑成。"所评甚切。除此之外，诗人在造意铸词中，有实有虚，巧用典故，旨在祝颂，却不露痕迹。"南山""北斗"，语义双关。"南山"用《诗经·小雅·天保》："如南山之寿，不骞不崩。"原意即是祝祷国家"基业长久，且又坚固，不骞亏，不崩坏"。此写终南山，兼用《天保》语意，以寓祝祷。"北斗"用《三辅黄图》所载，汉长安城，"南为南斗形，北为北斗形"，故有"斗城"之称。又东汉班固《汉书·天文志上》："北斗七星在太微北……斗为人君之象，号令之主也。"因以北斗喻帝王。此言"北斗悬"，是实指皇城，虚拟天象，意在歌颂，而运词巧妙。

"细草偏承回辇处，飞花故落舞筵前"，颈联叙事，写望春宫饮宴歌舞，承恩祝酒。诗人随从皇帝入宫饮宴，观赏歌舞，自然感恩戴德，祝酒称颂。"回辇处"即是进望春宫，"舞筵前"是说饮宴和祝酒。"细草"显然自比，见得清微；"飞花"则喻歌伎舞女，显得花容娇姿；而"偏承"点出"独蒙恩遇"之意，"故落"点明"故意求宠"之态。细草以清德独承，飞花恃美色故落，臣、伎有别，德、色殊遇，以见自重，以颂圣明。其取喻用词，各有分寸，生动妥帖，不乞不谀，而又渲染出君臣欢宴的游春氛围，可谓匠心独运。

"宸游对此欢无极，鸟弄歌声杂管弦"，尾联抒情，以歌颂作结。"宸游"，指皇帝此次春游。面对着春意盎然的美景和君臣饮宴歌舞的盛况，高兴到了极点，鹂啭莺啼伴随着丝竹管弦的和鸣，一派升平景象。

这是一首盛世的歌功颂德之作。这类诗大抵是粉饰太平，此诗自然也不例外。但此诗的可贵之处在于，它多少见出一些开明政治的气氛，情调比较自然欢畅，语言典丽而明快，雍容华贵，得体而不作寒乞相，缜密而有诗趣，颇见诗人才力。（毕桂发）

王之涣

王之涣（688—742），字季陵，晋阳（今山西太原及其附近地区）人，后迁居绛县（今山西新绛）。曾官冀州衡水（河北衡水）主簿，因被人诬谤，乃拂衣去官，"遂化游青山，灭裂黄绶。夹河数千里，籍其高风。在家十五年，食其旧德。雅谈圭爵，酷嗜闲放"。后复出担任文安县（今河北文安）尉，任内去世。

王之涣为盛唐著名的边塞诗人，"慷慨有大略，倜傥有异才"，个性豪放，早年精于文章，并善于写诗，多引为歌词。尤善五言诗，以描写边塞风光为胜，多被乐工制曲歌唱，名动一时。常与高适、王昌龄等相唱和。靳能《王之涣墓志铭》称其诗"尝或歌从军，吟出塞，曒兮极关山明月之思，萧兮得易水寒风之声，传乎乐章，布在人口"。《全唐诗》仅录存其诗六首。五绝《登鹳雀楼》和七绝《凉州词》为其代表作。

【原文】

登鹳雀楼

白日依山尽⁽¹⁾，黄河入海流。
欲穷千里目⁽²⁾，更上一层楼⁽³⁾。

【毛泽东圈评等情况】

毛泽东手书过这首《登鹳雀楼》。

[参考] 中央档案馆编：《毛泽东手书选集·古诗词（上）》，北京出版社1996年版，第90页。

毛泽东读清衡塘退士原编《注释唐三百首》"五言绝句"类时在《登

鹳雀楼》诗题目上方天头空白处连画三个圈，在正文上方又画了一个圈。

[参考]中央档案馆整理：《毛泽东评点诗词曲精选（上册）》，

中国档案出版社1998年版，第122页。

【注释】

（1）白日，太阳，此指落日。依山尽，指落日从山的西面慢慢落下。依，依傍。尽，消失。

（2）欲，想。穷，穷尽，用作动词。千里目，远望之目。晋孙楚《之冯翊祖道诗》："举翮抚三春，抗我千里目。"

（3）更，再。一，不是实数，表示再向上一级攀登。

【赏析】

鹳雀楼，在唐代是河中府（治所在今山西永济蒲州）的名胜。楼在西南城上，高三层。它的东南是中条山，西面可以俯瞰黄河，因常有鹳雀栖其上，遂名。在鹳雀楼上留诗的人很多，而王之涣的这首五绝是"唐人留诗"中的不朽之作。这首诗写诗人在登鹳雀楼望远中表现出来的不凡的胸襟抱负，反映了盛唐时期人们的积极进取精神，特别是蕴藏着站得高才能看得远的哲理。

这是一首五言绝句，共四句。"白日依山尽，黄河入海流。"一、二句写的是登楼所见的景象。语言朴素浅显，高度概括地把广大视野收入了短短十个字中。其实，在鹳雀楼上，是不可能看到黄河入海的；这是诗人的意中之景，缩万里于咫尺，可说是作诗的散点透视之法。

"欲穷千里目，更上一层楼。"三、四句翻出新意，出人意表；即景生理，却不生硬、不抽象、不枯燥。诗人将理与景、情与事焊接得天衣无缝，让读者在阅读接受过程中浑然不觉，精神却为之一振。

这首诗的另一个了不起处，是它全篇用了极工整的对仗。如果不是气势充沛，一意贯连，就很容易呆板和支离。清沈德潜《唐诗别裁集》评价这首诗说："四语皆对，读来不嫌其排，骨高故也。"王之涣的确是功力深厚的大手笔。

从毛泽东手书和圈阅这首诗的情况看，他对这首格调昂扬、洋溢着积极向上精神的名作十分欣赏。（东民）

【原文】

凉州词

黄河远上白云间⁽¹⁾，一片孤城万仞山⁽²⁾。

羌笛何须怨杨柳⁽³⁾，春风不度玉门关⁽⁴⁾。

【毛泽东圈评等情况】

毛泽东在《出塞》诗题上方画了一个大圈。

[参考] 中央档案馆整理：《毛泽东评点诗词曲精选（上册）》，

中国档案出版社 1998 年版，第 143 页。

毛泽东曾两次手书这首《凉州词》。

[参考] 中央档案馆整理：《毛泽东评点诗词曲精选（上册）》，

中国档案出版社 1998 年版，第 91—92 页。

【注释】

（1）黄河远上，一作"黄沙直上"。唐芮挺章编《国秀集》作"一片孤城万仞山，黄河远上白云间"。

（2）孤城，指玉门关。仞（rèn），古代长度单位，古代以七尺或八尺为仞。这里用"万仞"形容山高。

（3）羌笛，传自西域羌族的一种管乐器。杨柳，指乐府《鼓角横吹曲》中的《折杨柳》曲。唐时有折柳送别的习俗。

（4）玉门关，在今甘肃敦煌西，古时为沟通西域要道。

【赏析】

《凉州词》，又名《凉州歌》。《乐苑》称，开元年间，西凉都督郭知运进献宫调《凉州》。凉州，唐属陇右道，辖地相当于河西走廊中部，州治在姑臧（今甘肃武威）。当时流行的新乐府曲有《凉州曲》，这首诗就是为《凉州曲》配的新词。诗共两首，这是第一首。诗题一作《出塞》。

首句"黄河远上白云间"，以逆流而上、由近及远的透视点描写黄河。澎湃的黄河竟如飘入云端的丝带，源远流长，仪态闲远，其将边地广漠壮阔的风光一带而出。次句"一片孤城万仞山"妙处有二：一是点染出了画幅的主体部分，以远接云际的黄河为远景，以万仞高山为陪衬，将玉门关孤城托出，愈见其地势险要，地势孤危；二是以孤城的意象，暗示征夫与离人的存在，为后两句进一步触及戍边征夫的心理作好铺垫。

第三句"羌笛何须怨杨柳"，诗人笔锋一转，由天地而及人；就诗的章法看，前两句又成为陪补了，这一句才是诗眼所在。羌笛所奏乃最动心的《折杨柳》曲，不能不勾起戍边将士的离愁。此句化用乐府《折杨柳歌辞》之意："上马不捉鞭，反折杨柳枝。蹀座吹长笛，愁杀行客儿。"折柳相别，固然会痛苦，而如今的征夫听到《折杨柳》的笛曲也会勾起无穷乡愁离恨来。不言"闻折柳"而说"怨杨柳"，形神俱肖，又以"何须怨"的宽解语委婉道出，深沉含蓄。第四句"春风不度玉门关"，水到渠成，正面写出边塞苦寒，蓄满了征人心头的百般滋味，苍凉悲壮。这里没有衰颓落寞的情调，悲中有壮，悲凉而慷慨，是一派盛唐诗人阔大的胸襟。"何须怨"三字，又何尝不是将士们深知卫国戍边之责任重大，才能自我约束和宽解呢！

关于这首诗，还有一些趣事。唐薛用弱《集异记》记载：开元中，王之涣与王昌龄、高适齐名。一天，天寒微雪，三人一起到旗亭小饮。适逢梨园伶官十多人会宴。席间，有四名美貌歌妓演唱，唱词都是当时著名诗人的作品。三人私相约曰："我辈各擅诗名，每不自定其甲乙。今诸伶所讴以诗多者为优。"初讴昌龄诗，次讴适诗，又次讴复昌龄诗。之涣指诸伎中最佳者曰："此子所唱，如非我诗，终身避席矣！"次至双鬟发声，果讴"黄河远上"云云，因大谐笑。诸伶诣问因语之，乃竞争拜乞就筵席。三人从之，饮醉竟日。后明清戏剧家将此事编成剧本，其中以《旗亭记》为名的就有多本。

又据清诗评家沈德潜在《唐诗别裁集》此诗后评注说："李于麟（攀

龙）推王昌龄'秦时明月'为压卷，王元美（世贞）推'葡萄美酒'为压卷。王渔洋（士祯）则云：必求压卷，王维之'渭城'，李白之'白帝'，王昌龄之'奉帚平明'，王之涣之'黄河远上'其庶几乎？而终唐之世绝句亦无出四章之右者矣！而终唐之世，绝句亦无出四章之右者矣。愚谓李益之'回乐峰前'，刘禹锡之'山围故国'，杜枚之'烟笼寒水'，郑谷之'扬子江头'，气象虽殊，亦堪接武。"可见历代诗论家对此诗评价之高。

从毛泽东在不同版本的古诗选本中对此诗的反复圈点及手书情况来看，他也是很看重这首诗的。（毕桂发）

孟浩然

孟浩然（689—740），名浩，字浩然，襄州襄阳（今湖北襄阳）人，世称孟襄阳。因他未曾入仕，又称之为孟山人。唐代著名的山水田园派诗人。

孟浩然生当盛唐，早年有志用世，在仕途困顿、痛苦失望后，尚能自重，不媚俗世，以隐士终身。早期曾隐居襄阳鹿门山，"以诗自适"。四十岁时游长安，应进士举不第，失意而归。曾在太学赋诗，名动公卿，一座倾服，为之搁笔。开元二十五年（737），张九龄镇荆州，署为从事，以诗唱和，后隐居，不久病死。

孟浩然是唐代第一个创作山水诗的诗人，是王维的先行者，并称"王孟"。他和李白、王昌龄也有酬唱。

孟浩然的诗已摆脱了初唐应制、咏物的狭窄境界，更多地抒写个人怀抱，给开元诗坛带来了新鲜气息，并博得时人的倾慕。李白称赞他"高山安可仰，徒此揖清芬"（《赠孟浩然》）。其诗清淡，长于写景，指摹逼真。有《孟浩然集》三卷传世。

【原文】

春　晓

春眠不觉晓⁽¹⁾，处处闻啼鸟⁽²⁾。
夜来风雨声⁽³⁾，花落知多少。

【毛泽东圈评等情况】

毛泽东读清蘅塘退士原编《注释唐诗三百首》"五言绝句"类时在此诗题目《春晓》上方天头空白处连画三个圈，在正方上方天头空白处画了一个大圈。

[参考]中央档案馆整理：《毛泽东评点诗词曲精选（上册）》，中国档案出版社 1998 年版，第 120—121 页。

【注释】

（1）春眠，春睡。晓，明亮，此指天亮。东汉许慎《说文·日部》："晓，明也。从日，晓声。"段玉裁注："俗云天晓是也。"不觉晓，不知不觉天就亮了。

（2）啼鸟，鸟的啼叫声。啼，鸣叫。

（3）"夜来"二句，一本作"欲知昨夜风，花落无多少"，比较平直。知多少，不知有多少。

【赏析】

《春晓》这首五言绝句，可谓脍炙人口，家喻户晓。初读似觉平淡无奇，但细细品味，就不难发现诗中别有情趣。寥寥二十字，给人们展现出一幅从黑夜到天明，自酣睡到觉醒，由啼鸟、风雨声到花落的美丽画面。诗人的无限心思溢于言表。

首句"春眠不觉晓"是说，春天温暖宜人，令人陶醉。"不觉晓"的"晓"字，语意双关，既指天已明了，又指人的觉醒。这一句写出了诗人因酣睡而不觉天晓的真实感受，抒发了诗人胸中洋溢着的惬意和满足。

次句"处处闻啼鸟"，通过听觉来渲染"春晓"的特征。鸟声婉转，悦耳动听，使人心花怒放，心旷神怡。在百鸟争喧中就自然地呈现出一幅"百花争艳、蜂飞蝶舞"的"春晓"图。第二句没有停留在听觉的感受之中，而是借助读者丰富的想象力，从听觉过渡到视觉，把声音转换成画面，来扩充读者感知的深度和广度，加深对作品主旨的把握。

第三句"夜来风雨声"，是回忆夜里的那场春风春雨的情景。这说明昨夜曾经刮了大风，下了大雨，此时已经风停雨霁，从这里可以看出，诗人不是一觉睡到大天明的。在天亮熟睡之前，诗人并不曾沉睡，因而听到了夜来的风雨声，也可能是夜来的风雨声曾经把诗人惊醒，使他不能安睡。

风雨在这儿是作为诗人的对立面而受到谴责的。

末句为"花落知多少"。诗人在回想昨夜半睡中的依稀风雨声后，立刻想起关心春天盛开的百花，不知被风吹雨打落掉了多少，因而发出了惜花的长叹，点明了全诗的本旨。诗人对落花的惦念，抒发了诗人惜春的丰富情感。清代施补华曰："诗犹文也，忌直贵曲。"（《岘佣说诗》）这首小诗写得曲径通幽，回环波折。首句破题，写春睡的香甜，流露出对明媚春光的喜爱；次句即景，写悦耳的春声，交代了醒来的原因；三句转定回忆，末句又回到眼前，由喜春到惜春。惜春即是爱春——那潇潇春雨也引起了诗人对花木的担忧。时间的跳跃、阴晴的交替、感情的微妙变化富有情趣，给人带来无穷的兴味。

《春晓》这首小诗的艺术魅力不在于华丽的辞藻，不在于奇绝的艺术手法，而在于它的韵味。整首诗的风格就像行云流水一样平易自然，然而悠远深厚，独臻妙境。千百年来，人们传诵它、探讨它，仿佛在这短短的四行诗里，蕴涵着开掘不完的艺术宝藏。自然而无韵致，则流于浅薄；若无起伏，便失之平直。《春晓》既有悠美的韵致，行文又起伏跌宕，所以诗味醇永。诗人要表现他喜爱春天的感情，却又不说尽不说透，"迎风户半开"，让读者去捉摸、去猜想，处处表现得隐秀曲折。"情在词外曰隐，状溢目前曰秀。"

从毛泽东对这首诗的圈点情况来看，他对这首脍炙人口的名作也是很感兴趣的。（毕国民）

【原文】

宿桐庐江寄广陵旧游

山暝听猿愁(1)，沧江急夜流(2)。

风鸣两岸叶，月照一孤舟。

建德非吾土(3)，维扬忆旧游(4)。

还将两行泪，遥寄海西头(5)。

【毛泽东圈评等情况】

毛泽东读清蘅塘退士原编《注释唐诗三百首》"五言律诗"时在此诗《宿桐庐江寄广陵旧游》题目上方画了一个大圈，作为圈阅的标记。

[参考] 中央档案馆整理：《毛泽东评点诗词曲精选（上册）》，中国档案出版社1998年版，第86页。

【注释】

（1）暝，昏暗，这里指黄昏时刻。

（2）沧江，江水苍青色，所以称之为"沧江"，此指富春江。沧同"苍"。

（3）建德，唐时郡名，即今浙江建德一带。汉代，建德桐庐同属富春。此处以建德代指桐庐。此处是沿用旧称，概指桐庐江流域。非吾土，不是我的家乡，此句出自三国魏建安诗人王粲的《登楼赋》："虽信美而非吾土兮，曾何足以少留。"

（4）维扬，扬州的别称。《尚书·禹贡》："淮海维扬州。"旧游，指过去交游的朋友。

（5）遥寄，远寄。海西头，指扬州。隋炀帝有《泛龙舟歌》："借问扬州在何处，淮南江北海西头。"因古扬州幅员辽阔，东临大海，故称。

【赏析】

《宿桐庐江寄广陵旧游》是乘舟停宿桐庐江的时候，怀念扬州（即广陵）友人之作。桐庐江为钱塘江流经桐庐县一带的别称。在现在浙江境内，为钱塘江的上游。诗题点明诗人孤舟停泊在桐庐江边，月夜之时怀念广陵（今江苏扬州）的朋友们。

这首五言律诗朴质淡雅，在意境上显得清冷而静寂，情绪上则流露出较重的孤独感。

首联"山暝听猿愁，沧江急夜流"，首句写日暮、山深、猿啼。暝就是黄昏，这里读第四声。薄雾笼罩，山色暗淡。诗人伫立在黄昏的旷野中，听到猿猴凄厉的鸣叫，感觉猿啼似乎声声都带着愁情。次句沧江夜流，本来就湍急，给人一种不平静的感受，再加上一个"急"字，便将诗人的主观感受也注入到景色之中，因而就感到夜晚的沧江特别湍急，心事也随着动荡翻腾。

颔联"风鸣两岸叶，月照一孤舟"，语势趋向平缓。野旷无人，猿声停止，两岸上的树叶被风吹得鸣鸣作响。有月亮的照拂，按说是一种慰藉，但明晃晃的月亮，却照在江边停泊的孤舟上；深夜广阔的天宇之下，除了一叶孤舟，什么也看不到。诗人宿桐庐江时何以有这样孤寂的感受呢？后四句就指出了这孤寂感由来的具体内容。

颈联"建德非吾土，维扬忆旧游"，建德，县名，即现在的浙江建德。建德当时是桐庐邻县，这里指桐庐江流域。"非吾土"出自建安诗人王粲的《登楼赋》。王粲的《登楼赋》中说："虽信美而非吾土兮，曾何足以少留。""非吾土"的意思是"不是我的家乡"，"土"即乡土的意思。因为此地不是自己的故乡，有独客异乡的惆怅和伤感，所以才"维扬忆旧游"。"维扬"代指扬州，"旧游"是指过去的朋友。这句诗用的是倒装句法，应该是"忆维扬旧游"，怀念扬州的老朋友。这种思乡怀友的情绪，在眼前这特定的环境下，愈加显得强烈，不由得令人潸然泪下。

尾联"还将两行泪，遥寄海西头"，末二句是对江水而寄情。如果说这种凄恻的感情只是为了思乡和怀友，恐怕是不够的。孟浩然是四十岁去长安应试失败后，为了排遣苦闷而出游吴越的。这种漫游，不免被罩上一种郁郁不欢的情绪，因此在孤寂的处境中，感怀身世，潸然泪下。诗人希望这种痛苦的心情为朋友所了解，以求得心灵的安慰。就凭借着江水的千里通波，把眼泪寄去，以表达感情的深厚和想念的殷切。

这首诗前景后情，前四句通过江边景色表达客舟他乡、风雨飘零的痛苦；后四句抚今追昔，在"维扬忆旧游"的"忆"字中，含有十分丰富的内容。前景后情，相互渗透，融合得没有一点儿痕迹，让读者感染了那种旅途孤寂的气氛。

孟浩然写诗，"遇思入咏"，是在真正有所感时才下笔的。诗兴到时，他也不屑于去深深挖掘，只是用淡淡的笔调把它表现出来。那种不过分冲动的感情，和浑然而就的淡淡诗笔，正好吻合，韵味弥长。这首诗也表现了这一特色。（毕国民）

【原文】

宿建德江

移舟泊烟渚⁽¹⁾，日暮客愁新⁽²⁾。
野旷天低树⁽³⁾，江清月近人⁽⁴⁾。

【毛泽东圈评等情况】

毛泽东读清蘅塘退士原稿《注释唐诗三百首》"五言绝句"类时，在此诗《宿建德江》题头上方天头空白处一连画了三个圈。

[参考]中央档案馆整理：《毛泽东评点诗词曲精选（上册）》，
中国档案出版社 1998 年版，第 120 页。

【注释】

（1）移舟，划动小船。泊，停船靠岸。烟渚（zhǔ），指傍晚雾气笼罩着的江中小洲。烟，一作"幽"。渚，水中小块陆地。《尔雅·释水》："水中可居者曰洲，小洲曰渚。"

（2）客愁新，又新添了一段客中的愁思。客，指作者自己。愁，为思乡而忧思不堪。

（3）野，原野。旷，空阔远大。天低树，天幕低垂，好像和树木相连。

（4）月近人，倒映在水中的月亮好像来靠近人。月，指江中月影。

【赏析】

孟浩然于开元十八年（730）离乡赴洛阳，再漫游吴越，借以排遣仕途失意的悲愤。《宿建德江》当作于作者漫游吴越时。

这是一首抒写羁旅愁思的五言绝句，是诗人漫游吴越途经建德江时所作。题一作《建德江宿》。"建德江"，指新安江流经建德（今浙江建德）的一段江水。这首诗以舟泊暮宿为背景，把旅途寂寞的愁情与江上的景色自然地融合在一起，展现出一种清新优美的意境，在选材和表现上都颇具特色。

这首诗不以行人出发为背景，也不以船行途中为背景，而是以舟泊暮宿为背景。它虽然露出一个"愁"字，但立即又将笔触转到景物描写上去了，可见其在选材和表现上都是很有特色的。诗的起句"移舟泊烟渚"是说把行船停靠在江中一个烟雾朦胧的小洲边。"移舟"，就是使船靠岸。"泊"，这里有停船宿夜的含义。这一句一方面交代了夜宿的处所，紧扣诗题，另一方面也为下文的写景抒情作了准备。第二句"日暮客愁新"是说在黄昏日落之际，眼前的暮色引起了旅人的一番新愁。很显然，"日暮"与上句的"泊""烟"有联系。因为日暮，船才要停泊；也由于日暮，江面上才被一层薄薄的雾霭笼罩；而"日暮"又是"客愁新"的原因。一个"新"字暗含了旧愁，说明这次客舟他乡比往日更增添了新的愁思。是什么引发了旅人的羁旅之愁呢？后两句对此作了比较含蓄的回答。

第三句"野旷天低树"写在苍茫的暮色中，原野显得无限广阔，放眼望去，觉得远处的天空比近处的树木还要低。"低"是写旅人的视觉感受，因为"暮"与"烟"的限制，才觉得"天低树"。这里的"旷"字无声地吐露了诗人心中的几缕愁绪。第四句写夜幕降临，高悬于天上的明月，映在清澈明净的江水中，好像和舟中的人靠得更近了。因为"江清"，才会有月近人的感受。"野旷天低树，江清月近人"，这种极富特色的景物，只有人在船中才能领略得到。在这江上美景中，诗人经过一番求索，发现一轮孤月与他是那么亲切，他寂寞的心情似乎寻到了一种慰藉。此刻亲近的明月会引起诗人什么样的感慨呢？似乎有一点慰藉，但积聚在他内心的旧忧新愁终究是难以驱散的。这两句诗在构思上受了谢灵运《初去郡》中"野旷沙岸净，天高秋月明"的影响，但孟浩然的这两句诗的气势却比谢诗雄浑，境界更开阔。诗的三、四句虽然只写景而不写"愁"，但字里行间却充满了"客愁"。这"愁"是从"野旷""天低"和远"树"的荒寒、空旷中烘托出来的，是江中的月影触发出来的。由此可见，诗人的愁思是隐寓在看似纯景色的描写中，更有耐人咀咏的诗外之味。宋罗大经《鹤林玉露》说："孟浩然诗云'江清月近人'，杜陵云'江月去人只数尺'，子美视浩然为前辈，岂祖述而敷衍之耶？浩然之句浑涵，子美之句精工。"清黄叔灿在《唐诗笺注》中曾盛赞这一联诗："'野旷'一联，人但赏其写景之妙，不知其即景而言旅情，有诗外味。"

这首诗写得极含蓄，使人觉得言有尽而意无穷。它于情景相生、思与境偕的"自然流出"中，显示出一种风韵天成、淡中有味、含而不露的艺术美。

【原文】

秋登万山寄张五

北山白云里[(1)]，隐者自怡悦[(2)]。

相望试登高[(3)]，心随雁飞灭[(4)]。

愁因薄暮起[(5)]，兴是清秋发[(6)]。

时见归村人[(7)]，沙行渡头歇[(8)]。

天边树若荠[(9)]，江畔洲如月。

何当载酒来[(10)]，共醉重阳节[(11)]。

【毛泽东圈评等情况】

毛泽东读清蘅塘退士原编《注释唐诗三百首》"五言古诗"类时在此诗题《秋登万山寄张五》上方天头空白处画了一个圈，作为圈阅的标记。

[参考] 中央档案馆整理：《毛泽东评点诗词曲精选（上册）》，
中国档案出版社 1998 年版，第 81 页。

【注释】

（1）北山，指万山，一名汉皋山，又称方山、蔓山，在今湖北襄阳西北，张五隐居之地。北，一作"此"。北山，一作"兰山"。

（2）隐者，指张五。自怡悦，自得其乐。晋代陶弘景齐高帝诗《诏问山中何所有赋诗以答》中云："山中何所有？岭上多白云。只可自怡悦，不堪持赠君。"孟浩然这首诗开头两句似从陶诗脱化而来。

（3）相望，互相遥望。诗人与张五登高远望。试，一作"始"。

（4）心随雁飞灭，又作"心飞逐鸟灭""心随飞雁灭""心随鸟飞灭"

等。雁飞灭，大雁越飞越远渐渐消失在空中。

（5）薄暮，黄昏。屈原《楚辞·天问》："薄暮雷电，归何忧？厥严不奉，帝何求？"薄，临近。

（6）兴（xìng），兴致，指秋兴。清秋，清爽的秋天。发，激发。晋殷仲文《南州桓公九井作》诗："独有清秋日，能使高兴尽。"一作"清境"。

（7）时见，不时见到。归村人，一作"村人归"。

（8）沙行，在沙滩上行走，一作"沙平"，又作"平沙"。

（9）"天边"二句，隋薛道衡《敬酬杨仆射山斋独坐》中有："遥原树若荠，远水舟如叶。"这两句似是据此变化而成。荠，荠菜。洲，又作"舟"。

（10）何当，何时能够。商量之辞，相当于"何妨"或"何如"。载酒，携酒。

（11）重阳节，九是阳数，农历九月九日，日月都为阳，所以称为重阳节。魏晋后，习俗于此日登高游宴。据南朝梁吴均《续齐谐记》载："汝南桓景随费长房游学，长房谓之曰：'九月九日汝南当有大灾厄，急令家人缝囊盛茱萸系臂上，登山饮菊花酒，此祸可消。'景如言，举家登山。……今世人九日登高饮酒，妇女带茱萸囊，盖始于此。"

【赏析】

这是一首怀人之作，描写作者秋天登上万山远眺的景色和对友人的思念之情。"万山"，又名汉皋山，在今湖北襄阳西北十里，孟浩然园庐在岘山附近，与万山相望。"张五"，名子容，是孟浩然的同乡好友，隐居于襄阳岘山附近的白鹤山。

"北山白云里，隐者自怡悦"，开头二句指出张五及其隐居的地方，然后用想象的笔法写居住在北山白云深处的张五那怡然自乐的隐者形象。晋代陶弘景《诏问山中何所有赋诗以答》中云："山中何所有？岭上多白云。只可自怡悦，不堪持赠君。"孟浩然这首诗开头两句似从陶诗脱化而来。

"相望试登高，心随雁飞灭"，三、四句进入题意，写登山相望的情思。"相望"表明了他对张五的思念。因思念而在清秋季节登上万山，向南方遥望隐居在白鹤山的友人，可诗人却望而不见友人，只见北雁南飞。

诗人的心啊，仿佛已随着鸿雁飞到了友人身旁。"愁因薄暮起，兴是清秋发"，雁看不见了，此时又近黄昏时分，心中不禁泛起淡淡的愁思，然而清秋的山色却触发了诗人登高相望的逸兴。

"时见归村人，沙行渡头歇。天边树若荠，江畔洲如月"，这四句是写诗人登上高山，极目远眺所见到的景象。首先映入眼帘的是山下暮归的农人。他们劳动了一天，归来之时，有的行走于江边的沙滩，有的在渡口歇息。这里诗人写人们行动的从容不迫和悠闲，反衬出自己不见友人的惆怅。放眼望去，一直看到"天边"，远处的树木就像荠菜一样矮小，江边的沙洲就像一弯新月。在朦胧的暮色中诗人那茫然、孤寂的心境自然显露出来了。这四句诗是全篇的精华所在。作者用朴素的语言、比喻的手法，描绘出一幅自然景观图，看起来是那样平淡自然。既显出农村的静谧气氛，又表现出自然界观的优美。正如唐皮日休所谓："遇景入咏，不拘奇抉异。……涵涵然有云霄之兴，若公输氏当巧而不巧者也。"清沈德潜评孟诗云："语淡而味终不薄。"这是孟诗的重要特征之一。

"何当载酒来，共醉重阳节"，末两句用"何当"一转，以"重阳节"照应开端几句。什么时候你能携酒前来与我共同畅饮，欢度重阳佳节呢？既点明了"秋"字，寄托自己的期望，更表明了对张五的思念，从而显示出他们友情的真挚。《苕溪渔隐丛话》引《复斋漫录》语：颜之推《家训》云："《罗浮山记》：'望平地树如荠'。故戴皓诗'长安树如荠'。有人《咏树》诗：'遥望长安荠'，此耳学之过也。'余因读浩然《秋登万山》诗：'天边树若荠，江畔洲如月。'乃知孟真得皓意。"

这首五言古诗围绕清秋季节登高，先写因怀人而登高眺望，然后捕捉一些具有代表性的景物：暮归村人、平沙渡头、天边树影、江边沙洲，构成一幅山水画，同时将自己对友人的思念渗透进被描写的景物之中，创造出一个幽远、淡雅的境界，使人感到虽淡却有味。全诗情随景生，以景烘情，情景交融，浑然一体，于平淡中见醇美，别有风韵。（毕国民）

岁暮归南山

北阙休上书⁽¹⁾，南山归敝庐⁽²⁾。

不才明主弃⁽³⁾，多病故人疏⁽⁴⁾。

白发催年老，青阳逼岁除⁽⁵⁾。

永怀愁不寐⁽⁶⁾，松月夜窗虚⁽⁷⁾。

【毛泽东圈评等情况】

毛泽东曾圈阅这首《岁暮归南山》。

[参考] 张贻玖：《毛泽东评点、圈阅的中国古典诗词》，

中国工人出版社 1992 年版，第 226 页。

【注释】

（1）北阙，皇宫前望楼，是等候朝见或上书的地方，因其坐落北面，故名。上书，指给皇帝上书提出自己的政见和主张。东汉班固《汉书·高帝纪》："萧何治未央宫，立东阙、北阙、前殿、武库、太仓。"注："尚书奏事，谒见之徒，皆诣北阙。"

（2）敝庐，指故乡的房舍，是一种谦虚的说法。《左传·襄公二十三年》："犹有先人之敝庐在。"

（3）不才，不成材，没有才能，自称的谦词。明主，圣明的君主，这里指唐玄宗李隆基。

（4）多病，一作"卧病"。故人，老朋友。疏，疏远。故人疏，老朋友都疏远了。

（5）青阳，指春天。《尔雅·释天》："春日青阳。"逼，催迫。岁除，除夕，泛指一年将尽的意思。

（6）永怀，长久思念。先秦佚名《诗经·周南·卷耳》："我姑酌彼金罍，难以不永怀。"愁不寐，因忧愁而睡不着觉。寐，一作"寝"。

（7）虚，空虚和寂寞。一作"堂"。

【赏析】

这是一首五言律诗，系诗人归隐之作。这首诗的诗题，《注释唐诗三百首》作《岁暮归南山》，《唐诗别裁集》作《归终南山》。岁暮，年底，这里指农历十二月。南山，指岘山，在孟浩然家乡襄阳城南。这首诗写于开元十六年（728），它以自怨自艾的形式抒发仕途失意的忧愤。孟浩然曾经"为文三十载，闭门江汉阴"，学得文章满腹，得到王维、张九龄的称誉，颇有诗名。四十岁时孟浩然来长安应试落第，他大为懊丧，想直接向皇帝上书，又犹豫不决。这首诗就是在这种心绪极端复杂的情况下写出来的。《新唐书·孟浩然传》载：王维曾邀孟浩然入内署，俄儿玄宗至。浩然匿床下，维以实对。帝命其出，并问其诗，浩然乃自诵所作，至"不才明主弃"句，玄宗曰：聊不求试而朕未尝弃卿，奈何诬我。因放还。此事恐系附会，但此诗确有怀才不遇的牢骚，对玄宗也有所不满。

"北阙休上书，南山归敝庐"，首联说既然难以向皇帝上书提出自己的政见和主张，只好回到故乡那破旧的房舍去。孟浩然此时才发觉以前的想法太天真，他原以为有马周的"直犯龙颜请恩泽"，唐天子便会人人如此；到如今才发现并非如此。因而一腔的幽愤，从"北阙休上书"一句中倾泻而出，由此可见，"南山归敝庐"本非所愿，只不过是不得已而为之罢了。

"不才明主弃，多病故人疏"，颔联具体回述失意的缘由。"休上书"尽管说得含蓄，但已无法掩藏心中的抑郁和愤懑。那"不才"更是一句反语。这"不才"既是谦词，又兼含了有才不被人识、良骥未遇伯乐的感慨。而这个不识"才"的不是别人，正是"明主"。可见"明主"也并不是真正的明主。此外，"明主"这一谀词，反映了他求仕之心未灭，还希望能得到皇上的任用。自怜、哀伤、恳请、怨愤之情的流露，足以看出作者复杂难奈的思想感情。而"多病故人疏"比上一句更为委婉曲折。本来是抱怨被老朋友疏远而没有被引荐或引荐不力，可是却推说是自己多病的缘故。古代"穷""病"相通，这里作者是借"多病"来说自己求仕途穷的。不管是"多病"，还是"故人疏"，诗人最终要表达的主旨还是明主不能明察、重用他。明周珽编《唐诗选脉会通评林》说："周珽曰：三、四二语不朽，识力名言，真投之天地劫火中，亦可历劫不变。"

"白发催年老，青阳逼岁除。"颈联说鬓发已白，青春已逝，春天逼近，旧岁将为新年所代替。青阳，指春天，此语源于《尔雅·释天》中"春日青阳"一句。白发、青阳本是无情感之物，缀以"催""逼"二字，恰当地表现了诗人求仕情切、宦途渺茫、忧虑焦急的心情。在一年将近的岁暮时光，更感到韶华易逝，岁月如流，"白发催年老"，竟然一事无成，诗人怎么会不愁肠百结、永夜唏嘘呢？

于是就有了尾联"永怀愁不寐，松月夜窗虚"的无奈。正因为诗人陷入了不可排解的焦虑难堪的苦闷之中，才"永怀愁不寐"。"松月夜窗虚"更是匠心独运，它把前面的意思充分展开，正衬出怨愤的难解。此句融情入景，作者将那迷蒙空寂的夜景与内心落寞惆怅的心绪交织在一起了。松月临窗，长夜难眠，这该是多么的凄苦啊！而"虚"字更是语义双关，将院落的空虚，静夜的空虚，仕途的空虚，心绪的空虚，包容无余。黄白山、朱之荆《增订唐诗摘钞》说："结句是寂寥之甚，然只写景，不说寂寥，含蓄有味。"近代学者高步瀛《唐宋诗举要》说："结句意境深妙。"

这首诗语言简洁凝练，含蕴丰富；意思层层推进，句句关联，构成了悠远深厚的艺术风格。（毕国民）

【原文】

留别王维

寂寂竟何待[(1)]，朝朝空自归。

欲寻芳草去[(2)]，惜与故人违[(3)]。

当路谁相假[(4)]，知音世所稀[(5)]。

只应守寂寞[(6)]，还掩故园扉[(7)]。

【毛泽东圈评等情况】

毛泽东曾圈阅这首《留别王维》。

[参考] 张贻玖：《毛泽东评点、圈阅的中国古典诗词》，中国工人出版社1992年版，第226页。

【注释】

（1）寂寂，孤单，冷落。汉秦嘉《赠妇诗》："寂寂独居，寥寥空室。"

（2）欲寻芳草，指回去隐居。

（3）惜，可惜，即舍不得的意思。违，分离。

（4）当路，指身居高位的当权者。假，宽假，这里是援引的意思。

（5）知音，知心朋友，这里指王维。相传春秋时钟子期能听出俞伯牙琴中的曲意，伯牙乃许为知音。

（6）寂寞，冷清，孤单，指清贫的生活。

（7）掩，关上。扉，门。

【赏析】

据后晋刘昫等《旧唐书·文苑传》记载，孟浩然"年四十，来游京师，应进士不第，还襄阳"。这首诗便是孟浩然离开长安时留别王维的。王维是孟浩然的知心朋友。在他即将离开帝京长安、向友人告别的时候，心情自然是抑郁、忧伤的。

这是一首五言律诗。"寂寂竟何待，朝朝空自归"，首联写落第后的景象：门前冷落，车马稀疏。"寂寂"二字既是写实又是写虚，既表现了门庭的冷落景象，又表现了作者的落寞心情。落第士子，谁来理睬，谁来陪伴。只有孤孤单单地"空自归"了。处境落寞，毫无希望，还等待什么呢？他只有考虑返回故乡了。"寂寂""朝朝"这两个叠字的句式，包含着多少人世辛酸啊！以孟浩然的高洁，遭此冷遇，虽不至于"朝叩富儿门，暮随肥马尘"，但也是很难堪了。既然在长安是如此困顿，那不如回去吧，因而就有了颔联"欲寻芳草去，惜与故人违"。"芳草"一词来自于《离骚》，孟浩然用以代表自己归隐的理想。"欲寻芳草去"表明他要考虑回乡隐居了。"惜与故人违"则表明他与王维友情的深厚，舍不得与王维分离。一个"欲"，一个"惜"，充分显示出作者思想的矛盾与斗争，深刻地反映出作者的惜别之情。

"当路谁相假，知音世所稀"，颈联说明诗人归去的原因。既直率地表示出对现实的不满，也照应了首联的"竟何待"和"空自归"。这两句是说，那些身居高位的当权者，既不肯加以援引，而我知己的朋友又这样少，也是无能为力的。一个"谁"字反诘得颇有力量，表明他已切身体会到世态炎凉、人情如水的滋味。能了解赏识自己才能的只有王维，一个"稀"字就准确反映出这种知音难遇的社会现实。

这一联是全诗的枢纽、重点。正是由于这两句，才使得全诗充满了一种强烈的怨怼、愤懑的气氛。真挚的情感，深刻的体验，是很容易引起读者共鸣的。由落北而思归，由思归而惜别，从而体验到"当路谁相假，知音世所稀"这一冷酷的社会现实，也使读者特别是有类似遭遇的人产生强烈的共鸣。这一联也正是尾联的依据。

"只应守寂寞，还掩故园扉"，尾联表明诗人归隐的坚决。"只应"二字耐人寻味，可见归隐是诗人要走的唯一道路。也就是说应举是人生路途上的一场误会，只该去安于寂寞，回到故乡去关起门来当隐士了。这再一次说明，孟浩然并不甘心隐居，而是出于不得已啊。

纵观全诗，语言明净，情致深婉，直抒胸臆，自然真挚，言虽浅但意味深，余味幽长，耐人咀嚼。（毕国民）

【原文】

早寒有怀

木落雁南渡[1]，北风江上寒。
我家襄水曲[2]，遥隔楚云端[3]。
乡泪客中尽[4]，孤帆天际看。
迷津欲有问[5]，平海夕漫漫[6]。

【毛泽东圈评等情况】

毛泽东在一本清蘅塘退士原稿《注释唐诗三百首》"五言律诗"类中的这首《早寒有怀》诗标题上方天头空白处连画三个小圈，在正文上方批注："略好。"

[参考]中央档案馆整理：《毛泽东评点诗词曲精选（上册）》，
中国档案出版社1998年版，第86页。

【注释】

（1）木落，秋天到来，树叶零落。

（2）襄水曲，即襄河，汉水流经襄阳一带水流曲折，故称"曲"。孟浩然家居襄水岸边。

（3）楚云端，作者家住襄阳，古属楚国，故称"楚云端"。

（4）乡泪，思乡的眼泪。

（5）迷津，指迷失津渡，不知道路。津，渡口。《论语·微子》："长沮、桀溺耦而耕，孔子过之，使子路问津焉。"

（6）平海，指水面平阔。古时也有称江为海的。漫漫，无边无际，这里形容"夕"，表示黑夜漫长。古谣谚宁戚《饭牛歌》："从昏饭牛薄夜半，长夜漫漫何时旦！"

【赏析】

这是一首五言律诗。诗题一作《江上思归》，又作《早寒江上有怀》，是诗人离开长安以后，东游吴越，滞留江上，因早寒思归而作。时值秋季，天却相当寒冷，作者睹物伤情，引发无限乡愁。此时作者既为隐士，又想求官，既愿过田园生活，又想在政治上有所作为。这江上思归和仕途失意紧密连在一起，诗中流露的感情便显得极为复杂。

"木落雁南渡，北风江上寒"，首联起调高雅，意境辽阔，气势劲健。时值深秋，树叶飘落下来，北雁为了躲避即将来临的寒冬，不得不渡河过江南迁；江河上寒气袭人，大地萧条，长空寥廓，孤舟远泛，令人感到心烦意乱。这其中隐喻诗人在"北风江上寒"的时候，羁旅他乡，沉沦不遇，思归的无限寂寞和怅惘。木叶渐脱，北雁南飞，这是最具代表性的秋季景象。单说秋，还不能表现出"寒"，作者又以"北风"呼啸来渲染，自然使人觉得寒冷，这就点出了题目中的"早寒"。落叶萧萧，鸿雁南翔，北风呼啸，天气寒冷，作者活画出一幅深秋景象。"木落雁南渡"是一种兴起的手法，使诗很自然地进入次联。面对眼前的凄凉景物，思乡之情油然而生。

颔联"我家襄水曲，遥隔楚云端"，"襄水"，亦即"襄河"。汉水在襄阳一带水流曲折，所以用"曲"字来概括。"遥隔"不仅表明远，而且表明两地隔绝，不能回归故乡。作者家住在襄阳，古属楚国，故诗中称"楚云端"，表现出那种可望而不可即的复杂心绪。当诗人在长江下游遥望故乡的时候，隐居之地远在西天白云深处，这就使他产生了"遥望楚云端"的无限惆怅。

颈联"乡泪客中尽，孤帆天际看"，紧承次联的思归，把思乡之情一泄无余。而"孤帆天际看"则承首联的江上寂寞，而又情景互对，韵致凄切。思乡之泪，已在客中流尽，伤心悽恻；片影孤帆，飘泊天际，孤独凄凉。

"迷津欲有问，平海夕漫漫"，尾联抒发了诗人奔走于江海山水之中，找不到人生道路而感到凄凉迷惘的心情。暮色苍茫，水天漫漫，道路在哪儿？渡口在何处？哪里是归宿？人烟稀缺，能找谁来指引？诗人用"平海夕漫漫"这样的景语，表达自己的苦闷和彷徨，寄托自己怀才不遇、仕途失意的感慨，以景结情，深化了主题，富有感染力。

孟浩然的诗风格淡雅恬适，自然精美，还擅长即景抒情。这首写旅途漂泊的五言律诗，很好地体现了这种风格和特点。作者把思归的哀情和对前途茫茫的愁绪都寄寓在这迷茫的黄昏江景中了。

毛泽东在读《早寒有怀》一诗时，在标题上方天头空白处连画三个小圈，批注"略好"，说明他对这首诗比较欣赏。（毕国民）

【原文】

宿业师山房待丁大不至

夕阳度西岭⁽¹⁾，群壑倏已暝⁽²⁾。

松月生夜凉，风泉满清听⁽³⁾。

樵人归欲尽，烟鸟栖初定⁽⁴⁾。

之子期宿来⁽⁵⁾，孤琴候萝径⁽⁶⁾。

【毛泽东圈评等情况】

毛泽东曾圈点这首《宿业师山房待丁大不至》。

[参考] 张贻玖：《毛泽东评点、圈阅的中国古典诗词》，
中国工人出版社 1992 年版，第 226 页。

【注释】

（1）度西岭，超越西边的山岭，即日落西山。

（2）壑（hè），山谷。倏（shū），忽然。暝，昏暗。

（3）清听，清越悦耳之音。风泉，指风声和泉水奔流之声。

（4）烟鸟，暮色中的归鸟。

（5）之子，犹言这个人，指丁大。期，相约。

（6）萝径，藤萝蔓延的小道。

【赏析】

此诗在毛泽东圈点批注较多的清蘅塘退士原编《注释唐诗三百首》和清沈德潜编选《唐诗别裁集》中都有收录，但《唐诗别裁集》中题作《宿来公山房期丁大不至》。

这是一首五言古诗，写山居月上时凉爽而幽美的环境，烘托出愿与知音共度良宵的心情，以及待丁大不至的惆怅和对他的切盼。诗题中的"业师"是业禅师的简称。此人当是《疾愈过龙泉寺精舍呈易业二上人》中的业上人，亦即"来公"。禅师、上人都是对和尚的尊称。山房，山中的寺宇。此指业禅师的龙泉寺精舍。丁大，即丁凤。大，指兄弟排行中的老大。唐代对友人好以排行称。据《送丁大凤进士赴举呈张九龄》诗，可推知丁凤为诗人的同乡。如果属实，则业师山房（龙泉寺精舍）当在襄阳附近，而这首诗当作于襄阳。

全诗以工丽的笔触，描绘了从傍晚到月亮初上时的山居景色。"夕阳度西岭，群壑倏已暝"，起首两句写傍晚景色，已透露"宿"意。度西岭，超越西边的山岭，即日落西山。壑，山谷。倏，忽然。暝，幽暗。傍晚时分，夕阳西下，夜幕降临，千山万壑忽然一片幽暗。这是从视觉上写。"松

月生夜凉，风泉满清听"，三、四句写月亮初上景色，时间往前推移。松月，照在松林中的月亮。风泉，风声和流水奔流之声。明月高照，松林中透出阵阵凉意，凉爽宜人；山中一片寂静，只有风声、流泉飞瀑之声在耳边回响。这是从感觉上写。"樵人归欲尽，烟鸟栖初定"，五、六句写人脚初定的山间景色，时间又向前推移。樵人，打柴的人。烟鸟，暮霭和归鸟。这是说，山上打柴的人快走完了，暮霭中的归鸟逐渐栖息下来，于是山间林下，古寺殿堂，显得异常静寂。这是从动态上写。"之子期宿来，孤琴候萝径"，末二句写候丁大不至，点明题意。之子，这位先生。之，此。子，古代对男子的美称。期宿来，谓约好来此共宿。萝径，到处垂挂着薜萝的小路。这是说，本来和丁大约好来山寺住宿，我携琴在悬垂着藤萝的小路上伫立等候。

全诗好像一组连续活动的镜头组接起来，不仅景物如画，而且还有从夕阳西下到月照松林的光彩变换，有交相和鸣的风声和泉水声，还有樵夫下山、飞鸟归林的动景。诗人伫立凝望，描景状物，细腻传神，画意诗情，给人一种清幽静谧的美感。这首诗被评为"山水清音，悠然自远"（《唐诗别裁集》），是很恰当的。

毛泽东曾圈阅过这首诗，说明他是比较欣赏的。（毕桂发）

李　颀

李颀（690—751），祖籍赵郡（今河北赵县），长期居住在颍阳（今河南登封西）一带，唐代诗人。少时家本富有，有东川别业。后结识富豪轻薄子弟，倾财破产。后隐居颍阳（在今河南登封）苦读10年，开元二十三年（735）进士，任新乡县尉，久未升迁，归嵩县、少室山一带的东川故园隐居，有时来往于洛阳、长安之间。

李颀一生交游很广，与当时著名诗人王维、高适、王昌龄、綦毋潜等都有唱和。诗以边塞诗成就最大，奔放豪迈，慷慨悲凉，最著名的有《古从军行》《古意》《塞下曲》等。《全唐诗》中录存李颀诗三卷，后人辑有《李颀诗集》。

【原文】

古从军行

白日登山望烽火[1]，黄昏饮马傍交河[2]。
行人刁斗风沙暗[3]，公主琵琶忧怨多[4]。
野菅万里无城郭[5]，雨雪纷纷连大漠[6]。
胡雁哀鸣夜夜飞，胡儿眼泪双双落。
闻道玉门犹被遮[7]，应将性命逐轻车[8]。
年年战骨埋荒外[9]，空见蒲桃入汉家[10]。

【毛泽东圈评等情况】

毛泽东读清蘅塘退士原编《注释唐诗三百首》"七言古诗·乐府"类时在《古从军行》题目上方画了一个大圈。

[参考] 中央档案馆整理：《毛泽东评点诗词曲精选（上册）》，
中国档案出版社 1998 年版，第 58 页。

（1）白日，一作"白首"。烽火，古代边境发生战事时用以报警的信号。

（2）饮马（yìn mǎ），让马喝水。交河，故城遗址在今新疆吐鲁番西北，是两条小河交叉环抱的一个小岛，为唐安西都护府治所。这里借指边疆上的河流。《汉书·西域传》："车师王前居交河城。"

（3）刁斗，古代军中使用的铜炊具，白天烧饭，能容一斗，夜晚敲击代替更柝。

（4）琵琶，弦乐器名，本是马上所弹。汉武帝时以江都王刘建女细君远嫁乌孙（西域国名）国王昆莫，恐其途中烦闷，故弹琵琶以娱之，故称"公主琵琶"。

（5）野营，一作野云，在野外住宿的营帐。

（6）大漠，指我国西北部一带的广大沙漠地区。

（7）玉门，即玉门关，在今甘肃敦煌。

（8）轻车，轻车将军的省称。泛指统兵将帅。

（9）荒外，边际之地。

（10）蒲桃，亦称蒲陶，即葡萄。《汉书·西域传》："宛王蝉封与汉约……汉使采蒲陶、目宿种归……益种蒲陶、目宿离宫馆旁。"

【赏析】

《从军行》，乐府旧题，属《相和歌·平调曲》，多写军旅辛苦愁怨之情。此诗借汉皇开边，讽玄宗用兵，实写当代之事，由于怕触犯忌讳，所以题目加上一个"古"字。全诗通过对边塞地区典型景色的描写和对战士形象的刻画，深刻揭露了唐朝统治集团穷兵黩武、草菅人命的罪恶行径及战争给人民生活带来的深重灾难。

此诗作于唐玄宗天宝初年。《资治通鉴·天宝元年》记载："是时，天下声教所被之州三百三十一，羁縻之州八百，置十节度、经略使以备边。……凡镇兵四十九万人，马八万余匹。开元之前，每岁供边兵衣粮，费不过二百万；天宝之后，边将奏益兵浸多，每岁用衣千二十万匹，粮百九十万斛，公私劳费，民始困苦矣。"由此可知，诗人所歌咏的虽为历史，但是诗的内容却表达了他对唐玄宗"益事边功"的穷兵黩武开边之策的看法。

诗开首两句"白日登山望烽火，黄昏饮马傍交河"，先写紧张的从军生活。白天爬上山去观望四方有无举烽火的边警，黄昏时候又到交河边上让马饮水（交河在今新疆吐鲁番西面，这里借指边疆上的河流）。三、四句"行人刁斗风沙暗，公主琵琶忧怨多"，"行人"，是指出征将士，"刁斗"，是古代军中铜制炊具，容量一斗。白天用以煮饭，晚上敲击代替更柝。"公主琵琶"是指汉朝细君公主远嫁乌孙国时所弹的琵琶曲调，当然，这不会是欢乐之声，而只是哀怨之调。一、二句写"白日""黄昏"的情况，那么夜晚又如何呢？三、四句接着描绘：风沙弥漫，一片漆黑，只听得见军营中巡夜的打更声和那如泣如诉的幽怨的琵琶声。景象是多么肃穆而凄凉！

接着五、六两句"野营万里无城郭，雨雪纷纷连大漠"，诗人又着意渲染边陲的环境。军营所在，四顾荒野，无城郭可依，"万里"极言其辽阔；雨雪纷纷，以至与大漠相连，其凄冷酷寒的情状亦可想见。以上六句，写尽了从军生活的艰苦。接下来，似乎应该正面点出"行人"的哀怨之感了。可是诗人却别具机杼，背面傅粉，写出了"胡雁哀鸣夜夜飞，胡儿眼泪双双落"两句。胡雁胡儿都是土生土长的，尚且哀啼落泪，更不必说远戍到此的"行人"了。两个"胡"字，有意重复，"夜夜""双双"又有意用叠字，有着烘云托月的艺术力量。

面对这样恶劣的环境，没有人不想班师复员，可是办不到。"闻道玉门犹被遮"一句，笔一折，似当头一棒，打断了"行人"思归之念。《史记·大宛列传》记载，汉武帝太初元年（前104），汉军攻大宛，攻战不利，请求罢兵。汉武帝闻之大怒，派人遮断玉门关，下令："军有敢入者辄斩之。"这里暗刺当朝皇帝一意孤行，穷兵黩武。随后，诗人又压一句，罢兵不能，"应将性命逐轻车"，只有跟着本部的将领"轻车将军"去与敌军拼命，这一句的分量压倒了上面八句。下面一句再接再厉，拼命死战的结果无外乎"战骨埋荒外"。

"年年战骨埋荒外，空见蒲桃入汉家"，末二句诗人用"年年"两字，指出了这种情况的经常性。全诗一步紧一步，由军中平时生活，到战时紧急情况，最后说到死，为的是什么？这十一句的压力，逼出了最后一句的答案："空见蒲桃入汉家。""蒲桃"就是葡萄。汉武帝时为了求天马（即阿拉伯马），开通西域，便乱启战端。当时随天马入中国的还有蒲桃和苜蓿的种子，汉武帝把它们种在离宫别馆之旁，弥望皆是。这里"空见蒲桃入汉家"一句，用此典故，讥讽好大喜功的帝王，牺牲了无数人的性命，换到的只有区区的蒲桃而已。言外之意，可见帝王是怎样的草菅人命了。

此诗实际上是咏史诗。全篇一句紧一句，句句蓄意，步步逼紧，直到最后一句，才画龙点睛，着落主题，显出巨大的讽谕力。

诗中所咏皆为汉代史实。以汉代历史敷衍成篇早在初唐时期就已初见端倪，如卢照邻的《长安古意》，骆宾王的《帝京篇》等诗都是歌咏汉代史实的诗篇，但他们只是以历史题材来改造宫体诗，把宫体诗由宫廷引向市井，却不是咏史诗。而李颀的贡献就在于他上承左思把咏史诗引向边塞，使咏史诗与边塞诗合而为一，以咏史的形式来歌咏边塞，但又不停留于边塞，借写边塞来讽喻现实，表达了作者对待唐玄宗开边战争的看法，从而又把历史与现实联系起来。（毕桂发）

【原文】

送魏万之京

朝闻游子唱离歌[1]，昨夜微霜初渡河[2]。

鸿雁不堪愁里听[3]，云山况是客中过[4]。

关城树色催寒近[5]，御苑砧声向晚多[6]。

莫是长安行乐处[7]，空令岁月易蹉跎[8]。

【毛泽东圈评等情况】

毛泽东读一本清蘅塘退士原编《注释唐诗三百首》"七言律诗"类时在这首《送魏万之京》正文上方天头空白处画了一个大圈，作为圈阅的标记。

[参考]中央档案馆整理：《毛泽东评点诗词曲精选（上册）》，中国档案出版社1998年版，第100页。

【注释】

（1）游子，离家远游的人，此指魏万。离歌，告别之歌。一作"骊歌"，逸诗有《骊驹》篇云："骊驹在门，仆夫俱存；骊驹在路，仆夫整驾。"客人临去歌《骊驹》（见《大戴记》），后人因将告别之歌叫作"骊歌"。

（2）微霜，点明是深秋季节。初渡河，刚刚渡过黄河。魏万家住王屋山，在黄河北岸，去长安必须渡河。河，指黄河。

（3）不堪，不忍心。

（4）况是，更不堪。客中，即作客途中。过，经过。

（5）关城，指潼关。树色，有的版本作"曙色"，黎明前的天色。催寒近，寒气越来越重，一路上天气越来越冷。

（6）御苑，皇宫中的林苑，此是泛指京城长安。砧（zhēn）声，捣衣声。向晚，傍晚。

（7）莫是，不要以为。一作"莫见"。

（8）蹉跎（cuō tuó），耽误、虚度之意，此指虚度年华。

【赏析】

这是一首送别友人的七言律诗。友人是魏万。魏万（后改名魏颢），上元（唐高宗年号，674—676）初进士。他曾求仙学道，隐居王屋山，自号王屋山人。天宝十三载（754），因慕李白之名，南下到吴、越一带访寻，最后在广陵与李白相遇，计程不下三千里。李白很赏识他，并把自己的诗文让他编成集子。临别时，还写了一首《送王屋山人魏万还王屋》的长诗送他。魏万是比李颀晚一辈的诗人，然而两人像是情意十分密切的"忘年交"。李颀晚年家居颍阳而常到洛阳，此诗可能就写于作者晚年在洛阳时。

此诗意在抒发别离的情绪。首联"朝闻游子唱离歌，昨夜微霜初渡河"，用倒戟法落笔，点出出发前的微霜初落，深秋萧瑟。诗一开首，"朝闻游子唱离歌"，先说魏万的走，后用"昨夜微霜初渡河"，点出前一夜的景象，用倒戟而入的笔法，极为得势。"初渡河"，把霜拟人化了，写出深秋时节萧瑟的气氛。

"鸿雁不堪愁里听，云山况是客中过"，颔联写离愁，写游子面对云山，黯然伤神。秋夜微霜，挚友别离，自然地逗出了一个"愁"字。"鸿雁不堪愁里听"，是紧接第二句，渲染氛围。"云山况是客中过"，接写正题，照应第一句。大雁，秋天南去，春天北归，飘零不定，有似旅人。它那嘹唳的雁声，从天末飘来，使人觉得怅惘凄切。而抱有满腹惆怅的人，当然就更难忍受了。云山，一般是令人向往的风景，而对于落寞失意的人，坐对云山，便会感到前路茫茫，黯然神伤。他乡游子，于此为甚。这是李颀以自己的心情来体会对方。"不堪""况是"两个虚词前后呼应，往复顿挫，情切而意深。

颈联介绍长安秋色，暗寓此地不可长留，诗人对远行客又作了充满情意的推想："关城树色催寒近，御苑砧声向晚多。"从洛阳西去要经过古函谷关和潼关，凉秋九月，草木摇落，一片萧瑟，标志着寒天的到来。本来是寒气使树变色，但寒不可见而树色可见，好像树色带来寒气，见树色而知寒近，是树色把寒催来的。一个"催"字，把平常景物写得有情有感，十分生动。傍晚砧声之多，为长安特有，"长安一片月，万户捣衣声"。然而诗人不用城关雄伟、御苑清华这样的景色来介绍长安，却只突出了"御苑砧声"，发人深想。魏万前此，大概没有到过长安，而李颀已多次到过京师，在那里曾"倾财破产"，历经辛酸。两句推想中，诗人平生感慨，尽在不言之中。"催寒近""向晚多"六个字相对，暗含着岁月不待、年华易老之意，顺势引出了结尾二句。

"莫见长安行乐处，空令岁月易蹉跎"，末联以长者风度，嘱咐魏万，长安虽乐，不要虚掷光阴，要抓紧成就一番事业。这里用"行乐处"三字虚写长安，与上二句中的"御苑砧声"相应，一虚一实，恰恰表明了诗人的旨意。他谆谆告诫魏万：长安虽是"行乐处"，但不是一般人可以享受的。不要把宝贵的时光轻易地消磨掉，要抓紧时机成就一番事业，可谓语重心长。

这首诗以长于炼句而为后人所称道。诗人把叙事、写景、抒情交织在一起。如次联两句用了倒装手法，加强、加深了描写。先出"鸿雁""云山"——感官接触到的物象，然后写"愁里听""客中过"，这就由景生情，合于认识规律，容易唤起人们的共鸣。同样，第三联的"关城树色"

和"御苑砧声",虽是记忆中的形象,联系气候、时刻等环境条件,有声有色,非常自然。而"催"字、"向"字,更见推敲之功。清方东树《昭昧詹言》说:"《送魏万之京》言昨夜微霜游子,今朝渡河耳,却炼句入妙。中四情景交写,而语有次第。三四送别之情。五六渐次至京。收句勉其立身立名。初唐人只以意兴温婉轻轻赴题,不著豪情重语。杜公出,乃开雄奇快健,穷极笔势耳。"(毕桂发)

【原文】

琴 歌

主人有酒欢今夕,请奏鸣琴广陵客⁽¹⁾。

月照城头乌半飞⁽²⁾,霜凄万木风入衣⁽³⁾。

铜炉华烛烛增辉⁽⁴⁾,初弹《渌水》后《楚妃》⁽⁵⁾。

一声已动物皆静,四座无言星欲稀。

清淮奉使千余里⁽⁶⁾,敢告云山从此始⁽⁷⁾。

【毛泽东圈评等情况】

毛泽东在读一本清蘅塘退士原编《注释唐诗三百首》"七言古诗"类时在这首《琴歌》诗题头上方天头空白处连画三个圈。

[参考]中央档案馆整理:《毛泽东评点诗词曲精选(上册)》,
中国档案出版社1998年版,第24页。

【注释】

(1)鸣琴,弹琴。广陵客,《广陵散》本是琴曲名,三国魏嵇康善弹此曲,秘不授人。后遭谗被害,临刑索琴弹之,曰:"《广陵散》于今绝矣!"见唐房玄龄等《晋书·嵇康传》。广陵客,这里指善于弹琴的人。

(2)乌,乌鸦。半飞,分飞。

(3)霜凄,指秋夜霜冻的寒气逼人。

(4)华烛,饰有文采的蜡烛。

（5）《渌水》《楚妃》，均为古曲名。南朝梁萧统《文选·马融〈长笛赋〉》："中取度于《白雪》《渌水》。"李周翰注："《白雪》《渌水》，雅曲名。"《楚妃》，《楚妃叹》的省称，乐府吟叹曲之一，晋石崇作辞，内容咏叹楚庄王贤妃樊妃谏庄王狩猎及进贤事。事见汉刘向《列女传·楚庄樊姬》。

（6）清淮，淮河。奉使，奉命出使。

（7）敢告，敬告，是自谦的说法。云山，指归隐。

【赏析】

唐人善于在诗中描写音乐，李颀就是其中杰出的一个。在唐代诗人描写音乐的为数不多的佳作中，李颀就有三首比较著名，分别是这里的《琴歌》和《听董大弹胡笳兼寄语弄房给事》《听安万善吹觱篥歌》。《琴歌》通过对美妙琴音的赞叹，表现了诗人归隐的情思。琴歌，听琴有感而歌。歌是诗体名，《文体明辨》："其放情长言，杂而无方者曰歌。"

这首诗是一首七言古诗，写诗人在朋友家作客时听弹琴的感受。"主人有酒欢今夕，请奏鸣琴广陵客"，起首二句叙事，交代主客关系，点明鼓琴题意。今夕，今夜。鸣琴，琴。《广陵散》本是琴曲名，比较高雅，晋代嵇康善弹此曲。晋元帝曹奂景元三年（262）嵇康被杀，临刑索琴奏《广陵散》，曲终，叹曰："袁孝尼（准）尝从吾学《广陵散》，吾每固之不与，《广陵散》于今绝矣！"广陵客，这里指善鼓琴的人。这二句是说，在今夜朋友举行的一次宴会上，诗人请高明的琴师鼓琴。

"月照城头乌半飞，霜凄万木风入衣"，三、四句写景，点染鼓琴时月明风冷的氛围。乌半飞，月亮出来，银光泻满大地，惊起栖息的乌鸦，所飞不高不远，故称"半飞"。霜凄，霜凉。这二句意谓明月高悬城头把沉睡的栖鸦惊起，严霜降下万木凋零，冷风飕飕侵入人衣。前句从视觉写，指出是月明之夜；后句从感受写，点明寒秋时令，渲染了深夜听琴的气氛。

"铜炉华烛烛增辉，初弹《渌水》后《楚妃》"，五句承上，继续渲染气氛。深夜风冷，已经非生炉火取暖不可；华烛高照，满堂增辉，听琴人情绪高涨。第六句写所弹内容。《渌水》《楚妃》都是曲调名。《渌水》，宋郭茂倩编《乐府诗集》说："齐明王歌辞七曲，王融应司徒教而作也。一曰明王曲，二曰圣君曲，三曰渌水曲。"南朝梁萧统《文选》汉马季常（融）《长笛赋》："上拟法于《韶箾》《南籥》，中取庋于《白雪》《渌水》，下采制于《延露》《巴人》。"可见《渌水》是一种雅俗共赏的中级乐曲。《楚妃》，《歌录》："石崇《楚妃叹》曰：'莫知其所由，楚之贤妃，能立德著勋，垂名于后，唯樊姬焉。故今叹咏之声，永世不绝。'"可知《楚妃》是一曲哀惋感叹易于动人的曲调。

"一声已动物皆静，四座无言星欲稀"，七、八句写鼓琴效果，揭出琴歌本意。这位高明的琴师一开始鼓琴，四周一片寂静，满堂宾客洗耳恭听，连一句话也不说，这样良好的演奏气氛一直持续到"星欲稀"，即天将破晓时分，琴师演技的高明自不待言，无怪乎诗人要为他作歌礼赞。不写操琴本身，而只写人们对琴曲的反应，从美学上讲，叫作以美的效果来写美，往往能收到事半功倍的艺术效果。这正是诗人的高明之处。

"清淮奉使千余里，敢告云山从此始"，末二句抒写感慨，结出归隐正意。清淮，淮河。奉使，即奉命出使。敢告，即敬告，是一种自谦的说法。云山，指归隐。这二句是说，诗人是奉命执行公务，千里迢迢沿淮河而下，倍感辛苦；听了这高雅的琴声深受感动，顿生归隐山林的念头。这是诗的主旨所在。

全诗写时、写景、写琴、写情，有条不紊，收放自然，"圆如贯珠"（明顾起纶著《国雅品》卷二），最值得赏玩的应该是诗人多方映衬、动静结合、虚实相生的表现手法。诚如清代贺贻孙著《诗筏》所言："只第二句点出'琴'字，其余满篇霜月风星，乌飞树响，铜炉华烛，清淮云山，无端点缀，无一字及琴，却无非琴声，移在筝笛琵琶觱篥不得也。"诗人通过营造意境、渲染气氛、刻画心理，生动形象地表现了琴歌之美。（毕桂发）

古　意

男儿事长征(1)，少小幽燕客(2)。赌胜马蹄下(3)，由来轻七尺(4)。杀人莫敢前(5)，须如猬毛磔(6)。黄云陇底白云飞(7)，未得报恩不得归(8)。辽东小妇年十五(9)，惯弹琵琶解歌舞(10)。今为羌笛出塞声(11)，使我三军泪如雨(12)。

【毛泽东圈评等情况】

毛泽东在一本清蘅塘退士原编《注释唐诗三百首》"七言古诗"类此诗题目《古意》上方连画了两个大圈。

[参考] 中央档案馆整理：《毛泽东评点诗词曲精选（上册）》，

中国档案出版社1998年版，第23页。

【注释】

（1）事长征，从事于长途远行，实指从军远征。

（2）幽，古州名。燕，古国名。幽燕，今河北、辽宁一带，古为游侠活动地区，为东北边塞战略要地。

（3）赌胜，逞能、施展本领的意思。马蹄下，奔驰在战场上。

（4）由来，向来，从来。轻七尺，看轻个人的生命，即不怕死。七尺，七尺长的身躯，指一般成年人的高度。

（5）莫敢前，指敌人不敢向前交锋，意谓所向无敌。

（6）猬，猬鼠，俗名刺猬，一种小动物，全身有坚硬刺毛。磔（zhé），张开的样子。猬毛磔，喻威武。唐房玄龄等《晋书·桓温传》记刘惔曾称桓温姿貌甚伟，"眼如紫石棱，须作猬毛磔"。

（7）黄云，指云色昏暗。陇，此处泛指山地。

（8）未得，没有能够。报恩，指报君国之恩。

（9）辽东，泛指今辽宁东部地区。小妇，少妇。

（10）惯弹，很会弹。解歌舞，擅长歌舞。解，懂得、通晓。

（11）羌，我国古代西北地区少数民族的族名，在今甘肃、四川境内。羌笛，羌族人所吹的笛子。出塞声，出塞作战时羌笛吹奏的军乐声。

（12）三军，古时一万二千五百人为军，三军为三万七千五百人。此处是军队的通称。

【赏析】

这首诗是一首拟古诗。开始六句"男儿事长征，少小幽燕客。赌胜马蹄下，由来轻七尺。杀人莫敢前，须如猬毛磔"，将一个在边疆从军的男儿描写得神形兼具，栩栩如生。第一句"男儿"两字先给读者一个大丈夫的印象。第二句"少小幽燕客"，交代从事长征的男儿是自古多慷慨悲歌之士的幽燕之地的人，为下面描写他的刚勇犷悍作铺垫。这两句统领以下四句。他在马蹄之下与伙伴们打赌，向来就不把七尺之躯看得太重，因此一上战场就奋勇杀敌，以致敌人不敢向前。"赌胜马蹄下，由来轻七尺，杀人莫敢前"这三句把男儿的气概表现得淋漓尽致。接下来抓住胡须这一细部特征来描绘主人公的仪表。"须如猬毛磔"五字，说明须又短、又多、又硬，表现出他英猛刚烈的气概和杀敌时须髯怒张的神态，简洁、鲜明而有力地刻画出了这一从军塞上的男儿的形象。这里诗人采用简短的五言句和短促扎实的入声韵，加强了诗歌的艺术效果。

第七句"黄云陇底白云飞"，这是诗的主人公身处的情景。辽阔的原野，昏黄的云天，将主人公更衬托得勇战豪放。第八句"未得报恩不得归"七个字一方面表现好男儿志在报国，因为还没有报答国恩，所以也就坚决不回故乡；另一方面，也说明远征边塞的男儿其实也有思乡的柔情。这两个"得"字，都发自男儿内心，连用在一句之中，更显出他斩钉截铁的决心，同时又与上句的连用两个"云"字相互映带。前六句节奏短促，写这两句时，景中含有情韵，因此诗人在这里改用了七言句，又换了平声韵中调门低、尾声飘的五微韵。

接下去四句"辽东小妇年十五，惯弹琵琶解歌舞。今为羌笛出塞声，使我三军泪如雨"，出乎意料地出现了一个年仅十五的"辽东小妇"，人们从她的妙龄和"惯弹琵琶解歌舞"，可以联想其风韵。随着"辽东小妇"

的出场，又给人们带来了动人的"羌笛出塞声"。前十句，有人物，有布景，有色彩，而没有声音。"今为羌笛出塞声"这一句打破了之前的寂静。"羌笛"是边疆上的乐器，"出塞"又是边疆上的乐调，辽东的少妇用边塞乐器吹出边塞之乐，这笛声是那样的哀怨、悲凉，勾起征人思乡的无限情思，以致"使我三军泪如雨"了。这里诗人原本要写这一个少年男儿的落泪，但诗人不从正面写这个男儿的落泪，而写三军将士落泪，非但落，而且泪如雨下。在这样人人都受感动的情况之下，这一男儿自不在例外，这就不用明点了。这种烘云托月的手法，含蓄而精练。

全诗十二句，奔腾顿挫而又飘逸含蓄。首起六句，一气贯注，到"须如猬毛磔"一句顿住，"黄云陇底白云飞"一句忽然飘宕开去，"未得报恩不得归"一句，又是一个顿挫。接着，忽现辽东小妇，"今为羌笛出塞声"一句用"今"字点醒，"羌笛""出塞"又与上文的"幽燕""辽东"呼应。最后用"使我三军泪如雨"将首句的少年男儿包含在内，全诗血脉豁然贯通。

【原文】

听安万善吹觱篥歌

　　南山截竹为觱篥，此乐本自龟兹出⁽¹⁾。流传汉地曲转奇⁽²⁾，凉州胡人为我吹⁽³⁾。旁邻闻者多叹息⁽⁴⁾，远客思乡皆泪垂⁽⁵⁾。世人解听不解赏⁽⁶⁾，长飙风中自来往⁽⁷⁾。枯桑老柏寒飕飗⁽⁸⁾，九雏鸣凤乱啾啾⁽⁹⁾。龙吟虎啸一时发⁽¹⁰⁾，万籁百泉相与秋⁽¹¹⁾。忽然更作《渔阳掺》⁽¹²⁾，黄云萧条白日暗⁽¹³⁾。变调如闻《杨柳春》⁽¹⁴⁾，上林繁花照眼新⁽¹⁵⁾。岁夜高堂列明烛⁽¹⁶⁾，美酒一杯声一曲⁽¹⁷⁾。

【毛泽东圈评等情况】

　　毛泽东在一本清蘅塘退士原编《注释唐诗三百首》"七言古诗"类中此诗题目《听安万善吹觱篥歌》上方天头空白处连画三个圈。

　　[参考]中央档案馆整理：《毛泽东评点诗词曲精选（上册）》，中国档案出版社 1998 年版，第 25—29 页。

【注释】

（1）龟兹（qiū cí），汉代西北少数民族部落名，在今新疆库车、沙雅一带。唐太宗时设龟兹都督府，隶属于安西都护府。

（2）汉地，指汉民族居住的地方。曲转奇，曲调变得更加奇妙动听。

（3）凉州，唐代州名，属陇右道，州治在今甘肃武威，辖境在今甘肃永昌以东、天祝以西一带。胡人，指安万善。

（4）旁，靠近、临近，意同"邻"。

（5）远客，漂泊在外的旅人。

（6）世人，当时社会上的人。解，助动词，能、会。赏，指对乐曲内容的理解和领会。

（7）长飙（biāo），疾风，喻乐声的急骤。自，用在谓语前，表示事实本来如此，或虽有外因，本身依然如故。《史记》："桃李不言，下自成蹊。"

（8）飕飗（sōu liú），象声词，风声。

（9）九雏鸣凤，言乐声像许多幼小的凤凰在鸣叫。啾啾，象声词，指雏凤鸣声细碎。这句化用了《汉乐府·陇西行》："凤凰鸣啾啾，一母将九雏。"啾啾（jiū），指雏凤鸣声细碎。

（10）一时，同时。

（11）万籁（lài），自然界发出的各种声音。百泉，百道流泉的声音。相与，共同，一起。东晋陶渊明《移居二首》："奇文共欣赏，疑义相与析。"

（12）渔阳掺（càn），渔阳一带的民间鼓曲名，这里借指悲壮、凄凉之声。南朝宋范晔等《后汉书·祢衡传》注引《文士传》："衡击鼓作《渔阳掺挝》……鼓声甚悲。"掺挝，即"掺挝"，为击鼓的方法。

（13）黄云，日暮之云。萧条，寂寥、冷落。

（14）杨柳，语义双关，既指古乐府《折杨柳》曲，也指杨柳树的一片春色。变调，从古曲的《折杨柳》变为轻快的新声。

（15）上林，古苑名，有两处，一为秦都咸阳时置，故址在今陕西西安长安西，汉武帝时扩至方圆二百余里；一为东汉时置，故址在今河南洛阳东。这里借指唐宫。因《折杨柳》唐时入教坊，故云。新，清新。

（16）岁夜，除夕。列，排列。明烛，明亮的烛光。

（17）声，动词，听。

【赏析】

李颀最著名的诗有三类：一是送别诗，二是边塞诗，三是音乐诗。李颀有三首涉及音乐的诗。一首写琴（《琴歌》），以动静二字为主，全从背景着笔；一首写胡笳（《听董大弹胡笳声兼语弄寄房给事》），以两宾托出一主，正写胡笳；这一首写觱篥，以赏音为全诗筋脊，正面着墨。三首诗的机轴，极容易相同，诗人却写得春兰秋菊，各极一时之妙。觱篥，亦作"筚篥""悲篥"，又名"笳管"，簧管古乐器，似唢呐，以竹为主，上开八孔（前七后一），管口插有芦制的哨子。汉代由西域龟兹传入，今已失传。唐白居易《小童薛阳陶吹觱篥歌》："剪削干芦削寒竹，九孔漏声五音足。"犹可见其形状。

这首诗的转韵尤为巧妙，全诗共十八句，根据诗情的发展，变换了七个不同的韵脚，声韵意境，相得益彰。

首句"南山截竹为觱篥"，先点出乐器的原材料；次句"此乐本自龟兹出"，说明乐器的出处。两句从来源写起，用笔质朴无华，选用入声韵，与琴歌、胡笳歌起笔相同，这是李颀的特点，写音乐的诗，总是以板鼓开场。接下来的四句转入低微的四支韵，写觱篥的流传、吹奏者及其音乐效果，"流传汉地曲转奇，凉州胡人（指安万善）为我吹。旁邻闻者多叹息，远客思乡皆泪垂"，写出乐曲美妙动听，有很强的感染力量，人们都被深深地感动了。下文忽然提高音节，用高而沉的上声韵一转，"世人解听不解赏"，说人们只懂得一般地听听而不能欣赏乐声的美妙，以致于安万善所奏觱篥仍然不免寥落之感，独来独往于暴风之中。"长飙风中自来往"中的"自"字，着力尤重。

行文至此，忽然咽住不说下去，而转入流利的十一尤韵描摹觱篥的各种声音了："枯桑老柏寒飕飀，九雏鸣凤乱啾啾。龙吟虎啸一时发，万籁百泉相与秋"，是说觱篥之声，有的如寒风吹树，飕飀作声；树中又分阔叶落叶的枯桑、细叶常绿的老柏，其声自有区别，用笔极细。有的如凤生九子，各发雏音，有的如龙吟，有的如虎啸，有的还如百道飞泉和秋天的各种声响交织在一起。此四句正面描摹变化多端的觱篥之声。接下来的四句，"忽然更作《渔阳掺》，黄云萧条白日暗。变调如闻《杨柳春》，上林繁花照眼新"，仍以生动形象的比拟来写变调。先一变沉着，后一变热闹。沉着的以《渔阳掺》鼓来相比，恍如沙尘满天，云黄日暗，用的是往下咽的声音；热闹的以《杨柳枝》曲来相比，恍如春日皇家的上林苑中，百花齐放，用的是生气盎然的十一真韵。接着，诗人忽然从声音的陶醉之中，回到了现实世界。杨柳繁花是青春景象，而此时却不是这个季节。"岁夜高堂列明烛"，"岁夜"二字点出这时正是除夕，而且不是做梦，清清楚楚是在明烛高堂，于是诗人产生了"浮生若梦，为欢几何"的想法：尽情地欣赏罢。"美酒一杯声一曲"，写出诗人对音乐的喜爱，与上文伏笔"世人解听不解赏"一句呼应，显出诗人与"世人"的不同，于是安万善就不必有长飙风中踽踽独行的感慨了。由于末了这两句话是写"汲汲顾影，惟日不足"的心情，所以又选用了短促的入声韵，仍以板鼓收场，前后相应，见出诗人的着意安排。

这首诗与作者另外两首写音乐的诗（《琴歌》《听董大弹胡笳声兼语弄寄房给事》）最不一样的地方，除了转韵频繁以外，主要的还是在末两句诗人内心的思想感情。《琴歌》中诗人只是淡淡地指出了别人的云山千里，奉使清淮，自己并未动情；《听董大弹胡笳声兼语弄寄房给事》中诗人也只是劝房给事脱略功名，并未触及自己。这一首却不同了。时间是除夕，堂上是明烛高烧，诗人是在守岁，一年将尽夜，不能不起韶光易逝、岁月蹉跎之感。在这样的情况之下，要想排遣这愁绪，只有"美酒一杯声一曲"，正是"对此茫茫，不觉百感交集"之际，无可奈何之一法。这一意境是前二首中所没有的，诗人只用十四个字在最后略略一提，随即放下，其用意之隐，用笔之含茹，也是前两首中所没有的。

此诗是唐诗中描写音乐的佳作，诗人为了增强诗歌的艺术感染力，运用了比拟的手法。诗篇结构严密，语言自然流畅，显露出李颀七言歌行激扬奔放的艺术风格。（毕桂发）

王昌龄

　　王昌龄（698—756），字少伯，京兆长安（今属陕西西安）人，又一说河东晋阳（今山西太原）人，盛唐著名边塞诗人。后人誉为"七绝圣手"。

　　王昌龄早年贫苦，主要依靠农耕维持生活。唐玄宗开元十五年（727）中进士，初任秘书省校书郎。开元二十二年（734），又应博学宏词科登第，授汜水（今河南巩义东北汜水镇）县尉。开元二十七年（739），因事被贬岭南，次年返回长安，并于同年冬被任命为江宁（今江苏南京）县丞，世称王江宁。后遭毁谤，被贬为龙标（今湖南黔阳）县尉。安史乱起，王昌龄由贬所赴江宁，为濠州刺史所杀。

　　王昌龄与李白、高适、王维、王之涣、岑参。王昌龄以擅长七绝而名重一时，有"诗家夫子王江宁"之称（《唐才子传》卷二）。所作边塞诗，气势雄浑，格调高昂；送别诗则以诚恳忠厚为特色。王昌龄与诗人王之涣、高适、岑参、王维、李白等人交往深厚。王昌龄诗缜密而思清，与高适、王之涣齐名，时谓王江宁。有文集六卷，今编诗四卷。代表作有《从军行七首》《出塞》《闺怨》等。存诗一百八十余首，《全唐诗》编为四卷。

【原文】

芙蓉楼送辛渐

寒雨连江夜入吴[1]，平明送客楚山孤[2]。
洛阳亲友如相问，一片冰心在玉壶[3]。

【毛泽东圈评等情况】

　　毛泽东在不同古典文学选本中对这首《芙蓉楼送辛渐》诗圈点了五六

遍。其中在一本清蘅塘退士原编《注释唐诗三百首》"七言绝句"类此诗正文上方天头空白处画了一个圈，作为圈阅的标记。

[参考]中央档案馆整理：《毛泽东评说诗词曲精选（上册）》，中国档案出版社1998年版，第129—130页。

【注释】

（1）吴，《全唐诗》作"湖"，江苏长江以南地区古为吴地。

（2）平明，即黎明。楚山，润州（江苏镇江）春秋时属吴，战国时属楚，楚山点明送客之处，泛指今镇江一带地方。

（3）"一片冰心在玉壶"句，东晋陆机《汉高祖功臣颂》云："心若怀冰。"南朝宋鲍照《白头吟》有："直如朱丝绳，清如玉壶冰。"唐姚崇《冰壶诫》序："夫洞澈无瑕，澄空见底，当官明白者，有类是乎？故内怀冰清，外涵玉润，此君子冰壶之德也。"他们都以"玉壶""冰"来比喻人的品格的高洁。

【赏析】

《芙蓉楼送辛渐》作于诗人贬官江宁（今江苏南京）时。题中"芙蓉楼"故址在润州（今江苏镇江）西北。《元和郡县志》："江南道润州，晋王恭为刺史，改创西南楼为万岁楼，西北楼为芙蓉楼。"登临可以俯瞰长江，遥望江北。当时王昌龄为江宁县丞，辛渐是他的朋友。这次辛渐要由润州渡江，取道扬州，北上洛阳，诗人来润州为他送行。诗原题二首，一首写第二天早晨在江边送别的情景，第二首补写头天晚上在芙蓉楼饯别情形。

第二首原文是：丹阳城南秋海阴，丹阳城北楚云深。高楼送客不能醉，寂寂寒江明月心。显而易见，这首诗是写头天晚上诗人在芙蓉楼为辛渐送别，第二天黎明送辛渐渡江北上，两首诗所写内容顺序正好颠倒过来。这样写是为了突出诗人冰清玉洁的德行，结构安排甚为得体。

这是一首七言绝句。"寒雨连江夜入吴"，起句先从昨夜的寒雨落墨。"寒雨"，深秋之雨，点明时令。"吴"，江苏长江以南地区古为吴地，这里指镇江一带地方。这句是说，在一个寒雨之夜，诗人陪客人辛渐来到吴地（镇江）。当时雨下得很大，整个江面都笼罩在雨幕之中，江天一色，东吴大地一片迷迷濛濛。"连江"二字，描绘雨势极其逼真，渲染了情调和氛围，使两个即将离别的朋友更增添了凄寂惆怅之情。

次句"平明送客楚山孤"，点明送辛渐题意。"平明"，即黎明，指明送客时间。楚山，吴亦为楚地，故曰楚山。此当指芙蓉楼附近的山。一二句中"吴""楚"为互文，泛指镇江一带。孤，孤峙。北魏郦道元《水经注·浣水注》："世以山不连陵曰孤山。"次日凌晨送别辛渐渡江北上时，只见一片楚山孤影而已。一个"孤"字写出了雨过天晴、空气澄明、山色如洗的情状，更显得山的兀立孤峙。这是诗人即目所见，也流露出诗人送客时的孤寂心情。"孤"字实兼有情景二义，正如近代学者王国维所说："一切景语，皆情语也。"（《人间词话》）

三句"洛阳亲友如相问"，是临别致意。"洛阳亲友"，当指诗人做氾水尉时结识的亲朋故旧。挚友相别，自然有很多话要说，然而诗人送辛渐而不言辛渐之事，一笔宕开，直写到洛阳亲友。这是一句意蕴丰富的话：其一，辛渐既可为诗人传语洛阳亲友，可见二人过从之密，补出了诗人跑这么远为辛渐送行的原因，这是不写之写；其二，辛渐此去洛阳，也将成为诗人日后所怀念的洛阳亲友之一；其三，不写自己问候洛阳的亲友，而写洛阳亲友问候自己，不仅是说自己笃于友谊，而且深信亲友们对自己一再遭贬而深切关注。"看似寻常最奇崛，成如容易却艰辛"（宋王安石语），这句诗不仅含意丰富，而且逗起下文，使末句顺理成章地表达出诗人本意。

"一片冰心在玉壶"，末句是说，我的心地纯洁，光明磊落，如玉无瑕，似冰洁白。"玉壶冰"这个古老的比喻，很多文人用过它。东晋陆机《汉高祖功臣颂》有"心若怀冰"之句，用冰来比喻心的纯洁。南朝宋鲍照《白头吟》："直如青丝绳，清如玉壶冰。"用"玉壶冰"比喻为人的清白；唐人进一步用"冰壶"比拟做官廉洁，如唐姚崇《冰壶诫》序中说："夫洞澈无瑕，澄空见底，当官明白者，有类是乎？故内怀冰清，外涵玉润，此君子冰壶之德也。"而诗人把这个古老的比喻加以创造性的运用，用"一片冰心在玉壶"涵盖纯净、廉洁、清白等丰富意思，既妥帖自然，又形象鲜明。试想，一颗水晶般的心放在玉壶之中，晶莹澄澈，表里如一，是何等美妙啊！至此，一个玉洁冰清、光明磊落的诗人形象便站立在我们面前了。清黄叔灿编《唐诗笺注》说："上二句送时情景，下二句托寄之言，自述心地莹洁，无尘可滓。本传言少伯'不护细行'或有所为而云。"

人们不禁要问，诗人在送别辛渐时，为什么要表白自己呢？这大概只能结合他一再遭贬的坎坷经历来理解。细细品味，不难发现，这个千古名句，既是对关心自己的洛阳亲友的回答，也是对自己志行高洁的自信，更是对迫害者的抗议。所以，"冰心""玉壶"之句，自明高洁，托之比喻，愈觉空灵蕴藉。清俞陛云《诗境浅说续编》说："借送友以自写胸臆，其词自潇洒可爱。"

在不同版本的古代文学选本中，毛泽东对这首诗圈阅了五六遍，说明了他对这首诗的喜爱。（毕桂发）

【原文】

长信秋词·奉帚平明金殿开

奉帚平明金殿开⁽¹⁾，且将团扇暂徘徊⁽²⁾。
玉颜不及寒鸦色，犹带昭阳日影来⁽³⁾。

【毛泽东圈评等情况】

毛泽东在一本清蘅塘退士原编《注释唐诗三百首》"七言绝句"类所载这首《长信秋词·奉帚平明金殿开》诗题头上方画了一个圈。

[参考] 中央档案馆整理：《毛泽东评点诗词曲精选（上册）》，
中国档案出版社 1998 年版，第 142 页。

【注释】

（1）奉帚，持帚洒扫。东汉班固《汉书·外戚传》载：班婕好既失宠，求供养太后长信宫，乃作赋自伤悼，中有"共洒扫于帷幄矣，永终死以为期"句。平明，即黎明。金，一作"秋"。

（2）"且将"句，且，姑且，暂且。将，持，拿。团扇，圆形有柄的扇子。古代宫内多用之，又称宫扇。汉班婕妤的《怨歌行》："新裂齐纨素，鲜洁如霜雪。裁为合欢扇，团团似明月。"用秋凉后团扇弃置来比喻妇女被抛弃。

（3）"玉颜"二句，玉颜，指班婕妤容颜如玉。昭阳，汉宫名，汉成帝昭仪赵合德所居，这里借指新得宠的人所居的地方。日影，也即阳光的余晖，用来比喻皇帝的恩宠。

【赏析】

王昌龄题《长信秋词》共五首。原第一、三两首，为宋郭茂倩编《乐府诗集》卷四十三所收，题为《长信怨》，编在《相和歌辞·楚调曲》《班婕妤》之后，曰："《班婕妤》，一曰《婕妤怨》。"班婕妤，汉代雁门郡楼烦班况女，班彪之姑，入宫选为婕妤，史称班婕妤。婕妤，汉代女官名，武帝时设置。王昌龄的《长信秋词》模拟班婕妤失宠后的心情而作。

这里选的是第三首，取班婕妤失宠而生怨尤的故事，描写了宫女们在君主另有新欢后的惆怅和怨恨。

这是一首七言绝句。"奉帚平明金殿开"，首句叙事。金殿开也作"秋殿开"。奉帚，指供洒扫而言。汉班婕妤失宠后退居长信宫，作《自悼赋》中说"供洒扫于帷屋矣"。南朝梁吴均《行路难》："班姬失宠颜不开，奉帚供养长信台。"这句是写天将破晓，打开殿门，用扫帚打扫庭院，点明时间和地点。

"且将团扇暂徘徊"，次句仍叙事。将，持的意思。团扇，典出汉班婕妤的《怨歌行》（《团扇歌》）："新制齐纨素，鲜洁如霜雪。裁为合欢扇，团团似明月。出入君怀袖，动摇微风发。常恐秋节至，凉飙夺炎热。弃捐箧笥中，恩情中道绝。"用秋凉后团扇就弃置不用来比喻妇女被抛弃。徘徊，是说自己同被弃的团扇一样被人抛弃了，只能自己独自徘徊，而无人相伴，体现了被弃者的精神痛苦。

"玉颜不及寒鸦色，犹带昭阳日影来"，三、四句生慨。昭阳宫是新得宠的昭仪赵合德居住的地方。这二句是打了一个巧妙的比喻，说自己的容颜还不如乌鸦，因为乌鸦还能从昭阳里带来日影，即太阳的余晖（在这里比喻帝王旧时的恩宠），自己却没有这份福分了。关于这二句，前人评述很多，都认为比喻极妙。清俞陛云《诗境浅说续编》："后二句言，空负倾城玉貌，正如古诗所谓，时薄朱颜，谁发皓齿。尚不及日暮飞鸦，犹得昭阳日影，借余暖以辉其羽毛。渊明赋闲情云，'愿在发而为泽，愿在履而为丝'。夫泽与丝安知情爱，犹空际寒鸦安知恩宠。以多情之人，而不及无情之物。设想愈痴，其心愈悲矣。"从后两句所写的主人公对丑陋无比的乌鸦的羡慕，我们就可以看出她内心的无比惆怅和怨恨。本来玉颜的娇美是无法和奇丑的乌鸦相比的，可是乌鸦却比此时的主人公还风光，因为它还可以披着昭阳宫的阳光飞来，凭阳光来反衬自己的羽毛，而她自己却永远失去了君王的恩宠，只好终年把自己锁在长信宫中，再也不能得到昔日的宠爱。联想到自己曾经的荣华得宠之时，自己的玉容美貌，看看眼前丑陋无比的乌鸦，怎能不黯然伤神？不使她留恋呢？同时，也激起她内心无比的惆怅与怨恨，怨恨那现在的得宠者夺去了她原本占有的皇帝的恩宠、欢乐与地位。

这首诗运用了相距甚远的两个类似物作比，鲜明地揭示了主人公命运的悲惨。它含蓄婉曲的艺术魅力，与鲜明的对比，使其在宫怨诗的创作中，留下了不可磨灭的光辉，是唐代宫怨诗中的名篇佳作。

毛泽东多次圈阅这首诗，说明他对这首诗很喜爱。（毕晓莹）

【原文】

从军行四首
其一　烽火城西百尺楼

烽火城西百尺楼(1)，黄昏独坐海风秋(2)。

更吹羌笛《关山月》(3)，无那金闺万里愁(4)。

【毛泽东圈评等情况】

在多种古诗选本中，这首《从军行四首其一》毛泽东圈阅过五六遍之多。其中毛泽东圈阅较多的清沈德潜编选的《唐诗别裁集》卷十九"七言绝句"类中载有这首诗。

[参考] 张贻玖：《毛泽东评点、圈阅的中国古典诗词》，中国工人出版社 1992 年版，第 69 页。

【注释】

（1）"烽火"句，烽火，古时边境筑有高台，有敌入侵，白天燃烟，夜间举火用以报警。百尺楼，城上之戍楼，百尺言其高。

（2）独坐，一作"独上"。海风，指西北地区一些大湖上吹来的风。海，指大湖或大池。

（3）羌笛，古代的管乐器。长二尺四寸，三孔或四孔。因出于羌中，故名。《关山月》，乐府曲名。属《横吹曲》，宋郭茂倩编《乐府诗集》卷二十三引《乐府解题》曰："《关山月》，伤离别也。"

（4）无那，无奈。金闺，闺阁的美称。一作"谁解"。

【赏析】

《从军行》，乐府旧题，属相和歌辞平调曲。多反映军旅生活的辛苦。王昌龄采用乐府旧题写的这组边塞诗，共七首，毛泽东圈阅了其中的四首。

本篇原列第一，写的是一位处于战斗空隙之中的戍边战士对远方妻子的怀念。这首小诗，笔法简洁而富蕴意，写法上很有特色。诗人巧妙地处理了叙事与抒情的关系。"烽火城西百尺楼，黄昏独坐海风秋。"一、二句叙事。写黄昏时分，一个心思重重的士兵独自坐在烽火台旁的岗楼上，夕阳已西下，青海湖的秋风吹拂着。烽火台，百尺楼，黄昏独坐，加上海风秋，构成了一派悲凉气氛。海，古代称塞外湖泊亦曰海，这里指青海湖。

"更吹羌笛关山月"，是说这时，他又听到羌笛吹出寄托离别之情的《关山月》的曲调，怎么会不触动他的思家之情呢？更何况有万里之遥的妻子在等他。《关山月》，乐府《鼓角横吹曲》，多述征戍之苦，离别之情。羌笛，古代少数民族羌族的一种竹制乐器。

"无那金闺万里愁"，末句抒情。无那，即无奈。金闺，闺房之美称，这里指妻子。此句意思是，无奈的是万里之外的妻子因为挂念自己而忧愁、伤心、难过。在这里，作者不写士兵思家思妇，而是写他的妻子，写他无言以慰闺中之思妇，更能表明他"正深于思家者"。

诗的前两句写景，先写可见可闻的有边塞特色的景物：烽火、黄昏、海风秋，点出一派悲凉。后两句抒情，诗人用"更吹"二字，加上"无那"来抒情，写出黄昏独上之情，极尽缠绵悱恻，把广大守边战士的思乡、怀人的苦闷心情典型地表现出来。《唐诗绝句类选》："桂天祥曰：起处壮逸，断句伤神。"

这首诗的妙处在于，"全以先天神运，不在后天迹象"。诗人以雄阔苍劲之笔，写思乡望远之情，末句不直接写战士思乡之苦，而写战士之妻对他的思念，更能全面地反映战争给人民带来的沉重灾难，使人读之难忘。

毛泽东很喜爱这组诗，圈阅达五六遍之多。（毕晓莹）

【原文】

从军行四首
其二　青海长云暗雪山

青海长云暗雪山⁽¹⁾，孤城遥望玉门关⁽²⁾。
黄沙百战穿金甲，不破楼兰终不还⁽³⁾。

【毛泽东圈评等情况】

毛泽东曾四次手书这首《从军行·青海长云暗雪山》。

[参考] 中央档案馆编：《毛泽东手书选集·古诗词（上）》，
北京出版社 1996 年版，第 97—104 页。

1958年2月4日，李讷因急性盲肠炎和小时候打针针头不慎断在肉里，一直没有取出，因此决定动手术。这时江青正巧去了广州，一切由毛泽东亲自联系。不料，手术后伤口感染，引起发烧。毛泽东忙于工作，又时时关心李讷身体。2月3日，他又通宵未眠。中午十二时，他吃了安眠药，准备睡觉。临睡前，他不放心女儿，写了一封信，对她讲了一番道理：一个人病严重时，往往心旌摇摇，悲观袭来，信心动摇，这是意志不坚决。我也常如此。病情好转，心情也好转，世界观也改观了，豁然开朗。意志可以克服病情，一定要锻炼意志。毛泽东还在信中凭记忆抄录了唐朝诗人王昌龄的《从军行七首》之一："诗一首：青海长云暗雪山，孤城遥望玉门关。黄沙百战穿金甲，不破（斩）楼兰终不还。"并说："这里有意志，知道吗？"这里的"诗一首"就是此诗。

[参考] 华英：《毛泽东的儿女们》，中外文化出版公司1989年版，第191—192页。

【注释】

（1）"青海"句，青海即今青海境内的青海湖。雪山，指祁连山。东汉班固《后汉书·明帝纪》："窦固破呼衍王于天山。"李贤注："天山即祁连山，一名雪山，今名折罗汉山，在伊州北。"

（2）孤城，即指玉门关。玉门关，汉武帝置，因西域输入玉石取道于此而得名。故址在今甘肃敦煌西北小方盘城。六朝以后关址东移至今安西双塔堡附近，宋后废圮。

（3）楼兰，汉时西域国名，在今新疆若羌及其东北之罗布泊一带。汉昭帝刘弗陵元凤（前80—前75）中更其国名为鄯善。东汉班固《汉书·傅介子传》载，西汉时，楼兰国王与匈奴勾通，屡遮杀汉使。傅介子奉命出使，以计刺杀楼兰王，持其首还长安。此处以楼兰指代唐西北边境少数民族政权。

【赏析】

本篇原列《从军行七首》之四。这首诗通过描写出征战士站在戍城上，极目远望，在阴云密布、满眼黄沙的瀚海"孤城"中担任戍守任务的宽广胸襟，表现了他们立誓破敌、决战决胜的顽强斗志和爱国主义的豪迈气概。

"青海长云暗雪山"的意思是：青海湖上空，长云弥漫；湖的北面，横亘着绵延千里的隐隐的雪山。这幅集中了东西数千里广阔地域的长卷，就是当时西北边疆戍边将士生活、战斗的典型环境。它是对整个西北边陲的一个鸟瞰，一个概括。

"孤城遥望玉门关"句，写站在孤城玉门关遥望所见。本句为一倒装句，应理解为："孤城玉门关遥望"，这种句式与本句和前句意思的关联是相同的，都倒着理解，至此，我们看到一幅更清晰的画面：玉门关上，身披铠甲的士兵放眼远望，注视着远方的动向，仿佛望见了青海湖上的长云弥漫，阴云笼罩下的祁连山；他们俯视自己脚下的关卡，更感到自己所担负的戍边任务的重大，更增加了他们保卫国家的信心与力量。

"黄沙百战穿金甲"句，概括了当时戍边战事的实际情况，写出了戍边生活的艰苦：戍边时间的漫长，战争的频繁与艰苦，敌人的强悍，遍地的荒凉。"黄沙"写出了西北地区战场的特征。"百战"而至"穿甲"，更可以想象到战斗的激烈、频繁以及无数战士的惨痛的牺牲，可是，它磨穿金甲，却磨不掉将士们的报国壮志。"黄沙百战穿金甲"，是概括力极强的诗句。"百战"是比较抽象的，冠以"黄沙"二字，就突出了西北战场的特征，令人宛见"日暮云沙古战场"的景象；"百战"而至"穿金甲"，更可想见战斗之艰苦激烈，也可想见这漫长的时间中有一系列"白骨掩蓬蒿"式的壮烈牺牲。但是，金甲尽管磨穿，将士的报国壮志却并没有销磨，而是在大漠风沙的磨炼中变得更加坚定。

"不破楼兰终不还"，末句寄慨。楼兰，汉时西域的鄯善国，在今新疆鄯善东南一带地方。汉武帝时派使臣通西域，楼兰国王与匈奴勾结，屡次阻挡道路，刺杀、攻击汉朝使臣。傅介子奉命前往，用计谋刺杀了楼兰国王。这里泛指侵略西北地区的少数民族统治者。"不破楼兰终不还"是说，如果不打败敌人，誓死也不回归本地，表现了戍边将士誓死报国的豪情和气概。这就是身经百战的将士豪壮的誓言。上一句把战斗之艰苦、战事之频繁越写得突出，这一句便越显得铿锵有力，掷地有声。一二两句，境界阔大，感情悲壮，含蕴丰富；三四两句之间，显然有转折，二句形成鲜明对照。"黄沙"句尽管写出了战争的艰苦，但整个形象给人的实际感受是雄壮有力，而不是低沉伤感的。因此末句并非嗟叹归家无日，而是在深深意识到战争的艰苦、长期的基础上所发出的更坚定、深沉的誓言。盛唐优秀边塞诗的一个重要的思想特色，就是在抒写戍边将士的豪情壮志的同时，并不回避战争的艰苦，本篇就是一个显例。

纵观全诗，诗人运用想象、夸张的手法，写出了戍边将士关心国家命运安危，身经百战，宁死保卫祖国的高尚情操。同时，也写出了战争的艰苦、旷日持久和残酷。

毛泽东手书过这首诗，先后圈阅达五、六次之多。1958 年毛泽东给正在生病的女儿李讷写信时，鼓励她："意志可以克服病情，一定要锻炼意志。"信中说："为你的事，我此刻尚未睡，现在我想睡了。心情舒畅了。诗一首：（略）这里有意志，知道吗？"引用的即是这首诗。（毕晓莹）

【原文】

从军行四首
其三　秦时明月汉时关

秦时明月汉时关⁽¹⁾，万里长征人未还⁽²⁾。
但使龙城飞将在⁽³⁾，不教胡马度阴山⁽⁴⁾。

【毛泽东圈评等情况】

毛泽东在一本清蘅塘退士原编《注释唐诗三百首》"七言绝句"类这首《从军行·秦时明月汉时关》诗题头上方画了一个大圈，在正文上方天头空白处连画三个圈。

[参考]中央档案馆整理：《毛泽东评点诗词曲精选（上册）》，
中国档案出版社 1998 年版，第 142 页。

【注释】

（1）"秦时"句，清沈德潜《说诗晬语》："防边筑城起于秦汉，明月属秦关属汉，诗中互文。"实指"秦汉时明月秦汉时关"。

（2）长征人，《全唐诗》："一作征夫尚。"

（3）龙城飞将，东汉班固《汉书·卫青霍去病传》载，汉景帝刘启元光六年（前129），卫青为车骑将军，击匈奴，走上谷，至笼城，斩首虏数百。笼城，颜师古注曰："笼"与"龙"同。据此，龙城飞将可能指卫青奇袭龙城的事情。有人认为龙城飞将中的飞将指的是汉飞将军李广，龙城是唐代的卢龙城（卢龙城就是汉代李广练兵之地，在今喜峰口附近一带，为汉代右北平郡所在地）。《史记·李将军列传》："（李）广居右北平，匈奴闻之，号曰'汉之飞将军'，避之数岁，不敢入右北平。"理解此处"龙城飞将"，亦可合用卫青、李广事，指扬威敌境之名将。

（4）不教，不叫，不让。教，让。胡马，指侵扰内地的外族骑兵。胡，指北方少数民族。度，越过。阴山，西起河套，东抵小兴安岭，横跨今内蒙古自治区，汉代为北方天然屏障。

【赏析】

此诗《注释唐诗三百首》题作《出塞》。《出塞》是汉乐府《横吹曲》的曲调名。

王昌龄所处的时代正值盛唐，这一时期，唐在对外战争中屡屡取胜，全民族的自信心极强，边塞诗人的作品中，多体现出一种慷慨激昂的向上精神和克敌制胜的强烈自信。同时，频繁的边塞战争，也使人民不堪重负、渴望和平。王昌龄的这首诗，较为出色地表现了战士们的雄心壮志、爱国精神和对和平生活的渴望。

诗的首句"秦时明月汉时关"，采用互文，表面上说是秦代的明月，汉代的关塞，实则指"秦汉时明月秦汉时关"。诗人在这里所说的月、关，并非秦月汉关的概念，而是月临关塞的景象及由此产生的悠远想象。秦朝，是中国历史上第一个统一的中央集权的封建王朝，使"胡人不敢南下而牧马"。汉朝的国力更加强盛，曾进行了多次北击匈奴、保卫边疆的自卫战争。眼前的明月及明月照耀的关塞，曾演出了多少威武雄壮的人间大剧啊！这一句"秦时明月汉时关"，抒发了作者对国力强盛、边防巩固的秦汉时代的怀念，也表现了民族历史的自豪感。

"万里长征人未还"，次句从写古回到写今，尽管明月依旧，关塞仍在，但今非昔比，古人征战是战果累累，赶走异族，巩固边防，可今天呢？——"万里长征人未还"。我们眼前仿佛可以看到这样一幅图画：长途跋涉的士兵穿过苍茫的关塞，头顶明月，开赴塞外战场；只见队伍逶迤北去，却不见胜利南归。这句既写出了征途的艰苦、战争的旷日持久，也写作者的疑问。秦汉明月照过古人照今人，为何不照今日人归来？

"但使龙城飞将在，不教胡马度阴山。"三、四两句是说，假如今天仍有像卫青和李广那样的名将来率领广大战士打败敌人，夺取胜利，那么敌人从此就不敢再来侵犯了。"龙城飞将"，指汉代名将李广。他曾经任右北平（汉郡名，包括现在的河北蓟县以东、辽宁大凌河上游以南地区）太守，匈奴人对他很害怕，称他为"飞将军"。右北平，唐时改为平州，治所在卢龙城，故称李广为"龙城飞将"。"但使龙城飞将在，不教胡马度阴山"两句，融抒情和议论于一体，直接抒发了戍边战士巩固边防的愿望和保卫国家的壮志，洋溢着爱国激情和民族自豪感。同时，这两句也表现了诗人对朝廷用人不当和将帅腐败无能的不满。

王昌龄的这首边塞七绝，被历代评论家誉为唐人七绝压卷之作。它篇幅短小，容量却很大，而且内容深刻，诗人以雄劲的笔触，对当时的边塞战争生活作了高度的艺术概括。清代施补华《岘佣说诗》曰："'秦时明月'一首，'黄河远上'一首，'天山雪后'一首，皆边塞名作，意态雄健，音节高亮，令人百读不厌也。"其评甚当。（毕晓莹）

【原文】

从军行四首
其四 大漠风尘日色昏

大漠风尘日色昏，红旗半卷出辕门[1]。
前军夜战洮河北[2]，已报生擒吐谷浑[3]。

【毛泽东圈评等情况】

毛泽东曾两次手书这首《从军行·大漠风尘日色昏》。

[参考] 中央档案馆整理：《毛泽东评点诗词曲精选（上册）》，

中国档案出版社 1998 年版，第 105—107 页。

【注释】

（1）辕门，军营的门。古代行军扎营时，用车环卫，出入处是把两车的车辕相向竖起，对立如门。

（2）洮（táo）河，在甘肃西南部，是黄河的支流，又名巴尔西河。源出今青海境内之西倾山，曲折东北流，经甘肃岷县、临洮县，注入黄河。

（3）吐谷（yù）浑，古代我国西部少数民族名，相传为晋时鲜卑族慕容氏后裔。宋欧阳修等《新唐书·西域传》："吐谷浑居甘松山之阳，洮水之西，南抵白兰，地数千里。"此处借以泛指进犯边疆之敌。

【赏析】

此诗原为王昌龄《从军行七首》的第五首。全诗对比鲜明地描写了战争中最易出现的两个场面：匆忙赶赴战场和得胜后大家欢欣鼓舞的样子。

"大漠风尘日色昏"，首句先描绘了一个较阴沉的场景：在那广阔无边的沙漠里，狂风怒号着掠过沙的海洋，把那些沙土、尘土都抛到空中，一会儿太阳也被迷得暗淡无光，到处是灰蒙蒙的一片。诗人从大处着笔，渲染了战场厮杀的战斗气氛。这一句可以说是全景、远景。

"红旗半卷出辕门"，次句则是在这个全景中出现的近景：一队队兵士荷戈执戟，披甲戴盔奔出营门，举着半卷的红旗，急速地向前开进。这句描绘了西北边陲的战斗环境和部队紧张的战斗气氛。"辕门"，军营的大门。古代行军扎营时，用车环卫，出入处把两车的车辕相向竖起，对立如门，故称军营大门为辕门。

诗的前两句从不同角度描绘了后续部队开赴前线时的情景以及他们不畏艰苦英勇赴战的高昂士气。那么，期待着一场惊心动魄的战斗的士兵们会有什么样的结果呢？突然接到先头部队的捷报："前军夜战洮河北，已报生擒吐谷浑。"三、四句写奏捷。前面的军队夜里已经在洮河战役中大获全胜。洮河，在甘肃西南部，是黄河的支流。吐谷浑，我国古代部族名，属鲜卑族，游牧于洮水西南等处。其贵族武装时常扰乱边境，阻碍唐与西域的交通，唐王朝为了维护国家的统一和边区的生产、生活，曾与吐谷浑的贵族武装进行了多次战争。吐谷浑，在这里泛指敌人首领。诗的后两句，飞来一笔，出其不意地写出了胜利的消息来得迅速、突然，真实地描绘了战争瞬息万变的特点。诗人没有直接写出战士们欢呼雀跃、擂鼓庆功、喜出望外的情景，只说"生擒吐谷浑"，显得十分简洁、含蓄。

这一首诗虽没有具体地细述战斗的经过，却从字里行间写出了战争胜利的必然，是一首打击敌人、保卫边疆的战歌。全诗意境开阔，气势磅礴，内涵深远，言少意多，让我们不能不佩服这位"诗家夫子"构思的精当。

毛泽东曾手书过这首诗，说明他是比较喜爱的。（毕晓莹）

【原文】

闺　怨

闺中少妇不知愁，春日凝妆上翠楼[(1)]。

忽见陌头杨柳色[(2)]，悔教夫婿觅封侯[(3)]。

【毛泽东圈评等情况】

毛泽东在一本清蘅塘退士原编《注释唐诗三百首》"七言绝句"类中这首《闺怨》诗题目上方天头空白处画了三个圈。

[参考] 中央档案馆整理：《毛泽东评点诗词曲精选（上册）》，中国档案出版社 1998 年版，第 130 页。

【注释】

（1）闺，女子卧室，借指女子，一般指少女或少妇。

（2）凝妆，即严妆、盛妆，着意打扮的意思。翠楼，即青楼，古代显贵之家楼房多饰青色，这里因平仄要求用"翠"，且与女主人公的身份及时令季节相应。

（3）陌（mò）头，道边，路头。柳，谐留音，古俗折柳送别。

（4）悔教，后悔让。夫婿，丈夫。觅（mì），求取。封侯，封拜侯爵，指从军建功封爵。

【赏析】

唐代前期国力强盛，从军远征，立功边塞，成为当时人们"觅封侯"的一条重要途径。"功名只向马上取，真是英雄一丈夫"（岑参《送李副使赴碛西官军》），成为当时许多人的生活理想。

"闺怨"是一种传统题材。王昌龄善于用七绝细腻而含蓄地描写宫闺女子的心理状态及其微妙变化。这首《闺怨》和《长信秋词》等宫怨诗，都是素负盛誉之作。

一、二两句"闺中少妇不知愁，春日凝妆上翠楼"，诗的题目称"闺怨"，但诗的开首两句却反其意说"不知愁"，似乎故意违反题面。其实，作者这样写，正是为了表现这位闺中少妇从"不知愁"到"悔"的心理变化过程。丈夫从军远征，离别经年，照说应该有愁。之所以"不知愁"，除了这位女主人公正当青春年少，还没有经历多少生活波折，家境比较优裕（从下句"凝妆上翠楼"可以看出）之外，根本原因还在于那个时代的风气。在当时"觅封侯"这种时代风尚影响下，"觅封侯"者和他的"闺中少妇"对这条生活道路是充满了浪漫主义幻想的。"春日凝妆上翠楼"，诗人写出一派欢快景象。大好春光中，她特地把自己打扮得整整齐齐，漂漂亮亮（凝妆，即严妆、浓妆、着意打扮的意思），走出闺房登上了自家的高楼（翠楼即青楼，古代富贵之家楼房多饰以青色）。春日而凝妆登楼，当然不是为了排遣愁闷（遣愁何须凝妆），那么她肯定是来欣赏美景的。虽然作者在这里只写了她凝妆登楼的动作，但她的心理一目了然，她是为了观赏春色以自娱。这一句写少妇青春的欢乐，正是为下段青春的虚度、青春的怨旷蓄势。

"忽见陌头杨柳色"，第三句是全诗的一个大转折，是全诗的枢纽，也是她心理、感情变化的大转折。"陌头杨柳色"是春天最常见的景色，登楼眺望自然会看到，阡陌之上，杨柳青青，枝条万缕，随风飘荡。那么作者为什么用"忽见"二字呢？忽见是正当她漫不经心地眺望所遇，而这普普通通的陌头杨柳竟忽如触电般勾起她许多从未有过的感触和联想。春风中荡漾的柳丝，可以使人联想起美好的青春年华，也可以联想起蒲柳先衰，年华易逝，折柳送别，联想起远方的夫婿，这大好春光，青春年华竟无人共赏，净增遗憾……这一切如一股强电流通过她，使她内心深处萌发出从未想过的、现在却变得非常强烈的——"悔教夫婿觅封侯。"清俞陛云著《诗境浅说续编》说："凡闺侣伤春，诗家所习咏，此诗不作直写，而于第三句以'忽见'二字陡转一笔，全首皆生动有致。绝句中每有此格。"

"悔教夫婿觅封侯"，末句也就是题目所说的闺怨，她多么后悔当初劝说丈夫离家别妻，到外面去追求功名富贵呀。上句"杨柳色"虽然在很多场合下可以作为"春色"的代称，但也可以联想起蒲柳先衰、青春易逝，联想起千里悬隔的夫婿和当年折柳赠别，这一切，都促使她从内心深处冒出以前从未明确意识到过而此刻却变得非常强烈的念头——悔教夫婿觅封侯。本来要凝妆登楼，观赏春色，结果反而惹起一腔幽怨，这变化发生得如此迅速而突然，仿佛难以理解。诗的好处正在这里：它生动地显示了少妇心理的迅速变化，却不说出变化的具体原因与具体过程，留下充分的想象余地让读者去仔细寻味。

这正是王昌龄用七绝抒写闺怨女子的特点。清黄生《唐诗摘抄》评此诗曰："以'不知愁'翻出下二句，语意一新，情思婉折。闺情之作，当推此首第一。"不为过誉。（毕晓莹）

【原文】

春宫怨

昨夜风开露井桃⁽¹⁾，未央前殿月轮高⁽²⁾。
平阳歌舞新承宠⁽³⁾，帘外春寒赐锦袍⁽⁴⁾。

【毛泽东圈评等情况】

毛泽东曾手书这首《春宫怨》。

[参考] 中央档案馆编：《毛泽东手书选集·古诗词（上）》，
北京出版社 1998 年版，第 108 页。

【注释】

（1）露井，没有井亭覆盖的露天之井。此句喻指女子承宠。

（2）未央，未央宫，汉代宫殿名，在长安城内西南隅，此处借指唐之宫殿。

（3）"平阳"句，平阳，指汉武帝姐姐平阳公主。东汉班固《汉书·外戚传》载，武帝即位，数年无子。平阳公主家里训练了十多个歌女。一天武帝去平阳公主家，公主引见了家里的美人，武帝都不高兴。喝酒时，歌女卫子夫进来，武帝单单喜欢卫子夫，于是平阳公主把子夫送进宫中。元朔元年生下个男孩，于是被立为皇后。陈皇后废居长门宫。新承宠，指卫子夫受宠幸。

（4）赐锦袍，指卫子夫受到汉武帝的特殊宠爱。

【赏析】

此题清蘅塘退士《注释唐诗三百首》又作《春宫曲》。清沈德潜编选《唐诗别裁集》作《殿前曲》。

这首宫怨诗是借汉武帝宠爱平阳公主家歌女卫子夫、废弃陈皇后之事，揭露封建帝王喜新厌旧的腐朽本性，反映后妃们色衰爱弛，终被遗弃的可悲命运。

关于这首诗的艺术特点，清人沈德潜说得很好："'昨夜风开露井桃'一章，只说他人之承宠，而己之失宠，悠然可思，此求响于弦指外也。"全诗是失宠者以见证人的身份对承宠者"昨夜"承宠的追述。"昨夜风开露井桃"，首句写"春"，点明时令，兼喻承宠。"露井桃"，井边的桃树。露井是没有井亭覆盖的井。南朝梁沈约《宋书·乐志·鸡鸣古词》："桃生露井上。"这句是说，在春风的吹拂下，井边的桃树绽开了艳丽的花朵。这是写景，又是一种比喻象征，女子颜若桃花，方博得了帝王的宠幸。

"未央前殿月轮高"，次句点出地点，切题中"宫"字，兼状欢乐，也是一种比兴手法。"未央"，即未央宫，汉宫殿名，在汉长安城内西南隅。"月轮高"，月亮升得很高，表明夜已深了。此句承接第一句写"夜"，进一步指明地点是在皇宫，同时以"月轮高"来写时间的推移。其实失宠者与承宠者同在一个月亮照耀之下，本无所谓低与高，然而在失宠者看来，承宠者承宠的未央殿上空的月亮也高悬中天，分外明亮，对比之下，自己所在的宫殿的月亮也黯然失色。以上两句写景，景中含情。

　　"平阳歌舞新承宠，帘外春寒赐锦袍"，三、四两句用典，不直接写怨，从得宠者着笔。"平阳"，汉武帝姐姐平阳公主。"歌舞"，指平阳公主家歌女卫子夫。《汉书·外戚传》载：汉武帝皇后卫子夫，出身微贱，初为平阳公主家歌女。一次武帝到平阳公主家饮酒，看上了卫子夫。公主遂将她送进宫中，极受宠爱，立为皇后。陈皇后废居长门宫。"新承宠"，指卫子夫受宠幸，拈出"新"字，反衬旧人。末句"帘外春寒赐锦袍"是指汉武帝唯恐卫子夫夜深受凉特地赐给她锦袍抵御春寒。这是一个典型的细节描写。试想，露井桃开，已是春暖花开时节，即使深夜，也是凉而不寒，皇帝却特赐锦袍，实属多余，这过分的关心，具体地说明了新人的极受宠幸。刘豹君在《唐诗合选详解》卷四说："帘外春寒，则帘内未必寒也。乃恩宠已极，即夜宴未寒，忽指以为寒，而遂以锦袍赐之。夫不寒而有锦袍之赐，承宠者之荣也，而以失宠者观之，倍觉难堪矣。"末句极力写"宠"，暗中托出怨情，曲折有味，给人以想象的余地，手法是很高明的。

　　毛泽东曾手书这首《春宫怨》诗，说明他是比较喜爱的。（毕桂发）

【原文】

塞上曲

蝉鸣空桑林(1)，八月萧关道(2)。

出塞复入塞(3)，处处黄芦草(4)。

从来幽并客(5)，皆共尘沙老(6)。

莫学游侠儿(7)，矜夸紫骝好(8)。

【毛泽东圈评等情况】

毛泽东在一本清蘅塘退士原编《注释唐诗三百首》五言"乐府"类中在这首《塞上曲》诗题目上方画了一个大圈，又在正文上方天头空白处连画了三个小圈。

[参考] 中央档案馆整理：《毛泽东评点诗词曲精选（上册）》，

中国档案出版社 1998 年版，第 18—19 页。

【注释】

（1）空桑林，秋来木叶凋谢，桑林变得稀疏、空落。一作"桑树间"。

（2）萧关，古关塞名，故址在今宁夏固原东南。唐李吉甫撰《元和郡县志》卷三："关内道原州平高县萧关，故城在县东南三十里。"此为古萧关。原州另有萧关县。《元和郡县志》同卷又有："本隋地楼县，大业元年（605）置，神龙三年（707）废，别立萧关。以去州阔远，御史中丞侯全德奏于故白草城置，因取萧关为名。"

（3）此句一作"山塞入塞寒"。

（4）芦，芦苇。

（5）幽并，幽州和并州。幽州，唐代属河北道，辖境约在今北京及所属通州、房山、大兴，河北永清、安次等县。并州，唐代属河东道，辖境相当于今山西阳曲以南、文水以北之汾水中游地区。这里"幽并"是古地名，概指古代燕赵之地。唐魏征等《隋书·地理志》："自古言勇侠者，皆推幽并。"

（6）尘沙老，也作"沙场老"，尘沙，指边塞战场。

（7）游侠儿，指重义气，凭恃胆略武勇而轻生死的人。《史记·游侠列传》裴骃《集解》："苟悦曰：'立气齐，作威福，结私交，以力强于世者，谓之游侠。'"

（8）矜（jīn），自夸，自恃。紫骝（liú），骏马名。唐杨炯《紫骝马》："侠客重周游，金鞭控紫骝。"

【赏析】

《塞上曲》，一作《塞下曲》，汉乐府《横吹曲》中《出塞》《入塞》之诗，多写边塞征战之事。唐代的《塞上曲》《塞下曲》源于汉乐府，但又是乐府新辞。在盛唐诗人之中，王昌龄的边塞诗可谓独树一帜，颇为人们称道。诗人早年漫游西北边地时所作的《塞上曲》，就是很有特色的作品。

　　这是一首五言律诗。"蝉鸣空桑林，八月萧关道"，诗的首联点出时令和边塞的具体地点。"空桑林"，指桑叶落尽的桑树林，一作"桑树间"。"萧关"，古关塞名，故址在今宁夏固原东南。八月的萧关道上，桑林一片萧瑟景象；空空的枝条上，几只寒蝉在光秃秃的林中凄切地鸣叫，冷落、荒凉，使人不禁随之而心酸。这里的自然环境是荒凉的，可也并非是人迹罕至的地方，相反，倒是经常有大批人从此进进出出、来来回回，他们是什么人，为什么会频繁地从此经过呢？诗的三、四两句替我们作了解答。

　　"出塞复入塞，处处黄芦草"，颔联二句是说，原来是由于边塞形势紧张，在八月即寒的边地，到处是芦草枯黄，一片荒凉，士兵们频繁地出塞入塞。"出塞复入塞"，一方面从戍边将士"出塞入塞"中，暗示了这秋高马肥的季节，边塞形势紧张；另一方面从萧关内外处处是黄芦枯草的自然环境描写，来显示将士守卫边地的艰苦。这样荒凉的条件，战士们是如何对待的呢？我们从作者的称赞可以看出这一点。

　　"从来幽并客，皆共尘沙老"，颈联二句是说，幽、并二州地接边塞，民好武而强悍，习于征战，不少人为了守卫边疆，长期戍守、驰骋沙场。"幽、并"，幽州和并州。幽州，唐代属河北道，辖境约在今北京通州、房山、大兴，河北安次、永清一带。并州，唐代属河东道，辖境约在今山西汾水中游地区。"客"，指幽、并武勇之士。唐魏征等《隋书·地理志》："自古言勇侠者，皆推幽、并。""尘沙"，指边塞战场。此句也作"共向沙场老"。

　　"莫学游侠儿，矜夸紫骝好"，尾联二句中的"游侠儿"，指重信义、凭恃胆略武勇而轻生死的人，《史记》中有《游侠列传》。"矜"，夸耀。"紫骝"，骏马的名字。诗人在肯定"幽并客"戍边御敌的爱国精神之后，又劝勉他们不要只学游侠儿，没有志向；只夸耀自己，目光短浅。言外之意是在促使他们不能不为国家着想，立志报国。

　　这首《塞上曲》写了战士们所处环境的艰苦，肯定赞扬了勇士们的爱国精神，又劝勉他们为国出力，有叙有议，自然环境衬托了士兵们取得战功、爱国举动之不平凡。

从毛泽东对此诗题目和正文的圈画情况来看，他是非常喜爱这首《塞上曲》诗的。（毕晓莹　赵庆华）

【原文】

塞下曲

饮马渡秋水[(1)]，水寒风似刀。

平沙日未没[(2)]，黯黯见临洮[(3)]。

昔日长城战[(4)]，咸言意气高[(5)]。

黄尘足今古[(6)]，白骨乱蓬蒿[(7)]。

【毛泽东圈评等情况】

在一本清蘅塘退士原编《注释唐诗三百首》"五言古诗·乐府"类这首诗《塞下曲·饮马渡秋水》题目上方，毛泽东画了一个大圈。

[参考] 中央档案馆整理：《毛泽东评点诗词曲精选（上册）》，
中国档案出版社 1998 年版，第 19 页。

【注释】

（1）饮（yìn），让马喝水。

（2）平沙，广阔的沙原。南朝梁何逊《慈姥矶》："野雁平沙合，连山远雾浮。"

（3）黯黯（àn），模糊不清的样子。临洮，地名，今甘肃岷县一带，是古长城西边的起点。其唐时近吐蕃，为边防要地。

（4）长城战，当指唐玄宗开元二年（714），唐玄宗命陇右防御使薛讷、副使郭知运、太仆少卿王晙等击吐蕃，战于临洮，杀获万余人之事。

（5）咸言，都说。咸，都的意思。

（6）黄尘，黄沙。足，充塞。

（7）白骨，指战场上的尸骨。蓬蒿，蓬草和蒿草，亦泛指野草。

【赏析】

此题共四首，此其二。

这是一首五言律诗，描写了西北边塞战争的残酷，抒发了诗人的反战情绪，谴责了统治者的好大喜功和穷兵黩武。荒凉的塞外，散落在蓬蒿里的将士白骨触目惊心，寄托了诗人对征战将士的无限同情。当是诗人早年漫游陇右，根据自己的实地考察而作。

此诗在构思上的特点，是用侧面描写来表现主题。诗中并没具体描写战争，而是通过对塞外景物和昔日战争遗迹的描绘，来表达诗人对战争的看法。开头四句是从军士饮马渡河的所见所感，描绘了塞外枯旷苦寒的景象。诗人把描写的时间选在深秋的黄昏，这样更有利于表现所写的内容。写苦寒，只选择了水和风这两种最能表现环境特征的景物，笔墨简洁，又能收到很好的艺术效果。"饮马渡秋水，水寒风似刀。"首联二句叙事，写成边战士的边塞生活。"饮马"，让马喝水。这二句是说，蹚过秋天清冷的河水去饮马，已经水寒彻骨，风如刀割。饮马渡水，极为概括地描写了成边士兵生活的一个重要方面，从视觉和触觉两个方面来写这活动着的景象。第一句"秋"字点明时令，领起下句，从秋天河西就已经"水寒风似刀"了，突出了边塞节候的特点，有强烈的真实感。

"平沙日未没，黯黯见临洮。"颔联二句写景，补说地点，突出边塞的地理特征。"平沙"，茫茫无际的沙漠。"黯黯"，模糊不清的样子。"临洮"，今甘肃岷县一带，是古长城西边的起点。这两句说，在茫茫无际的大沙漠中，太阳还没有落下，远眺临洮，已经模糊不清了。写成边战士眺望所见，境界阔大，气势雄浑，既表现了塞北漠南边地风光的特色，也补写了边塞生活的环境。

"昔日长城战，咸言意气高。"颈联二句引叙中事。"长城战"，可能是指开元二年（714），唐玄宗命陇右防御使薛讷、副使郭知运等击吐蕃，战于洮水，杀获万余人的事。这二句是说，过去发生在长城脚下的那场战争，大家都说我军杀敌的意志和气概高昂激扬。此次战争是由前远望临洮而来。但是战争是生命的角逐，牺牲总是难免的，胜仗也不例外，这是人所共知的。经过这一铺垫，便逼出了结束二句。

对此，诗人不是直接从正面进行辩驳或加以评论，而是以这里的景物和战争遗迹来作回答："黄尘足今古，白骨乱蓬蒿。"尾联二句写所感。"黄尘"，黄沙。"白骨"，指战场上的尸骨。"蓬蒿"，战地的转蓬和蒿草。这两句说，临洮一带，自古及今都是黄沙莽莽的征战之地，战场上的白骨散乱在野草之中。"今古"贯通两句，上下句都包括在内；不仅指从古到今，还包括一年四季，每月每天。意思是说，临洮这一带沙漠地区，一年四季，黄尘弥漫，战死者的白骨，杂乱地弃在蓬蒿间，从古到今，都是如此。这里的"白骨"，包含开元二年这次"长城战"战死的战士，也包括这以前战死的战士。这里没有一个议论字眼，却将战争的残酷极其深刻地揭示出来。这里是议论，是说理，但这种议论、说理，却完全是以生动的形象来表现，因而更具有震撼人心的力量，手法极其高妙。从诗末二句对战争后果的描写来看，诗人有谴责穷兵黩武之意。

这首诗把军旅生活的艰辛及战争的残酷描绘得淋漓尽致，表达了诗人对穷兵黩武的战争的反对情绪，对人民的强烈的责任感和历史使命感，极具穿透力。

毛泽东曾圈阅过这首《塞下曲·饮马渡秋水》，说明他比较喜爱。（毕桂发）

祖　咏

祖咏（699—746），字、号均不详，洛阳（今河南洛阳附近）人，唐代诗人。唐玄宗开元十二年（724）进士，长期未授官。后入仕，又遭迁谪，仕途落拓，曾因张说推荐，任过短时期的驾部员外郎。后归隐汝水一带。

祖咏少有文名，擅长诗歌创作，与王维友善。王维在济州赠诗云："结交二十载，不得一日展。贫病子既深，契阔余不浅。"（《赠祖三咏》）其诗多状景咏物，以描写山水自然为主，辞意清新，文字洗练，宣扬隐逸生活，讲求对仗，亦带有诗中有画之色彩。明人辑有《祖咏集》,《全唐诗》存其诗36首。

【原文】

望蓟门

燕台一望客心惊[1]，笳鼓喧喧汉将营[2]。
万里寒光生积雪，三边曙色动危旌[3]。
沙场烽火侵胡月[4]，海畔云山拥蓟城[5]。
少小虽非投笔吏[6]，论功还欲请长缨[7]。

【毛泽东圈评等情况】

毛泽东在一本清蘅塘退士原编《注释唐诗三百首》"七言律诗"类中这首《望蓟门》诗题目上方天头空白处连画了三个小圈，又在旁边正文上方画了一个大圈。

[参考] 中央档案馆整理：《毛泽东评点诗词曲精选（上册）》，
中国档案出版社 1998 年版，第100页。

【注释】

（1）燕台，即幽州台，又称黄金台。战国时燕昭王为招纳贤士而筑，旧址在今北京大兴。望，一作"去"。客，作者自称。

（2）笳（jiā）、鼓，两种军乐器。此处代指号角。笳，即胡笳。汉代流行于塞北和西域的一种类似于笛子的管乐器。汉将营，指唐兵营。

（3）三边，古称幽、并、凉三州为三边。这里泛指当时东北、北方、西北边防地带。危旌，插得很高的战旗。一作"行旌"。天宝末，安禄山一身兼领三重镇（平卢、范阳、云中），此处"三边"当指此而言。

（4）沙场，战场。烽火，古代边塞用于军事通信的设施，遇敌情时点燃狼粪烟火，以传警报。

（5）海畔，海边。蓟城，即蓟门。

（6）投笔吏，指东汉班超投笔从戎的故事。汉人班超家贫，常为官府抄书以谋生，曾投笔叹曰："大丈夫当立功异域以取封侯，安能久事笔砚间。"后终以功封定远侯。事见东汉班固《后汉书·班超传》。

（7）论功，指论功行封。请长缨，西汉人终军出使南越，他向汉武帝作豪语道："愿受长缨，必羁南越王而致之阙下。"后出使南越，说服南越王内服。后被南越相所杀，年仅二十余。缨，绳。事见东汉班固《汉书·终军传》。

【赏析】

"蓟门"，即蓟城，在今北京西南。唐代的范阳道，以今北京西南的幽州为中心，统率十六州，为东北边防重镇。它主要的防御对象是契丹。唐玄宗开元二年（714），即以并州长史薛讷为同紫薇黄门三品，将兵御契丹；开元二十二年（734），幽州节度使张守珪斩契丹王屈烈及可突干。这首诗的写作时期，大约在这二十年之间，其时祖咏当系游宦范阳。

这是一首七言律诗。诗的首联"燕台一望客心惊，笳鼓喧喧汉将营"，写诗人初到蓟门的感受。"燕台"，相传为燕昭王为招纳贤士而筑的黄金台，这里代指燕地。"燕台一望"，为"一望燕台"的倒装。固然是诗律中平仄声排列的要求，更重要的是，起笔即用一个壮大的地名，增加了全诗的气势。这是前半首主意所在，引出下文三句。"惊"，即震惊，指内心受到强烈的震动。"客"，指诗人自己。是什么原因使得"客心惊"呢？当然是这里的环境和气氛的感染所致。"笳鼓"，指军乐。"喧喧"，即喧天。"汉将营"，指唐军之营，这里借汉写唐。总之，是险要山川、辽阔天宇的壮丽景象和雄壮威武的军营气氛使得诗人一到此地内心便受到巨大的震动。清赵臣瑗撰《山满楼笺注唐诗七言律》说："开口先补出'燕台'二字，此身便有着落。'客心惊'，一'惊'字包得下文七句之义；而'汉将营'三字，又七句中之提纲也。"

"万里寒光生积雪，三边曙色动危旌"，颔联为写景。"生积雪"，指寒光生于积雪。"三边"，言汉置幽、并、凉三州，其地皆在边疆，后即泛指边地。"危旌"，高扬的旗帜。颔联两句写塞上景象：辽阔的原野积雪耀眼，曙光中高悬的旌旗在寒风中猎猎作响。"胡"，指北方的少数民族部落。颔联两句更进一步，写这笳鼓之声，是在严冬初晓之时发出的。冬季本已甚寒，何况又下雪，何况又是多少天来的积雪，何况又不止一处两处的雪，而是连绵千万里的雪。这些雪下得如此之广，又积得如此之厚，不说它是怎样的冷了，就是雪上反映出的寒光，也足以令人两眼生花。"万里寒光生积雪"这一句就这样分作四层，来托出一个"惊"字。这是往远处望。至于向高处望，则见朦胧曙色中，一切都显得模模糊糊，唯独高悬的旗帜在半空中猎猎飘扬。这种肃穆的景象，暗写出汉将营中庄重的气派和严整的军容。边防地带如此的形势和气氛，自然令诗人心灵震撼了。

"沙场烽火侵胡月，海畔云山拥蓟城"，颈联二句，意谓战火之光，直逼边塞之月，比喻战事的紧张、激烈。这是前望之景。环顾周围，蓟城南临渤海，北靠燕山，带山襟海，天生之势拱卫着大唐王朝的边防重镇，使得蓟门稳如磐石。处在条件如此艰苦、责任如此重大的情况下，边防军队却是意气昂扬。笳鼓喧喧已显出军威赫然，而况烽火燃处，紧与胡地月光相连，雪光、月光、火光三者交织成一片，不仅没有塞上苦寒的悲凉景象，而且壮伟异常。这是向前方望。"沙场烽火连胡月"是进攻的态势。诗人又向周围望："海畔云山拥蓟城"，又是那么稳如磐石。蓟门的南侧是渤海，北翼是燕山山脉，带山襟海，就像天生是来拱卫大唐的边疆重镇的。这是说防守的形势。这两句，一句写攻，一句说守；一句人事，一句地形。在这样有力有利气势的感染下，便从惊转入不惊，于是领出下面两句，写"望"后之感。

"少小虽非投笔吏，论功还欲请长缨"，尾联两句写诗人由望景而产生的从军报国之志。"投笔吏"，为用典。汉班超家贫，常为官府抄录文书以谋生，曾投笔叹曰："大丈夫当立功异域以取封侯，安能久事笔砚间。"后终以功封定远侯。"论功"，指论功行封。"请长缨"，也是用典。西汉时济南书生终军曾向汉武帝请求，"愿受长缨，必羁南越王而致之阙下"。缨，即绳。这两句是说，少小时虽没有从军之志，但是观此三边壮气，雄心勃勃，也愿到边疆去建功立业了。尾联连用了两个典故，意思很明白，更有豪气顿生之感。末二句一反起句的"客心惊"，水到渠成，完满地结束全诗。

这首诗从军事上落笔，着力勾画山川形胜，意象雄伟阔大。全诗紧扣一个"望"字，写望中所见，抒望中所感，格调高昂，感奋人心。诗中多用实字，全然没有堆砌凑泊之感；意转而辞句中却不露转折之痕，于笔仗端凝之中，有气脉空灵之妙。此即骈文家所谓"潜气内转"，亦即古文家所谓"突接"，正是盛唐诗人的绝技。（毕桂发）

【原文】

终南望余雪

终南阴岭秀[(1)]，积雪浮云端。
林表明霁色[(2)]，城中增暮寒。

【毛泽东圈评等情况】

毛泽东在一本清蘅塘退士原编《注释唐诗三百首》"五言绝句"类中这首《终南望余雪》诗题目上方天头空白处连画了三个小圈。

[参考]中央档案馆整理：《毛泽东评点诗词曲精选（上册）》，
中国档案出版社1998年版，第121页。

（1）阴岭，终南山北面的山岭。背向太阳，故曰阴。终南山在长安之南，自长安望之，只见山北。秀，秀美。

（2）林表，林外，林梢。霁（jì）色，雨雪停后映射出来的阳光。

【赏析】

此诗题为《终南望余雪》，意即望终南余雪。"终南"，即终南山，又名南山，属秦岭山脉，在今陕西西安南。西安，唐代称长安。终南山距长安城南约六十里。《唐诗纪事》记载，祖咏年轻时去长安应考，文题是"终南望余雪"，必须写出一首六韵十二句的五言长律。祖咏看完后思考了一下，写出四句就搁笔了。他感到这四句已经表达完整，若按照考官要求写成六韵十二句的五言体，则有画蛇添足的感觉。当考官让他重写时，他还是坚持了自己的看法，考官很不高兴。结果祖咏未被录取。此诗载于《全唐诗》卷一百三十一。

这是一首五言绝句，题意是望终南余雪。诗的前两句"终南阴岭秀，积雪浮云端"紧扣题意，写远望终南山之景。从长安城中遥望终南山，所见的自然是它的"阴岭"（山北叫作"阴"）；而且，唯其"阴"，才有"余雪"。"阴"字下得很确切。"秀"是望中所得的印象，既赞颂了终南山，又引出下句"积雪浮云端"，就是"终南阴岭秀"的具体内容。这个"浮"字下得十分生动。自然，积雪不可能浮在云端。这是说，终南山的阴岭高出云端，积雪未化。云，总是流动的；而高出云端的积雪又在阳光照耀下寒光闪闪，正给人以"浮"的感觉。"积雪浮云端"一句写出了终南山高耸入云，表达了作者的凌云壮志。三句"林表明霁色"中的"霁色"，指的就是雨雪初晴时的阳光给"林表"涂上的色彩。终南山距长安城南约六十华里，从长安城中遥望终南山，阴天固然看不清，就是在大晴天，一般看到的也是笼罩终南山的蒙蒙雾霭；只有在雨雪初晴之时，才能看清它的真面目。唐贾岛的《望山》诗里是这样写终南山的："日日雨不断，愁杀望山人。天事不可长，劲风来如奔。阴霾一似扫，浩翠泻国门。长安百万家，家家张屏新。"久雨新晴，终南山翠色欲流，长安百万家，家家门前张开一面新崭崭的屏风，非常好看。祖咏选择描写的就是夕阳西下之时的"霁"。"林表"承"终南阴岭"而来，自然在终南高处。只有终南高处的林表才明霁色，表明西山已衔半边日，落日的余光平射过来，染红了林表，不用说也照亮了浮在云端的积雪。而结句的"暮"字，也已经呼之欲出了。

前三句写"望"中所见，末一句"城中增暮寒"，写"望"中所感。俗谚有云："下雪不冷化雪冷。"又云："日暮天寒。"一场雪后，只有终南阴岭尚余积雪，其他地方的雪正在消融，吸收了大量的热，自然要寒一些；日暮之时，又比白天寒；望终南余雪，寒光闪耀，就令人更增寒意。做望终南余雪的题目，写到因望余雪而增加了寒冷的感觉，意思的确完满了，就不必死守清规戒律，再凑几句了。

清王士禛在《渔洋诗话》卷上里，把这首诗和东晋陶潜的"倾耳无希声，在目皓已洁"、唐王维的"空深巷静，积素广庭宽"等并列，称为咏雪的"最佳"之作。诗中的霁色、阴岭等词烘托出了诗题中"余"字的精神。清俞陛云《诗境浅说续编》说："咏高山积雪，若从正面着笔，不过言山之高，雪之色，及空翠与皓素相映发耳。此诗从侧面着想，言遥望雪后南山，如开霁色，而长安万户，便觉生寒，则终南之高寒可想。用流水对句，弥见诗心灵活。且以霁色为喻，确是积雪，而非飞雪，取譬殊工。"

毛泽东曾圈阅过这首《终南望余雪》诗，说明他是比较喜爱的。（毕桂发）

王　维

王维（701—761 年，一说 699—761），字摩诘，原籍太原祁（今山西祁县）人，后移居蒲州（今山西永济），唐代诗人。唐玄宗开元九年（721）进士。曾一度奉使出塞，此外大部分时间在朝任职。曾任太乐丞、右拾遗、监察御史等职。唐玄宗天宝年间，拜吏部郎中、给事中。安禄山攻陷长安时，王维被迫受伪职。长安收复后，被责授太子中允。唐肃宗李亨乾元年间任尚书右丞，故世称"王右丞"。

王维在诗歌上的成就是多方面的，无论边塞、山水、律诗、绝句等都有脍炙人口的佳作。前期的诗以边塞、游侠为题材，能以激昂慷慨的情调，抒发将士为保卫疆土而献身的英雄气概。后期的诗多为描写隐居幽栖生活、表现闲适静谧情趣、宣扬佛教禅理的山水田园诗，以多姿多彩的风格和情调，描写了多种多样的自然景色，造诣很高。王维参禅悟理，学庄信道，精通诗、书、画、音乐等，以诗名盛于开元、天宝间，尤长五言，多咏山水田园，与孟浩然合称"王孟"，有"诗佛"之称。书画特臻其妙，后人推其为南宗山水画之祖。苏轼评价："味摩诘之诗，诗中有画；观摩诘之画，画中有诗。"著有《王右丞集》《画学秘诀》。

【原文】

九月九日忆山东兄弟

独在异乡为异客⁽¹⁾，每逢佳节倍思亲⁽²⁾。
遥知兄弟登高处⁽³⁾，遍插茱萸少一人⁽⁴⁾。

【毛泽东圈评等情况】

毛泽东在阅读清蘅塘退士编《注释唐诗三百首》"七言绝句"类中所

载这首《九月九日忆山东兄弟》诗正文上方空白处画了一个"☆"。

[参考] 中央档案馆整理:《毛泽东评点诗词曲精选(上册)》,

中国档案出版社1998年版,第129页。

【注释】

(1)异乡,他乡、外乡。为异客,作他乡的客人,这里是作者自称。

(2)佳节,美好的节日。这里指九月九日重阳节。

(3)登高,古有重阳节登高的风俗。

(4)茱萸(zhū yú),植物名,一名越椒,一种有香气的植物。古人登高时将茱萸插在头上,登高饮菊花酒,据说可以避灾。(见《续齐谐记》)

【赏析】

这首七绝原注:"时年十七。"说明这是王维十七时的作品。九月九日是重阳节,中国有些地方有登高的习俗。《太平御览》卷三十二引《风土记》云:"俗于此日,以茱萸气烈成熟,尚此日,折萸房以插头,言辟热气而御初寒。"王维家居蒲州(今山西永济),在华山以东,所以诗题中称"忆山东兄弟"。诗人在十五岁时便离开家,奔赴帝京的科举试场,一直到十九岁才"解头登第"。写这首诗时他大概正在长安谋取功名,又恰逢重阳佳节,诗中表达了他对家乡亲人的诚挚而深情的思念。

"独在异乡为异客",首句点明诗人奔波他乡孤独冷寂的处境,同时突出了一个"独"字。诗人孤子无亲的感受,凄寂愁苦的心情,都凝聚在这个"独"字中,思念亲人的感情显而易见。"在异乡""为异客"是说在他乡作客,但连用两个"异"字,使"独"具体化了。两个"异"字所造成的艺术效果,比一般地叙述他乡作客要强烈得多。作客他乡的思乡怀亲情怀,平日也是存在的,只不过不太强烈罢了。然而一旦遇到某种媒介——最常见的是"佳节"——就很容易迸发出来。所以次句说"每逢佳节倍思亲"。佳节,是家人团聚的日子,而且往往和对家乡风物的许多美好记忆联结在一起,所以"每逢佳节倍思亲"就显得十分贴切自然。这一句中"倍"字用得奇巧,它既说明"每逢佳节""思亲"程度之深,也暗示出平素里诗人也无时无刻不在思念家乡的亲人。它强化了诗句的语义，又抒发了诗人的情感，具有一箭双雕之效。清刘宏煦、李德举编选《唐诗真趣编》说："从对面说来，己之情自己，此避实击虚法。起二语拙，直是童年之作。"

"遥知兄弟登高处"，第三句用反衬的手法，设想节日里家中兄弟们登高远眺，盼望寄居外地的亲人回家团聚。用兄弟们思念自己反衬自己对兄弟们的思念。此句中的"登高"一词是指古时的一种习俗，它紧扣题目中的"九月九日"，又引出了下一句与"登高"有联系的另一习俗——"插茱萸"。茱萸，一种有浓烈香味的植物。古代习俗认为登高时插茱萸囊可以避邪。第四句"遍插茱萸少一人"紧承上句意，进一步展开设想，以兄弟们因遍插茱萸少一人而扫兴，进而反衬自己在外思亲之强烈。诗用"遥知"由自己转入兄弟，由眼前转到家乡，在空间的推移与变换中，形成艺术上的联想。好像是兄弟们未能完全团聚的缺憾更须体贴，而自己独在异乡为异客的处境并不值得诉说一样。这样的曲折有致，是出乎常情的。而这种出乎常情之处，正是它的深厚、新警之处。诗人善于把情与理交织在一起，"每逢佳节倍思亲"既能激起人们情感的火花，又能引起哲理的思考，是情与理的统一体，所以它能成为超乎时空的千古佳句。（毕国民）

【原文】

鹿　柴

空山不见人，但闻人语响[1]。

返景入深林[2]，复照青苔上[3]。

【毛泽东圈评等情况】

毛泽东在一本清蘅塘退士原编《注释唐诗三百首》"五言绝句"类中这首《鹿柴》诗题目上方天头空白处连画了三个小圈。

[参考] 中央档案馆整理：《毛泽东评点诗词曲精选（上册）》，中国档案出版社 1998 年版，第 119 页。

【注释】

（1）但闻，只听见。

（2）返景（yǐng），同"返影"，即落日返照的阳光。

（3）复，又。青苔，植物名。属隐花植物类，根、茎、叶区别不明显，有青、绿、紫等色，多生于阴湿之地，延贴地面，故亦叫地衣。《淮南子·泰族训》："穷谷于汙，生以青苔。"苔，一作"莓"。

【赏析】

这首七绝是王维后期的山水诗代表作——《辋川集》中的第四首。天宝初年，王维在长安西南的蓝田辋川买了别墅，经常和诗友裴迪在这里游赏赋诗。《辋川集》是他歌咏辋川名胜风景的结集。鹿柴，是辋川的胜景之一。柴，通"寨""砦"，即用树枝编成的栅栏。诗里描绘的是鹿柴附近的空山深林在傍晚时分的幽静景色。

"空山不见人"，首句先正面描写空山的杳无人迹。"空山"的"空"，是空寂、幽静的意思。这里的"空"并不是说荒山秃岭，一物全无，而是言山林深密、人迹罕至。"不见人"的"见"字用得很妙，有人而不见，既显山林之幽深，又为转出"但闻人语响"作了引导。

只读第一句，觉得平淡无奇，但"空山不见人"之后紧接次句"但闻人语响"，却境界顿出。通常寂静的空山虽不见人，也不会是一片静默死寂的。鸟语虫鸣，风声水响，相互交织，大自然的声音是丰富多彩的。然而现在这一切都悄无声息，只是偶尔传来一阵人语声，却看不到人影。"人语响"打破了空山的寂静，然而空谷传音，越见空谷之空；空山人语，越见空山之寂。人语响之后，空山复归于万籁俱寂的境界；而且由于刚才那一阵人语响，这时的空寂感就更加突出。这种以声衬静的写法是古诗中常用的，如"蝉噪林愈静，鸟鸣山更幽""月出惊山鸟，时鸣春涧中"这样的诗句。但这首《鹿柴》却更有独拔头筹之处，它不是一般的画中音反衬画中静，而是借画外之音反衬画中之静。

"返景入深林，复照青苔上。"诗的后两句进而描写深林返照，由声而色，进一层点明山林的幽深。"返景"就是落日的返照。深林中生长青苔的地方，往往是人迹罕至、阴暗清冷的地方。按照常情，写深林幽暗，应着力描绘见不到阳光，而这两句却特意写返景射入深林，照映在青苔上。猛然一看，会觉得这一抹斜阳，给幽暗的深林带来一片光辉，给林间青苔带来一丝暖意。然而，那斜阳的余晖是微弱短暂的，余晖逝去，接踵而来的便是漫长的幽暗。如果说一、二句是以有声反衬空寂，那么三、四句便是以光亮反衬幽暗。

这首诗先写听觉上的空山传语，后写视觉上的青苔返照。它从不同的角度来写鹿柴山林中难以发现、稍纵即逝的两种情景。这两种情景的组合、映衬，绘声绘色地表现出一种意境美，这就是山林的幽静、幽深和幽美。鹿柴山林是人世间的一个静处，一片净土，一个充满醇美意境的地方。王维是诗人、画家兼音乐家，在这种境界里，他的才能得以提炼、升华。诗人以他特有的画家、音乐家对色彩、声音的敏感，把握住了空山人语响和深林返照的一刹那间所显示的特有的幽静境界。《鹿柴》这首诗体现了诗、画、乐的结合。《诗法易简录》说："人语响，是有声也；返景照，是有色也。写空山不从无声无色处写，偏从有声有色处写，而愈见其空。严沧浪所谓'玲珑剔透'者，应推此种。沈归愚谓其'佳处不可语言'，然诗之神韵意象，虽超于字句之外，实不能不寓于字句之间，善学者须就其所已言者，而玩索其不言之蕴，以得于字句之外可也。"（毕国民）

【原文】

相　思

红豆生南国⁽¹⁾，春来发几枝⁽²⁾？
愿君多采撷⁽³⁾，此物最相思。

【毛泽东圈评等情况】

毛泽东在一本清蘅塘退士原编《注释唐诗三百首》"七言绝句"类中这首《相思》诗题目上方天头空白处连画了三个小圈。

[参考] 中央档案馆整理：《毛泽东评点诗词曲精选（上册）》，中国档案出版社1998年版，第119—120页。

【注释】

（1）红豆，又称相思子，生于岭南，树高一丈有余，叶子与槐树叶子相似，花像皂荚，籽像豌豆大小，全身都是红色，可以用来做装饰品。李顾撰《古今诗话》中说："相思子圆而红，昔有人殁于边，其妻思之，哭于树下而卒，因以名之。"南国，指我国南部，因红豆多产于岭南。

（2）春来，一作"秋来"。

（3）采撷（xié），摘取，意为用衣襟兜物。《诗经·周南·芣苢》："采采芣苢，薄言撷之。"

【赏析】

这是一首借红豆而表达相思情意的五言绝句。诗题《相思》，一说是爱情诗，抒写情侣的思慕之情；一说是怀人诗，抒发亲朋好友之间的眷恋情绪。诗题又作《相思子》、《江上赠李龟年》。李龟年是与诗人同时的著名诗人，与李白、杜甫、王维等很多著名诗人都有交往，可见诗中抒写的是眷念朋友的情绪。

据唐范摅《云溪友议》记载："明皇幸岷山，百官窜辱，李龟年奔迫江潭……曾于湘中采访使筵上唱'红豆生南国……''清风明月苦相思……'此辞皆王右丞所制，至今梨园唱焉。歌阕，合座莫不望南而惨然。"似乎又有眷恋故国之思。王右丞，即王维，因他做过尚书右丞的官，故称王右丞。从这个记载可知，这首诗在当时已经广泛流传，到处传唱，为人们所喜爱。

"红豆生南国，春来发几枝"，一、二两句是说，红豆生长在我国南方，春天到了，它又生发出几个新枝条呢？"红豆"，产于岭南（广东、广西），草本而木质，树高丈余，叶似槐，秋季开花，与皂荚相似，冬春结果。形如豌豆，微扁，颜色鲜红，可做饰物，一名相思子。据《古今诗话》记载："相思子圆而红，昔有人殁于边，其妻思之，哭于树下而卒，因以名之。"古人常以红豆来表示爱情或友情。"南国"既是红豆的产地，又是朋友游宦之所。所以，诗人首句托物起兴，逗起下文相思之情；次句借红豆轻轻发问，承接自然。诗人不问别的人事、景物，而单问红豆春来发几枝，这是选择红豆这个富于情味的事物来寄托相思，意味深长。

"愿君多采撷，此物最相思"，三、四两句是说，希望你多多摘取些红豆，因为它最能表达人们思念的心情。大家知道，树木根深才能叶茂，叶茂才能果繁。所以，第三句紧承上句而下，寄意对方"多采撷"红豆，第四句"此物最相思"，结出相思正意。我国古代有一种习俗，以采撷植物来寄托怀思的情绪，如汉代古诗中就有："涉江采芙蓉，兰泽多芳草。采之欲遗谁？所思在远道。"写的是采摘芙蓉寄托对远方亲人的思念。这里意欲远方的亲友多采摘红豆，用意相同。但表现手法又有不同。诗人不说自己怀念在远方的亲朋，而希望在江南的亲友采摘红豆，以寄托对自己的思念。这种只以相思嘱人，而自己的相思则见于言外的抒情方法，委婉曲折，更加动人。末句点明"相思"题意，不仅与红豆呼应，而且补足了"愿君多采撷"的理由。且利用红豆又名相思子的谐音，语义双关，表达了自己对朋友的深沉的怀念。在"相思"之前加了个副词"最"，更增加了相思意味的分量。

这首诗自然流畅，朗朗上口，字里行间洋溢着对朋友的深情厚谊，满腹相思深情始终未曾直接宣泄，却借红豆表现出来，表达的感情深沉而不浮浅，真挚而不虚假，风神摇曳，韵致缠绵，托物抒情，言近意远，是王维诗歌中的精品，故深受历代文人的好评。清管世铭《读雪山房唐诗钞凡例》说："王维'红豆生南国'，王之涣'杨柳东门树'，李白'天下伤心处'，皆直举胸臆，不假雕镂；祖帐离筵，听之悃悃，二十字移情固至此哉！"

毛泽东曾圈阅过这首《相思》诗，说明他对这首诗很感兴趣。（毕国民）

【原文】

杂 诗

君自故乡来，应知故乡事。

来日绮窗前⁽¹⁾，寒梅著花未⁽²⁾？

【毛泽东圈评等情况】

毛泽东在一本清蘅塘退士原编《注释唐诗三百首》"五言绝句"类中

这首《杂诗·君自故乡来》诗题目上方天头空白处连画了三个圈。

[参考] 中央档案馆整理：《毛泽东评点诗词曲精选（上册）》，

中国档案出版社 1998 年版，第 120 页。

【注释】

（1）来日，指从故乡动身启程的那天。绮（qǐ）窗，镂花的窗户。

（2）著花未，开花了没有。

【赏析】

王维《杂诗》共三首，这是其中的第二首。三首诗合起来，共同表现了一个思乡的主题。这首诗通过设问的方式，将自己对故乡的怀念，含蓄而委婉地表达出来，有悠然不尽的情致。它和王昌龄的"洛阳亲友如相问，一片冰心在玉壶"的诗句，有异曲同工之妙，只不过一个空灵，一个质实罢了。

诗中的抒情主人公离开家乡已久，正遇上来自故乡的旧友，于是说道："君自故乡来，应知故乡事。"诗的前两句中"故乡"二字叠见，并不显得重复，反而觉得亲切有味。既然是"自故乡来"，"知故乡事"当然应是不言自明的。可是，这十个字，占了诗的一半，仅仅说了不言自明的事，不是太浪费笔墨了吗？然而，正是这种不加修饰、接近于生活的自然状态的形式，生动传神地表达出游子思乡的急切、炽热的心情。一个"独在异乡为异客"的人，忽然遇到来自故乡的同乡旧友，那种急欲了解故乡风情、人事的心情是可以想见的。

关于故乡，需要打听的事情很多很多，简直可以开一张长长的问题清单。初唐的王绩写的《在京思故园见乡人问》，从朋旧童孩、宗族弟侄、旧园新树、茅宅宽窄、柳行疏密一直问到果林花卉，仍意犹未尽；而王维却撇开"朋旧童孩"和其他一切故乡人事，独问"寒梅"，仿佛故乡之值得怀念、向往，就在那株寒梅上，这就很有些出乎常情，然而，这绝非故作姿态。

一个人对故乡的怀念之情，是在生活实践中形成的，它总和一些与自己过去生活甚密的人、事、物联结在一起。所谓"乡思"，完全是一种"形象思维"，浮现在思乡者脑海中的，都是一个个具体的形象或画面。故乡的亲朋故旧、山川景物、风土人情，都值得怀念。但有时一些看来很平常、很细小的情事，往往就蕴含着许多当年家居生活的亲切、有趣，这窗前的寒梅便是一例。这里，寒梅就不再是一般的自然物，而成了故乡的一种象征。

"来日绮窗前，寒梅著花未？"三、四两句是说，你从故乡动身那天，我家窗前的那株寒梅开花了没有啊？诗中的"君"连"我"家窗前的一株梅树都很熟悉，说不定还是从小一起长大的童年伴侣呢。诗人问得这样亲切、真挚、充实而又雅致。鲜花四季常有，为什么单单问"梅花"呢？原来在我国的民族传统中，松、竹、梅是被称为"岁寒三友"的。它们斗霜傲雪，凝翠浮香，象征着人格的高尚、品性的高洁。所以，"寒梅著花未"的这一问，问出了精神，问出了境界，概括了多么丰厚的生活和多么美好的思想情操啊。

这首诗质朴平淡，如叙家常。以问句作结，悠然不尽而又一往情深。如果再加点什么，就会有画蛇添足之嫌了。

毛泽东曾圈阅过这首《杂诗·君自故乡来》诗，说明他对这首诗很感兴趣。（毕国民）

【原文】

老将行

少年十五二十时，步行夺得胡马骑(1)。射杀山中白额虎(2)，肯数邺下黄须儿(3)。一身转战三千里，一剑曾当百万师。汉兵奋迅如霹雳，虏骑崩腾畏蒺藜(4)。卫青不败由天幸，李广无功缘数奇(5)。自从弃置便衰朽(6)，世事蹉跎成白首(7)。昔时飞箭无全目(8)，今日垂杨生左肘(9)。路旁时卖故侯瓜(10)，门前学种先生柳(11)。苍茫古木连穷巷(12)，寥落寒山对虚牖(13)。誓令疏勒出飞泉(14)，不似颍川空使酒(15)。贺兰山下阵如云(16)，羽檄交驰日夕闻(17)。节使三河募年少(18)，诏书五道出将军⁽¹⁹⁾。试拂铁衣如雪色⁽²⁰⁾，聊持宝剑动星文⁽²¹⁾。愿得燕弓射大将⁽²²⁾，耻令越甲鸣吾君⁽²³⁾。莫嫌旧日云中守⁽²⁴⁾，犹堪一战立功勋⁽²⁵⁾。

【毛泽东圈评等情况】

毛泽东在一本清蘅塘退士原编《注释唐诗三百首》"七言乐府"类中这首《老将行》诗题目上方画了一个大圈。

[参考] 中央档案馆整理：《毛泽东评点诗词曲精选（上册）》，

中国档案出版社 1998 年版，第 19—20 页。

【注释】

（1）写老将少年时机智英勇，借用《史记·李将军列传》事。汉代名将李广兵败被匈奴骑兵擒获，受伤的李广遂装死。途中见一胡儿骑匹良马，便一跃而上推胡儿于马下，疾驰而归。胡，这里指敌方。

（2）白额虎，传为虎中最凶猛的一种。这里的射虎事借用了周处除害的典故。

（3）肯数，怎肯让。数，推许。邺（yè）下，曹操封魏王，建都于邺（今河北临漳西）。黄须儿，指曹操次子曹彰，性刚猛，胡须黄色，善骑射。晋陈寿《三国志·魏书》本传载，曹彰曾英勇破敌，回到邺下见曹操时，归功于诸将，"太祖喜，持彰须曰：黄须儿竟大奇也"！

（4）虏骑（jì），敌人的骑兵。崩腾，溃乱，互相践踏。蒺藜，本是带硬刺的植物，这里指古代战场上用来防御的障碍物。

（5）天幸，天赋的幸运。缘，因为。数奇（jī），即命运不好。古人认为偶数（双数）是吉，奇数（单数）是凶。卫青是汉武帝时的名将。他的外甥霍去病曾远征匈奴，深入敌境，居然未遭挫败，称为"天幸"（见《史记·卫将军骠骑列传》）。王维误作卫青事。汉武帝曾嘱卫青，李广"年老数奇"，勿令与匈奴对阵（见《史记·李将军列传》）。

（6）弃置，抛弃不用。衰朽，衰老无用。

（7）蹉跎，指岁月虚度。

（8）飞箭（一作"飞雀"）无全目，借用南朝宋鲍照《拟古诗》"惊雀无全目"，这里借指老将射技精绝，能使雀无全目。南朝梁萧统《文选》卷三十一李善注引《帝王世纪》："帝羿有穷氏与吴贺北游，贺使羿射雀。羿曰：'生之乎？杀之乎？'贺曰：'射其左目。'羿引弓射之，误中右目。羿仰首而愧，终身不忘。"

（9）垂杨生左肘，指老将久不习武，胳膊上好像生了疙瘩似的不灵活。《庄子·外篇·至乐》："支离叔与滑介叔观于冥伯之丘、昆仑之墟，黄帝之所休。俄而柳生其左肘。"王先谦注："瘤作柳。"杨柳是柳之别名，垂杨即垂柳。

（10）故侯瓜，典出《史记·萧相国世家》："召平者，故秦东陵侯，秦破，为布衣。贫，种瓜于长安城东。瓜美，故世俗谓之东陵瓜。"

（11）先生柳，东晋陶渊明弃官归隐后著有《五柳先生传》以自况，说："先生不知何许人也，亦不详其姓字，宅边有五柳树，因以为号焉。"后人遂称陶渊明为"五柳先生"。

（12）苍茫，苍郁迷茫之状。穷巷，深巷。

（13）寥落，寂寥空落。虚牖（yǒu），敞开的窗户。

（14）疏勒出飞泉，后汉名将耿恭攻匈奴以援车师，引兵驻疏勒（今新疆疏勒），匈奴截断城外的涧水，耿恭士兵在城内掘井十五丈仍不得水。士兵渴极，饮马粪汁。耿恭向井拜祝，不久，水涌出，士兵高呼"万岁"。耿恭令士卒扬水以示匈奴，匈奴以为有神助，遂引去（见南宋朝范晔《后汉书·耿弇传》）。

（15）颍川空使酒，《史记·魏其武安侯列传》中说，汉将军灌夫，颍川人，性刚直，常借酒发脾气，后被田蚡诬陷灭族。

（16）贺兰山，在今甘肃贺兰西，俗称阿拉善山。阵如云，军队屯驻很密。

（17）羽檄（xí），调兵遣将的紧急文书。本以木简为书，长尺二寸，有急事插羽毛在檄上，表示火急（见东汉班固《汉书·高帝纪》颜师古注）。闻，传报。

（18）节使，古代使臣持皇帝所给的节以为信符，这里泛指一般受命办事的官吏。三河，汉时称河东、河南、河内为三河，这个地区的青年多从军者。

（19）诏书，皇帝所颁布的文告。五道出将军，东汉班固《汉书·常惠传》载有五将军（田广明、赵充国、田顺、范明友、韩增）分道出击匈奴的事。

（20）铁衣，铠甲。

（21）聊持，试持。星文，指宝剑上刻的七星花纹。

（22）愿得，希望得到。燕弓，燕地出产的弓，以坚劲著名。大将，一作"天将"，这里指敌方的重要将领。

（23）越甲，越国的军队。鸣，惊动、惊扰的意思。西汉刘向编《说苑·立节篇》载：越兵攻齐，齐国的雍门子狄说"越甲至，其鸣吾君"，认为越兵惊动了齐王，因而自刎。

（24）莫嫌，不要嫌弃。旧日，从前。云中守，汉文帝时云中太守魏尚，极得军心，匈奴不敢犯境，后因上功首虏差六级，被削职为民。冯唐为魏尚鸣不平，对汉文帝说这是赏罚不公，文帝接受了这个意见，命冯唐持节赦魏尚罪，恢复魏尚云中太守的官职。云中，汉郡名，治所在今内蒙古托克托西北。事见东汉班固《汉书·冯唐传》。

（25）犹堪，还能。立，一作"取"。

【赏析】

王维在他的早期创作活动中，写了不少风格激昂豪放的边塞诗和游侠诗，具有浓厚的浪漫主义色彩。这首七言乐府诗《老将行》，属乐府中《新乐府辞》，便是他早期创作的一曲激动人心的英雄颂歌。这首诗通过一位老将的不幸遭遇，热情地歌颂了这位老将身处逆境，犹壮心不已、志在报国的高尚品质和爱国精神，从而也揭露了统治者的赏罚不明、封建社会摧残人才的黑暗现实，是有积极意义的。

全诗分为三节，每节十句。开头"少年十五二十时"以下十句为第一节，写老将少年时即献身保卫边疆，功勋卓著却得不到封建统治者应有的封赏，反遭弃置的不幸命运。先说他少壮之时就有李广的智与勇，像李广一样"步行"夺得过敌人的战马，也有周处射杀白额虎之勇，还用了曹操次子曹彰刚猛过人、奋勇破敌的故事。这几个典故，活画出老将少壮时的勇武机智的英姿。接下去，以"一身转战三千里"写其征战的劳苦；"一剑曾当百万师"，写其功勋卓著。这两句形象地概括了老将多年来转战沙场、以少胜多的战斗生涯。"汉兵奋迅如霹雳"，见其用兵神速，如迅雷之势；"虏骑崩腾畏蒺藜"，见其巧布铁蒺藜阵，克敌制胜。这两句叙写老将对敌人的蔑视、临敌的神速。像这样难得的良将，却得不到封赏，因此诗人就借用历史故事来抒发自己对良将难得的感慨。汉代著名的大将卫青屡战不败，立功受赏，官至大将军，实是由"天幸"之故。卫青之所以受皇帝的宠幸，那是因他是汉武帝的皇后卫子夫之弟。而与他同时的著名战将李广，虽屡建奇功，却得不到封侯的赏赐，反而落得个刎颈自尽的下场。"数奇"，既指运气不好，又指皇恩疏远，语义双关。诗人借卫青与李广的典故，暗示老将的不幸遭遇，替老将鸣不平。

"自从弃置便衰朽"以下中间十句为第二节，写老将被弃置后的凄凉境况。虽然僻处陋巷，空对寒山，但他仍一片忠贞，毫无怨言。"自从弃置便衰朽，世事蹉跎成白首"，写老将被弃置之后便衰老无用了。岁月虚度，心情不好，连头发都白了。老将虽然昔日射技精绝，能使雀无全目，但久不习武，双臂就像生了瘤子一样不灵活了。老将被弃，生活没有着落，只得像秦东陵侯召平一样种瓜，并且"路旁时卖"；"门前学种先生柳"，东晋诗人陶渊明辞官归隐后作《五柳先生传》，这里是以耕作为业的意思。"苍茫古木连穷巷，寥落寒山对虚牖"，是说他住处僻陋，门前冷落，从无宾客往还。即使这样，老将仍然是"誓令疏勒出飞泉，不似颍川空使酒"。他决不会像汉将军灌夫那样，解除军职之后，使酒骂坐，发牢骚；而是要像耿恭那样，在匈奴围城断水后，与士兵们同甘苦终得泉水却敌立功。由此可见老将之忠心。

"贺兰山下阵如云"以下最后十句为第三节，是写边关烽火未熄，老将闻警，即"试拂铁衣""聊持宝剑"，希望能重上战场，英勇杀敌的心情。先说西北贺兰山一带阴霾沉沉，军情紧急；次写朝廷派兵。最后写老将，他再也待不住了。壮心不已，跃跃欲试。擦亮了铠甲，练起了武功。希望当今皇帝能像汉文帝重新起用魏尚那样，让他有机会再上疆场，立功报国，以雪敌人入侵之耻。然而这只能算是老将的希冀，而事实上他不得不老死牖下，埋骨寒林。

全诗层次清晰，结构严谨，大量使事用典，刻画出一个"老将"英武坚毅的形象。诗中很注重对仗，这巧妙自然的对仗，如同灵气周运全身，使诗人所表达的内容，犹如璞玉磨琢成器，达到意深而词高的艺术境界。清沈德潜《唐诗别裁集》说："此种诗纯以对仗胜。"诗的语言流畅、风格雄健，但太多的用典，近于堆砌。

毛泽东曾圈阅过这首《老将行》，说明他对这首诗的喜爱。（毕国民）

【原文】

送元二使安西

渭城朝雨浥轻尘⁽¹⁾，客舍青青柳色新⁽²⁾。

劝君更尽一杯酒，西出阳关无故人⁽³⁾。

【毛泽东圈评等情况】

毛泽东曾圈阅这首《送元二使安西》。毛泽东圈阅较多的清沈德潜编选《唐诗别裁集》"七言绝句"类中载有这首诗。

[参考] 张贻玖：《毛泽东评点、圈阅的中国古典诗词》，
中国工人出版社 1992 年版，第 226 页。

【注释】

（1）渭城，即秦都城咸阳，汉时改称渭城，在今陕西咸阳东北，渭河北岸。浥（yì），湿润。《诗经·召南·行露》："厌浥行露，岂不夙夜？谓行多露。"毛传："厌浥，湿意也。"

（2）青青柳色新，一作"依依杨柳春"。

（3）阳关，故址在今甘肃敦煌西南，唐李吉甫《元和郡县志》说因在玉门关之南，所以称"阳关"，为古代通西域要道。

【赏析】

此诗是王维送朋友去西北边疆时作的诗，诗题又名"赠别"，后有乐人谱曲并成为当时流传甚广的歌曲，名为"阳关三叠""阳关曲"，又名"渭城曲"，并以此为题载于《全唐诗》卷一百二十八。宋郭茂倩《乐府诗集》将此诗列入《近代曲》当中。唐白居易《对酒五首》中有"相逢且莫推辞醉，听唱《阳关》第四声"的诗句，"第四声"就是"劝君更尽一杯酒"。可知王维这首诗在当时已经影响极大了。此诗约作于安史之乱前。《送元二使安西》，元二，姓元，排行第二，作者的朋友。使，出使。安西，是唐中央政府为统辖西域地区，从贞观年间起设置的安西都护府的简称，治所在龟兹城（今新疆库车境）。

"渭城朝雨浥轻尘，客舍青青柳色新"，诗的前两句写送别的时间、地点和环境气氛。诗人通过写景来渲染送别的特殊气氛，同时也点明了送别的时间和处所。"渭城"本是秦都咸阳，汉代改名渭城，治所在今陕西咸阳东北二十里，因南临渭水而得名。"雨"是用以激发情感的"刺激物"。雨这种自然现象容易引起人的联想和想象，尤其对行旅之人来说，则是乡愁的诱发物。因此"渭城朝雨"就为诗人及其元姓友人的心上平添了一层似浓若淡的离情别绪。"浥轻尘"的"浥"字是湿润的意思。由"浥轻尘"看得出早晨的雨下的时间不长，刚刚润湿泥土就停了。这濛濛细雨虽为人们增添了离别情绪，但又下得恰到好处，仿佛特意为远行的人安排了一条轻尘不扬的道路。"客舍"是渭城中的一个所在，是饯别的具体地点。"青青"是"朝雨"中见的景色。"柳色新"与上句中的"朝雨"相呼应。因"朝雨"才"柳色新"的。"柳"是离情与送别的象征。"柳"与"留"两字音谐，所以古人有折柳留念的习俗。汉代长安城东郊有一条河叫作灞水，河上有一座桥名"灞桥"，人们在这座桥上送别亲友，要折下桥头的柳枝送给远行之人，这就是所谓的折柳赠别。所以古人看到柳，即生离别之意。"柳"作为一种文化标志写入诗中，就使诗具有十分丰厚的情感意蕴。"柳色新"在诗中有双重含义：既是写时节候令，也是离情别绪的心理映现。

"劝君更进一杯酒，西出阳关无故人"，后二句直接写离别之情，全部感情都倾注在一杯"酒"中。此时此刻主客彼此可能有许多的话要互相倾诉，可由于马上就要离别，心情极端复杂，那话却一时不知从何说起。饮酒便成了交流感情的最好方式。为什么要"劝君更尽一杯酒"呢？末句说出了原因。"西出阳关"之后，有谁能够如此情投意合地开怀畅饮呢？出阳关向西，面对异域的山川，风俗不同，语言有别，而且要涉足杳无人烟的大漠，西出阳关的人内心会无限凄凉。前来送客的亲友自然也怀有同样的心情。这不但道出了诗人与友人的深厚友谊，更表达了对友人旅途的无限牵挂与惦念。惜别之情融进了"一杯酒"中，这酒中又映出了浓郁的诗情。正因为这首诗说出了每个出关、送行人的内心感情，所以得到许多人的强烈共鸣。清沈德潜编选《唐诗别裁集》说："阳关在中国外，安西更在阳关外。言阳关已无故人矣，况安西乎？此意须微参。"

这首诗所描写的是一种最有普遍性的离别。它没有特殊的背景，而自有深挚的惜别之情，这就使它适合于绝大多数离筵别席演唱，后来编入乐府，成为最流行、传唱最久的歌曲。清赵翼《瓯北诗话》说："人人意中所有，却未有人道过，一经说出，便人人如其意之所欲出，而易于流播，遂足传当时而名后世。如李太白'今人不见古时月，今月曾经照古人'，王摩诘'劝君更尽一杯酒，西出阳关无故人'，至今犹脍炙人口，皆是先得人心之所同然也。"

毛泽东曾圈阅这首《送元二使安西》诗，说明他对这首诗是很喜爱的。

（毕国民）

【原文】

辋川闲居赠裴秀才迪

寒山转苍翠[(1)]，秋水日潺湲[(2)]。

倚杖柴门外[(3)]，临风听暮蝉。

渡头余落日[(4)]，墟里上孤烟[(5)]。

复值接舆醉[(6)]，狂歌五柳前[(7)]。

毛泽东在一本清蘅塘退士原编《注释唐诗三百首》"五言律诗"类中这首《辋川闲居赠裴秀才迪》诗题目上方画了一个大圈。

［参考］中央档案馆整理：《毛泽东评点诗词曲精选（上册）》，中国档案出版社 1998 年版，第 80 页。

【注释】

（1）寒山，秋天气候转凉，故称山为"寒山"，即秋天的山林。苍翠，青绿色。转苍翠，一作"积苍翠"。

（2）潺湲（chán yuán），水流声。日，日日，每天。

（3）柴门，以树枝编扎的门，指穷人住的房舍。

（4）渡头，渡口。

（5）墟里，村落。孤烟，直升的炊烟，指傍晚的炊烟。

（6）复，又。值，碰上。接舆，春秋时期楚国隐士陆通，字接舆，佯狂遁世。此处接舆指裴迪。

（7）五柳，即东晋陶渊明，也可借指陶渊明的住宅。此处王维以陶潜自比。

【赏析】

"辋川"，地名，在今陕西蓝田南终南山下。宋之问在此建有蓝田别墅，王维晚年购置，隐居于此。裴迪，诗人，是王维的好友，两人同隐终南山，常常在辋川"浮舟往来，弹琴赋诗，啸咏终日"（《旧唐书·王维传》）。此诗就是他们的酬赠之作。宋欧阳修等《新唐书·王维传》："维别墅在辋川，地奇胜……与裴迪游其中，赋诗相酬为乐。"这首诗即与裴迪相酬为乐之作。

这是一首五言律诗，集诗、画、乐于一体。首联和颈联写景，描绘辋川附近山水田园深秋的日暮景色。颔联和尾联写人，刻画诗人自己和好友裴迪两个隐士的形象。风光人物，交替成文，构思精巧，形成物我一体、情景交融的艺术境界，抒发了诗人那种闲逸之乐和对友人的真切情谊。

"寒山转苍翠，秋水日潺潺"，首联写深秋时节辋川别墅周围的景色：山林到了秋天，本来因寒冷而应万木萧疏，呈现出凋敝之态，可是辋川的山林反而变得更加苍翠；泉水到了秋天，也会因干涸而寂静，可是辋川的水却依然在潺潺地流动。这里"转"和"日"字用得巧妙。山是静止的，用一"转"字，凭借颜色的渐变写出了它的动态。"日潺潺"，是日日潺潺，是写山中的泉水每日每时每刻都在缓缓地流着，发出悦耳动听的声音。用一个"日"字，却令人感觉它始终如一地守恒。寥寥十字，勾勒出一幅有色彩、有音响、动静完美结合的山水图卷。明代钟惺、谭元春《唐诗归》说："'转'字妙，于'寒山'有情。"

"倚杖柴门外，临风听暮蝉"，颔联是诗人隐居生活的写照，通过自我形象的描绘，抒发他隐居的闲适之情。"倚杖"，拄着拐杖，表现出年事已高和意态的安闲。"柴门"表现出隐居生活的田园风味。"听暮蝉"是说听那傍晚时候的蝉鸣。暮色降临之时，诗人伫立在柴门之外，倚杖临风，看苍翠的寒山、渡头的落日、墟里的孤烟，听到的是潺潺的秋水喧响，晚树的蝉鸣。这份安逸，这份潇洒，和陶渊明的"策扶老以流憩，时矫首而遐观"（《归去来兮辞》）不是有几分相似吗？这自然是富贵闲人的幽趣了。

"渡头余落日，墟里上孤烟"，颈联所描绘的是诗人远望所见，气象阔大，雄浑苍茫。那渡头落日，金辉熠熠；墟里孤烟，空际袅袅，把辋川暮景衬托得极为鲜亮。诗人对田野黄昏的典型景象选取是独具匠心的，一是欲落的夕阳，一是初升的炊烟。落日属自然，炊烟属人事。这一联是王维修辞的名句，历来为人所称道，"余""上"两字用得极佳。"余"字描摹出落日的动态和趋向。"上"字不仅写出了炊烟悠然上升的动态，而且显示出已经升到相当的高度。二字贴切、传神，对仗巧妙、工整，巧夺天工，毫无雕饰，使得这两句成为王维写景的名句，广为传诵。

"复值接舆醉，狂歌五柳前"，尾联是诗人用典故来表达他对裴迪的赞许，表明诗人对裴迪的由衷的好感和欢迎。接舆是春秋时期楚国人，因为不满政治混乱而佯狂不仕。诗人把沉醉狂歌的裴迪与楚狂相比，是对好友的赞许。五柳是陶渊明《五柳先生传》中的主人公，是不慕荣利、忘怀得失的隐者，"宅边有五柳树，因以为号焉。"实际上正是陶潜的自我写照。王维自称五柳，则是以陶渊明自比。"复值"二字既点明了诗题，又表现诗人与裴迪过从甚密。隐居在辋川，既赏美景，又遇知己，心情是何等的安逸和快乐啊！

这首诗景物描写细腻有致，声、色、动、静，交错辉映，历历如在目前，使人有身临其境之感。柴门、暮蝉、晚风、五柳，有形无声，有声无形，都写景；对两个人物也不是孤立进行刻画的，而和景物描写密切结合在一起。它形象生动，意境优美，是一幅色彩明丽的辋川暮景图。难怪宋代大诗人苏轼赞王维说他是"诗中有画，画中有诗"。

毛泽东曾圈阅过这首《辋川闲居赠裴秀才迪》诗，可见他是比较喜爱的。（毕国民）

【原文】

渭川田家

斜光照墟落⁽¹⁾，穷巷牛羊归⁽²⁾。
野老念牧童⁽³⁾，倚杖候荆扉⁽⁴⁾。
雉雊麦苗秀⁽⁵⁾，蚕眠桑叶稀⁽⁶⁾。
田夫荷锄至⁽⁷⁾，相见语依依。
即此羡闲逸⁽⁸⁾，怅然吟《式微》⁽⁸⁾。

【毛泽东圈评等情况】

毛泽东曾圈阅此诗。在毛泽东圈阅较多的《注释唐诗三百首》《唐诗别裁集》都载有这首《渭川田家》。

[参考] 张贻玖：《毛泽东评点、圈阅的中国古典诗词》，中国工人出版社 1992 年版，第 227 页。

【注释】

（1）斜光，夕阳，一作"斜阳"。墟落，村墟篱落，即村庄。
（2）穷巷，深巷。

（3）野老，村野老人。牧童，放牧的儿童。一作"僮仆"。

（4）倚杖，靠着拐杖。荆扉，柴门。

（5）雉雊（gòu），野鸡鸣叫。《诗经·小雅·小弁》："雉之朝雊，尚求其雌。"秀，麦子吐花。

（6）蚕眠，蚕蜕皮时，不食不动，像睡眠一样。

（7）荷（hè），肩扛、肩负的意思。至，一作"立"。

（8）即此，指上面所说的情景，指代田家的生活情况。

（9）怅然，失意不快的样子。式微，《诗经·邶风》中的篇名，诗中反复咏叹："式微式微，胡不归？"这里是取"胡不归"的意思，表达希望归隐田园的心情。

【赏析】

此诗未编年，可能作于开元（唐玄宗年号，713—741）后期作者隐居蓝田时，是作者游览渭水两岸的农村有感而作的一首诗。

诗中描写了春末夏初农村傍晚风光，是王维田园诗的代表作。全诗不事雕绘，纯用白描，生动细致地描绘了秦中农村所特有的风光，俨然一幅充满恬然自乐的生活情趣的农村生活画卷。

"斜光照墟落，穷巷牛羊归"，开头二句写夕阳西下、牛羊归来，面对一幅恬然自乐的田家晚归图，怎会不生羡慕之情呢！诗的核心是一个"归"字。诗人一开头，便描写夕阳斜照村落的景象，渲染暮色苍茫的浓烈气氛，作为总背景，统摄全篇。"斜光照墟落"，墟，有人居住的地方。墟落，村落。落日的余晖斜照村落。"穷巷牛羊归"，第二句紧接着就落笔到一个"归"字上，细描傍晚时分，牛羊徐徐归村的情景，使人自然想起了《诗经·王风·君子于役》中的"鸡栖于埘，日之夕矣，羊牛下来。君子于役，如之何勿思？"诗人痴情地目送牛羊，直至没入深巷之中。第一句是静态美，第二句则是动态美。

"野老念牧童，倚杖候荆扉"，三、四句内容紧接第二句，呈现出另一幅动人的画面：一位慈祥的老人，因惦念放牧牛羊的牧童，正拄着拐杖在柴门外迎候放牧归来的小孩。散发着泥土芳香的田园生活情趣感染了诗人，诗人似乎也分享到了牧童归家的乐趣。就在这一瞬间，诗人仿佛觉得田野上的一切生命，在黄昏时分，似乎都在思"归"。

于是，诗人接着写道："雉雊麦苗秀，蚕眠桑叶稀。田夫荷锄至，相见语依依。""雉雊"，野鸡鸣叫。"秀"，禾苗吐花。此句是从西晋潘岳《射雉赋》"麦渐渐以擢芒，雉而朝雊"演化而来的。这四句是说，村外的田野一片葱绿，苗壮的麦苗正在开花吐穗，几只野鸡在麦丛中鸣叫；蚕已作茧，路旁的桑树上还有稀疏的几片桑叶。几个从田间扛锄劳动归来的农人，聚集在一起亲密地谈论着今年庄稼生长的情况。野鸡呼唤配偶"归"来；蚕儿找到了"归"宿；农人从田间"归"来。诗人目睹这一切，联想到自己的处境和身世，触景生情，感慨万千。

自从开元二十五年（737）张九龄被罢宰相之位，挤出朝廷之后，王维深感在政治上已经失去了依傍，进退维谷。在这种心绪下他来到原野，目睹到一切生命皆有所归，而自己却彷徨中路，怎能不既羡慕而又惆怅呢？

"即此羡闲逸，怅然吟《式微》"，诗的结尾就抒发了诗人羡慕宁静田园生活、心生归隐之想的思想感情。诗末这两句是说，农人的这种闲逸宁静的生活实在令人羡慕，我不禁怅然吟起"式微，式微，胡不归？"的诗句来。其实，农人们的生活并不闲逸，只是诗人觉得和自己所经历的官场生活相比，农人们安然自在得多，有闲逸之感。《式微》是《诗经·邶风》中的篇名，诗中反复咏叹："式微，式微，胡不归？"这里诗人借以来表达希望归隐田园的心情。诗的最后一句不但在意境上与首句"斜光照墟落"遥相照映，且内容也落到了"归"字上，情景交融，浑然一体，画龙点睛式地揭示了主题。

读完诗的最后一句，你才会恍然大悟：前面那么多的"归"都是为了反衬人皆有所归，而自己独无所归；以人皆归得及时，反衬自己归隐太迟。以人之"相见语依依"，反衬自己混迹官场生活的孤单、苦闷。这最后一句是全诗的重心和灵魂。宦海浮沉的苦闷与失意，使作者将农村风物理想化，反衬他内心的寂寞，表达他对田家生活的赞赏和爱恋。

这首诗绝大部分的篇幅是在写农村和农民，然而诗人还是一种旁观者的姿态，顶多只是寻得了一种借题发挥的缘起。王维丰裕的经济地位、且仕且隐的名士风度及其绝对占上风的庄禅思想的支配，使他绝不会像陶渊明那样贴近田园而做自食其力的耕作，他的感触和体验是隐士的而非农民的。

毛泽东曾圈阅过这首《渭川田家》诗，可见他是比较喜爱的。（毕国民）

【原文】

和贾至舍人早朝大明宫之作

绛帻鸡人报晓筹[(1)]，尚衣方进翠云裘[(2)]。

九天阊阖开宫殿[(3)]，万国衣冠拜冕旒[(4)]。

日色才临仙掌动[(5)]，香烟欲傍衮龙浮[(6)]。

朝罢须裁五色诏[(7)]，珮声归到凤池头[(8)]。

【毛泽东圈评等情况】

毛泽东在一本清蘅塘退士原编《注释唐诗三百首》"七言律诗"类这首诗题目《和贾至舍人早朝大明宫之作》上方天头空白处画了一个大圈，在正文上方连画了三个小圈。

[参考] 中央档案馆整理：《毛泽东评点诗词曲精选（上册）》，

中国档案出版社 1998 年版，第 102 页。

【注释】

（1）绛帻（zé），红色的头巾，本为汉代宫廷宿卫的服饰，包成鸡冠状。鸡人，掌宫中报晓之事，天快亮时在朱雀门外大声报晓，警醒百官按时上朝的人。晓筹，即更筹，夜间计时的竹签。筹，更筹，是夜间用以计时的用具，用竹或铜制成。

（2）尚衣，官名，唐有尚衣局，掌供皇帝衣冠几案。翠云裘，绣有绿色云彩花纹的皮衣。战国楚宋玉《讽赋》："主人之女，翳承日之华，披翠云之裘。"

（3）九天，极言天之崇高广阔。古人认为天有九野、九重。本指天，这里借指皇宫。阊阖（chāng hé），本为天门，这里借指宫门正门。

（4）万国衣冠，各国派来朝见皇帝的使臣。衣冠，指文武百官。冕旒（miǎn liú），本指皇帝戴的礼冠，这里指皇帝。旒，冠前后所垂的珠玉串。《礼·玉藻》："天子玉藻，十有二旒。"

（5）仙掌，即掌扇，又叫障扇，为帝王仪仗中的长柄遮阳扇。

（6）香烟，指皇帝仪仗中香炉散出的芳香烟气。傍，有依附之意。衮龙，亦称"龙衮"，皇帝的龙袍。浮，指袍上锦绣光泽的闪动。

（7）裁，拟写，这里指撰写诏令。五色诏，古代皇帝的诏书、文告等，用五色纸写。《事始》：石季龙诏书，用五色纸衔于木凤口而颁行。

（8）珮声，系在身上的珮玉发出的响声，这里代指贾至。凤池，指凤凰池。魏晋南北朝时设中书省于禁苑，掌管机要，接近皇帝，故称中书省为凤凰池。

【赏析】

此诗作于唐肃宗乾元元年（758）春天，当时王维任太子中允，与诗人贾至、杜甫、岑参为同僚。时为中书舍人的贾至先作了一首《早朝大明宫呈两省僚友》："银烛朝天紫陌长，禁城春色晓苍苍。千条弱柳垂青琐，百啭流莺满建章。剑佩声随玉墀步，衣冠身惹御炉香。共沐恩波凤池里，朝朝染翰侍君王。"当时很为人注目。杜甫和王维、岑参都作了和诗，王维之和即为此诗。贾至，字幼邻，洛阳（今河南洛阳）人。王维这一首和贾至的诗，利用细节描写和场景渲染，从表现宫廷生活入手，正面描绘皇帝在大明宫早朝时庄严华贵的情景，别具艺术特色。

这是一首七言律诗。"绛帻鸡人报晓筹，尚衣方进翠云裘"，诗的首联由鸡人报晓，写到皇帝更衣的起居仪式，繁缛隆重。古代宫中有人专掌宫中报晓之事。天快亮时，头戴红巾的卫士，在朱雀门外大声报晓，警醒百官按时上朝，这种人称之为"鸡人"。"筹"，更筹，是夜间用以计时的用具。这里以"鸡人"报晓，突出宫中的肃静。尚衣局掌管皇帝的衣冠几案。"翠云裘"是指绣有绿色云彩花纹的皮衣。"方进"一词表现宫中生活的有条不紊，官员们各司其职、恪尽职守。诗人选择的"报晓"和"进翠云裘"这两个细节，足以显示出宫廷生活的庄严和肃穆。

"九天阊阖开宫殿，万国衣冠拜冕旒"，颔联从大处着笔，以九天阊阖喻天子住处，大笔勾勒了早朝场面的盛大堂皇。"宫殿"，即题中的大明宫，是皇帝接受朝见的地方。"冕旒"，本指皇帝戴的礼冠，这里代指皇帝。这两句是说：宫殿的大门如九重天门层层叠叠，迤逦打开，深邃伟丽；各国派来的使节拜倒丹墀，朝见天子，气势非凡。"万国衣冠拜冕旒"一句的确是盛唐气象的形象反映，也是大唐帝国声威远震、国力鼎盛的具体表现，在一定程度上反映了历史的真实。

"日色才临仙掌动，香烟欲傍衮龙浮"，颈联则从细处入手，进一步细致描写了早朝仪式的庄严、隆重、华贵。"仙掌"，即掌扇，又叫障扇，为帝王仪仗中的长柄遮阳扇。太阳刚刚照到宫中，仙掌即动。"临"与"动"关联得紧密，充分显示皇帝的娇贵。"衮龙"亦称"龙衮"，是皇帝的龙袍。"香烟"，指皇帝仪仗中香炉散出的芳香烟气。"香烟"照应了贾至诗中的"衣冠身惹御炉香"。贾至诗以沾沐皇恩为意，而王维诗以帝王之尊为内容，"欲傍"则有依附之意。这也是王维希望能得到贾至同等地位的一种暗示。王维对贾至的羡慕在尾联中更为突出、明显。

"朝罢须裁五色诏，佩声归到凤池头"，尾联关照了贾至诗中的"共沐恩波凤池里，朝朝染翰侍君王"，赞颂贾至作为皇帝的近臣居清要而受宠显达。贾至时任中书舍人，其职责是替皇帝撰写诏书，所以说"朝朝染翰侍君王"。所以王维和诗说，"朝罢"之后，皇帝自然会有事诏告，贾至要到中书省所在地凤凰池去用五色纸起草诏书了。这里以"佩声"代指贾至。不言人而言"佩声"，于"佩声"中藏人的行动，使"归"字产生了具体生动的效果。

这首诗写了早朝前、早朝中、早朝后三个阶段，写出了大明宫早朝的气氛和皇帝的威仪，同时还暗示了贾至的受重用和得意，也表达了他美好的希望。

王维此诗典雅清丽，似胜过岑诗，但诗中出现两"衣"字而"犯重"，历来各家对此自有褒贬。

从毛泽东的圈点情况来看，他是很喜爱这首诗的。（毕国民）

奉和圣制从蓬莱向兴庆阁道中留春雨中春望之作应制

渭水自萦秦塞曲⁽¹⁾，黄山旧绕汉宫斜⁽²⁾。

銮舆迥出千门柳⁽³⁾，阁道回看上苑花⁽⁴⁾。

云里帝城双凤阙⁽⁵⁾，雨中春树万人家⁽⁶⁾。

为乘阳气行时令⁽⁶⁾，不是宸游玩物华⁽⁷⁾。

【毛泽东圈评等情况】

毛泽东在一本清蘅塘退士原编《注释唐诗三百首》"七言律诗"类中这首《奉和圣制从蓬莱向兴庆阁道中留春雨中春望之作应制》诗题头上方天头空白处画了三个小圈，又在旁边正文上方画了一个大圈。

[参考]中央档案馆整理：《毛泽东评点诗词曲精选（上册）》，
中国档案出版社1998年版，第103页。

毛泽东曾手书这首《奉和圣制从蓬莱向兴庆阁道中留春雨中春望之作应制》。

[参考]中央档案馆编：《毛泽东手书选集·古诗词卷（上）》，
北京出版社1996年版，第110—112页。

【注释】

（1）渭水，即渭河，发源于甘肃渭源鸟鼠山，东流经陕西入黄河，是黄河最大支流。萦（yíng），环绕。秦塞，犹秦野。塞，一作"甸"，指长安城郊。关中古为秦地，所以称"秦塞"。

（2）黄山，即黄麓山，在今陕西兴平北。旧绕，历来环绕。汉宫，兴平西南有黄山宫，为汉惠帝时所建（见东汉班固《汉书·地理志》）。此指唐宫。

（3）銮（luán）舆，皇帝的车驾。迥（jiǒng）出，远出。千门，指宫内的重重门户。千门柳，指皇宫中大道两帝的垂柳。此句意谓銮舆穿过垂柳夹道的重重宫门而出。东汉班固《西都赋》："乘銮舆，备法驾。"

（4）上苑，即上林苑，这里泛指皇家园林。

（5）帝城，指长安。双凤阙，指大明宫含元殿前东、西两侧的翔鸾、栖凤两阙。这里泛指皇宫中的楼观。阙，宫门前的望楼。

（6）阳气，指春气。《管子·形势解》："春者，阳气始上，故万物生。"行时令，顺应节令，即行迎春之礼。

（7）宸（chén）游，皇帝出游。宸，北辰所居，本指皇帝所居之处，后又引申为帝王的代称。游，观赏。物华，美好的景物，指春天美好的景物。

【赏析】

这首七言律诗是奉和唐玄宗由阁道出游时在雨中春望赋诗的应制之作。"应制"，指应皇帝之命而作。圣制，皇帝写的诗。蓬莱，宫名，即大明宫。大明宫在宫城东北。兴庆宫在长安城东南角。开元二十三年（735），从大明宫经兴庆宫，一直到城东南的风景区曲江，修筑起了可直达连通这些地方的阁道，专供玄宗及其后妃游曲江之用。留春，流连春光而游赏。唐玄宗在偕后妃由阁道出游时雨中春望，赋诗一首，王维奉命而作和诗。

这首诗精雕细琢、富丽典雅。全诗从"望"字着笔，取景布局得当，集中而精当地勾勒出一个完整的画面。"渭水自萦秦塞曲，黄山旧绕汉宫斜"，首联以渭水萦绕秦中、黄山环抱汉宫的描写，写出了由阁道中向西北眺望所见的景象。渭水、黄山和秦塞、汉宫，作为长安的陪衬和背景出现，不仅视野开阔，而且因为有"秦""汉"这样的词语，还带上了一层浓厚的历史色彩。不但从广阔的空间展现了长安宫阙居于形胜之地，同时也从遥远的时间点明了"秦中自古帝王州"。

"銮舆迥出千门柳，阁道回看上苑花"，颔联两句写春望中的人因为阁道架设在宫中（等于现在所说的天桥）而立足点就高。所以，皇帝的车驾穿过垂柳夹道的重重宫门，进入专设的复道后，才得以从车中回望观赏宫苑中的百花。"柳""花"二字点出了春天。

"云里帝城双凤阙，雨中春树万人家"，颈联两句是写眺望京城所见，而且是全诗最精彩之处。"双凤阙"，指大明宫含元殿前东、西两侧的翔鸾、栖凤两阙。上句写云雾低回缭绕，盘旋在广阔的长安城上，云雾中托出一对高耸的凤阙，像要凌空飞起，突出了皇宫的巍峨壮丽。下句纵观全城，在茫茫的春雨中，万家攒聚，无数株绿树，受着雨水的滋润，更显得生机勃发。这两句虽是概括的描写，但所写景物清新明朗，春雨中，春树、人家和宫阙相互映衬，更显出帝城长安的非凡气象。

"为乘阳气行时令，不是宸游玩物华"，尾联二句是说，这次皇帝出游，是为了趁节令行迎春之礼，并不是观赏景物。这里作者歌功颂德，把皇帝的春游，说成是有政治意义的活动。结尾两句赞颂唐玄宗，是应制诗的通例，也是局限。清沈德潜编选《唐诗别裁集》说："结意寓规于颂，臣子立言，方为得体。应制诗应以此篇为第一。"

古代应制诗，大多是歌功颂德之词。王维这首诗也不例外，但诗歌的艺术性很高，王维善于抓住眼前的实际景物进行渲染。比如用春天作为背景，让帝城自然地染上一层春色；用雨中云雾缭绕来表现氤氲祥瑞的气氛，这些都显得真切而自然。这是因为王维兼有诗人和画家之长，在选取、再现帝城长安景物的时候，构图上既显得阔大美好，又足以传达处于兴盛时期帝都长安的风貌。

王维具有提炼景物的超人技能，才写出了"雨中春树万人家"这样清新的句子。清金圣叹《贯华堂选批唐才子诗》说："看他一二先写渭水自萦，黄山旧绕，即三四之銮舆看花，阁道留辇，宛然便在无数山围水抱之中间也。先生为画家鼻祖，其点笔呋墨，布置远近，居然欲与造化参伍。只如此一解四句，便是其惨淡经营之至妙也。后解四句承上'花'字言，不知者以为为花也，其知者以为不为花也。夫阁道回看，正回看双凤阙耳，正回看万人家耳。'双凤阙'，言上畏天眷；'万人家'，言下恤民岩。若'云里帝城''雨中春树'八字，只是衬色也。"

从毛泽东手书并圈点的情况来看，他对这首诗的思想和艺术都是非常欣赏的。（毕国民）

【原文】

汉江临眺

楚塞三湘接⁽¹⁾，荆门九派通⁽²⁾。

江流天地外，山色有无中。

郡邑浮前浦⁽³⁾，波澜动远空⁽⁴⁾。

襄阳好风日⁽⁵⁾，留醉与山翁⁽⁶⁾。

【毛泽东圈评等情况】

毛泽东在一本清蘅塘退士原编《注释唐诗三百首》"五言律诗"类中这首《汉江临眺》诗题目上方天头空白处连画了三个圈。

[参考]中央档案馆整理：《毛泽东评点诗词曲精选（上册）》，中国档案出版社1998年版，第83页。

【注释】

（1）楚塞，楚国边境地带，泛指汉水流域一带，此地古为楚国辖区。三湘，湖南湘水的总称。湘水和漓水同发源于广西兴安西南的阳海山，湘、漓水合称漓湘；到兴安县湘、漓两水分流往东北入湖南境，到零陵汇合潇水称潇湘；到衡阳汇合蒸水叫蒸湘。古诗文中，三湘一般泛称今洞庭湖南北、湘江一带。

（2）荆门，山名，在今湖北宜都西北五十里的长江南岸，战国时为楚之西塞。九派，指长江支流很多。九不是确定的数字。九派也可理解为长江的九条水流。南朝梁萧统《文选》郭璞《江赋》："流九派乎浔阳。"李善注引应劭《汉书》注："江自庐江浔阳分为九。"

（3）郡邑，泛指汉江两岸的州县和城市。浦，水边，指湘浦。动，震动。

（4）"波澜"句，是说水天相接，骇浪排空，远处的天空像是在波涛中浮荡。

（5）襄阳，在今湖北北部，是历史上著名城市，为兵家必争之地。

好风日，一作"风日好"，风景天气好。

（6）与，共。山翁，一作"山公"，指晋代的山简。山简为竹林七贤之一的山涛之子，曾任征南将军，镇守荆襄，常去郡中习家池（荆州豪族习氏的园池）宴饮，每次都喝得酩酊大醉而归。这里借指当时襄阳的地方官。

【赏析】

唐玄宗开元二十八年（740），时任殿中侍御史的王维，因公事去南方，途经襄阳。此诗是诗人在襄阳城欣赏汉江景色时所作。

这首诗描绘了汉江壮丽的风光，可谓是王维融画法入诗的力作。"临眺"，一作"临泛"。汉水发源于陕西宁强嶓冢山，初名漾水，《尚书·禹贡》："嶓冢导漾，东流为汉。"漾水流到褒城与褒水汇合称汉水。进入湖北境内后，水势渐大，经襄阳，到汉口，注入长江。

这是一首五言律诗。"楚塞三湘接，荆门九派通"，首联二句语工形肖，一笔勾勒出汉江雄浑壮阔的景色，作为画幅的苍茫辽阔背景。汉江水势浩荡，流域宽广，它一泻千里，无涯无际，使楚塞与三湘相接，荆门与九派相通，气派非凡。"楚塞"，泛指楚地的四境。"三湘"，今湖南境内湘水的总称。所谓"三湘"，是合沅湘、潇湘、蒸湘而言。泛舟江上，纵目远望，汉江南接三湘之水，西起荆门，东达长江九派汇合的九江。诗虽未点明汉江，但足以使人想象得到汉江横卧楚塞、接"三湘"、通"九派"的浩渺水势。

"江流天地外，山色有无中"，颔联二句以山光水色作为画幅的远景，对汉江的浩渺水势进一步作了描绘。那汹涌奔腾而去的江水，好像一直涌流出天地之外；被烟雾笼罩的远山，如在似有若无之中。"江流天地外"写出了江水的流长邈远，把人的思绪带入无穷的空间，奔腾不止；"山色有无中"以苍茫山色烘托出江势的浩瀚和空阔。在这一联中，"外""中"这两个形容词极普通，却用得神妙，把江流的气势和山色的朦胧鲜明地烘托了出来，意境阔大，富有独创精神。因此，"山色有无中"一句被后来的许多诗人袭用。唐权德舆《晚渡扬子江》："远岫有无中，片帆烟水上。"宋欧阳修《平山堂·长短句》："平山栏槛倚晴空，山色有无中。"这些都套用了王维的这句诗，可见人们对它的喜爱。

接着，诗人把视线从"天地外"收回，转而写眼前波澜壮阔之景。"郡邑浮前浦，波澜动远空"，颈联二句是写水势的盛大。"浦"指的是水边的陆地。沿岸的巍峨城市，像是浮动在水面上似的；那翻腾激越的波涛，似乎把那高远的天空也摇晃起来了。这里的"浮""动"二字，是经过特别锤炼的，这样的字，叫"诗眼"。"浮""动"这两个动词的运用，通过郡邑的浮动和远空的摇晃，变郡邑和远空的静为动，把汉江波澜壮阔的气势，生动地表现了出来。元代方回撰《瀛奎律髓》说："右丞此诗，中两联皆言景，而前联尤壮，足敌孟、杜《岳阳》之作。"

汉江雄姿给这如画江山增添了许多的情韵，所以诗的末联，诗人以无限留恋的心情写道："襄阳好风日，留醉与山翁。"诗人要与山简共谋一醉，流露出对襄阳风物的热爱之情。尾联二句中的"襄阳"，自然是临眺的地方。"好风日"，就是风光美好的时节。"山翁"，即山简，晋朝人。唐房玄龄等《晋书·山简传》说他是竹林七贤之一的山涛之子，曾任征南将军，镇守襄阳，好饮酒，常去郡中豪族习氏园中宴饮，大醉而归。诗人借山简来指当时当地的地方官，表示愿意在这襄阳风光美好的季节，留下来和山翁醉饮。这里虽寓有对长官高雅的称颂的客套，也流露出诗人对襄阳风物的热爱之情。

全诗犹如一幅色彩素雅、格调清新、意境优美的水墨山水画，画面布局远近相映、疏密相间，加之以简驭繁，以形写意，轻笔淡墨，又融情于景，情绪乐观，给人以美的享受。唐人殷璠在《河岳英灵集》中说："维诗词秀调雅，意新理惬，在泉为珠，着壁成绘。"此诗极能体现这一特色。

毛泽东曾圈阅这首《汉江临眺》诗，说明他是比较喜爱的。（毕国民）

【原文】

出塞作

居延城外猎天骄⁽¹⁾，白草连天野火烧⁽²⁾。

暮云空碛时驱马⁽³⁾，秋日平原好射雕⁽⁴⁾。

护羌校尉朝乘障⁽⁵⁾，破虏将军夜度辽⁽⁶⁾。

玉靶角弓珠勒马⁽⁷⁾，汉家将赐霍嫖姚⁽⁸⁾。

【毛泽东圈评等情况】

毛泽东手书过王维这首《出塞作》。

[参考] 中央档案馆编：《毛泽东手书选集·古诗词卷(上)》，

北京出版社 1996 年版，第 109 页。

【注释】

（1）居延城，古边塞名，也叫居延塞。故址在今内蒙古额济纳旗一带。汉武帝太初三年（前102）路博德筑于居延泽上，以遮断匈奴由此侵入河西之路，故一名遮虏障。猎天骄，是说和强悍的少数民族首领带着人马打仗。天骄，指匈奴，匈奴自称"天之骄子"。后亦泛称强盛的边地少数民族或其首领。《汉书·匈奴传上》"单于遣使遗汉书"云："南有大汉，北有强胡。胡者，天之骄子也。"这里借称唐朝的吐蕃。

（2）白草，北方草原上的一种野草，枯后呈白色，称白草。连天野火烧，烧起围猎的野火，与天连在一起了，形容打猎的野火声势之大。

（3）暮云，晚上的云彩与烟雾相接。空碛，空荡无边的大沙漠。时驱马，正在奔驰的猎马。碛（qì），浅水中的砂石，亦作沙漠解。

（4）秋日，秋天时节。平原，广阔平坦的原野，此指沙原。射雕，喻善射。雕，一种大型猛禽。

（5）护羌校尉，官名。汉武帝置，负责西羌事务之专官，秩比二千石，持节以护西羌。乘，登。障，古代边境险要之处用于戍守的小城。

（6）破虏将军，官名。晋陈寿《三国志·魏志》载，袁术表孙坚为破虏将军。度辽，《汉书》载，辽东乌桓反。以中郎将范明友为度辽将军，将北边七郡，率千骑击之。

（7）玉靶，镶玉的剑柄，借指宝剑。角弓，以兽角为饰的硬弓。珠勒马，戴有珠饰的马络头的马。珠勒，珠饰的马络头。

（8）汉家将赐，汉朝就要赏赐。这里指唐廷就要赏赐。霍嫖姚，西汉名将霍去病曾为嫖姚校尉，封冠军侯。

隋唐五代诗

【赏析】

此诗原注:"时为御史监察塞上作。"开元二十五年(737)三月,河西节度副使崔希逸在青海大败吐蕃,王维以监察御史身份,奉使出塞宣慰,此诗当写于此时。

"居延城外猎天骄,白草连天野火烧",首联叙事兼写景,交代战争发生地点——居延城外,交战对手——"天骄",以及战争形势。"天骄"原为匈奴自称,这里借指唐朝时的吐蕃。居延城外长满白草的广阔原野燃起了熊熊烈火,唐军正在这里和吐蕃军激战。

"暮云空碛时驱马,秋日平原好射雕",颔联写战争发生的季节和时间。唐军在暮云低垂、空旷无边的沙漠上驱马奔驰,草枯的秋天正是射猎的好季节。这一联像两幅生动传神、极具典型意义的塞上风俗画,写出了唐军那种盘马弯弓、勇猛强悍之态及其昂扬斗志。

"护羌校尉朝乘障,破虏将军夜度辽",颈联写唐将指挥得当。"护羌校尉"和"破虏将军"都是汉代官名,负责抵抗少数民族军队的。这里借指唐军将领。二句互文见义,意谓唐将日夜登上戍守城堡,指挥军队渡过辽河破敌。登障、度辽,都不是实指,而是泛写,前者着重防御,后者重在进攻,一"朝"一"夜",见出军情紧急、进攻神迅,表现了唐军昂扬的斗志、雷厉风行的作风,说明将领指挥得宜。

"玉靶角弓珠勒马,汉家将赐霍嫖姚",尾联写劳军,揭出题旨。二句意谓汉朝皇帝将用珠饰络头的骏马和以兽角为饰的宝剑,赏赐给嫖姚校尉霍去病。"汉家"借指唐朝。"霍嫖姚"即霍去病。霍去病是西汉名将,汉武帝刘彻元狩二年(前121),两次大败匈奴奴隶主贵族,打开了通西域的道路。元狩四年(前119),又和卫青共同击败匈奴主力。他前后六次出击匈奴,解除了西汉初年以来匈奴对汉王朝的威胁。诗人把崔希逸比作霍去病,虽未免有溢美之辞,但符合他此次奉命赏功劳军题旨,收束颇为得体。

此诗写崔希逸大败吐蕃,先从战争的时间、地点写出唐战争的规模,唐军的气概,这是对战争全局的鸟瞰;再重点写唐将的指挥得宜,重点细描;最后再揭出赏赐军功要义。一路写来,血脉贯通,大气凛然。而对于敌人则以"天骄"为喻，适足以见其强大，而不多耗笔墨，甚为经济。

此诗运用了对比的写法，前四句写敌人的勇悍和嚣张气焰，意在反衬出大唐守边将士不畏强敌、敢于战斗、敢于胜利的精神。借用"护羌校尉""破辽将军""霍嫖姚"典故比喻将能卒勇，比直接描写更能启发读者，更有余味之感。近人高步瀛编选《唐宋诗举要》云："前四句目验天骄之盛，后四句侈陈中国之武，写得兴高采烈，如火如锦，乃称题。收赐有功得体。浑灏流转，一气喷薄，而自然有首尾起结章法，其气若江海之浮天。"

毛泽东手书过这首诗，说明他对这首抗敌御边的诗是颇为熟知和欣赏的。（毕桂发）

李 白

李白（701—762），字太白，号青莲居士，又号谪仙人。唐代伟大的浪漫主义诗人，被后人誉为"诗仙"，与杜甫并称为"李杜"。

祖籍陇西成纪（今甘肃天水东），隋末其先人流寓碎叶（今吉尔吉斯斯坦托克马克），李白即出生于此。幼时随父迁居绵州昌隆（今四川江油）青莲乡。

李白少年即显露才华，吟诗作赋；二十五岁离川漫游各地，其间曾因吴筠等推荐，天宝初供奉翰林一年余。其人爽朗大方，爱饮酒作诗，喜交友。安史之乱中，他怀着平乱的志愿，曾参加永王璘幕府，因璘败牵累，被流放夜郎，中途赦还，晚年漂泊困苦，卒于当涂。

其诗对当时腐朽统治集团表现出强烈不满，对人民疾苦有所同情，对祖国壮丽山川十分热爱。诗风雄奇豪放，想象丰富，语言流转自然，音律和谐多变，构成其瑰玮绚烂的浪漫主义色彩，对后世影响很大。有《李太白集》。

【原文】

古风十五首
其一 大雅久不作

大雅久不作[1]，吾衰竟谁陈[2]？王风委蔓草[3]，战国多荆榛[4]。龙虎相啖食[5]，兵戈逮狂秦[6]。正声何微茫[7]，哀怨起骚人[8]。扬马激颓波[9]，开流荡无垠[10]。废兴虽万变[11]，宪章亦已沦[12]。自从建安来[13]，绮丽不足珍[14]。圣代复元古[15]，垂衣贵清真[16]。群才属休明[17]，乘运共跃鳞[18]。文质相炳焕[19]，众星罗秋旻[20]。我志在删述[21]，垂晖映千春。希圣如有立[22]，绝笔于获麟[23]。

【毛泽东圈评等情况】

毛泽东读清沈德潜编选《唐诗别裁集》卷二时圈阅的李白《古风十五首》中有这首《大雅久不作》。

[参考]张贻玖：《毛泽东评点、圈阅的中国古典诗词》，中国工人出版社 1992 年版，第 227 页。

【注释】

（1）《大雅》，《诗经》中的一部分，此处代指《诗经》。《诗序》："雅者，正也，言王政之所由废兴也。政有大小，故有《小雅》焉，有《大雅》焉。"古以雅、颂兴废决定于时政。

（2）吾衰，《论语·述而》："子曰：'甚矣吾衰也！'"陈，陈述。《礼记·王制》："命太史陈诗以观民风。"

（3）《王风》，指《诗经·国风》中的一部分，此处亦代指《诗经》。委蔓草，埋没无闻。此与上句"久不作"意同。委，委弃。委蔓草，指诗运沦丧。蔓草，荒芜之意。

（4）荆榛，荆棘草木丛生，形容形势混乱。指战国诗歌呈现出荒芜杂乱状态。

（5）龙虎，指韩、赵、魏、齐、楚、燕、秦等战国七雄。相啖（dàn）食，此指互相吞并。

（6）兵戈，指战争。逮，及，直到。秦，秦国。

（7）正声，雅正的诗风。微茫，渺茫。

（8）骚人，指战国楚屈原、宋玉等。《史记·屈原贾生列传》："屈原之作《离骚》，盖自怨生也。"

（9）扬、马，汉代著名辞赋家扬雄、司马相如。颓波，末流。李白认为汉赋不过是楚辞的末流而已。

（10）无垠（yín），无边。指汉代辞赋大兴。

（11）废兴，文学发展中的兴衰。

（12）宪章，本指典章制度，此指诗歌的法度。沦，丧失。

（13）建安，东汉末年汉献帝刘协年号（196—220）。建安年间"三曹

（曹操、曹丕、曹植）""七子（孔融、陈琳、王粲、徐干、阮瑀、应玚、刘桢）"继承汉乐府现实主义传统，诗作反映现实生活，感情悲凉慷慨，风格刚健清新，形成了所谓"建安风骨"。

（14）绮丽，辞藻华丽，指建安后文学风尚华靡。珍，贵。

（15）圣代，胜朝，指唐朝。复，恢复。元古，上古，指上古时代的淳朴风尚。一作"玄古"。

（16）垂衣，《周易·系辞》："黄帝、尧、舜垂衣裳而天下治。"这里借指唐代开国以来的政治局面。清真，清新自然。

（17）群才，指唐代诗人辈出。属（zhǔ），适逢，遇。休明，政治清明。

（18）跃鳞，以龙的腾跃比喻诗人施展才能。

（19）文，文采。质，质朴。文质，指文学的内容与形式。相炳焕，互相辉映。

（20）秋旻（mín），秋日的天空。旻，《尔雅·释天》："秋为旻天。"邢昺疏引李巡注："秋万物成熟，皆有文章，故曰旻天。"

（21）删述，指孔子删定《诗经》。

（22）希圣，效法圣人，仰慕圣人。三国魏康《运命论》："文章之贵，弃于汉祖，虽……孟轲、孙、卿，体二希圣。"

（23）获麟，《春秋·哀公十四年》："西狩获麟，孔子曰：'吾道穷矣。'"传说孔子修订《春秋》，至此搁笔不复述作，因为他认为麒麟出非其时而被猎获，不是好兆。

【赏析】

古风，即古诗。李白《古风》五十九首，远继风骚，近承汉魏以来《咏史》《咏怀》《感遇》诗的传统，抒写平生抱负，讽刺时事政治，思想内容丰富，风格不尽相同，不是一时一地之作。明人胡震亨在《李诗通》中曾把李白的《古风》比作陈子昂的《感遇诗》、阮籍的《咏怀诗》，并指出："非指言时事，即感伤己遇，循往以窥，又觉易尽，此则役于风气之遭盛，不得不以抒情相胜，宣泄见长。律之往制，未免言外系列，尚有可议，亦时会使矣，非后贤不及前哲也。"对《古风》的阐释比较得当。

本篇原列第一，叙述李白在文学和政治上的怀抱和志趣，重在论述文学理想与诗歌创作主张。针对"大雅久不作"，李白明确表示以恢复"正声"为己任，在历叙战国后"王风"沦丧、骚人哀怨、扬马颓波直至建安以后诗坛"绮丽不足珍"的基础上，颂扬唐代已出现的"复元古""贵清真"的文学思潮与倾向，并直接说明自身"希圣"的理想。李白崇儒思想，在政治上表现为功业欲望，在文学上则表现为复古精神，此诗对这一思想的表述最为集中，是研究李白文艺思想的重要作品之一。

全诗共二十四句，可分为三节。"《大雅》久不作"以下八句为第一节。"《大雅》久不作，吾衰竟谁陈"，起首二句是全诗的纲领，明人徐祯卿说："首二句为一篇大旨，'绮丽不足珍'以上是申第一句意，'圣代复元古'以下是引第二句意。"（《谈艺录》）其说甚为明了。《大雅》是《诗经》的一部分，其内容正如《诗大序》说："雅者，正也，言王政之所由废兴也。"古以《雅》《颂》兴废决定于时政。这里和下文的"王风""正声"都借指整个《诗经》。"久不作"，指《诗经》的优良传统中断很久了。"吾衰"语出《论语·述而》，孔子曾说："甚矣吾衰也！"由此可以推知李白写此诗时已近晚年。"陈"是陈列、展布之意。此二句是说，自周道衰微，《大雅》这样正时利弊的作品已久无人作，而孔子衰老以后，时政得失竟然也无人陈述了。两句十个字，含意丰富。诗道久衰，一层。谁能匡扶，舍"吾"其谁？二层。然而"吾衰"，来日无多，三层。匡正之志向谁展示？四层。四层意思，层层递进，一唱三叹，感慨颇深。

开端二句点明正意之后，从第三句"王风委蔓草"至"绮丽不足珍"便是写"大雅久不作"。"王风"，《诗序》："《关雎》《麟趾》之化，王者之风。"这里泛指《诗经》中的《国风》部分。"正声"，指《大雅》一类诗作。《诗序》："雅者，正也。"这是说从春秋以后，《国风》这样的优秀作品被委弃于野蔓荒草之中，到了战国更是遍地草木丛生。战国末期，七强龙争虎斗，互相吞并，直到强秦一统天下。像《大雅》那样的优秀诗作是何其衰败、渺茫，乱世的哀痛和悲愤产生了屈原这样伟大的诗人。以上六句叙春秋战国以来诗歌发展，每况愈下，颇多贬词，而以"正声何微茫"结住，回应上文"大雅久不作"，又逗起"哀怨起骚人"，文势跌宕。

"骚人",指屈原、宋玉等《楚辞》作者。屈原的代表作是《离骚》,后世因称楚辞作者为骚人。"起"是兴起。"哀怨"二字出自《史记·屈原列传》中的"屈平之作《离骚》,盖自怨生也"。"哀怨"代表了屈原作品思想内容上一大特色。"怨君主亲佞远贤,哀民生之多艰",这和《诗经》的优良传统相一致。李白认为《诗经》以后诗歌发展的总趋势是倾颓,但战国又独提"骚人",以示其特出于时,这个评价是比较公允的。

接着"扬马激颓波"以下六句为第二节,评论汉魏六朝诗风。"扬马"分指西汉辞赋家扬雄和司马相加。"建安"是东汉末年汉献帝的年号,即曹操掌权时期,其时文学人才辈出,创作繁荣,以三曹、七子为代表作家。诗人于汉代,独提扬马来评论汉赋,说他们激发了颓废的文风,潮流一开便广泛流行,以后文学发展虽时有兴衰,但那时连文章的典范都已亡尽。建安以后,文学风尚华靡,不足为贵。对于汉赋一笔抹掉,大概因为它"竞为侈靡宏衍之辞,没其风喻之义"(东汉班固《汉书·艺文志·诗赋略》),与诗人提倡的风雅传统相抵触。于东汉独标"建安来",侧重点不在建安时期,而在六朝。因为建安文学形式华美,内容刚健,与六朝文学形式绮靡、内容空洞判然有别,不能相提并论。但从文学发展上看,建安文学的华丽开启了六朝文学的绮靡,这是事实;"不足珍"是相对于《诗经》来说的,并不是完全抹杀。所以李白自己也说过"蓬莱文章建安骨,中间小谢又清发"(《宣州谢朓楼饯别校书叔云》),对于建安以来的六朝文学并不是一概抹杀的。

"圣代复元古"至篇末以下十句为第三节,申述"吾衰竟谁陈"。"圣代"以下六句铺叙唐代文运。"圣代",指唐代。"垂衣",《周易·系辞下》:"黄帝、尧、舜垂衣裳而天下治。"用以喻盛世之治。"跃麟",汉辛氏撰《三秦记》:"河津一名龙门,两旁有山,水陆不通,龟鱼莫能上,江海大鱼薄集龙门下,上则为龙。"此即所谓鲤鱼跳龙门。这里比喻奋发贡献才能以博名位。"文质",《论语·雍也》:"质胜文则野,文胜质则史,文质彬彬,然后君子。""秋旻",秋日的天空。《尔雅·释天》:"秋为旻天。"这是说到了唐代回复到上古的淳朴,无为而治,不事雕饰,崇尚纯真。诗人们适逢政治清明,趁着大好时机,如龙鱼腾跃各显其才华。他们作品的内容和形式都很完美，相互辉映。当代有名的作家如秋夜灿烂的明星。李白对当代诗人取得的成就做了充分而正确的评价，字里行间洋溢着自豪感。末四句说到自己："我志在删述，垂辉映千春。希圣如有立，绝笔于获麟。""志在删述"是李白自比孔子，与开头两句遥相呼应。《史记·孔子世家》说孔子曾删定《诗经》，《论语》又记孔子"述而不作"。李白的意思是他要像孔子那样，为一代文化作出巨大贡献，永垂后世。"希圣"就是学习圣人（孔子）。末二句说，如果自己学习孔子有所成就的话，也要写出像《春秋》那样的不朽著作。"获麟"是用典，据说鲁哀公十四年（前481），鲁人猎获一只麒麟，孔子认为代表祥瑞的麒麟被人捕获是自己政治理想难以实现的兆头，《春秋》的写作遂终止于此年。"绝笔于获麟"，是以《春秋》比喻自己的诗歌创作。此诗开头说"《大雅》久不作"，末尾说到"绝笔于获麟"，一起一结，前后呼应。从全诗本旨看，就是仍归结到《诗经》传统的继承上，李白的自负不小。不过，李白用了"获麟"这个煞风景的典故，说明他上面称颂的"圣代复元古""群才属休明"等，一半是写实，一半是应景的门面话，对唐代的政治清明是有保留的。

关于这首诗的艺术特点，《唐宋诗醇》曰："《古风》诗多比兴，此篇全用赋体，括风雅之源流，明著作之意旨，一起一结，自有山立波回之势。"这个评价是非常恰当的。

毛泽东曾圈阅过李白《古风十五首》中有这首《大雅久不作》诗，说明他是喜爱的。（毕桂发）

【原文】

古风十五首
其二 蟾蜍薄太清

蟾蜍薄太清(1)，蚀此瑶台月(2)。圆光亏中天，金魄遂沦没(3)。蠛蜢入紫微(4)，大明夷朝晖(5)。浮云隔两曜(6)，万象昏阴霏(7)。萧萧长门宫，昔是今已非。桂蠹花不实，天霜下严威(8)。沉叹终永夕，感我涕沾衣(9)。

【毛泽东圈评等情况】

毛泽东读清沈德潜编选《唐诗别裁集》卷二李白《古风十五首》中圈阅了这首《蟾蜍薄太清》。

[参考] 张贻玖：《毛泽东评点、圈阅的中国古典诗词》，

中国工人出版社 1992 年版，第 227 页。

【注释】

（1）蟾蜍（chán chú），癞蛤蟆。西汉刘安《淮南子·精神训》："月中有蟾蜍。"高诱注："蟾蜍，虾蟆也。"薄，侵，迫近。太清，天空。

（2）"蚀此"句，西汉刘安《淮南子·说林训》："月照天下，蚀于詹诸。"高诱注："詹诸，月中虾蟆食月，故曰蚀于詹诸。瑶台，传说中的神仙境界。"

（3）金魄，满月之影。魄是月体黑暗处。朔日之月谓之死魄，望日之月谓之生魄。满月之影，光明灿烂，有似黄金，故曰金魄。

（4）蝃蝀（dī dōng），亦作蝃蝀，虹。紫微，星名。紫微星十五星，西七、东八，在北斗北，一名紫宫垣，是"大帝之座""天子之常居"。见唐房玄龄等《晋书天文志》。

（5）大明，日。《礼记·礼器》："大明生于东，月生于西。"郑玄注："大明，日也。"夷，削弱。

（6）两曜，指日和月。梁元帝《纂要》："日月谓之两曜。"

（7）万象，宇宙间的一切事物和现象。昏阴霏，处于昏沉雨雾之中。霏，雨雪盛之状。

（8）"萧萧"以下四句，写陈皇后被废事。长门宫，汉宫名。东汉班固《汉书·外戚传》：陈皇后是长公主嫖女，及武帝即位，立为皇后，擅宠骄贵，十余年而无子。闻卫子夫得幸，数次寻死。后又挟妇人媚道，请女巫祠祭祝诅，被发觉。元光五年（前130），武帝赐皇后策曰："皇后失序，惑于巫祝，不可以承天命。其上玺绶，罢退居长门宫。"萧萧，头发稀短之态。桂蠹（dù），寄生在桂树上的虫。《汉书》载成帝时歌谣："桂树花不实，黄雀巢其巅。"

（9）"沉叹"二句，陈皇后用黄金百斤聘司马相如作《长门赋》，复得亲幸。玄宗王皇后无子，因武妃得宠而不平，又惑于巫祝，被废为庶人。但当时王谨作《翠羽帐赋》未获效果。诗人自谓当世相如舍我其谁，所以感慨良深，涕泪俱下，既同情他人，又感伤自己不被知遇。永夕，长夜。

【赏析】

本篇在《古风五十九首》中，原列第二。

此诗为唐玄宗以皇后不会生孩子废王皇后，而改宠武则天的侄女武妃之后而作，也不排除对奸臣蔽君、忠良见疏的感慨。当作于开元十二年（724）。这首诗描述了蟾蜍蚀月、虹气蔽日、浮云隔日月及皇后失宠、天子严责等违反常理的混乱现象，感叹自己无力矫正。清人沈德潜说："意指武惠妃有宠，王皇后见废而作，通体皆作隐语。"指出了此诗艺术表现上的一个重要特点，值得我们注意。

全诗分为前、后两节。前八句为第一节，写蟾蜍蚀月等各种反常现象。"蟾蜍薄太清"以下四句写月蚀。"蟾蜍"，癞蛤蟆。西汉刘安《淮南子·精神训》："月中有蟾蜍。"高诱注："蟾蜍，虾蟆也。"又《说林训》："月照天下，蚀于詹诸。"高诱注："詹诸，月中虾蟆食月，故曰蚀于詹诸。""薄"，侵，迫近。《释名》："日月亏曰蚀，稍稍侵亏，如虫食草木叶也。""太清"，天空。"瑶台"，传说中的神仙境界。"金魄"，满月之影。这四句是说，蟾蜍迫近天空，侵蚀仙境中的明月。月光亏损了中央，光灿灿的满月之影便消失了。夜无月光，宇宙一片昏暗，是为败象之一。接着，"蝃蝀入紫微，大明夷朝晖"二句，写彩虹遮日。"蝃蝀"，虹。《毛诗正义》："蝃蝀，虹也，色青赤，因云而见。""紫微"，星名。唐房玄龄等《晋书·天文志》："紫宫垣十五星，其西蕃七，东蕃八，在北斗北。一曰紫微，大帝之座也，天子之常居也。""大明"，日。《礼记·礼器》："大明生于东，月生于西。"郑玄注："大明，日也。"这二句是说，侵入紫微星垣，太阳的光辉被遮掩，此为败象之二。再下"浮云隔两曜，万象昏阴霏"，写浮云隔断日月。"两曜"，指日和月。"万象"，宇宙间的一切事物和现象。这二句是说，浮云障隔了太阳和月亮，整个宇宙的万事万物都处在昏沉沉的云气之中。以上写自然界的三件事，皆违反常态，而且逐层递增，整个宇宙一片混乱。

"萧萧长门宫"等六句为第二节，写人事颠倒。"萧萧长门宫，昔是今已非。桂蠹花不实，天霜下严威。"此四句写陈皇后被废事。"长门宫"，汉宫名。东汉班固《汉书》九七《外戚传》载："孝武（即武帝）陈皇后，长公主嫖女也。……及帝即位，立为皇后，擅宠骄贵，十余年而无子。闻子夫得幸，几死者数焉。上愈怒，后又挟妇人媚道，颇觉。元光五年，上遂穷治之。……使有司赐皇后策曰：'皇后失序，惑于巫祝，不可以承天命。其上玺绶，罢退居长门宫。'""桂蠹"，寄生在桂树上的虫。东汉班固《汉书·南粤王赵佗传》："谨北面因使者献……桂蠹一器。"注："此虫食桂"。

这四句是说，陈皇后谪居在萧条冷落的长门宫中，已是今非昔比。她因不能生育受到了皇帝的严厉惩罚。"沉叹终永夕，感我涕沾衣。"末二句是说诗人对此事长叹不已，以致彻夜不眠，涕泪沾衣。诗人为什么对陈皇后事感慨这么深呢？恐怕还在于陈皇后废居长门后，使人奉黄金百斤，命司马相如为《长门赋》以悟主上，陈皇后复得亲幸。事见南朝梁萧统《文选·司马长卿〈长门赋序〉》。问题还在于，玄宗王皇后久无子，因武惠妃有宠而不平，后又惑于巫祝，被废为庶人。其事与汉武陈后事极相类。然陈皇后之废，司马相如作《长门赋》而复得亲幸；王皇后被废，当时王諲作《翠羽帐赋》而未获效果。诗人自谓当世相如惟我，献《长门赋》悟主，舍我其谁？所以涕泪俱下，感慨良深，既是同情他人，又是感伤自己之不被知遇；既是切中时弊，又是抒情言志。明胡震亨说："此诗旧注以为白咏玄宗宠武妃废王皇后事，桂蠹一联实用废后诏'皇后华而不实，不可承宗庙'语，其说是矣。……才咏志在删述，即及此事，故当自有深指，不作是观，伦次将突如！"胡震亨认为这首诗是有感而发，切中时弊的。这样才符合诗人提倡风雅传统，有益于社会风教的思想。这种看法是符合实际的。

毛泽东读清沈德潜编选《唐诗别裁集》卷二李白《古风十五首》中圈阅了这首《蟾蜍薄太清》，说明他是比较喜爱的。（毕桂发）

古风十五首
其三　秦皇扫六合

秦王扫六合⁽¹⁾，虎视何雄哉⁽²⁾！挥剑决浮云⁽³⁾，诸侯尽西来⁽⁴⁾。明断自天启⁽⁵⁾，大略驾群才⁽⁶⁾。收兵铸金人⁽⁷⁾，函谷正东开⁽⁸⁾。铭功会稽岭⁽⁹⁾，骋望琅琊台⁽¹⁰⁾。刑徒七十万，起土骊山隈⁽¹¹⁾。尚采不死药，茫然使心哀⁽¹²⁾。连弩射海鱼⁽¹³⁾，长鲸正崔嵬⁽¹⁴⁾。额鼻像五岳⁽¹⁵⁾，扬波喷云雷。鬐鬣蔽青天⁽¹⁶⁾，何由睹蓬莱？徐市载秦女，楼船几时回⁽¹⁷⁾？但见三泉下⁽¹⁸⁾，金棺葬寒灰⁽¹⁹⁾！

【毛泽东圈评等情况】

早九十年中国的国文教科书就说秦始皇不错了，车同轨，书同文，统一度量衡。就是李白讲秦始皇，开头一大段也是讲他了不起，"秦王扫六合，虎视何雄哉！挥剑决浮云，诸侯尽西来。"一大篇只是屁股后头搞了两句："但见三泉下，金棺葬寒灰。"就是说还是死了。你李白呢？尽想做官！结果充军贵州。白帝城遇赦，于是乎"朝辞白帝彩云间"。《梁父吟》说现在不行，将来有希望，"君不见高阳酒徒起草中"，"指挥楚汉如旋蓬"。那时是神气十足。我加上几句，比较完全："不料韩信不听话，十万大军下历城。齐王火冒三千丈，抓了酒徒付鼎烹。"把他下油锅了。

[参考] 彭程、王芳：《中国七十年代政局备忘录》，《长河》
1989 年第 1 期。

毛泽东曾手书《秦王扫六合》等前四句。

[参考] 中央档案馆整理：《毛泽东手书选集·古诗词卷（上册）》，
北京出版社 1996 年版，第 112 页。

【注释】

（1）秦王，即秦始皇。六合，古称上、下、四方为六合。扫，扫荡。扫六合，统一中国之意。

（2）虎视，如老虎一样雄视。《周易·颐卦》有"虎视眈眈"的话。东汉班固《汉书·班固传》载《西都赋》："周以龙兴，秦以虎视。"章怀太子注："龙兴虎视，喻兴盛强也。"

（3）挥剑，《庄子·杂篇·说剑》："天子之剑……上决浮云，下绝地纪。此剑一用，匡诸侯，天下服矣。"决，断。

（4）诸侯，指战国时期的韩、越、魏、齐、楚、燕各国国君。尽西来，都向西归服秦国。

（5）"明断"句，一作"雄图发英断"。明断，英明果断。自天启，来自上天的神授。

（6）大略，雄才伟略。驾，凌驾，超越。

（7）收兵，《史记·秦始皇本纪》载："二十六年……收天下兵，聚之咸阳，销以为钟，金人十二，重各千石，置宫庭中。"

（8）函谷，即函谷关，在今河南灵宝西南，东起崤山，西至潼关，形势险要。

（9）铭功，刻石纪功。会稽，会稽山，在今浙江绍兴。

（10）琅琊（láng yá）台，在今山东诸城东南海滨的琅琊山上。《史记·秦始皇本纪》，始皇二十八年（前219），南登琅琊："乃徙黔首三万户琅琊台上；复十二岁，作琅琊台，立石刻，颂秦德。"

（11）"刑徒"二句，秦始皇二十五年（前222），役使刑徒七十余万人，在咸阳建筑阿房宫，在骊山修建陵墓。骊山，在今陕西临潼东南。隈，山的转弯处。

（12）"尚采"二句，据《史记·秦始皇本纪》载，秦始皇二十八年（前219），齐人徐市妄说海中的蓬莱、方丈、瀛洲三座神山上有神仙居住。秦始皇于是派徐市领数千名童男童女入海求仙，采集不死之药。茫然，无知之状。

（13）连弩，一种能够一连发射好几支箭的弓。

（14）崔嵬，高大的样子。徐市入海几年，毫无所获，便妄说海里有大鲸鱼拦住去路，因而无法接近蓬莱山。秦始皇亲自带着连弩，在芝罘（今山东烟台）射死了一条大鲸鱼。

（15）五岳，本指泰山、衡山、恒山、华山、嵩山等五座大山，此指大山。

（16）鬐鬣（qí liè），指鱼的鳍和翅。

（17）楼船，多层的高大的船。

（18）三泉，三重泉，指地下深处。《史记·秦始皇本纪》："穿三泉下铜而致椁。"

（19）金棺，铜做的棺材。寒灰，指腐朽的尸骨。

【赏析】

本篇原列《古风十五首》第三，是一首咏史诗，评论的对象是中国历史上的千古一帝秦始皇，既极力赞美他的雄才大略和统一中国的功绩，又讽刺了他迷信神仙、妄求长生的愚蠢行为。

全诗共二十四句，大体可分为前、后两节，前十句为第一节，重在颂功；后十四句为第二节，意在讥过。先扬后抑，层次井然。

"秦王扫六合，虎视何雄哉！挥剑决浮云，诸侯尽西来。明断自天启，大略驾群才"，诗的前六句概述秦始皇统一六国的伟大业绩和非凡才能。"六合"，古称上、下、四方为"六合"。"扫"，扫荡。"扫六合"。就是统一中国。"虎视"，如老虎一样雄视。《周易·颐卦》有"虎视眈眈"的话。一个"扫"字表现了秦始皇十年之中消灭六国、横扫千军如卷席的勃勃气势。"虎视"，形容秦国国力的强盛。战国时期，六国惧怕秦国，称秦为"虎狼"之国。下面四句便是对秦始皇"虎视何雄哉"的具体描绘。"挥剑"二句是用典。战国宋庄周《庄子·说剑》："天子之剑……上决浮云，下绝地纪。此剑一用，匡诸侯，天下服矣。"此两句夸张形容秦王所向无敌，六国诸侯都西向臣服于秦。"雄图"二句赞美秦始皇有宏大的谋划和英明的决断，称颂他有驾驭群才的雄才大略。以上六句对秦始皇统一中国赞美备至，简洁明断，似史家语，表现了诗人超人的史识，是高明的。"收兵铸金人"以下四句写秦始皇巩固政权的两项措施：收兵和铭功。据《史记·秦始皇本纪》记载，秦始皇二十六年（前221），尽收天下兵器，铸成十二个金（铜）人，各重千石，置于宫廷，防止天下叛乱，这是巩固政权所必需的。"函谷"，指函谷关，在今河南灵宝西南，东起崤山，西至潼关，形势险要。秦未统一前，防守甚严；秦统一后，函谷关就可以向东敞开了。"铭功"二句是说秦始皇巡游天下，南下会稽，东巡琅琊，树碑立石，歌颂秦的功德。这是为巩固政权作舆论宣传，当然也是必要的。"会稽岭"，会稽山，在今浙江绍兴。"琅琊台"，在山东诸城东南海滨的琅琊山上。秦统一后巩固政权的措施甚多，举其二端，以概其余。以上是为秦王颂功。

"刑徒七十万"至篇末共十四句为第二节，是对秦始皇企求长生的讥讽。也是写两件事：修墓和求药。"刑徒"二句写修墓，殊甚简略。秦始皇三十五年（前212），役使刑徒七十余万人，在咸阳建筑阿房宫，在骊山修建陵墓。"骊山"，在今陕西临潼东南。"隈"，山的弯曲处。"尚采"以下十句写求不死药，甚为繁复。为求长生，秦始皇命方士求不死之药，齐人徐市说海上有蓬莱、方丈、瀛洲三座仙山，上有仙人居住，愿带童男童女数千人去拜神求药。徐市去了几年，一无所获，害怕受罚，便谎说海里有大鲛鱼，使我们无法接近蓬莱山。秦始皇听了这话，亲自带着连弩，到海边去射鱼，结果在芝罘射死了一条鲸。这条鲸鱼巨大无比，鼻子像山似的，扬波喷雷，它的"鬐鬣"把天都挡住了，哪里看得见蓬莱山呢？徐市的楼船什么时候才能回来呢？茫然无着而连声哀叹。"长鲸"四句夸写鲸鱼的高大凶猛，突出秦始皇的孔武有力和无所畏惧，遥与"虎视何雄哉""挥剑决浮云"呼应；但此时的秦始皇仅在为求长生显神力，又与"虎视""挥剑"形成对照。末二句"但见三泉下，金棺葬寒灰！"结得冷峻严酷。"金（铜）棺"何其坚固辉煌，"寒灰"何其速朽腐臭。雄才大略的秦始皇，惑于长生妄说，求仙不得，求不朽亦不可得，这无疑是对享尽人间荣华富贵又企求长生的统治阶级的棒喝。

唐玄宗开元末期，好神仙长生术，迎方士张果入宫，和另一方士姜抚都封为银青光禄大夫。这首诗借秦始皇讽刺唐玄宗，借古讽今，是针对现实有感而发的。

此诗虽属咏史，但并不仅仅为秦始皇而发。唐玄宗和秦始皇就颇相类似：两人都曾励精图治，而后来又变得骄侈无度，最后迷信方士妄求长生。据《资治通鉴》载："（玄宗）尊道教，慕长生，故所在争言符瑞，群臣表贺无虚月。"这种蠢举，结果必然是贻害国家。可见李白此诗是有感而发的。全诗史实与夸张、想象结合，叙事与议论、抒情结合，欲抑故扬，跌宕生姿，既有批判现实的精神又有浪漫奔放的激情，是李白《古风》中的力作。

毛泽东十分喜爱这首诗，他不仅圈阅、手书，还进行了具体的分析评论。从这段富有情趣的调侃议论中，不难看出毛泽东对纯粹的诗人心态的超越和轻视，不难体会到他是怎样从政治家的角度来看待古代诗人对历史伟人充满意气的评论的。毛泽东指出李白在诗歌中抒发的傲视一切的勃勃雄心，与他在现实生活中尴尬处境之间的深刻矛盾，揭示了古代大多数有成就的作家们的普遍命运。（毕桂发）

【原文】

古风十五首
其四　庄周梦胡蝶

庄周梦胡蝶[(1)]，胡蝶为庄周。一体更变易[(2)]，万事良悠悠[(3)]。乃知蓬莱水[(4)]，复作清浅流。青门种瓜人，旧日东陵侯[(5)]。富贵固如此[(6)]，营营何所求[(7)]？

【毛泽东圈评等情况】

毛泽东读清沈德潜编选《唐诗别裁集》卷二圈阅的李白《古风十五首》中有这首《庄周梦胡蝶》。

[参考] 张贻玖：《毛泽东评点、圈阅的中国古典诗词》，中国工人出版社1992年版，第227页。

【注释】

（1）庄周（约前369—前286），战国蒙（今河南商丘东北）人，哲学家，被尊为道家始祖。胡蝶，即蝴蝶。梦胡蝶事，见《庄子·齐物论》："昔者庄周变为胡蝶，栩栩然胡蝶也，自喻适志与，不知周也。俄然觉，则蘧蘧然周也。不知周之梦为胡蝶与，胡蝶之梦为周与！"

（2）一体，指或庄周或蝴蝶。更变易，轮流变化。

（3）良，很，甚。悠悠，遥远，长久。

（4）乃知，一作"那知"。蓬莱，古代传说中的海上三座仙山之一。东晋葛洪《神仙传》载，麻姑自说云："接待以来，已见东海三为桑田，向到蓬莱，水又浅于往者。会时略半耳，岂将复为陵陆乎？"

（5）"青门"二句，汉佚名《三辅黄图》："长安城东出南头第一门曰霸城门，民见门色青，名曰青城门，或曰青门。门外旧出佳瓜，广陵人邵平为秦东陵侯。秦破，为布衣，种瓜青门外，瓜美，故时人谓之东陵瓜。"

（6）固，一作"故"，又作"苟"。

（7）营营，往来不绝之状。《诗经·小雅·青蝇》："营营青蝇。"毛传："营营，往来貌。"

【赏析】

在《古风五十九首》中，本篇原列第九，是一首咏怀诗。诗人通过对一体变易、沧海桑田、故侯种瓜的描写，表现了人贵达理以自守的思想。

全诗共十句，可分为两节。"庄周梦胡蝶，胡蝶为庄周。一体更变易，万事良悠悠"，首四句为第一节，写一体变易。"胡蝶"，即蝴蝶。"庄周"（约前369—前286），战国蒙（今河南商丘东北）人。曾为漆园吏。相传楚威王曾以厚币相迎，许以国相，不就。著书十余万言，主张清静无为，尊老子而斥儒墨。《史记》有传。庄周化蝶事，见于《庄子·齐物论》："昔者庄周变为胡蝶，栩栩然胡蝶也，自喻适志与，不知周也。俄然觉，即蘧蘧然周也。不知周之梦为胡蝶与，胡蝶之梦为周与！周与胡蝶则必有分矣。"这便是前四句的本事。庄周做了一个梦，梦见自己变成了一只蝴蝶；梦醒后，自然还是庄周。"一体"指庄周或蝴蝶，"更变易"，是说还轮流更替变化。那么，世界上万事万物的变化实在是太众多了。元人萧士赟在《分类补注李太白集》中评此四句说："谓忽然为人，化为异物；忽为异物，化而为人，一体变易尚未能知，悠悠万事岂能尽知乎？"释此比较得体。

"乃知蓬莱水"至篇末六句为第二节。"乃知蓬莱水，复作清浅流"，写蓬莱仙岛水变浅。"蓬莱"，古代传说中东海上的三座仙山之一。东晋葛洪《神仙传》载："麻姑自说云：'接待以来，已见东海三为桑田，向到蓬莱，水又浅于往者。会时略半耳，岂将复为陵陆乎？'"这二句是说，沧海桑田的巨大变化，更是神妙莫测，非常人所能预知的。再折进一层。

"青门种瓜人，旧日东陵侯。富贵固如此，营营何所求？"末四句写东陵种瓜，富贵难以久保。"东陵种瓜"事见《三辅黄图》："长安城东出南头第一门曰霸城门，民见门色青，名曰青城门，或曰青门。门外旧出佳瓜，广陵人邵平为秦东陵侯。秦破，为布衣，种瓜青门外，瓜美，故时人谓之东陵瓜。"你看，长安青门外的种瓜人，就是秦时的东陵侯邵平。过去贵为王侯，富贵已极，转瞬之间，变成平头百姓。由此想到，人们企盼的富贵荣华本来也是如此，那么为什么还要往来奔走孜孜以求呢？再折进一层，以反问出之，结出正意，正如清人方东树所说："言世事幻妄，不必营营富贵。"（清方东树撰《昭昧詹言》）达理自守是诗人意趣之所在。

此篇援引三事，层层递进，水到渠成，揭出题旨，结构严密，说服力强。（毕桂发）

【原文】

古风十五首
其五　齐有倜傥生

齐有倜傥生[1]，鲁连特高妙[2]。明月出海底[3]，一朝开光曜[4]。却秦振英声[5]，后世仰末照[6]。意轻千金赠，顾向平原笑[7]。吾亦澹荡人[8]，拂衣可同调[9]。

【毛泽东圈评等情况】

毛泽东读清沈德潜编选《唐诗别裁集》卷二时圈阅的李白《古风十五首》中有这首《齐有倜傥生》。

[参考] 张贻玖：《毛泽东评点、圈阅的中国古典诗词》，中国工人出版社 1992 年版，第 227 页。

【注释】

（1）倜傥（tì tǎng），风流豪爽、洒脱不羁之态。生，古时对学者的称谓。

（2）鲁连，即鲁仲连。

（3）明月，宝珠名，即夜明珠。

（4）一朝，一作"一夕"。光曜，光彩。曜，光耀，明亮。

（5）却秦，使秦兵退却。事见《史记·鲁仲连邹阳列传》。

（6）仰末照，仰慕他在历史上留下来的光彩。末照，余光。

（7）顾，但。邯郸解围之后，平原君以千金酬鲁仲连。鲁仲连笑曰："所为贵于天下之士者，为人排患释难解纷乱而无所取也。即有取者，是商贾之事也。"

（8）澹（dàn）荡，本指水波起伏动荡，此指放达。

（9）拂衣，挥动衣服，此指拂衣而去，表示对世俗名利的厌弃。同调，音调相同，比喻有相同的志趣或主张。南朝梁萧统《文选·谢灵运〈里星濑〉》："谁谓古今殊，异代可同调。"李善注："调，犹运也。谓音声之和也。"

【赏析】

此诗在《古风五十九首》中原列第十。

这首咏史诗通过对鲁仲连的歌颂，抒发了诗人功成身退的政治理想。这首诗写于何时，已无从查考，从诗的内容和情调来看，很可能作于入长安之前。值得指出的是，用鲁仲连功成身退自比，是李诗中常用手法，例如：《在水军宴赠幕府诸侍御》："所冀馘头灭，轼成追鲁连。"《留别王司马》："愿佐一明主，功成反旧林。"《五月东鲁行》："我以一箭书，能取聊城功。"这说明李白对鲁仲连的仰慕是一贯的。

全诗采用赋的手法，"铺陈其事而直言之"，把一件复杂的历史事件和人物性格贯穿通篇，概括得十分准确而鲜明。

"齐有倜傥生，鲁连特高妙"，开端两句写鲁仲连倜傥不羁的性格，并用"特高妙"极力赞许。"倜傥"，豪爽，洒脱不拘，形容人的风度。"生"，古时对学者的称呼。"鲁连"，即战国时齐人鲁仲连。据《史记·鲁仲连邹阳列传》载："好奇伟倜傥之画策，而不肯仕宦任职。"有次他游历赵国，正遇到秦军包围赵国都城邯郸。赵国平原君向魏国求救，魏王采取观望态度，一方面派兵救赵，但停止在边境；一方面派辛垣衍到赵国劝赵称秦为帝。鲁仲连会见辛垣衍，用称秦为帝的利害关系，说服了辛垣衍，使他离开了邯郸。秦军听到这个消息，退军"五十里"。魏国的援军赶来，遂解了邯郸之围。在却秦救赵的这个攸关赵国存亡的重大事件中，鲁仲连豪爽任侠的性格得到了突出的表现，所以称赞他"特高妙"，为全诗定下了基调。

"明月出海底，一朝开光曜"，三、四句用形象的比喻，对鲁仲连给予高度颂扬。"明月"，一种少有的大珍珠，夜间发光，故又称夜光珠，产于海中。古人常以明月珠比喻杰出的人物。这是说当鲁仲连突然出现在围城之中，好像一颗夜明宝珠从海底涌现，光芒四射，照亮了整个都城。这个生动的比喻，形象鲜明，内涵丰富。

"却秦振英声，后世仰末照"，五、六句写鲁仲连"却秦"的作用和影响。"却秦"，即指上述鲁仲连说服辛垣衍却退秦军的事。"末照"，余光。这二句是说鲁仲连却退秦军的侠义行为使他名声大振，为后代人所仰慕。这是从却秦的作用和影响来写鲁仲连，在美学上叫作从美的效果来写美。

"意轻千金赠，顾向平原笑"，七、八句写鲁仲连功成不受赏。据《史记·鲁仲连邹阳列传》载，鲁仲连却秦解了邯郸之围，赵国公子平原君赵胜设宴称谢，献给千金。鲁仲连笑了笑说："所为贵于天下之士者，为人排患释难解纷乱而无所取也．即有取者，是商贾之事也，而连不忍为也。""遂辞平原君而去，终身不复见。"有功受禄，理之当然。有功而不受禄，志行高洁，故特加赞许。"顾向平原笑"，鲁仲连那种轻视名利的傲岸性格、光明磊落的精神风貌，描写得如在目前。这最后一笔完成了鲁仲连形象的塑造。

"吾亦澹荡人，拂衣可同调"，末二句揭出全诗宗旨。"澹荡"，水波起伏动荡，此为不受检约之意。"拂衣"，借指归隐，即"功成拂衣去，摇曳沧州旁"（李白《玉真公主别馆苦雨赠卫尉张卿》诗）之意。"同调"，谓彼此志同道合，如曲调相同。这二句是说，我也是个豪爽任侠放荡不羁的人，和鲁仲连志趣投合，也要归山隐退。该诗归结于功成身退的政治理想，便戛然而止。

此诗脉络清楚，形象鲜明，格调昂扬，寓意深刻，是咏史诗中的佳制。

毛泽东读清沈德潜编选《唐诗别裁集》卷二时圈阅的李白《古风十五首》中有这首《齐有倜傥生》诗，说明他是比较喜爱的。（毕桂发）

【原文】

古风十五首
其六　松柏本孤直

松柏本孤直⁽¹⁾，难为桃李颜⁽²⁾。昭昭严子陵⁽³⁾，垂钓沧波间。身将客星隐⁽⁴⁾，心与白云闲。长揖万乘君⁽⁵⁾，还归富春山⁽⁶⁾。清风洒六合⁽⁷⁾，邈然不可攀⁽⁸⁾。使我长叹息，冥栖岩石间⁽⁹⁾。

【毛泽东圈评等情况】

毛泽东圈阅的清沈德潜编选《唐诗别裁集》卷二中李白《古风十五首》中有这首《松柏本孤直》。

[参考] 张贻玖：《毛泽东评点、圈阅的中国古典诗词》，中国工人出版社 1992 年版，第 227 页。

【注释】

（1）本，一作"峯"。孤直，高而挺直，这里喻指严子陵的孤高耿直。唐李百药《北齐书·厍士文传》："士文性孤直，虽邻里至亲莫与通狎。"

（2）桃李颜，桃花和李花的颜色，比喻争荣斗妍、品格低下的小人、庸人。唐李白《赠韦侍御黄裳》诗之一："桃李卖阳艳，路人行且迷……愿君学长松，慎勿作桃李。"

（3）昭昭，洁净明白。严子陵，即严光，子陵是他的字，会稽余姚（今浙江余姚）人。光武帝刘秀同学。刘秀即帝位后，他便隐居富春山，后人名其钓处为严陵濑。

（4）将，与。客星，批严子陵。严光见刘秀长揖不拜，不行君臣之礼。刘秀留其共寝，夜间他一只脚搁在刘秀的肚皮上，第二天天文官奏称

"客星犯御甚急"。后仍回富春山隐居。

（5）长揖，旧时拱手高举自上而下的相见礼。万乘（shèng）君，指刘秀。古代一车四马为乘。万乘，即万辆车。周制，王畿方千里，能出兵车万乘，后因以"万乘"指帝位。

（6）富春山，在今浙江桐庐西三十里，一名严陵山。清丽奇绝，号锦峦绣岭，乃严子陵隐钓处，前临富春江，上有东、西二钓台。

（7）清风，高洁的品格。

（8）邈然，高远之状。

（9）冥栖，隐居。

【赏析】

在《古风五十九首》中，本篇原列第十二，表达了李白对东汉名士严子陵孤高耿直性格的倾慕。李白曾数次游历浙东，本篇作于何时无法确考。

全诗共十二句，可分为三节。"松柏本孤直，难为桃李颜"为第一节，起首二句欲写严子陵，不从人物本身入手，而从松柏着墨，是"先言他物以引起所咏之辞"的起兴手法。"孤直"，形容松柏高而挺直，用以喻人，是指人的孤高耿直。《论语·子罕》："岁寒，然后知松柏之后凋也。"松柏经冬不凋，故古代诗文中常以松柏比喻能保持节操的人，诗中是指严子陵。"难为桃李颜"，桃李花艳，讨人喜欢，然不能持久，是无骨之征。这里是用桃李的无骨来衬托松柏的有节，对比强烈，形象鲜明，领起下文。

"昭昭严子陵，垂钓沧波间。身将客星隐，心与浮云闲。长揖万乘君，还归富春山"，此六句为第二节，叙事，写严子陵事迹。"昭昭"，洁净明白的意思。这里形容严子陵不慕荣利的风节。"客星"，指严子陵。"将"，与。"长揖"，旧时拱手高举、自上而下的相见礼。"万乘君"，古代一车四马为乘。"万乘"，即万辆车。周制，王畿方千里，能出兵车万乘，后因以"万乘"指帝位。这里指刘秀。"富春山"，明李贤、彭时、吕原等奉敕纂修《明一统志》卷四一："富春山在桐庐县西三十里，一名严陵山。清丽奇绝，号锦峰绣岭，乃汉严子陵隐钓处，前临大江，上有东西二钓台。"几句是说，严子陵高风亮节，垂钓于碧波之上。一心隐居，心似闲云。见国君长揖不拜，最终还回到富春山隐居。简明扼要地概括了严子陵的主要事迹。严子陵，名光，字子陵，会稽余姚（今浙江余姚）人。东汉初年隐士，曾与刘秀同学。后刘秀做了皇帝（即光武帝），请他去相见。他见刘秀时，不行君臣之礼，长揖不拜。刘秀留子陵共寝，夜间他的一只脚搁在刘秀的肚皮上。第二天天文官奏称："客星犯御甚急。"（古人迷信帝王上应星相）后仍回富春山隐居。事见南朝宋范晔等《后汉书·逸民传》。诗抓住严子陵"垂钓""星隐""长揖""还归"等几个关键性情节，刻画出严子陵的孤高形象，赞扬了他的耿直的品质。

"清风洒六合，邈然不可攀。使我长叹息，冥栖岩石间"为第三节，末四句写诗人的感慨。"清风"，高洁的品格。"六合"，上、下、四方。"邈然"，高远的样子。"冥栖"，隐居。这四句是说，严子陵的高尚品格洒满宇宙，高远得不可企及，使我大声赞叹，也要效法他的榜样去隐居山林。该诗以深深喟叹收束，结出学习严子陵归隐山林的题旨。

毛泽东圈阅的清沈德潜编选《唐诗别裁集》卷二李白《古风十五首》中有这首诗，说明他是比较喜爱的。（毕桂发）

【原文】

古风十五首
其七　君平既弃世

君平既弃世，世亦弃君平(1)。观变穷太易(2)，探元化群生(3)。寂寞缀道论(4)，空帘闭幽情(5)。驺虞不虚来(6)，鸑鷟有时鸣(7)。安知天汉上(8)，白日悬高名。海客去已久(9)，谁人测沉冥(10)？

【毛泽东圈评等情况】

毛泽东圈阅的清沈德潜编选《唐诗别裁集》卷二李白《古风十五首》中有这首《君平既弃世》。

[参考]张贻玖：《毛泽东评点、圈阅的中国古典诗词》，中国工人出版社1992年版，第227页。

【注释】

（1）君平，即严君平，名遵，字君平，汉蜀郡（今四川成都）人。卜筮于市。日得百钱以自养，便闭肆下帘读《老子》。扬雄少时曾从其游学，称为逸民。一生不做官，卒年九十余。弃世，摒绝世务。鲍照《咏史》："君平独寂寞，身世两相弃。"李善注："身弃世而不仕，世弃身而不任。"

（2）太易，指原始混沌的状态。《列子·天瑞》："故曰：有太易，有太初，有太始，有太素。太易者，未见气也。"《孝经·命决》："天地未分之前有太易……形象未分，谓之太易。"

（3）探元，探究玄理。元，一作"玄"。唐陈子昂《感遇》诗三六："探元观群化，遗世从云螭。"《汉书·王吉传序》："严君平筮于成都市，以为卜筮者贱业，而可以惠众人。有邪恶是非之问，则依蓍龟为言利害。与人子者言依于孝，与人弟言依于顺，与人臣言依于忠，各因势导之以善，从吾言者已过半矣。"

（4）缀，联结，联缀。道论，道学，一作"真道"。《汉书·司马迁传》："太史公……习道论于黄子。"严君平曾"依老子严周（即庄周）之旨，著书十余万言"。事见东汉班固《汉书·王吉传序》。

（5）幽情，深远或高雅的情思。东汉班固《西都赋》："摅怀旧之蓄念，发思古之幽情。"

（6）驺（zōu）虞，兽名。《诗经·召南·驺虞》："彼茁者葭，壹发五豝，于嗟乎驺虞。"毛传："驺虞，义兽也。白虎黑文，不食生物，有至信之德则应之。"虚，一作"复"。

（7）鸑鷟（yuè zhuó），凤凰的别名。《国语·周语上》："周之兴也，鸑鷟鸣于岐山。"

（8）天汉，天河。据晋张华《博物志》载，天河与海通，居海边者见年年八月有游槎去来。……去十余日，见一丈夫牵牛饮水，问此是何处，答曰"君还蜀郡访严君平则知之"。后至蜀，问君平，曰："某年月日，有客星犯牵牛宿。计日月，正是此人饮天河时也。"

（9）海客，即海诸乘槎的人。

（10）沉冥，幽居匿迹。西汉扬雄《法言·问明》有："蜀庄沉冥。"

李轨注："沉冥，犹玄寂，泯然无迹之貌。"冥，一作"溟"。谁人，一作"谁能"。

【赏析】

在《古风五十九首》中，此诗原列第十三，是一首咏史诗。所咏的人物严君平，名遵，汉蜀郡（今四川成都）人。卜筮于成都，日得百钱，足以自养，便闭肆下帘读《老子》。扬雄少时曾从其游学，称为逸民。一生不为官，卒年九十余。事见东汉班固《汉书》七十六《王吉传序》。诗人以严君平自喻，抒发了不求人知的隐逸思想。

"君平既弃世，世亦弃君平"，起首二句以议论开篇。鲍照《咏史》诗："君平独寂寞，身世两相弃。"李善注："身弃世而不仕，世弃身而不任。"君平弃世不愿做官，见其志行高洁；世弃君平而不任用，悲从中来，溢于言表。二句采用顶针续麻方式从两方面来写，一气贯注，对照鲜明。

"观变穷太易，探元化群生"，三、四句写严君平精研玄理，意在教化。"太易"，古代指原始混沌的状态。《列子·天瑞》："故曰：有太易，有太初，有太始，有太素。太易者，未见气也。""探元"，探求玄理。"元"，一作"玄"。唐陈子昂《感遇》诗之三六："探元观群化，遗世从云螭。"这二句是说，严君平观察事物变化，追溯到原始混沌状态；探求玄理，意在教化众生。东汉班固《汉书·王吉传序》："严君平筮……以为卜筮者贱业，而可以惠众人。有邪恶是非之间，则依蓍龟为言利害。与人子言依于孝，与人弟言依于顺，与人臣言依于忠，各因势道之以善，从吾言者已过半矣。"这便是此二句的最好注脚。

"寂寞缀道论，空帘闭幽情"，五、六句写严君平寂寞自守。"道论"，东汉班固《汉书·司马迁传》："太史公……习道论于黄子。"又《汉书·王吉传序》："（严君平）裁日阅数人，得百钱足自养，则闭肆下帘而授《老子》，博览无不通。依老子严周（即庄周）之旨，著书十万余言。"这二句意谓严君平卜筮只求糊口，不求富贵，潜心研究庄老，著作十万多字。

"驺虞不虚来，鸑鷟有时鸣"，七、八句议论。"驺虞"，兽名。《诗经·召南·驺虞》："彼茁者葭，壹发五豝。于嗟乎驺虞。"毛传："驺虞，义兽也。白虎黑文，不食生物，有至信之德则应之。"鹙鹭，凤凰的别称。《国语·周语上》："周之兴也，鹙鹭鸣于岐山。"此二句以驺虞、鹙鹭来比严君平，上句总上，说他是至信有德之人；下句启下，说他将有时而鸣。

"安知天汉上，白日悬高名"，九、十二句用典，承"有时鸣"而来。"天汉"，天河。《博物志》载："天河与海通，近世有人居海边者，年年八月有浮槎去来，不失期。人有奇志，立飞阁于槎上，多粮粮，差槎而去。……去十余日，奄至一处，有城郭状，屋舍甚严。遥望宫中多织妇，见一丈夫牵牛饮水。牵牛人乃惊问曰：'何由至此？'此人见说来意，并问此是何处。答曰：'君还至蜀郡访严君平则知之。'竟不上岸，因还如期。后至蜀，问君平，曰：'某年月日，有客星犯牵牛宿。计年月，正是此人饮天河时也。'"这二句是说，怎知他的名声不像九天之上的太阳高悬一样？清人沈德潜在《唐诗别裁集》中评论说："言人之不泯如驺虞，必然见知，即世人不知，天上犹悬其名也。天汉二句用海渚人乘槎至织女宫意。"其说甚当。

"海客去已久，谁人测沉冥"，末二句以感叹作结。"海客"，即海渚乘槎者。"沉冥"，幽居匿迹。汉扬雄《法言·问明》："蜀庄沉冥。蜀庄之才之珍也，不作苟见，不治苟得，久幽而不改其操。"李轨注："沉冥，犹玄寂，泯然无迹之貌。"诗人慨叹说，海渚乘槎人已经走得很久了，有谁还测知人的幽寂隐居呢？诗人以严君平自托，又感慨无人测知其隐居之心而张扬其名，流露出用世之意。以反问作结，非常有力。

毛泽东圈阅的清沈德潜编选《唐诗别裁集》卷二李白《古风十五首》中有这首《君平既弃世》诗，说明他对这首诗是比较喜爱的。（毕桂发）

【原文】

古风十五首
其八　胡关饶风沙

胡关饶风沙⁽¹⁾，萧索竟终古⁽²⁾。木落秋草黄，登高望戎虏。荒城空大漠，边邑无遗堵⁽³⁾。白骨横千霜⁽⁴⁾，嵯峨蔽榛莽⁽⁵⁾。借问谁凌虐⁽⁶⁾？天骄毒威武⁽⁷⁾。赫怒我圣皇⁽⁸⁾，劳师事鼙鼓⁽⁹⁾。阳和变杀气⁽¹⁰⁾，发卒骚中土⁽¹¹⁾。三十六万人，哀哀泪如雨。且悲就行役⁽¹²⁾，安得营农圃！不见征戍儿，岂知关山苦⁽¹³⁾。李牧今不在⁽¹⁴⁾，边人饲豺虎⁽¹⁵⁾。

【毛泽东圈评等情况】

毛泽东在清沈德潜编选《唐诗别裁集》卷二圈阅的李白《古风十五首》中有这首《胡关饶风沙》。

[参考] 张贻玖：《毛泽东评点、圈阅的中国古典诗词》，
中国工人出版社 1992 年版，第 227 页。

【注释】

（1）胡关，近胡地之关隘，如雁门、阳关之类。饶，多。

（2）萧索，一作"萧飒"，荒凉，指战争造成的凄惨景象。终古，久远。屈原《楚辞·离骚》："怀朕情而不发兮，余焉能忍而与此终古。"朱熹集注："终古者，古之所终，谓来日之无穷也。"

（3）遗堵，残垣断壁。东汉许慎《说文》："堵，垣也。五板为一堵。"

（4）千霜，千载。

（5）嵯峨，险峻，突兀，形容白骨堆积很高。榛，树木丛生之状。莽，杂草深茂之态。

（6）凌虐，蹂躏暴虐。

（7）天骄，本匈奴自称。《汉书·匈奴传》："单于遣使遗汉书曰：'南有大汉，北有强胡。'胡者，天之骄子也。"这里指吐蕃。毒，荼毒，凶狠。

（8）赫怒，愤怒。圣皇，指唐玄宗。

（9）劳师，使军队劳累。鼙（pí）鼓，古代军中所用的小鼓和大鼓，即战鼓。

（10）阳和，光阴和平的景象。

（11）发，征调。中土，中原。

（12）行役，此指因服兵役而出外跋涉。《诗经·魏风·陟岵》："嗟！予子行役，夙夜无已。"

（13）一作在"岂知关山苦"下有"争锋徒死节，秉钺皆庸竖。战士死蒿莱，将军获圭组"四句。

（14）李牧，《史记·廉颇蔺相如列传》："李牧者，赵之北边良将也。常居代、雁门，备匈奴。……匈奴小入，佯败不胜……单于闻之，大率众来入。李牧多为奇阵，张左右翼击之，大破杀匈奴十余万骑。……单于奔走。其后十余岁，匈奴不敢近赵边城。"李牧，一作"卫、霍"，则指汉代戍边名将卫青、霍去病。

（15）豺虎，豺狼虎豹，此指吐蕃军队。

【赏析】

唐玄宗李隆基天宝中期，唐朝的国力已渐衰弱，边境敌人每于秋后肆扰，造成生产的破坏及士卒的死亡。这首诗通过艺术概括反映了当时的社会现实。

本篇原列《古风五十九首》第十四。这首边塞诗描述战争给人民带来的苦难，并揭示出战争的原因乃是外族凌虐，政治腐败，边将无能。胡震亨说："此亦约略言开、天数十年间用兵吐蕃之慨，叹中外之骚蔽耳。"

"胡关饶风沙，萧索竟终古。木落秋草黄，登高望戎虏"，开端四句写登胡关所见边塞景象。"胡关"，王琦说："胡关，近胡地之关。若雁门、玉关、阳关之类。""饶"，多。"落木"，落叶。"戎虏"，胡人军队，此指吐蕃。这四句是说，北部边塞风沙多，自古以来，始终是萧索荒凉的。落叶纷飞，秋草枯黄，在这草木摇落露为霜的悲凉的秋天，我登高遥望敌情来了。诗人采用倒装笔法，先对边塞之萧索发一浩叹，再叙出是诗人登高所见，给人造成强烈的印象。

"荒城空大漠，边邑无遗堵。白骨横千霜，嵯峨蔽榛莽"四句，紧承上文，仍写诗人登高所见，诗人以夸张的笔法描绘出一幅极其悲惨的画面：荒城使大漠更为空虚，边塞城邑一片瓦砾，少有完堵。千年来突兀纵横的累累白骨把荒野茂密的草木都掩盖了。战争的残酷性、人民灾难的深重程度，都真实地显示出来了。

"借问谁凌虐？天骄毒威武。"这一问一答说明了造成上述悲惨景象的原因。"天骄"，本匈奴自称。《汉书·匈奴传》："单于遣使遗汉书曰：'南有大汉，北有强胡。胡者，天之骄子也。'""毒"，荼毒。这二句是说，要问是谁在侵凌肆虐？是自称为"天之骄子"的胡人狠毒而又凶残啊！敌人敢于肆意侵犯，正说明李唐王朝安边无策、守将无能，只有驱使人民去做无意义的牺牲，所以下句就转向国内发兵的描写。

"赫怒我圣皇，劳师事鼙鼓。阳和变杀气，发卒骚中土"，接下来四句写唐皇发兵。"赫怒"，盛怒。《诗经·大雅·皇矣》："皇赫斯怒。"郑玄笺："赫，怒意。""圣皇"，指唐玄宗。"鼙鼓"，战鼓，此指战争。这四句是说，胡人倚恃武力，荼毒人民，使我朝皇帝震怒，于是劳师动众，发动战争。于是光明和平的景象变得杀气腾腾，致使举国上下骚动不安。

"三十六万人，哀哀泪如雨。且悲就行役，安得营农圃"四句，接写征人哀怨。这是个极其悲惨的场面：几十万大军在出征的道路上哭声震天。他们暂且悲伤地去赴役守边，哪里还能征营农田。田原荒芜，有谁来养活他们的爹娘妻子呢？他们怎么不"哀哀泪如雨"呢！

"不见征戍儿，岂知关山苦。李牧今不在，边人饲豺虎"，末四句议论抒情。诗人慨叹如果不看见征戍的士卒，哪里知道远度关山的苦楚。像古代李牧那样的名将现在没有了，戍边的士卒只好去喂凶狠的豺虎。字里行间，流露出对戍卒的无限同情及对李唐王朝的深刻批判。末二句画龙点睛，指出"李牧今不在"——即没有良将守边，这是问题的症结所在。李牧是战国时期赵国的良将，常在雁门关一带防御匈奴。他守边有策，御敌有方，固有本土而不外侵，养精蓄锐以防外患。"匈奴小入，佯败不胜。……单于闻之，大率众来入。李牧多为奇阵，张左右翼击之，大破杀匈奴十余万骑。……单于奔走。其后十余岁，匈奴不敢近赵边城。"（《史记·廉颇蔺相如列传》）唐玄宗和李牧正相反，贪图边功，向外扩张，为得一城一地不惜牺牲几万人乃至十几万人的性命。所以诗人慨叹说："李牧今不在，边人饲豺虎。"这是对守边良将的呼唤，也是对朝廷用人不当的讥讽。"李牧"一作"卫、霍"，则指汉代名将卫青、霍去病，其用意相同。一本在"岂知关山苦"下有"争锋徒死节，秉钺皆庸竖。战士死蒿莱，将军获圭组"四句，"语尽而露。诗词意已足，不当更益"（《唐宋诗醇》）。故不从。

毛泽东在清沈德潜编选《唐诗别裁集》卷二圈阅的李白《古风十五首》中有这首《胡关饶风沙》诗，说明他是比较喜爱的。（毕桂发）

【原文】

古风十五首
其九　天津三月时

天津三月时(1)，千门桃与李。朝为断肠花(2)，暮逐东流水。前水复后水(3)，古今相续流。新人非旧人(4)，年年桥上游。鸡鸣海色动(5)，谒帝罗公侯(6)。月落西上阳(7)，余辉半城楼。衣冠照云日，朝下散皇州(8)。鞍马如飞龙，黄金络马头(9)。行人皆辟易(10)，志气横嵩丘(11)。入门上高堂，列鼎错珍馐(12)。香风引赵舞(13)，清管随齐讴(14)。七十紫鸳鸯(15)，双双戏庭幽。行乐争昼夜(16)，自言度千秋(17)。功成身不退(18)，自古多愆尤(19)。黄犬空叹息(20)，绿珠成衅仇(21)。何如鸱夷子(22)，散发棹扁舟。

【毛泽东圈评等情况】

毛泽东在读清沈德潜编选《唐诗别裁集》卷二圈阅的李白《古风十五首》中有这首《天津三月时》。

[参考]张贻玖：《毛泽东评点、圈阅的中国古典诗词》，中国工人出版社1992年版，第227页。

【注释】

（1）天津，古浮桥名，故址在今河南洛阳旧城西南洛河上。这里借指洛阳。隋炀帝大业九年（613）迁都，以洛水贯都，有天汉津梁气象，因名建此桥，取名天津。

（2）断肠花，使人极为爱恋或哀伤之花。

（3）复后人，复，一作"非"。

（4）新人，新，一作"今"。

（5）海色，晓色，清晨的天空半明半暗，好像海气朦胧之状。

（6）谒（yè）帝，朝见帝王。谒，晋见。罗，列。公侯，公爵与侯爵，泛指有爵位的贵族或官高位显的人。

（7）西上阳，唐东都洛阳宫名，在唐洛阳城西南隅。南临洛水，西距谷水，东即宫城，北连禁苑。

（8）皇州，帝都，此指唐东都洛阳。

（9）黄金络马头，汉乐府歌辞《鸡鸣》："黄金络马头，颎颎何煌煌。"

（10）辟易，因惊惧而退避。

（11）嵩丘，即嵩山，在今河南洛阳附近的登封。

（12）列，陈列。鼎，食器。错，杂陈。珍馐，山珍海味。

（13）香风，脂粉之香气。引赵舞，跳赵国舞蹈时香气随风散发。赵舞，赵地的舞蹈，春秋时期很有名。

（14）"清管"句，清脆的管乐器声随着齐地的歌声飘荡。管，乐器。讴（ōu），唱歌。春秋时期，齐国的歌唱很有名。《太平御览》卷五七三引《古乐卷》三："齐歌曰讴，吴歌曰歈。"

（15）七十，言鸳鸯之多。古乐府《鸡鸣》："舍后有方池，池中双鸳鸯。鸳鸯七十二，罗列自成行。"古代贵族之家有蓄养鸳鸯的习惯。

（16）行乐（lè），消遣娱乐，游戏取乐。汉杨恽《报孙会宗书》："人生行乐耳，须富贵何时？"

（17）度千秋，过生日。千秋，称生日的敬词。

（18）"功成"句：谓功成身不退，可遭杀身之祸。《老子》："功成名遂身退，天之道也。"

（19）愆尤，罪过。

（20）"黄犬"句，是秦相李斯的故事。李斯原为上蔡（今河南上蔡）布衣，后来做了秦始皇的宰相，位极人臣，富贵已极。二世时，因赵高谗言而被杀。"李斯临刑，思牵黄犬，臂苍鹰，出上蔡东门，不可得矣。"事见《史记·李斯列传》。

（21）"绿珠"句，是晋石崇的故事。绿珠是石崇妾，善吹笛。权臣孙秀求之，崇不许。秀劝赵王伦把石崇杀了。石崇被擒时，绿珠跳楼自杀。

（21）"何如"二句，是春秋时范蠡的故事。鸱（chī）夷子，春秋时越人范蠡助越王勾践灭吴后，乘扁舟隐退江湖。至齐，自号鸱夷子皮。散发，抛弃冠簪，隐居不仕。扁（piān）舟，小船。棹，一作"弄"。

【赏析】

在《古风五十九首》中本篇原列第十八。唐高宗、武后、玄宗诸帝常住东都洛阳，故当时洛阳的官僚机构庞大。唐玄宗开元二十三年（735），玄宗在东都，诗人亲见上朝之盛，作此诗。作者借此诗表达了功成身退的观点，这是道家的思想，也是历史的经验。

全诗共三十二句，可分为四节。"天津三月时"以下八句为第一节，起首以花开、流水起兴，引出要写之"新人"。"天津"，桥名，在洛阳旧城西南洛河上。隋炀帝时所建，用铁锁连系大船构成浮桥。这里天津借指洛阳。"断肠花"，是说花色极美，使人不胜思恋。东都洛阳，阳春三月，桃红李白，艳丽非常。早上还令人思恋不已，但到了晚上便纷纷坠落河中随流水而去。后浪推前波，古今相续流。新人与旧人，年年来天津桥上游玩。起首八句，连用花开与流水起兴，引出诗批评的对象——"新人"，以天津桥作为历史的见证，以花不长艳、水不能停暗喻人无常贵，从事物发展规律的高度来看问题，富有哲理意味，起笔严峻。

"鸡鸣海色动"以下十句为第二节，写上朝盛况。"海色"，晓色。清晨的颜色半明半暗，有如海气朦胧的样子。"西上阳"，宫名，在唐洛阳城西南隅。"皇州"，即京城，此指洛阳。在晨鸡刚叫、曙色初露的时候，文武大臣都上朝拜见皇帝。直到月亮从西上阳宫上落下，月亮的余晖半洒城楼，方才散朝。官僚们遮云蔽日，散往京城各处。骏马似飞龙，鞍辔都用黄铜装饰。行人见了都恐惧地躲避起来，官僚们志得意满的骄横之气表现得很足。从朝会时间之长、官员之多、仪式之盛等几个方面写当时的政治生活，突出了官员的意气骄横。采用的是铺陈描写的方法。

"入门上高堂"以下八句为第三节，诗人仍用赋的手法来写新贵们的家庭生活。新贵们回到家中坐在高大轩敞的厅堂里，桌子上放满了山珍海味，写食物之精；饮宴时还有歌舞助兴，香粉之气随赵地舞蹈飘散，清越的管音随着齐地歌声飞腾。赵舞、齐讴，春秋战国时期都是有名的，比写其歌舞之盛。"七十"，言鸳鸯之多。古代贵族家庭池苑内，有蓄养鸳鸯的习惯。《汉乐府·鸡鸣》："舍后有方池，池中双鸳鸯。鸳鸯七十二，罗列自成行。"写蓄养之名贵。寻欢作乐夜以继日，还美其名曰是过生日。极写新贵们日常生活的奢侈腐化，为下文抒写感慨张本。

"功成身不退"等末六句为第四节，诗人以感叹作结。"功成身不退"，是对新贵行为的总结，"自古多愆尤"，则逗起下文。下面援引三位古人"功成"退与不退，下场迥然不同。"黄犬空叹息"，是秦相李斯故事。李斯原为上蔡（今河南上蔡）布衣，后来做了秦始皇的宰相，位极人臣，富贵已极。二世时，因赵高谗言而被杀。"李斯临刑，思牵黄犬，臂苍鹰，出上蔡东门，不可得矣。"事见《史记·李斯列传》。"绿珠"句，是晋石崇的故事。绿珠是石崇妾，善吹笛。权臣孙秀求之，崇不许。秀就劝赵王伦把石崇杀了。石崇被捕时，绿珠坠楼自杀。李白认为石崇与孙秀的仇隙，是由绿珠引起的，结果祸及石崇。以上是两个"功成身不退"而祸患及身，造成悲剧的例证。末二句"何如鸱夷子，散发棹扁舟"，是春秋时范蠡的故事。"鸱夷子"，春秋时越人范蠡助越王勾践灭吴后，乘"扁舟"隐退江湖。至齐国，自号鸱夷子皮。古时隐士常散发不戴帽，表示生活不受拘束。"散发棹扁舟"意谓归隐江湖。范蠡功成身退，得到了好的结果，这是正面例子。三个事例，两反一正，正反对照，说明功成身退的道理。《唐宋诗醇》："此刺当时贵幸之徒，怙侈骄纵而不恤其后也。"这是对的。（毕桂发）

古风十五首
其十　郑客西入关

郑客西入关⁽¹⁾，行行未能已。白马华山君⁽²⁾，相逢平原里。璧遗镐池君⁽³⁾，明年祖龙死⁽⁴⁾。秦人相谓曰⁽⁵⁾："吾属可去矣。"一往桃花源⁽⁶⁾，千春隔流水。

【毛泽东圈评等情况】

毛泽东在一本清沈德潜编选《唐诗别裁集》卷二圈阅的李白《古风十五首》中有这首《郑客西入关》。

[参考] 张贻玖：《毛泽东评点、圈阅的中国古典诗词》，
中国工人出版社 1992 年版，第 227 页。

【注释】

（1）"郑客"二句，郑客入关事见《史记·秦始皇本纪》："（秦始皇）三十六年秋，使者从关东夜过华阴平舒道，有人持璧谓使者曰：'为吾遗镐池君。'因言曰：'今年祖龙死。'"东晋干宝《搜神记》卷四："秦始皇三十六年，使者郑容从关东来，将入函关，西至华阴，望见素车白马，从华山上下，疑其非人。道住，止而观之。遂至，问郑容曰：'安之？'郑容曰：'之咸阳。'车上人曰：'吾华山使也，愿托一牍书，致镐池君所。子之咸阳，道过镐池，见一大梓，有文石，取款（敲击）梓，当有应者，即以书与之。'容如其言，以石款梓，果有人来取书，云'明年祖龙死'。"李白据此故事写成此诗。郑客，一作"郑容"。关，指函谷关，在今河南灵宝西南，是入秦要隘。

（2）白马华山君，骑白马的华山仙人。

（3）璧，玉璧。镐池君，镐池的水神。镐池在长安（今陕西西安）西南。

（4）祖龙，指秦始皇。《史记》本纪裴骃集解引苏林曰："祖，始。龙，人君像。谓始皇也。"

（5）"秦人"二句，是说秦人从郑客那里知道华山君传言祖龙将死的信息，知道天下将大乱，纷纷逃离秦国。吾属，我等。相谓，互相告语。

（6）"一往"二句，东晋陶渊明的《桃花源诗并记》虚构了一个"先世避秦时乱"的世外桃源，与外世隔绝，"不知有汉，无论魏晋"。千春，千年。

【赏析】

在《古风五十九首》中，本篇原列第三十一。这首咏史诗写郑客入函谷关止于中途，预言祖龙将死，天下将乱，避世桃源。诗人看到政治腐败，社会黑暗，各种矛盾严重激化，敏锐地预感到社会将要发生大的动乱，对安史之乱的发生有些预感，因此引古喻今，写下此诗，提醒人们注意。所以，此诗当写于安史之乱爆发之前不久。

郑客入关事，《史记》、《汉书》和《搜神记》中均有记载。《史记·秦始皇本纪》载："（秦始皇）三十六年秋，使者从关东夜过华阴平舒道，有人持璧谓使者曰：'为吾遗镐池君。'因言曰：'今年祖龙死。'使者问其故，因忽不见，置其璧去。使者奉璧，具以闻。始皇默然良久，曰：'山鬼固不过知一岁事也。'退而曰：'祖龙者，人之先也。'使御府视璧，乃二十八年行渡江所沉璧也。"《汉书·五行志》引《史记》云："郑客从关东来，至华阴，望见素车白马从华山上下，知其非人，道住，止而待之。遂至，持璧与客曰：'为我遗镐池君。'因言今年祖龙死。"李白据此故事写成了这首怀古诗。

此诗借古喻今，阐示了诗人对世事的见解，表达了要遁世避乱的归隐之思。其最为独到突出的特点，是从头至尾全用古事。"郑客西入关"以下六句，基本上是复述故事。首句"郑客（一作郑容）西入关"，是把原文"郑客关东来"加以变化，"关东来"只表明出发地，"西入关"却成了目的地。这一变化使郑客变被动为主动，加强了主观色彩，而且"西入关"已经包括了"关东来"的意思。次句"行行未能已"，意谓走啊走啊，还没有走到目的地。道路的漫长、旅途的艰辛、惶惧赶路的情态跃然纸上，增此五字，为诗平添了无限诗意。

三、四句"白马华山君，相逢平原里"，语序恰与史书中相反，突接的方法，把白马神人的形象置于读者面前，意谓他是执行神的意志，主动特地来向郑客传语的，写得突如其来，神妙莫测。五、六句"璧遗镐池君，明年祖龙死"是叙事，即"持璧与客曰：为我遗镐池君"。长安西南有镐池。镐池君是水神。秦以五行中的水德为王，水神是秦的护法神，故华山神先告知水神："明年祖龙死。""祖"，始；龙，人君像。"祖龙"，指秦始皇。

"秦人相谓曰：'吾属可去矣。'"五、六二句意为秦人从郑客那里得知华山神传言祖龙将死的消息，知道天下将要大乱，纷纷逃离秦国。两句采用散文句法入诗，使秦人传说时的神态和心情跃然纸上，惟妙惟肖，而且又天衣无缝地过渡到桃花源事。

"一往桃花源，千春隔流水"，末二句用典收束全诗。东晋诗人陶渊明写过一篇《桃花源诗并记》，虚构了一个"世外桃源"，其中人物就是"先世避秦时乱"的。现在秦皇将死，秦国将乱，人归何处？诗人自然想起与世隔绝的桃花源，并且是"一往"而"千春"不归。"春"字，取桃花春开，景色美好之意。"千春"即千年，言其时间之久。诗人用"千春"而不用千年，表明他对桃花源的向往和赞美，透露归隐之意。以景结情，情味无限。（毕桂发）

【原文】

古风十五首
其十一　羽檄如流星

　　羽檄如流星[1]，虎符合专城[2]。喧呼救边急，群鸟皆夜鸣。白日曜紫微[3]，三公运权衡[4]。天地皆得一[5]，澹然四海清[6]。借问此何为，答言楚征兵[7]。渡泸及五月[8]，将赴云南征[9]。怯卒非战士[10]，炎方难远行[11]。长号别严亲[12]，日月惨光晶。泣尽继以血，心摧两无声。困兽当猛虎，穷鱼饵奔鲸[13]。千去不一回，投躯岂全生！如何舞干戚，一使有苗平[14]！

【毛泽东圈评等情况】

毛泽东在一本清沈德潜编选《唐诗别裁集》卷二中圈阅的李白《古风十五首》中有这首《羽檄如流星》。

[参考] 张贻玖：《毛泽东评点、圈阅的中国古典诗词》，
中国工人出版社1992年版，第227页。

【注释】

（1）羽檄，古代军中加急文书，上插羽毛，故叫羽檄。流星，形容羽檄往来十分紧迫。

（2）虎符，古代征调军队用的权符。用铜制成虎形，分两半，右半留京师，左半给地方，必须拿左半与右半验合，方可调兵。专城，一城之主，古代州牧、太守等称之。

（3）白日，喻皇帝。曜，照。紫微，本星名，此喻天子所居。

（4）三公，隋、唐以太尉、司徒、司空为三公，此指执宰权臣。

（5）"天地"句，《老子》："天得一以清，地得一以宁。"河上公注："一，无为，道之子也。天得一，故能垂象清明；地得一，故能安静不动。"

（6）澹，通"憺"，安静。

（7）楚征兵，指征兵讨南诏事。一作"征楚兵"，是说征楚地之兵。

（8）泸，泸水，今云南金沙江。北魏郦道元《水经·若水注》："（泸）水之左右，马步之径裁通，而时有瘴气，三月四月遇之必死。……五月以后，行者差得无害。"诸葛亮《出师表》："五月渡泸，深入不毛。"

（9）云南征，一作"云南行"。

（10）怯卒，强募而未经训练的士兵怯战。

（11）炎方，指炎热的云南一带。远行，一作"远征"。

（12）严亲，父亲。严，敬重，旧称父亲，此指父母。

（13）"困兽"二句，奔鲸，狂暴凶猛的鲸鱼。"困兽""穷鱼"，都是出征的士卒。猛虎、奔鲸，指南诏军队。当，抵挡。饵，喂。

（14）如何，怎样才能。干，古时盾牌。戚，古兵器，形如大斧。舞

干戚，舞者手里拿着干、戚。东晋陶渊明《读山海经》有"刑天舞干戚，猛志固常在"句。有苗，古代部落之一，其后裔即今之苗族，此指南诏。《尚书·大禹谟》说有苗叛乱，舜命禹去征伐，三旬也没有成功。于是停止武力征讨而修文治，使舞者持盾和雉羽舞于两阶，七旬以后，有苗来服。

【赏析】

在《古风五十九首》中，本篇原列第三十四。这首诗是以唐玄宗天宝十四年（755）征南诏（今云南大理一带）之役为背景写的。南诏之役，后晋刘昫等《旧唐书·杨国忠传》载："南蛮质子阁罗凤亡归不获，帝怒甚，欲讨之。国忠荐阆州人鲜于仲通为益州长史，令率精兵八万讨南蛮。与罗凤战于泸南，全军陷没。国忠掩其败状，仍叙其战功。……又使司马李宓率师七万再讨南蛮，宓渡泸水为蛮所诱，至和城不战而败，李宓死于阵。国忠又隐其败，以捷书上闻。……凡举二十万众，弃之死地，只轮不返，人衔冤毒，无敢言者。"

"羽檄如流星，虎符合专城。喧呼救边急，群鸟皆夜鸣。"诗的开头四句，描绘当时朝廷调兵遣将：只见插着羽毛的征兵文书像流星一样飞驰，朝廷调集各路大军的虎符已送到专擅一方军政的州牧、太守手中。朝野鼎沸，一片"救边"的喧嚷，连树上夜宿的群鸟，都被惊动得叫个不休。这个开头，好像波涛夜惊，风雨骤至，战争的氛围渲染得十足，透露出"救边"的信息，又不明说战事起于何方，给读者造成了强烈的悬念。这便是倒叙的好处。接着诗人便以见证人的身份叙写他的见闻和评论。

诗人并没有接着写战事，而是回叙战前的和平生活："白日曜紫微，三公运权衡。天地皆得一，澹然四海清。""白日"，象征皇帝。"紫微"，星座名，象征朝廷。"三公"，朝政大臣。唐以太尉、司徒、司空为三公。"一"是老子的所谓"道"。《老子》第三十九章："天得一以清，地得一以宁。""澹"，通"憺"，安。这四句是说，如今皇帝英明，大臣贤能，天下无事，四海安宁，怎么会有边急扰民的混乱发生呢？战前的和平安宁与战争动员的慌乱状态形成了鲜明的对照，给人的印象是：天下本无事，庸人自扰之。流露出诗人对战争的非正义的看法。接着诗人用设问自答的方式过渡到对战事的描写："借问此何为,答言楚征兵。"上句说这是干什么,语含责备,是承上;下句说回答是楚征兵。"楚",泛指南方。下文点出"云南",就点明了是南诏的事。

接着"渡泸及五月"以下八句具体写"楚征兵"的情状。"泸"是泸水,即金沙江。古时泸水中有瘴气,三四月渡之必死,五月方可渡过,所以当年诸葛亮南征,也是"五月渡泸,深入不毛"。"五月"点明时间,"云南""炎方"点明地点。"怯卒非战士"是说征召来的士兵缺乏训练,其中不少还是身体羸弱者,驱使他们要到炎热的遥远边疆去打仗,个个心情恐惧,他们的父母妻子送别儿子、丈夫,彼此抱头大哭,直哭得天昏地暗,日月无光,血泪横流,心肝摧裂。这样的惨象,叫人目不忍睹,耳不忍闻。统治者穷兵黩武的罪行令人发指。于是,诗人在下面的诗句中又作了愤激的议论:"困兽当猛虎,穷鱼饵奔鲸。千去不一回,投躯岂全生。""困兽""穷鱼",指被征来的士兵。"猛虎""奔鲸",指南诏的军队。困乏之兽与凶猛之虎,力穷之鱼与奔腾之鲸,一强一弱,自然是肉包子打狗有去无回,怎么能保全生命!字里行间充满了对万千有去无回的不幸者的深切同情,对驱民于死地的统治者进行了有力控诉。

结末二句,是诗人的期望:"如何舞干戚,一使有苗平!""干",古时盾牌。"戚",兵器名,形如大斧。"有苗",古代部落之一,其后裔即今苗族,此指南诏。《尚书·大禹谟》说有苗叛乱,舜命禹去征伐,三旬也没有征服。于是停止武力而修文治,使舞者持盾和雉羽舞于两阶,七旬以后,有苗来服。这二句是说如何才能够像舜那样,以威德感化异族,解决争端,而不诉诸武力。这是诗人从正面提出愿望,实则是对统治者的尖锐批判。

此诗对统治者穷兵黩武的揭露,对无辜人民的同情及对非正义战争的严正立场,都说明它是一篇现实主义的杰作。(毕桂发)

古风十五首
其十二　丑女来效颦

丑女来效颦，还家惊四邻⁽¹⁾。寿陵失本步⁽²⁾，笑杀邯郸人。一曲斐然子，雕虫丧天真⁽³⁾。棘刺造沐猴，三年费精神。功成无所用，楚楚且华身⁽⁴⁾。《大雅》思文王，《颂》声久崩沦⁽⁵⁾。安得郢中质，成风一运斤⁽⁶⁾。

【毛泽东圈评等情况】

毛泽东在一本清沈德潜编选《唐诗别裁集》卷二圈阅的李白《古风十五首》中有这首《丑女来效颦》。

[参考]张贻玖：《毛泽东评点、圈阅的中国古典诗词》，
中国工人出版社1992年版，第227页。

【注释】

（1）"丑女"二句，相传春秋时越国美女西施因患心痛病而蹙额皱眉。里中有一丑女东施为增加美态，也学西施皱起眉来，邻居见了，有的闭门不出，有的举家迁移（见《庄子·天运》）。颦（pín），蹙额皱眉。

（2）寿陵，古代燕国的一个城邑。邯郸，战国时赵国都城，即今河北邯郸。《庄子·徐无鬼》说，寿陵有一少年去学邯郸人走路的样子，没有学会，自己原来的走法也忘掉了，结果爬了回去。这里借指专门模仿别人作品的人。

（3）"一曲"二句，批评只注意形式雕琢华丽，而丧失清新天真的文风。斐然，文采华丽之状。雕虫，喻小技。扬雄说辞赋犹如雕虫篆刻，是儿童所做之事，壮夫不为。一曲，一作"东西"。

（4）"棘刺"四句，棘，小而丛生的枣树。棘刺，棘树的刺。沐猴，即猕猴。《韩非子·外储说左上》载，有个卫国人欺骗燕王说，自己能在棘刺的尖端上雕刻沐猴。楚楚，衣冠鲜明之状。《诗经·曹风·蜉蝣》：

"衣裳楚楚。"毛传："楚楚，鲜明貌。"华，一作"荣"。华身，指获得个人的荣耀。意在讽刺形式上的雕琢，费事而不实用。

（5）"大雅"二句，《大雅》和《颂》是《诗经》中的两个部分，《文王》是《大雅》的首篇。二句主张改革文风，恢复《诗经》的传统。

（6）"安得"二句，安得，怎么能够。郢中质，郢人为质（目标）。斤，斧。《庄子·徐无鬼》载，庄子送葬，过惠子墓，告诉从者说，郢人用白土涂其鼻端，薄如蝇翅，令石匠削之，石匠运斧成风，白土全削掉而鼻不伤，郢人面不改色。宋元君问他为什么能这样，石匠说因为有郢人这个质。庄子慨叹惠子死后，他无以为质。此二句慨叹自己空有改变当时文风的抱负，而没有理解这一抱负的人。成风一运斤，一作"一挥成斧斤"，一作"承风一运斤"。

【赏析】

本篇原列《古风五十九首》第三十五。初唐文学，由于受到了六朝文学绮靡文风的影响，形式主义文风仍然严重。同时唐代科举制度以诗赋取士，一般文人为了猎取功名富贵，也专门注意形式华美，而不重视实际内容。这首诗批评了追求形式华丽而轻视作品内容的形式主义文风，是体现李白文艺思想的重要作品。

全诗共十四句，可分为三节。"丑女来效颦，还家惊四邻。寿陵失本步，笑杀邯郸人。一曲斐然子，雕虫丧天真。"开头六句为第一节，以东施效颦和邯郸学步两个故事，批评形式主义文风丧失天真之趣。"丑女"二句讲的是东施效颦的故事。《庄子·天运》说，（春秋时越国美女）西施因患心痛病而蹙额皱眉。里中一个丑女以为这样会增加美态，也学着西施的样子故意皱眉蹙额，邻居看见，有的闭门不出，有的举家迁移。"寿陵"二句是讲邯郸学步的故事。"寿陵"，古代燕国的一个城邑。"邯郸"，战国时赵国的都城，即今河北邯郸。《庄子·徐无鬼》说，寿陵地方有一个少年，去学邯郸人走路的样子，没有学会，而自己原来走路的样子却又抛弃掉了，只好爬回去。丑女效颦比喻以丑拙强学美好，效果很坏；邯郸学步比喻仿效别人不成，反丧失原来的本领。叙述两个故事时，一"效"一"惊"，一

"失"一"笑"，已流露出诗人的态度。根据上面所叙事实，五、六句对形式主义文风提出批评。"斐然"，文采华丽的样子。《礼记·大学》："有斐君子，如切如磋，如琢如磨。"郑玄注："斐，有文章貌也。""雕虫"，喻小技。西汉辞赋家扬雄《法言》卷二："或问吾子少而好赋，曰：'然。童子雕虫篆刻。'俄而曰：'壮夫不为也。'"这两句批评当时一些文学家只注意形式的雕琢华丽，而丧失了清新天真的文风，提出了诗人的主张。

接下来"棘刺造沐猴，三年费精神。功成无所用，楚楚且华身"四句为第二节，诗人再援引"棘刺造沐猴"的故事，对徒事雕琢的文风提出批评。"棘"是小而丛生的枣树。"棘刺"，棘树的刺。"沐猴"，即猕猴。《韩非子·外储说左上》载，有个卫国人欺骗燕王说，自己能在棘刺的尖端雕刻沐猴。有人告诉燕王说是欺骗。燕王欲亲自观看，卫人便逃走了。"三年费精神"是指墨子为木鸢事。也见于《韩非子·外储说左上》："墨子为木鸢，三年而成，蜚（通"飞"）一日而败。弟子曰：'先生之巧，至能使木鸢飞。'墨子曰：'吾不如为车辕者巧也……'惠子闻之曰：'墨子大巧，巧为辕，拙为鸢。'"棘刺根木刻不成沐猴，墨子制造木鸢三年而成只能飞一天，才是"功成无所用"，但墨子并无"荣身"之想，而棘刺刻沐猴者倒是为赚取荣誉。诗人把两事混为一谈了。"楚楚"，衣冠鲜明的样子。"华身"，指获得个人的荣耀。这四句是说，写诗文在形式上雕琢，如同在棘刺尖端雕刻沐猴（墨子为木鸢）一样，费事而不切实用，不过投合一般的爱好，使个人得到荣耀。以上均从反面着手，对不良文风提出批评，末四句则从正面树立样板。

"《大雅》思文王"等末四句为第三节。"《大雅》思文王，《颂》声久崩沦"，《大雅》和《颂》是《诗经》的两个组成部分，《文王》是《大雅》的首篇。李白很推崇《诗经》，对建安以来的形式主义文学则非常鄙视，主张改革文风，恢复《诗经》的优良传统。这便是诗人的观点。"安得郢中质，成风一运斤。"末二句也是用典。《庄子·徐无鬼》："庄子送葬，过惠子之墓，顾谓从者曰：郢人垩（白色的泥土）漫（涂）其鼻端，若蝇翼，使匠石斫（削）之。匠石运斤（斧）成风，听而斫之，尽垩而鼻不伤；郢人立不失容。宋元君闻之，召匠石曰：'尝试为寡人为之。'匠石曰：'臣则尝能斫之。虽然，臣之质（此处指以垩涂鼻端而使匠石斫之的郢人）死久矣。'自夫子（指惠子）之死也，吾无以为质矣，吾无与言之矣。"李白曾说："将复古道，非我而谁？"（见孟棨《本事诗》）希望能以自己的力量改变当时文风，写出有社会意义的作品。这两句是慨叹自己虽有如此抱负，但哪里能找到理解这一抱负的人呢？卒章显志，寄托遥深。

（毕桂发）

【原文】

古风十五首
其十三　登高望四海

　　登高望四海(1)，天地何漫漫(2)！霜被群物秋(3)，风飘大荒寒(4)。荣华东流水(5)，万事皆波澜(6)。白日掩徂晖(7)，浮云无定端(8)。梧桐巢燕雀(9)，枳棘栖鸳鸾(10)。且复归去来(11)，剑歌行路难(12)。

【毛泽东圈评等情况】

　　毛泽东在一本清沈德潜编选《唐诗别裁集》卷二圈阅的李白《古风十五首》中有这首《登高望四海》。

[参考]张贻玖：《毛泽东评点、圈阅的中国古典诗词》，
中国工人出版社 1992 年版，第 227 页。

【注释】

　　（1）四海，指天下。

　　（2）漫漫，广阔无边之状。

　　（3）"霜被"句，谓各种花草树木因受霜寒而呈现出一派秋色。被，用如动词，覆盖。

　　（4）大荒，广阔无边的原野。《山海经·大荒东经》："东海之外，大荒之中，有山名大言，日月所出。"

　　（5）"荣华"句，荣华易逝，有如东流水一去不返。荣华，荣耀，显贵。

（6）"万事"句，人间万事如波浪起伏，变化无常。波澜，波涛，此处比喻世事的起伏变化。

（7）"白日"句，即夕阳西下。徂辉，太阳落山时的余辉。白日，喻君王。徂（cú）晖，日落之光。

（8）浮云，喻奸臣。无定端，指政令无常。

（9）"梧桐"句，梧桐本是凤凰所栖，今被燕雀所占。燕雀指奸佞小人。

（10）枳棘，多刺的树，恶木。鸳鸾，凤凰之类的良鸟，比喻正直贤臣。

（11）归去来，回去吧。东晋陶渊明弃官归隐时曾赋《归去来兮辞》表达自己的志趣。鸳，与"鹓"同。

（12）剑歌，弹剑而歌。《战国策·齐策》记载：战国时齐人冯谖为孟尝君门客，最初不如意，曾三次弹剑而歌。《行路难》是乐府《杂曲歌辞》调名，内容多写人生道路的风险和离别悲伤之苦。《乐府解题》云："《行路难》，备言世路艰难及离别悲伤之意。"行，一作"悲"。

【赏析】

在《古风五十五首》中，本篇原列第三十九。唐玄宗天宝三年（744），李白通过一段宫廷生活的实践，对统治集团的荒淫腐朽有了比较清楚的认识，看到唐玄宗已被群小包围，而不会重用自己，诗人又不屑于"摧眉折腰事权贵"，便决意离开长安。这首诗可能是他离开长安前写的。此诗作于诗人初离朝廷之时，写诗人登高望远，看到天地广大无边，群物被霜而秋，从而想到光阴飞逝、荣华似水、人生短促、身世飘摇、贤愚颠倒，最后发出"行路难""归去来"的悲叹。

"登高望四海，天地何漫漫"，起首二句以鸟瞰笔法，总写登高所见。"漫漫"，无边无际之意。诗人健步登上高丘，极目四望，四海之内，宇宙之中，一片苍茫，无边无际。笔力矫健，气势不凡，写出了"宇宙广大之意"（王琦语）。

"霜被群物秋，风飘大荒寒"，三、四句紧承一、二句继续写景。"被"，用作动词，覆盖。已经是深秋季节，自然界的万物都盖上了一层严霜，荒郊野外秋风阵阵天气寒。写的仍是眼前景，但通过荒凉凄清的秋景的描写，已透露出诗人凄凉、孤独的情绪。

"荣华东流水，万事皆波澜"，五、六句即景抒情。萧瑟的秋景引起了诗人的联想，人们所极力追求的荣华富贵，有如东流之水一去不返；万事万物都有盛有衰，如同波澜之起伏无常。这两句感慨极深，涵蕴丰富，具有一种哲理意味，启人心扉，从诗的结构上又有力地转入了对于眼前黑暗政治状况的愤慨。

"白日掩徂晖，浮云无定端"，七、八两句是用隐喻手法，指斥统治集团的腐朽黑暗。"徂晖"，日落之光。两句从字面看，仍是写景，是说太阳将要落山，余晖被飘浮不定的浮云掩盖。但是正如萧士赟所说："日君象，浮云奸臣也……以喻人君晚节为奸臣蔽其明，犹白日将落为浮云掩其辉也。无定端，政令之无常也。"（《分类补注李太白文集》）这就是此二句的深层含意。

"梧桐巢燕雀，枳棘栖鸳鸾"，九、十两句是说梧桐原是凤凰所栖，今反被燕雀所占；凤凰反栖于有荆棘的灌木丛上。句中的燕雀比喻奸佞小人，鸳（古通鹓）鸾都是凤凰之属，比喻正直贤臣。善恶两种鸟类栖止易位，进一步形象地指斥了当时朝廷的黑白不分、是非颠倒，奸邪居高位、英俊沉下僚的黑暗现实。诗人对权贵投以鄙夷不屑的目光，把他们比作渺小的燕雀，而以珍贵的鸳鸾自喻，对比强烈，爱憎分明。

"且复归去来，剑歌行路难"，末二句揭出全篇主旨。这里用了两个典故："归去来"是用东晋诗人陶渊明弃官归隐并赋《归去来兮辞》以表达自己志趣的事；"剑歌"是指战国时齐人冯谖为孟尝君门客时数次弹铗而歌，慨叹自己生活得不如意。《行路难》是乐府杂曲歌辞，内容多写人生道路的风险和离别悲伤之意。此二句是说，诗人的政治理想不能实现，便要效法陶渊明的榜样，抛弃长安的繁华生活，遁迹山林，像冯谖一样弹铗作歌，抒发不满现实的心情，表现了不与丑恶现实妥协的傲岸精神。

此诗写诗人登高望远，通过自然景物的描写，抒发内心的愤慨。全诗感慨朝政昏暗、贤愚颠倒、世路艰险，表现了诗人老大无成、决心归隐的愤懑之情。全诗语言明快形象，又用了夸张、隐喻、对比、用典等多种手法，写景生动，寓义显豁，感染力强，是一篇优秀的抒情言志之作。（毕桂发）

古风十五首
其十四　八荒驰惊飙

八荒驰惊飙⁽¹⁾，万物尽凋落⁽²⁾。浮云蔽颓阳⁽³⁾，洪波振大壑⁽⁴⁾。龙凤脱网罟⁽⁵⁾，飘飘将安托？去去乘白驹⁽⁶⁾，空山咏场藿。

【毛泽东圈评等情况】

毛泽东在一本清沈德潜编选《唐诗别裁集》卷二圈阅的李白《古风十五首》中有这首《八荒驰惊飙》。

[参考]张贻玖：《毛泽东评点、圈阅的中国古典诗词》，
中国工人出版社1992年版，第227页。

【注释】

（1）八荒，八方荒远之地。惊飙（biāo），突发的暴风，狂风，隐指安史之乱。惊，一作"驻"。

（2）凋落，草木花叶脱落。《素问·五帝政大论》："草木晚荣，苍干凋落。"

（3）浮云，喻指小人。颓阳，下落的太阳。陶弘景《答谢中书书》："夕阳欲颓，沉鳞竞跃。"此指唐玄宗。

（4）振，摇动。大壑，大海。《庄子·天地》："夫大壑之为物也，注焉而不满，酌焉而不竭。"陆德明注："大壑，东海也。"

（5）龙凤，指明皇和后妃。网罟，指渔猎的网具，此处指险境。罟（gǔ），网。

（6）白驹，白色骏马。马六尺为驹。《诗经·小雅·白驹》："皎皎白驹，食我场苗。"毛传："宣王之末，不能用贤，有乘白驹而去者。"场藿，场苗。《诗经·小雅·白驹》："皎皎白驹，食我场藿。"毛传："藿，犹苗也。"场，一作"长"。

【赏析】

在《古风五十九首》中，此诗原列第四十五。这首诗是感时伤乱之作，大概写于安史之乱以后，写安史乱起，天下惊扰，明皇逃蜀，百姓担忧。全诗共八句，分为前、后两节，前四句写暴乱如风暴突袭，以极其迅猛之势摧枯拉朽、惊天动地，后四句表现了诗人无所用心而思远逝的情绪。

我们先看为第一节前四句，写世乱："八荒驰惊飙，万物尽凋落。浮云蔽颓阳，洪波振大壑。""八荒"，八方荒远之地。"惊飙"，惊起的暴风。飙，疾风，暴风。"浮云"，飘浮于空中的云。比喻小人。"颓阳"，下落的太阳。南朝梁陶宏景《答谢中书书》："夕日欲颓，沉鳞竞跃。""大壑"，大海。《庄子·天地》："夫大壑之为物也，注焉而不满，酌焉而不竭。"陆德明注："大壑，东海也。"这四句是说，八方荒远之地刮起了暴风，世上万物都凋零衰落；浮云遮蔽了下落的太阳，大海扬起了滔天巨波。狂风巨浪，天昏地暗，诗句使得万物凋零，颓阳西下，自然界的混乱造成了严重后果。使用赋法，铺陈描写，起得劲健，气势雄伟。元人萧士赟说："此篇前指安禄山之乱，乘舆播迁，天下惊扰。"（《分类补注李太白集》）此语不无道理。

"龙凤脱罔罟，飘飖将安托？去去乘白驹，空山咏场藿"，后四句为第二节，写诗人远逝。"龙凤"，比喻才能特异的人，此为李白自指。"罔罟"，网。"罔"，同网。"罟"，网。"飘飖"，亦作"飘摇"，飘荡。"白驹"，白色骏马。《诗经·小雅·白驹》："皎皎白驹，食我场苗。"毛传："宣王之末，不能用贤，贤者有乘白驹而去者。"次章云："皎皎白驹，食无场藿。"毛传："藿犹苗也。"这四句是说，庆幸自己脱离了罗网，飘飘荡荡要到哪里安身呢？走吧，走吧，乘白马快走吧，到那空山之中去种我的庄稼。萧士赟说："后言己之罹难，脱身羁囚，无所依托。"结末归结为出世自解，托出题旨。

此诗雄奇豪放，想象丰富，语言犀利自然。

古风十五首
其十五　桃花开东园

桃花开东园，含笑夸白日。偶蒙东风荣⁽¹⁾，生此艳阳质⁽²⁾。岂无佳人色，但恐花不实。宛转龙火飞⁽³⁾，零落早相失⁽⁴⁾。讵知南山松⁽⁵⁾，独立自萧瑟⁽⁶⁾。

【毛泽东圈评等情况】

毛泽东在一本清沈德潜编选《唐诗别裁集》卷二圈阅的李白的《古风十五首》中有这首《桃花开东园》。

[参考] 张贻玖：《毛泽东评点、圈阅的中国古典诗词》，
中国工人出版社 1992 年版，第 227 页。

【注释】

（1）蒙，受。东风，一作"春风"。荣，草木的花。屈原《楚辞·九章·橘颂》："绿叶素荣，纷其可喜兮。"王逸注："言橘青叶白华，纷然茂盛，诚可喜也。"

（2）艳阳质，艳丽的特性。鲍照《学刘公干体》："艳阳桃李节，皎洁不成妍。"生此，一本作"矜此"。

（3）宛转，变化。龙火，旧谓东方苍龙七宿，心为七宿之一。心宿又名火，故称为龙火，即大火星。夏历五月黄昏，见于正南，位置最高，至夏历七月黄昏，位置逐渐西降，知暑渐退而秋将至。南朝梁萧统《文选·张协〈七命〉》："龙火西颓。"李善注："《汉书》曰：'东宫苍龙房心，心为火，故曰龙火也。'"

（4）零落，凋谢。屈原《楚辞·离骚》："惟草木之零落兮，恐美人之迟暮。"王逸注："零、落，皆坠也。草曰零，木曰落。"

（5）讵（jù），岂、难道。

（6）萧瑟，萧条而清凉。瑟，清凉之意。

【赏析】

此诗是李白创作的《古风五十九首》中的第四十七首诗，大约作于唐玄宗天宝年间（742—756），当为李白讥嘲皇帝身边的小人而作。这首咏物诗以桃花和松树进行比照：桃花春荣一时，转瞬之间，零落萧条；松树四季常青，独立不迁，萧飋自守。以此象征两种不同的人格，提倡人要有坚强的操守，经得起恶劣环境的考验。

全诗共八句，可分为两节。"桃花开东园，含笑夸白日。偶蒙东风荣，生此艳阳质"，前四句为第一节，写东园桃花在白日照射、春风吹拂下竞相开放。"荣"，草木茂盛。"艳阳质"，艳丽的特性。鲍照《学刘公干体》："艳阳桃李节，皎洁不成妍。"这四句是说，东园的桃花开放了，好像满脸笑容夸赞太阳，忽然被春风一吹便茂盛起来，便生成了艳丽的特性。"东园"，不是旷野，点明生长环境，暗示人工培植特点。"含笑夸白日"，是将桃花拟人化，写出其盛开时笑对太阳的得意神态，形象生动。"白日""东风"的条件，造就其艳丽特性，写其不能独立，依附外物。这是春荣的情形。

"岂无佳人色，但恐花不实。宛转龙火飞，零落早相失"，后四句为第二节，写桃花秋至零落的态势。"佳人色"，像美人一般光艳的颜色。"龙火"，星名，即大火星。大火星到了秋天自天空南方移到西方。龙火飞就是说大火星转移了位置，时至秋天。这四句是说，桃花难道没有美人一样娇艳的姿色，但怕它只开花而不结果；到了秋天，桃花早已零落成泥碾成尘了。承上再以美人颜色喻其艳丽可人，转念一想，又担心它华而不实，转瞬秋至，零落早失。说其荣时无多，这是写其秋衰。写到这里，咏桃花之意似已写尽，但诗人意犹未足，又以"南山松"作衬，翻出新意。"讵知南山松，独立自萧瑟？""讵知"，怎知。"萧瑟"，萧条而清凉。"瑟"，清凉的样子。这二句是说，难道不知道南山的松树，傲然独立而又清凉自守吗？画出松树风姿，托出松树之志节。此篇一路写桃花，结末拈出青松来作比照，使之相形见绌，题旨不言自明。诗人写桃写松，实喻两种不同人格。有的人煊赫一时，但转瞬之间身败名裂；有的人坚强有操守，经得起恶劣环境的考验。诗人自然是主张后者。元人萧士赟在《分类补注李太白集》中指出："此诗谓士无实行，偶然荣遇者，宠衰则易至于弃捐。孰若君子之有特操者独立而不改其节哉？"说甚得当。（毕桂发）

【原文】

蜀道难

噫吁嚱[1]，危乎高哉！蜀道之难，难于上青天！蚕丛及鱼凫，开国何茫然[2]。尔来四万八千岁，不与秦塞通人烟[3]。西当太白有鸟道，可以横绝峨眉巅[4]。地崩山摧壮士死，然后天梯石栈相钩连[5]。上有六龙回日之高标，下有冲波逆折之回川[6]。黄鹤之飞尚不得过，猿猱欲度愁攀援[7]。青泥何盘盘，百步九折萦岩峦[8]。扪参历井仰胁息，以手抚膺坐长叹[9]。问君西游何时还？畏途巉岩不可攀[10]。但见悲鸟号古木，雄飞雌从绕林间。又闻子规啼夜月，愁空山[11]。蜀道之难，难于上青天！使人听此凋朱颜[12]。连峰去天不盈尺[13]，枯松倒挂倚绝壁。飞湍瀑流争喧豗，砯崖转石万壑雷[14]。其险也若此，嗟尔远道之人胡为乎来哉[15]！剑阁峥嵘而崔嵬[16]，一夫当关，万夫莫开。所守或非亲，化为狼与豺[17]。朝避猛虎，夕避长蛇。磨牙吮血[18]，杀人如麻。锦城虽云乐[19]，不如早还家。蜀道之难，难于上青天，侧身西望长咨嗟[20]！

【毛泽东圈评等情况】

李白的《蜀道难》写得很好，有人从思想方面作各种猜测，以便提高评价，其实不必，不要管那些纷纭聚讼。这首诗主要是艺术性很高，谁能写得有他那样淋漓尽致呀！它把人带进祖国壮丽险峻的山川之中，把人带进神奇优美的神话世界，让人们仿佛也到了"难于上青天"的蜀道上面了。

　　[参考]杨建业：《在毛主席身边读书——访北京大学中文系讲师芦荻》，
《光明日报》，1979 年 12 月 29 日。

毛泽东在清蘅塘退士编《注释唐诗三百首》李白的这首《蜀道难》诗天头上画了一个大圈，批注："此篇有些意思。"

[参考]张贻玖：《毛泽东评点、圈阅的中国古典诗词》，

中国工人出版社1992年版，第82页。

1956年2月4日，晚上，在中南海怀仁堂，毛泽东、周恩来、陈毅等接见出席关于知识分子会议的文学艺术节的代表。当毛泽东走到作家杜鹏程面前和他握手时，问他现在在哪里工作，沈雁冰介绍说现在西北的铁路建设工地工作，周恩来走过来说：就是宝成铁路工地。陈毅也说，往我的家乡修铁路啊！毛泽东望着杜鹏程说：李白的《蜀道难》就是写的你们现在工作的那些地方的艰险情景。不过，"蜀道"很快就不"难"喽！说罢，就随意而动情地吟诵那诗篇中的一些句子。

[参考]杜鹏程：《难忘的关怀——回忆毛主席接见知识分子的一次幸会》，

《毛主席光辉照千秋》，上海人民出版社1977年版，第700页。

【注释】

（1）噫吁嚱（yī xū xì），惊异的声音，蜀地方言。

（2）蚕丛及鱼凫，蜀国古代两个国王的名字。这里用蚕丛、鱼凫代称蜀国最早的君王。茫然，指蜀国开国时间悠远，事迹难考。

（3）尔来，从此（指开国）以来。四万八千岁，是说年代久远。汉扬雄撰、明郑朴辑《蜀王本纪》："蜀王之先，名蚕丛……从开明上到蚕丝，积三万四千岁。"秦塞，秦在今陕西省地，因四周多关塞故云。不，一作"乃"。

（4）太白，或称"大乙"，秦岭峰名，在今陕西眉县东南五十里。鸟道，鸟飞的径道。横绝，横度，越过。峨眉巅，峨眉山的顶峰。峨眉山在今四川峨眉西南。

（5）壮士，指五丁。天梯，指崎岖的山路。石栈，即栈道。"地崩山摧"两句是用典。《华阳国志·蜀志》："秦惠王知蜀王好色，许嫁五女于蜀。蜀遣五丁迎之。还到梓潼，见大蛇入穴中。一人揽其尾掣之，不禁，至五人相助，大呼拽蛇，山崩时压杀五人及秦五女并部从，而山分为五岭。"秦蜀边境用栈道相通。

（6）六龙，古代传说日乘车，六龙驾辕，羲和为御（驾车）。回日，使日车回转。高标，指山中最高而为一方标志者，亦峰巅。逆折，水流回旋。

（7）黄鹤，即黄鹄，善高空飞翔，传说为仙人所乘。猱（náo），又名狨，猿类，体矮小，黄色丝状软毛，俗称金线绒。

（8）青泥，青泥岭，在今陕西略阳西北，为秦入蜀要道，"悬崖万仞，山多云雨，行者屡逢泥淖，故号青泥岭。"盘盘，曲折的样子。

（9）扪，手摸。参（shēn）、井，星宿名，古时以天上星宿的位置划分地面相应的区域。参是蜀的分野，井是秦的分野。胁息，屏住气息。膺，胸。

（10）西游，蜀在秦的西南，故云。巉（chán）岩，险峻的山岩。

（11）子规，即杜鹃鸟，蜀地最多，春暮即鸣，鸣声哀切。传说是蜀王杜宇（号望帝）的魂魄所化。

（12）凋朱颜，美貌变成衰老。

（13）连峰，连绵的峰。去天，离天。不盈尺，不满一尺。"去天不盈尺"，一作"入烟几千尺"。

（14）飞湍（tuān），急流。喧豗（huī），哄闹声。砯（pīng），水击岩石的声音。转石，指石块因水流冲击而翻滚。

（15）胡为，为什么。乎，语气助词。

（16）剑阁，在今四川剑阁北，大、小剑山之间。峥嵘，高峻的样子。崔嵬（wěi），山石高而不平的样子。

（17）"一夫当关"以下四句，西晋张载《剑阁铭》："一夫荷戟，万夫趑趄，形胜之地，非亲勿居。"匪，通"非"。匪亲，指不是亲近之人。亲，一作"人"，狼与豺，指割据谋叛者。

（18）吮（shǔn），吸。

（19）锦城，即锦官城，即今四川成都。

（20）咨（zī）嗟，叹息声。

【赏析】

《蜀道难》是乐府《相和歌·瑟调曲》三十八曲之一，其内容是描写蜀道的险阻。李白这首诗也是传统题材的再发挥。自宋以来对此诗的主题思想，众说纷纭，据今人詹锳《李白诗文系年》考订，认为与《送友人入蜀》《剑阁赋》是同一主题、同时之作，比较可信。据孟棨《本事诗》，贺知章于天宝初年李白入京时即见此作，惊叹之余，称李白为"谪仙"。按贺氏于天宝三年（744）初致仕归越，故其创作时间不得迟于天宝三年。这首诗以雄奇奔放的笔调，以浪漫主义的手法，展开丰富的想象，采纳传说、民谚，艺术地再现了蜀道峥嵘险峻、神奇壮美等奇丽惊险和不可凌越的磅礴气势，借以歌咏蜀地山川的壮秀，显示出祖国山河的雄伟壮丽，充分显示了诗人的浪漫气质和热爱自然的感情，是李白浪漫主义诗风的代表作。

全诗分为三节。从开头到"以手抚膺坐长叹"为第一节，是对蜀道艰难的正面描绘。诗一发端，就用蜀人惯用的惊叹词"噫吁嚱"和两个直接写感受的惊叹句"蜀道之难，难于上青天"开端，破空而来，振起全篇。下面就开始描写蜀道的艰难险阻。先从蜀国开辟说起，"蚕丛""鱼凫"是蜀国古代两个国王的名字。"蚕丛"二句是说，古蜀王蚕丛和鱼凫开国时间悠久，事迹难考。再从历史上说，从蜀国开国以来，秦蜀间无路可通，太白山（秦岭峰名）和峨眉山之间只有飞鸟往还。直到秦惠王嫁女蜀中，壮士们劈山开路，付出了巨大牺牲，才出现了"天梯石栈相钩连"的栈道。这是说有了凿石架木以通险阻的栈道，也并不是天堑变通途了。山道间山高得连太阳的车子遇到它也只好折回去，青泥岭（在今陕西略阳）盘曲迂回，巧于攀缘的猿猴、善于高飞的黄鹤尚难以通过，蜀道的极高处，登者可以上扪参星和井星。"参"是蜀的分野，"井"是秦的分野。古人认为地上某些地区和天上某些星宿相应，叫分野，行人只好望而兴叹了。这段描写成功地驰骋艺术想象，运用了奇异的夸张。写秦蜀隔绝之久，蜀道开辟之难，所辟栈道之险，又引入了蚕丛、鱼凫的历史传说和五丁开山的神话故事，无不体现了夸张的特点。诗人说太白山的"高标"（最高峰）可以使"六龙回日"，这是摄取神话传说来夸张。"扪参历井仰胁息，以手抚膺坐长叹"二句，是想象攀登岩峦，手可摸到天体中的星宿，这又是用独特的想象来强化夸张。这样就把一幅奇险多姿的蜀道山川的图画真实地展现在我们面前，给人一种热烈的、奋发向上的美感享受。

从"问君西游何时还"到"嗟尔远道之人胡为乎来哉"为第二节，进一步描写蜀道的荒凉空寂和雄奇绝险，极力强化"蜀道之难，难于上青天"的形象。诗中通过悲鸟哀号、子规啼愁的描写，烘托出深山老林苍茫空旷的气氛，给人一种凄凉悲愁的感觉。再次强调蜀道之难，并说只要听一听它的艰险之状，也会使人失去青春的容颜。再看一看山峰连着的山峰，离天不到一尺，千年古松倒挂在悬崖绝壁。飞也似的急流和银河似的瀑布哄闹喧鸣"争喧豗"。"砯崖转石万壑雷"，即冲击着山岩，转动着山石，使千山万壑发出雷鸣似的响声。"连峰去天"以下四句，夸张描写蜀道险恶，诗句工整，音调铿锵，写尽了山势的陡峭和涧底洪涛的声势。读到此处，惊心动魄，"嗟尔远道之人胡为乎来哉"，再次告诫友人。

"剑阁峥嵘而崔嵬"至篇末为第三节，极写剑阁要塞的险要。如果前两段是对难于上青天的蜀道的全局描写和渲染，那么对剑阁的描写就是特写。因为剑阁是蜀道中最险的地段，是"一夫当关，万夫莫开"的咽喉要地，易守难攻。假若把关之人不是忠臣良将，反而会成为祸患。走到那里，早上要防备猛虎，晚来又要警惕长蛇。它们已经磨利了牙齿，随时准备吃人的肉，吸人的血；被它们杀害的人，不知有多少了。这样看来，锦城（即今四川成都）虽说是个快乐的地方，还是不如早早回去好啊！最后两句以咏叹结束全篇，与开头遥相呼应。

这首诗的突出特点是诗人运用丰富的想象、大胆的夸张等一系列艺术手段，传神地凸显了蜀山、蜀道的磅礴气势、神秘色彩和浓郁的诗情，为我们描绘了一幅优美的山水画卷，给我们以无尽的美的享受。

全诗采用律体与散文间杂，文句参差，笔意纵横，豪放洒脱，感情强烈，一唱三叹。诗中诸多的画面此隐彼现，无论是山之高、水之急、河山之改观、林木之荒寂、连峰绝壁之险，皆有逼人之势，气象宏伟，境界阔大，集中体现了李白诗歌的艺术特色和创作个性。清代诗评家沈德潜评此诗："笔势纵横，如虬飞蠖动，起雷霆于指顾之间。"

毛泽东非常喜爱这首诗，他多次和人谈起此诗，对它评价很高。他认为"此篇有些意思"，肯定此诗的艺术性，提出"不要管那些纷纭聚讼"。这在文艺批评标准和批评方法上都颇能给人启迪。（毕桂发）

【原文】

梁甫吟

　　长啸《梁甫吟》，何时见阳春[1]？君不见朝歌屠叟辞棘津，八十西来钓渭滨[2]。宁羞白发照清水，逢时吐气思经纶[3]。广张三千六百钩，风期暗与文王亲[4]。大贤虎变愚不测，当年颇似寻常人[5]。君不见高阳酒徒起草中，长揖山东隆准公[6]。入门不拜逞雄辩，两女辍洗来趋风[7]。东下齐城七十二，指挥楚汉如旋蓬[8]。狂客落魄尚如此，何况壮士当群雄[9]！我欲攀龙见明主，雷公砰訇震天鼓[10]。帝旁投壶多玉女[11]，三时大笑开电光[12]，倏烁晦冥起风雨。阊阖九门不可通，以额叩关阍者怒[13]。白日不照吾精诚，杞国无事忧天倾[14]。猰貐磨牙竞人肉，驺虞不折生草茎[15]。手接飞猱搏雕虎，侧足焦原未言苦[16]。智者可卷愚者豪，世人见我轻鸿毛[17]。力排南山三壮士，齐相杀之费二桃[18]。吴楚弄兵无剧孟，亚夫咍尔为徒劳[19]。《梁甫吟》，声正悲。张公两龙剑，神物合有时[20]。风云感会起屠钓，大人𡾋屼当安之[21]。

【毛泽东圈评等情况】

　　李白的《梁甫吟》是毛泽东反复阅读、多次圈画并手书过的一首诗。早在 20 世纪 60 年代，他就曾在五页红格信纸上凭记忆手书过全诗。藏书中有一份《梁甫吟》的手抄本，他是用一寸大小的楷体毛笔字抄录在十六开毛边纸上的，共七页。右上角，有毛泽东用铅笔画着读过两遍的圈记。据了解情况的同志说：这是毛泽东晚年，由于眼疾视力减退，为了读这首诗，特意让人用大字抄写出来的。在另一本 70 年代出的大字本《唐诗别裁集》中的这首诗里，他在"君不见高阳酒徒起草中""指挥楚汉如旋蓬"两句旁，用红铅笔画着直线，在函套上也画着读过两遍的大圈。这就是说，70 年代以来，毛泽东这首诗起码读过四遍。

　　[参考] 张贻玖：《毛泽东评点、圈阅的中国古典诗词》，中国工人出版社 1992 年版，第 81 页。

毛泽东曾手书李白的《梁甫吟》。

[参考] 中央档案馆编：《毛泽东手书古诗词选》，文物出版社、
　　　　　档案出版社 1984 年版，第 33—38 页。

1973 年 7 月 4 日，晚上，毛泽东同王洪文、张春桥的谈话。毛泽东说："……你李白呢？尽想做官！结果充军贵州，走到白帝城，普赦令下来了。于是乎，'朝辞白帝彩云间'。其实，他尽想做官。《梁甫吟》说现在不行，将来有希望。'君不见高阳酒徒起草中''指挥楚汉如旋蓬'。那时神气十足。我加上几句，比较完全：'不料韩信不听话，十万大军下历城。齐王火冒三千丈，抓了酒徒付鼎烹'，把他下了油锅了。"

[参考]《毛泽东年谱》（一九四九—一九七六）第六卷，中央
　　　　文献出版社 2013 年版，第 485 页。

1970 年 8 月 31 日，毛泽东在中国共产党八届二中全会上写的《我的一点意见》中说："上过庐山的一位古人说：'杞国无事忧天倾。'我们不要学那位杞国人。"

[参考]《建国以来毛泽东文稿》第十三册，中央文献出版社
　　　　1998 年版，第 114—115 页。

【注释】

（1）长啸，引吭高歌。阳春，春天，比喻德政。战国楚宋玉《楚辞·九辩》："恐溘死而不得见乎阳春！"

（2）朝（zhāo）歌，古地名，殷代京都，故址在今河南淇县东北。朝歌屠叟，指吕望（即吕尚，又号姜太公），传说他五十岁在棘津（在今河南延津东北）做小贩，七十岁在朝歌屠牛，八十岁在磻溪（在今陕西宝鸡东南）钓鱼，九十岁遇到周文王而被重用。

（3）宁，难道。经纶，此指规划政治。清水，一本作"渌水"。

（4）广张，大张。张，张钩钓鱼。三千六百钩，吕尚在渭水边垂钓十年才遇文王，一年有三百六十天，故云。风期，风度品格。唐房玄龄等《晋书·习凿齿传》："其风期俊迈如此。"

（5）大贤虎变，《周易·革卦》："大人虎变。"大贤，具有雄才大略的

人，这里指吕尚。虎变，老虎秋后换毛，文彩焕然一新，比喻政治上得志。

（6）高阳酒徒，《史记·郦生陆贾列传》载：郦食其（yì jī），高阳（今河南杞县高阳镇）人，自称"高阳酒徒"，他去见刘邦时自称高阳酒徒。草中，草野之中，指出身低贱。山东隆准公，指汉高祖刘邦。山东，古时泛指华山以东广大地区。刘邦故乡沛亦属山东。隆准，高鼻子。

（7）趋风，急走，指忙着接待。

（8）旋蓬，蓬草随风旋转，形容很容易。

（9）狂客，一作"狂生"，指郦食其。《史记·郦生陆贾列传》：郦食其"家贫落魄，无以为衣食业，……县中皆谓之狂生。"壮士，李白自称。落魄，即落泊，飘泊不定，生活无着之意。

（10）攀龙，指依附皇帝建功立业。雷公，传说中的雷神。砰訇（pēng hōng），大声，这里指雷鸣。震天鼓，即打雷。《史记·天官书》："天鼓，有音如雷非雷。"《初学记》卷一引《抱扑子》曰："雷，天之鼓也。"

（11）帝，天帝，暗指玄宗。投壶，古代宴饮时的一种游戏，向壶中投箭，负者罚酒。玉女，仙女，这里借指玄宗所亲近的权奸小人。

（12）三时，指春、夏、秋三季。大笑，即天笑，指不下雨的闪电。倏烁，电光迅疾闪烁。

（13）阊阖（chāng hé），神话中的天门。九门，九天之门。阍者，看守天门的人，这里指当权的奸臣。

（14）白日，太阳，指唐玄宗。杞国无事忧天倾，《列子·天瑞篇》载：春秋时杞国有个人"忧天地崩坠，身无所寄，废寝食者"。

（15）猰貐（yà yǔ），神话中一种能快跑又吃人的怪兽，常用以象征暴政。驺虞，神话中一种带黑纹的白虎，性慈，不伤人畜，不踩生草，常用以象征仁政。《诗经·召南·驺虞》序："仁如驺虞，则王道成也。"

（16）接，交接，交战。雕虎，毛色斑斓的猛虎。焦原，传说春秋时莒国（今山东莒县一带）的焦原山上，有一宽五十步的焦原石，下临百丈深渊，十分危险。东汉张衡《思玄赋》："执雕龙而试象兮，阽焦原而跟趾。"

（17）卷，收敛。豪，放纵。《论语·卫灵公》："君子哉蘧伯玉，邦有道则仕，邦无道则可卷而怀也。"鸿毛，鸿雁的毛。

（18）"力排南山"两句，指二桃杀三士故事（见《晏子春秋·谏下》）。三国蜀诸葛亮《梁甫吟》诗曾称赞三人。

（19）吴楚，指西汉景帝时吴、楚等七国诸侯王。剧孟，西汉著名侠士。亚夫，汉景帝时名将周亚夫。哈（hāi），讥笑。

（20）张公，指西晋张华。唐房玄龄等《晋书·张华传》载：西晋时丰城令雷焕掘地得宝剑干将、莫邪一对，雷留莫邪，将干将送张华，张得剑后说："详观剑文，乃干将也，莫邪何复不至？虽然，天生神物，终当合耳。"后张华被杀，剑不知所在。雷死后，其子带剑经过延平津，剑从腰中入水，与水中的干将化为两条龙飞去。

（21）风云感会，指君臣遇合，成就大业。南朝宋范晔等《后汉书》卷五十二《马武传》后论"二十八将"云："咸能盛会风云，奋其智能。"屠钓，指曾经屠牛、钓鱼的吕尚。大人，指具有远大抱负的人。嵲屼（niè wù），不安的样子。

【赏析】

《梁甫吟》，一作《梁父吟》，古乐府《楚调曲》名，声调悲凉。今存《梁甫吟》古辞一篇。"梁甫"，山名，在泰山下。此诗借用乐府古题，袭用诸葛亮《梁父吟》立意，巧夺妙换，翻出新意，通过姜子牙、郦食其等人的故事和一些神话传说，表达遭受挫折的愤懑以及期盼明君知己的愿望。全诗意境奇妙，气势磅礴，纵横跌宕，变幻惝恍，淋漓悲壮，堪称乐府诗的名篇。这首诗大概写在唐玄宗天宝三载（744）李白"赐金放还"，刚离开长安之后。另裴斐《李白年谱简编》认为，此诗写于天宝九载（750）。是年李白初寓金陵，五月之浔阳，后游襄阳，复北上至南阳度岁。

全诗分为四节。开头至"何况壮士当群雄"为第一节，引述古人事迹，表达诗人坚信终当有遇合明主的机会。开头两句："长啸《梁甫吟》，何时见阳春？""长啸"，引吭高歌。"阳春"，阳光明媚的春天。战国楚文学家宋玉《九辩》有"恐溘死而不得见乎阳春"之句。这两句既有对黑暗现实的强烈不满，又有何时东山再起的热切希望，强烈感叹，足以振起全篇。接下来，连用两个"君不见"叙述吕望和郦食其的故事。"朝歌屠叟"指吕望（即吕尚、姜太公），佐武王灭殷，封于齐。传说他五十岁时在棘津（今河南延津东北）做小贩，七十岁在朝歌（殷代京城，今河南淇县）屠牛，八十岁在磻溪（今陕西宝鸡东南）钓鱼，九十岁遇到周文王而被重用。他不以年老垂钓为羞，遇机会，便满怀壮志地去治理国家。垂钓十年，有了风云际会之期才被周文王重用。"大贤虎变"，《周易·革卦》："大人虎变。""虎变"，虎的皮毛更新，文彩炳焕，用以比喻在政治上的得志。这是说"大贤"不会永远贫贱，终有得志的一天，愚人是不能预测的。"高阳酒徒"，指郦食其。据《史记·郦生陆贾列传》：郦食其，自称"高阳酒徒"。刘邦领兵过高阳时，郦往谒见，刘邦正让两个女子给他洗脚。郦生长揖不拜，向刘邦说，想聚会义兵灭秦，就不应对长者不礼貌。刘邦于是停止洗脚，以礼接待。后来郦生为刘邦游说诸侯，使齐王田广以七十二城降汉，指挥楚汉战争如转动蓬草一样容易。像郦生这样落泊无依的狂人，还有机会辅佐汉高祖成就大业，何况我比他强。作者引述两位古人，欲扬先抑，是以古为鉴，不相信自己永远沦落，无所作为，而对前途抱有乐观的信念。

自"我欲攀龙见明主"以下十九句为第二节，诗人以豪放的浪漫主义激情，展开了丰富的想象，忽而上天，忽而下地；忽而述古，忽而论今，既运用神话传说，又引证历史事实，纵横驰骋，激烈地控诉了权贵们压制和扼杀贤才的罪行，气势磅礴地抒发了对他们的愤懑情绪。这一段又分为三层意思来写。先采用《离骚》笔法，以天写人：去天庭求见上帝，都受到一系列刁难：雷公发怒，天鼓咚咚恐吓我，电光闪闪，风雨大作，天门守者怒而不开。诗人在迷离虚幻中表现了现实生活中自己与统治者的冲突，抒发了上天无路、报国无门的愤慨。

"吴楚弄兵无剧孟"以下八句至篇末为第三节，先说太阳（喻君主）也不能照见我的诚心，反而认为我像杞国人那样，无缘无故地担心天塌下来。接着引用神话故事，用"猰貐"磨牙吮血、危害人民的形象，影射权奸的残暴；用"驺虞"即白虎不食生物、不踏青草象征仁政；用手搏猛虎和猿猴、侧足焦原（百仞深渊之上的一块危石）的勇士形象自况深明大义，有才干和勇气，而后用"智者可卷愚者豪，世人见我轻鸿毛"做一顿挫，进一步排遣自己不为世人理解的苦闷，发泄了对于权奸的愤怒。接着"力排南山三壮士"二句引用"二桃杀三士"的故事，诉说谗言的危害。据《晏子春秋》记载，春秋时齐景公手下有三个勇士：公孙接、田开疆、古冶子。他们得罪了齐相晏子，晏子让齐景公赏给三人两个桃子，要他们论功吃桃。公孙接和田开疆认为自己的功劳大，先拿了桃子。而古冶子认为自己功劳更大，要他们退回桃子。他们两人感到惭愧，自杀了。古冶子觉得对不起他们也自杀了。诸葛亮在他的《梁甫吟》中，曾称赞这三个人"力能排南山"。"吴楚"二句也是讲史，据《史记·游侠列传》，吴楚叛乱时，汉景帝命周亚夫为将出兵，周在河南得到侠士剧孟。他笑吴楚造反不用剧孟，实是徒劳。"哈"，嗤笑。这两句是说人才的重要。以上几句引用历史典故，嗤笑权奸的昏聩无能，同时又揭露了他们的权诈机巧，含蓄地表明自己要远奸避害，以待将来。综观这一节，句句用典使事，辞情慷慨激昂而又奇伟横肆，所以清代诗评家沈德潜说："此是大诗，意脉明白而拉杂使事，而不见其迹，以气胜也。若无太白本领，不易追逐。"（《唐诗别裁集》）

"《梁甫吟》，声正悲"至篇末为第四节，诗人再以"《梁甫吟》，声正悲"渲染气氛，而后再用典故：唐房玄龄等《晋书·张华传》载，西晋时丰城（今江西丰城）令雷焕，掘得一双宝剑，送了一把给张华，张华写信给雷说："详观剑文，乃干将也，莫邪何复不至？虽然，天生神物，终当合耳。"后张华被杀，宝剑不知去向。雷焕死后，他的儿子雷华带剑经过延平津，剑从腰间跃入水中，华派人到水中去取，不见剑，但见两龙。这两句用以上典故，说明一时虽受小人阻隔，但与"明主"终当有会合之时。末二句说，像吕望那样的有志之士，终有得意之时，应安于困境，以待时机。

这首诗是抒发诗人在长安政治上失意以后的复杂激烈情绪的。全诗弥漫着火一般的愤怒和忧郁，但又执着地追求实现自己的理想，坚信总有一天能够轰轰烈烈地干一番事业，从而表现了一种可贵的积极的人生态度。

在创作方法上，该诗深受屈原《离骚》的影响，那种强烈的自我表现的抒情力量，那种大胆、丰富的幻想和任意驱使神话故事和历史人物的手段，那种纵横跌宕、奇幻多变、波澜起伏的结构特点都在《梁甫吟》中得到了很好的体现。正如清刘熙载《艺概》说："太白诗以庄骚为大源。"

《梁甫吟》是毛泽东多次圈点、手书并多次用来说明现实问题的一首诗。他在1973年7月4日和王洪文、张春桥谈话时，不无挑剔地指出李白在自己诗歌中抒发的傲视一切的勃勃雄心，与他在现实生活中的尴尬处境（想当官而不得）之间的深刻矛盾，可以说是道出了古代大多数有成就的诗人的普遍命运。李白在《梁甫吟》中引用了刘邦谋士、嗜酒如命的高阳人郦食其的事迹。郦以一介书生游说楚汉之间而受重用，李白对此很有点推崇神往，故说"君不见高阳酒徒起草中""指挥楚汉如旋蓬"。毛泽东却不这样看，他随口说出的几句打油诗，用史实指出郦食其的悲剧下场。《史记》载：刘邦手下大将韩信引兵东向，欲攻齐国时，为刘邦所用的郦食其抢先说服了齐王，意在争功。不料韩信仍率兵攻齐，连下几城，齐王以为是郦食其以缓兵之计欺骗了自己，便把他抛入油锅烹死了。从毛泽东富有情趣的调侃打油诗中，不难看出他对纯粹诗人心态的超越，对李白自视过高的书生意气的轻视。1970年8月31日，毛泽东在中国共产党九届二中全会上写的《我的一点意见》一文中，援引《梁甫吟》中"杞人无事忧天倾"的诗句。（毕桂发）

【原文】

将进酒

　　君不见，黄河之水天上来(1)，奔流到海不复回！君不见，高堂明镜悲白发(2)，朝如青丝暮成雪(3)！人生得意须尽欢，莫使金樽空对月(4)。天生我材必有用，千金散尽还复来(5)。烹羊宰牛且为乐(6)，会须一饮三百杯(7)。岑夫子，丹丘生(8)，将进酒，杯莫停(9)。与君歌一曲，请君为我倾耳听。钟鼓馔玉不足贵(10)，但愿长醉不愿醒(11)。古来圣贤皆寂寞，惟有饮者留其名。陈王昔时宴平乐(12)，斗酒十千恣欢谑(13)。主人何为言少钱? 径须沽取对君酌(14)。五花马(15),千金裘,呼儿将出换美酒(16),与尔同销万古愁(17)。

【毛泽东圈评等情况】

毛泽东在一本中华书局20世纪50年代印行的清蘅塘退士编《注释唐诗三百首》"七言古诗"类中此诗题头上方画了一个大圈,在正文上方天头空白处批注道:"好诗",并连画了三个小圈。

[参考]中央档案馆整理:《毛泽东评点诗词曲精选(上册)》,
中国档案出版社1998年版,第65—66页。

1959年9月,毛泽东在一次与子女的谈话中说:"《将进酒》是一篇好诗。"

[参考]华英:《毛泽东的儿女们》,中外文化出版公司1989年版,
第122—124页。

1945年9月2日,重庆谈判期间,张澜以中国民主同盟名义,在"民主之家"特园宴请毛泽东、周恩来等。席间,张澜举杯向毛泽东敬酒说:"会须一饮三百杯"思路敏捷的毛泽东征引陶靖节(潜)的《饮酒》一诗,举杯相邀道:"且共欢此饮!"

[参考]林淇:《老成谋国,乘虚御风——毛泽东三访张澜》,《毛泽东和党外朋友们》,团结出版社1996年版,第84页。

毛泽东还三次手书过这首《将进酒》。

[参考]中央档案馆编:《毛泽东手收选集·古诗词卷(上)》,
北京出版社1996年版,第148—162页。

【注释】

(1)君不见,您没有看见。君,对对方的尊称,犹言您。黄河之水天上来,黄河发源于青藏高原的巴颜喀拉昆仑山脉,那里地势陡峻,水流湍急,故云。这里"天上来"是浪漫写法。

(2)高堂,即厅堂。

（3）青丝，乌黑的头发。青，黑色。

（4）金樽，比喻精美的酒器。

（5）千金散尽，李白《上安州裴长史书》："曩昔东游维扬，不过一年散金三十余万，有落魄公子，悉皆济之。"千金，指大量的钱财。

（6）且为乐，姑且作乐。

（7）会须，应该。三百杯，形容尽情豪饮。

（8）岑夫子，指岑勋，南阳人。颜真卿所书《西京千福寺多宝佛塔感应碑》的作者。丹丘生，指元丹丘。二人都是李白的好友。岑、元曾招李白相会。李白有《酬岑勋见寻就元丹丘对酒相待以诗见招》诗纪实。

（9）"将进酒，杯莫停"一作"进酒君莫停"。

（10）钟鼓馔（zhuàn）玉，泛指豪门贵族的奢侈生活。钟鼓，古时富贵人家有钟鼓以供享乐。馔玉，指美味的饮食。梁戴嵩《煌煌京洛行》："挥金留客坐，馔玉待钟鸣。"馔，吃喝。

（11）但愿，只希望，不愿，一作"不做""不复"。

（12）陈王，即三国时的著名诗人曹植，曹操的第三子，曾被封为陈王。平乐，即平乐观。汉代宫阙名，故址在今河南洛阳附近。曹植《名都篇》有"归来宴平乐，美酒斗十千"等句。

（13）恣，纵情。谑（xuè），戏谑、玩笑。

（14）径须，只管、毫不犹豫。沽，买。

（15）五花马，马毛色作五花纹的马，一说是把马鬣（liè，马颈上的长毛）剪成五瓣的马，是一种名马，这里泛指名贵的马。千金裘，价值千金的裘衣。

（16）将出，拿去。

（17）尔，你。万古，万世，形容时间很长。

【赏析】

　　《将进酒》，汉乐府诗题，属《鼓吹曲·铙歌》。将，请。古词有"将进酒，乘大白"，写饮酒放歌（宋郭茂倩编《乐府诗集》卷十六）。题目的原意是"请喝酒"。本篇大约作于李白供奉翰林"赐金放还"之后。李白当时胸中积郁很深，常常纵酒狂歌，借诗酒之兴，"挥斥幽愤"。天宝十一载（752），他北游幽燕后，回到河南洛阳，和岑勋一起在另一好友元丹丘的颍阳山居为客。在一次宴饮中，他写下了这首愤世嫉时的著名诗篇，抒发了人生短促、应及时行乐的感慨，但主要是以豪迈的语言，表达乐观自信、放荡不羁的精神。

全诗可分四节。"黄河之水天上来"等开头六句为第一节。诗人凭空起势，以两个呼语领起两个长句开端，以"黄河之水天上来，奔流到海不复回"借喻时光流逝，感叹岁月无法挽留。"高堂明镜悲白发，朝如青丝暮成雪"，感叹人生短促，时不我待的感慨强烈，气势非凡。既然人生多悲而生命又极端短促，那么又将如何排遣心头的苦闷呢？这就自然过渡到了下二句："人生得意须尽欢，莫使金樽空对月。""人生得意"并不是"志得意满，官运亨通"，而是挚友相聚、互诉心曲、心气相通的那种开心。"须尽欢"是说应当抓紧时间尽情欢乐。"莫使金樽空对月"生动形象，是"须尽欢"的最好注脚。这是饮酒开始，是总起。

"天生我材必有用"以下四句为第二节，是首次劝酒。诗人自信"材必有用"，强烈地表现了李白对于人生的乐观主义信念。尽管他一生坎坷，但他心胸开阔，生活旷达，于是唱出了"千金散尽还复来"的豪放诗句。"烹羊宰牛且为乐，会须一饮三百杯"，当然是夸大之辞，然而正是在这种极度夸张中，激荡着一种豪迈的气概，显示了他的豪宴痛饮，完全是为了排遣治世之才不能得伸的苦闷。清代诗评家萧士赟说："此篇虽似任达放浪，然太白素抱用世之才，而不遇合，亦自慰解之词耳！"（《分类补注李太白诗》）这话是不错的。

"岑夫子"至"惟有饮者留其名"是第三节，是第二次劝酒，感情更加热烈，态度更加狂放。"岑夫子，丹丘生"，是对挚友的热情呼唤；"将进酒，杯莫停"，是相邀痛饮。短促的诗句，透露出酒酣意浓的快慰情绪。"与君歌一曲，请君为我倾耳听"，自然直率的口吻，活画出醉酒的情态，也更见朋友间友情之真挚。"钟鼓"句以下四句为歌辞。"钟鼓馔玉"，指富贵生活。钟鸣鼎食的生活，算不了什么，不值得追求。让我们一醉方休，长醉不醒吧。古来的有德有才之士都是寂寞无闻的，只有那些狂歌醉饮、愤世嫉俗的高士才留下了不朽的名字。醉后狂言，更见情真。这一曲唱给朋友的愤激之歌，表达了诗人对豪门权贵奢侈生活的蔑视，痛快淋漓地写出了郁积在心头的痛苦和愤懑，于是他的酒兴也达到了高潮。

"陈王昔时宴平乐"句至诗末为第四节，是第三次劝酒，卒章显志，点出饮酒是为了销愁。"陈王"即三国魏诗人曹植，他被封为陈思王。其《名都篇》有"归来宴平乐，美酒斗十千"的诗句。"平乐"，观名，故址在今河南洛阳。诗人援引曹植的事为例，一定要尽欢痛饮，主人可能托辞钱少，进行劝阻，所以他要主人尽情买酒，不必言钱，为了尽情一醉，什么名贵的"五花马"、价值连城的"千金裘"，都可以让儿子拿出来换酒喝。真可谓不惜千金买一醉了。诗人为何这样呢？"与尔同销万古愁！""愁"字上饰以"万古"，可见愁得深重，而且永远无法解脱。这个愁就是前面说过的"古来圣贤皆寂寞"，这是壮志难酬的悲愤；这是古往今来一切不得志的才人志士的共同心声，真是画龙点睛之笔！

这首诗借劝酒以抒情，豪放挥洒，感情充沛，气势豪迈，塑造了一个傲岸不羁、豪放洒脱的诗人形象。他忧国伤时，渴望建功立业又不为世所用，愁恨交加而又十分自信。其奋发豪迈的气概，火山爆发式的愤怒，给人以强大的艺术感染力量。

毛泽东认为李白这首《将进酒》是"好诗"，无论从思想内容和艺术特色来看都不为过。毛泽东还将此诗中的名句用于社会交际，更说明了他对此诗的喜爱和熟知。（毕桂发）

【原文】

行路难三首
其一　金樽清酒斗十千

金樽清酒斗十千[1]，玉盘珍羞直万钱[2]。停杯投箸不能食[3]，拔剑四顾心茫然。欲渡黄河冰塞川，将登太行雪满山[4]。闲来垂钓碧溪上⁽⁵⁾，忽复乘舟梦日边⁽⁶⁾。行路难！行路难！多歧路⁽⁷⁾，今安在⁽⁷⁾？长风破浪会有时⁽⁸⁾，直挂云帆济沧海⁽⁹⁾。

【毛泽东圈评等情况】

毛泽东在一本 20 世纪 50 年代中华书局出版的清蘅塘退士编《注释唐诗三百首》"七言古诗·乐府"类中这首《行路难·金樽清酒斗十千》诗题目上方天头空白处连画了三个圈。

[参考] 中央档案馆整理：《毛泽东评点诗词典精选（上册）》，
中国档案出版社 1998 年版，第 64—65 页。

【注释】

（1）金樽（zūn），指精美的酒器。清酒，清醇的酒。南朝宋范晔等《后汉书·南蛮传·板楯蛮夷》："盟曰：'秦犯夷，输黄龙一双；夷侵秦，输清酒一钟。'"斗十千，一斗酒价值十千钱（即万钱），形容美酒价贵。三国魏曹植《名都篇》："归来宴平乐，美酒斗十千。"斗，有柄的盛酒器。

（2）羞，同"馐"，珍美的菜肴。直，同"值"。

（3）此两句语本南朝宋鲍照《行路难》："对案不能食，拔剑击柱长叹息。"投箸，丢下筷子。箸（zhù），一作"筋"，筷子。不能食，咽不下。

（4）太行（háng），即太行山，在今山西东南部与河南、河北两省交界一带。雪满山，一作"雪暗天"。

（5）闲来，指遭贬谪后的无聊。垂钓碧溪，用吕尚垂钓渭水的典故。传说吕尚（姜太公）未遇周文王（姬昌）前，曾在磻溪（今陕西宝鸡东南）垂钓。碧溪上，一作"坐溪上"。

（6）忽复，忽然又。乘舟梦日边，传说伊尹见汤以前，梦见自己乘舟经过日月之旁。梁沈约《宋书·符瑞上》："伊挚（伊尹）将应汤命，梦乘船过日月之旁。"

（7）多歧路，今安在，岔道这么多，如今身在何处？歧路，岔路。安在，在哪里。

（8）长风破浪，梁沈约《宋书·宗悫传》载：宗悫少年时，曾说"愿乘长风破万里浪"，表示志向远大。会，应当。云帆，高高的船帆。船在海里航行，因天水相连，船帆好像出没在云雾之中。

（9）济，渡过。沧海，海水色苍，故云沧海。沧，通"苍"。

【赏析】

《行路难》是古乐府《杂曲歌辞》调名，内容多写世路艰难和别离的悲伤。李白创作的《行路难》三首联系紧密，不可分割，抒写了李白在政治道路上遭遇了艰难险阻之后产生的不可抑制的激愤情绪。但李白并未因此而放弃远大的政治理想，仍盼着总有一天会施展自己的抱负。该诗表现了李白对人生前途乐观豪迈的气概，充满了积极浪漫主义的情调。此为第一首，诗中充满了抑郁不平的感慨，同时也表现出自信的精神。

李白的《行路难》写于唐玄宗开元十八年（730）第一次入长安遭到权贵白眼之后，诗人此时正当三十壮盛之年，虽初受挫折，其搏击风云的壮志并未就此磨灭。《行路难》便是在这样的心境下写成的。

这是一首七言古诗。全诗可分为三节，前六句为第一节。本篇一开始，诗人便用"金樽清酒""玉盘珍羞"来显示生活的奢豪。但面对如此丰盛的美味佳肴，诗人却"停杯投箸不能食，拔剑四顾心茫然"。李白写下这四句诗的时候，他心头活动着两个前代诗人的影子：曹植和鲍照。二人都很有才华，却屡受打击，郁郁不得志，其遭遇正与李白相似。曹植《名都篇》中有"归来宴平乐，美酒斗十千"的句子；鲍照《拟行路难》之六有"对案不能食，拔剑击柱长叹息"的句子，李白化用他们的诗意，写出了以上四句。停杯、投箸、拔剑、四顾这几个连续动作之后是茫然不知所措，不仅表明了诗人愁烦之盛和焦躁不安，也反映了诗人内心矛盾的剧烈。一个失路的英雄形象，毛发飞动地站在了我们面前！接下去，"欲渡黄河冰塞川，将登太行雪满山"二句，进一步形象地表现行路的艰难。这两句由鲍照《舞鹤赋》中"冰塞长河，雪满群山"的句子化出。黄河冰封，太行雪满，整个世界全被冰雪凝住了，往哪里走呢？人生的道路不也是这样吗？语意双关，耐人寻味。

"闲来垂钓碧溪上"以下六句为第二节。偌大的天地间，居然寸步难行，诗人不得不作退隐的打算了。"闲来垂钓碧溪上"，就是对隐居生活的想象。这里用了吕尚的故事：吕尚年过八十而在磻溪垂钓，九十得遇周文王，辅佐武王伐纣，成就了不朽功业。"忽复乘舟梦日边"，也是一个典故：相传伊尹见成汤以前，曾做梦经过日月旁边。这两句化用历史故事，以吕尚、伊尹自喻，表示不能忘怀政治，希望能像吕尚、伊尹那样，遇到明主，为国家效力。但这毕竟是"梦"，是幻，并不是现实，现实是四处碰壁，走投无路。想到这些，他又烦恼起来，连呼："行路难，行路难。多歧路，今安在？"意思是说：行路实在太难了，歧途那么多，如今怎么办？其深层含意是人生道路艰难，我今置身何处。

"长风破浪会有时，直挂云帆济沧海"，末二句是第三节。尽管处境困难，但诗人自信必将有远大的前程。"长风破浪"，用南朝宗悫的故事。宗悫少年时，叔父宗炳问他的志向，他回答："愿乘长风破万里浪。"少年壮志，一往无前。李白的诗句虽然是推想之辞，语气却坚定有力，"会"字充满自信，给人以踌躇满志、胜券在握的感受，表现了诗人不可遏制的热情和执着不渝的追求精神，以及对未来前程的乐观和信心，所以，能给人一种奋发有为的力量。

毛泽东读一本《注释唐诗三百首》时，在这首《行路难·金樽清酒斗十千》诗题目上方连画三个圈，表示他对此诗比较欣赏。（毕桂发）

【原文】

行路难三首
其二　大道如青天

大道如青天，我独不得出！羞逐长安社中儿⁽¹⁾，赤鸡白狗赌梨栗⁽²⁾。弹剑作歌奏苦声⁽³⁾，曳裾王门不称情⁽⁴⁾。淮阴市井笑韩信⁽⁵⁾，汉朝公卿忌贾生⁽⁶⁾。君不见，昔时燕家重郭隗⁽⁷⁾，拥篲折节无嫌猜⁽⁸⁾！剧辛乐毅感恩分⁽⁹⁾，输肝剖胆效英才⁽¹⁰⁾。昭王白骨萦蔓草，谁人更扫黄金台？行路难，归去来⁽¹¹⁾！

【毛泽东圈评等情况】

在读李白的诗集时，毛泽东曾圈阅这首《行路难　大道如青天》。

[参考]张贻玖：《毛泽东评点、圈阅的中国古典诗词》，
中国工人出版社1992年版，第228页。

【注释】

（1）社，旧制二十五家为一社。这里指当时民间聚集娱乐的场所。

（2）赤鸡白狗，指以斗鸡走狗作为赌博。梨栗，指赌博输赢的物品。狗，一作"雉"。

（3）弹剑作歌，《史记·孟尝君列传》载，战国时齐公子孟尝君门下食客冯谖因未受重视，多次弹剑作歌发泄牢骚，埋怨自己生活不如意。

（4）曳裾王门，牵着衣服的前襟，出入王侯之门。《汉书·鲁仲连邹阳列传》："饰固陋之心，则何王之门不可曳长裾乎！"不称（chèn）情，不如意。

（5）淮阴，今江苏淮阴。市井，街市，这里指世俗之人。韩信，汉初大将，淮阴人，早年曾受市井少年侮辱，从其胯下爬过，当时市人都讥笑他。

（6）公卿，指朝廷大臣。贾生，即贾谊，汉初洛阳人，年少才高，为汉文帝喜爱，后遭朝中大臣灌婴、冯敬等忌谗，贬为长沙王太傅。

（7）郭隗（wěi），战国时燕人，燕昭王为使自己的国家富强，礼尊郭隗，筑台易水边，上置金以招徕贤士，于是乐毅、邹衍等纷纷而来，为燕所用。

（8）拥彗（huì），拿着扫帚。《史记·孟子荀卿列传》载，邹衍来燕，燕昭王"拥彗先驱"，拿着扫帚在前面清扫道路，以衣袂拥帚而却行，恐尘埃之及其长者，表示恭敬。折节，屈己下人。

（9）剧辛、乐毅，被燕昭王延请的贤士，剧辛任国政，乐毅为上将军，为燕国的强盛立下了赫赫战功。恩分（fèn），恩情。

（10）输肝剖胆，以诚相报。效英才，发挥自己的英才，报效燕昭王的知遇之恩。

（11）归去来，晋代诗人陶潜曾赋《归去来兮辞》，以述归隐之志。

【赏析】

　　这首诗叙述诗人在长安受讥笑、被谗毁的遭遇，表现了不愿趋奉权贵的性格，怀念选贤任能的燕昭王，对唐玄宗予以讥讽。

　　全诗可分前、后两节。"大道如青天"等前八句为第一节，写诗人在长安遭受的排挤和打击。"大道如青天，我独不得出！"意谓大道像青天那样广阔，我李白却没有出路！劈头就是惊心动魄的呼号，如疾雷破山，狂飙震壑，掀起巨大的声浪，卷起感情的波涛。诗人为什么产生这样的感慨呢？下面四句作了具体回答："羞逐长安社中儿，赤鸡白狗赌梨栗。弹剑作歌奏苦声，曳裾王门不称情。"前两句是说自己不屑于跟那些斗鸡走狗之徒赌输赢以赚取梨子和板栗的小孩子一样，去邀取君王的宠爱。"社"，古代二十五家为一社，这里泛指里巷之中。这是对诗人长安遭际的素描，下两句说明寄食王侯门下生活很不如意。这是用典。战国时齐公子孟尝君门下食客冯谖曾屡次弹铗（敲剑）作歌埋怨自己生活得不如意。"裾"是衣服的前襟。"曳裾长门"也是用典：《汉书·邹阳传》："饰固陋之心，则何王之门不可曳长裾乎！"与冯谖弹铗一样也是"不称情"，即不如意。像李白这样有王佐之才的人在长安为什么遭际不好？下两句揭出原因："淮阴市井笑韩信，汉朝公卿忌贾生。"两句运用两个典故说明自己受到轻侮和排挤，完全是统治者嫉贤妒能所致。"韩信"，汉初大将，淮阴人（今江苏淮阴）人。早年曾受市井少年侮辱，从其胯下爬过，当时市人都讥笑他。事见《史记·淮阴侯列传》。"贾生"，即贾谊，汉初洛阳（今河南洛阳）人，二十多岁即召为博士。因帮助汉文帝改革政治，为朝廷大臣所忌，诽谤他"专欲擅权，纷乱诸事"，于是出为长沙王太傅。事见《史记·屈原贾生列传》。这二句是诗人以韩信、贾谊自况，在人生道路上虽受挫折，但并未失去信心，不肯向命运低头，表现出一种鹤立鸡群的傲气，终不把对手们放在眼里。

　　以上是自述在长安的经历，感情十分愤激。"君不见"以下为第二节，是抒发感慨，感情转为悲凉。第二节也是用典。战国时燕昭王为使自己的国家富强，礼贤下士，师事郭隗；于易水边筑台上，置黄金以招徕贤士，于是乐毅、邹衍、剧辛纷纷来归，为燕所用。"拥彗"，据《史记·孟子荀卿列传》记载，邹衍来燕，燕昭王"拥彗先驱"，亲自扫除道路迎接，恐怕灰尘飞扬，用衣袖挡住扫帚，以表示尊敬。后来剧辛任国政，乐毅拜为上将军，为燕国攻下齐国七十余城。李白所向往的，正是燕昭王那样求贤若渴的国君，他多么渴望君臣遇合，好为国家发挥自己的"英才"啊！但唐玄宗并不是燕昭王，"昭王白骨萦蔓草，谁人更扫黄金台？"诗人临风吊古，心情十分悲凉，字里行间，流露出对唐玄宗的微词。既然如此，诗人无可奈何地唱道："行路难，归去来！"这结尾的一声浩叹，留下诗人多少失意的惆怅啊！（毕桂发）

【原文】

行路难三首
其三　有耳莫洗颍川水

有耳莫洗颍川水⁽¹⁾，有口莫食首阳蕨⁽²⁾。含光混世贵无名⁽³⁾，何用孤高比云月⁽⁴⁾。吾观自古贤达人，功成不退皆殒身。子胥既弃吴江上⁽⁵⁾，屈原终投湘水滨⁽⁶⁾。陆机雄才岂自保⁽⁷⁾？李斯税驾苦不早。华亭鹤唳讵可闻⁽⁸⁾，上蔡苍鹰何足道⁽⁹⁾？君不见，吴中张翰称达生⁽¹⁰⁾，秋风忽忆江东行。且乐生前一杯酒，何须身后千载名⁽¹¹⁾！

【毛泽东圈评等情况】

在读李白的诗集时，毛泽东曾圈阅这首《行路难　有耳莫洗颍川水》。

［参考］张贻玖：《毛泽东评点、圈阅的中国古典诗词》，中国工人出版社1992年版，第228页。

【注释】

（1）颍川水，即颍水，源出河南登封嵩山，流入淮河。《高士传》载，尧时隐士许由隐居箕山，尧请他出任九州长，他认为这话弄脏了自己的耳朵，便用颍水洗耳，以示高洁。

（2）首阳蕨，《史记·伯夷列传》载，周武王灭殷后，伯夷、叔齐为表示高尚气节，不食周粟，隐居首阳山采薇而食，最终饿死山中。

（3）含光混世，指不露才华、混杂于世，比喻随俗浮沉。贵无名，以无名为贵。《老子》："无名之朴，亦将不欲。"

（4）云月，一作"明月"。

（5）子胥，即伍子胥，春秋时吴国大将，战功卓著，吴王夫差听信谗言，逼令他自杀，并将尸体投入江中（见《史记·伍子胥列传》）。

（5）屈原，战国时楚国大夫，曾受重用，因遭人诬谤，被放逐湖南湘水一带，后投汨罗江自杀。事见《史记·屈原贾生列传》。

（6）陆机，晋代诗人，太安二年（303）成都王司马颖讨伐长沙王司马乂（yì）时，任陆机为河北大都督，率军二十余万出战，战败被杀。事见唐房玄龄等《晋书·陆机传》。

（7）李斯，战国时楚上蔡（今河南上蔡）人，后任秦始皇的丞相，因遭谗毁被杀。税驾，解驾，停车，这里是脱身引退之意。

（8）华亭，在今上海松江。鹤唳（lì），鹤叫，据传，陆机临刑前惋惜地说："华亭鹤唳，岂可复闻乎！"讵（jù）可，岂能，怎能。一作"谁可"。

（9）上蔡苍鹰，《史记·李斯列传》载："李斯临刑，思牵黄犬，臂苍鹰，出上蔡门，不可得矣。"

（10）张翰，晋代吴中（今江苏苏州）人，曾任齐王司马冏大司马东曹掾。称，一作"真"。达生，指明达知命、不受俗务牵累的人。江东，古代称自安徽芜湖以下的长江下游南岸地区为江东。吴中属此范围。这里指张翰的故乡。唐房玄龄等《晋书·张翰传》载，张翰见秋风吹动，想起吴中家乡菰菜、莼羹、鲈鱼脍的美味，不愿受爵禄束缚，于是辞官归去，曾对别人说："使我有身后名，不如即时一杯酒。"他走后不久，齐王冏兵败，他没有受到株连。

【赏析】

这首诗列举伍子胥、屈原等古人的悲惨结局，表现了诗人对当时黑暗政治的戒惧，于是产生了"含光混世"和及时行乐的消极思想，情趣更加低落。

　　全诗可分为三节。"有耳莫洗颍川水"等前四句为第一节，引古证今，进行议论。诗的一、二句用许由洗耳和伯夷、叔齐不食周粟的故事。据《高士传》载，尧时隐士许由，在箕山种田，尧请他做九州长，他觉得这句利禄之言弄脏了他的耳朵，特地到颍水（发源于河南登封）边去洗。又据《史记·伯夷列传》载，周武王灭殷，伯夷、叔齐反对武王伐纣，隐居首阳山（在河南偃师西北，一说在今山西永济西南）采薇而食，宁死不食周粟。诗人援引许由等古代名士作为立论的根据，从而得出了自己的结论："含光混世贵无名，何用孤高比云月。""含光混世"，不露锋芒，随遇应世。"无名"，《老子》："无名之朴，亦将不欲。"这二句是说，人甘心寂寞，无欲无求为贵，用不着自比月亮和云霞。这是诗人从许由等人的事迹中得出的人生诀窍，是贯穿全篇的基本思想。这是从正面写。

　　"吾观自古贤达人"以下八句为第二节，说明功成不退，下场悲惨，这是从反面着笔。诗人一连用了四个古人的事迹，两详两略。"子胥"，即伍子胥，春秋时吴国大臣。后吴王听信谗言，逼令他自杀，并将他的尸体装入皮袋投入江里。事见赵晔著《吴越春秋·夫差内传》。"屈原"，楚国大夫，具有变法图强的进步政治理想，因受到旧贵族的排挤打击，后被楚王放逐于江南投水而死。事见《史记·屈原列传》。以上二句说伍子胥和屈原，下面四句说陆机和李斯。"陆机"，字士衡，晋吴郡人，著名诗人。太安二年（303），成都王颖讨伐长沙王乂任机为河北大都督，督军二十余万出战，战败被杀。陆机在临刑时叹道："华亭鹤唳，岂可复闻乎！"事见唐房玄龄等《晋书·陆机传》。"李斯"，是上蔡平民，后来做秦始皇的丞相，有一次，他叹道："当今人臣之位，无居臣上者，可谓富贵极矣。物极则衰，吾未知所税驾也。""税驾"即解驾车之马而休息，这里是脱身引退之意。李斯并未引退，后因赵高谗言而被杀。"李斯临刑，思牵黄犬，臂苍鹰，出上蔡门，不可得矣。"事见西汉司马迁《史记·李斯列传》。陆机、李斯用四句交错来写，显得活而不板。

　　末四句为第三节，再引张翰为例，揭出题旨。据唐房玄龄等《晋书·张翰传》载，张翰为齐王冏大司马东曹椽时，看到秋风吹起，想起家乡吴中的菰菜、莼羹、鲈鱼脍的美味，认为人生最可贵的是适意，不能为了名位爵禄而在千里之外做官，因此，便辞官回去。不久齐王冏失败，他因走得早，没有受到株连。他曾对别人说："使我有身后名，不如即时一杯酒。"时人贵为旷达。诗末归结到不求功名，决心及时行乐；心灰意冷，感情降到了最低点。

此篇纯言退意，与第一篇心情有异。通篇以对比手法，一篇之意三层而两折。言虚名无益，是不否定事功之意。而功成则须及时退身，一为避祸，二求适意自由。这是李白人生哲学的基调。（毕桂发）

【原文】

与史郎中钦听黄鹤楼上吹笛

一为迁客去长沙[1]，西望长安不见家[2]。
黄鹤楼中吹玉笛[3]，江城五月落梅花[4]。

【毛泽东圈评等情况】

毛泽东曾两次手书过这首《与史郎中钦听黄鹤楼上吹笛》。

[参考]《毛泽东手书选集·古诗词（上）》，北京出版社1996年版，第169—170页。

【注释】

（1）"一为"句，用贾谊被放逐长沙的典故（《史记·屈原贾生列传》）。迁客，指遭贬斥放逐的人。南朝梁江淹《恨赋》："或有孤臣危涕，孽子坠心，迁客海上，流戍陇阴。"

（2）长安，今陕西西安。

（3）黄鹤楼，在今湖北武汉蛇山上。唐李吉甫撰《元和志》："因矶为楼，名黄鹤楼。"宋乐史撰《太平寰宇记》："昔费祎登仙，每乘黄鹤于此憩驾，故号为黄鹤楼。"相传始建于三国吴黄武二年（223），历代屡毁屡建。

（4）江城，指江夏（今湖北武汉），因在长江、汉水之滨，故称江城。

落梅花，即"梅花落"，笛曲名。因押韵，称为"落梅花"。《乐府诗集》："《梅花落》，本笛中曲也。"

【赏析】

这首七绝是李白流放夜郎途经江夏（湖北武汉武昌）时所作。诗是写给一位姓史名钦的郎中的。诗中抒发了诗人的迁谪之感和去国之情。

"一为迁客去长沙"，首句用的是西汉贾谊的故事。贾谊因指责朝政，受到权贵猜忌，被贬谪为长沙王太傅，后来抑郁而死。事见《史记·屈原贾生列传》。历史上，贾谊始终被视作一位冤抑、屈死的悲剧人物。在永王璘事件中，李白以"附逆"罪锒铛入狱，后被判长流夜郎（今贵州永安附近）。李白自比贾谊，一方面因为贾谊的遭遇暗含了自己的身世；另一方面，表白自己人品的高洁和节操的正直。其中还有对唐肃宗及权贵们处置自己不公正的愤懑和不平。这一点，从诗人用"迁客"一词便能品味出来。迁客指贬谪到外地做官的官吏。李白流放前是平头百姓，流放夜郎，只是比死罪减一等的处罚，是到荒远的地方服苦役，并不是去做官。"迁客"一词于李白并不相宜，李白却自称"迁客"，就是不承认他有"附逆"之罪，不服朝廷对他的判决，态度颇有点强项和亢直。这是我们可以从诗人所用贾谊的典故中体会到的。

"西望长安不见家"，次句的"家"字耐人寻味。如果"家"是指李白的故乡蜀地绵州昌隆县（今四川江油），则诗人二十五岁离蜀，三十多年过去了，就再也没有回过这个"家"，而且这个"家"与长安也毫不相干。如果"家"是指妻子所居之地，李白的妻子则从未到过长安。李白判决流放时，妻子在豫章（今江西南昌），也与长安无关。所以"家"只能解作"家国"之"家"，即朝廷，而不单指诗人故乡。"西望长安不见家"，既有对往事的回忆，也有对国家的关切和对朝廷的眷恋，更有此番获罪，恐难再入长安报效朝廷的失望。

"黄鹤楼中吹玉笛，江城五月落梅花。"三、四句写闻笛和闻笛所感，照应题目。此诗题《与史郎中钦听黄鹤楼上吹笛》的"钦"字，有的本子作"饮"，是说诗人与史郎中在黄鹤楼外的什么地方饮酒，而吹笛的人在黄鹤楼中。数杯闷酒过后，诗人向史郎中说起了他的长流夜郎，遂有前两句诗。正在这时，黄鹤楼上传来了凄凉的笛声，笛子奏的是传统的《梅花落》。《梅花落》笛曲多写征人思乡、游子思归之意。"借问梅花何处落？风吹一夜满关山。"（高适《塞上听吹笛》）就是因听笛曲《梅花落》而逗起乡思的名句。"江城五月"，正当初夏，当然是没有梅花开的，但由于《梅花落》的笛曲吹得非常动听，便仿佛看到了梅花漫天飘落的景象。梅花是冬天开放的，景色虽美，却不免给人以凛然生寒的感觉，这正与诗人的冷落心情相一致。由笛声而联想到的苍凉景色，有力地烘托了去国怀乡的悲愁情绪。不过笛声所撩逗起来的，不是一般的乡思，而是眼下长流夜郎跋涉的辛苦，自己前途未卜的忧虑和政治上失望的忧愤。这些感受，本来是早就郁积在诗人心中的，因无端而起的笛声的袭来一齐涌上来了。《梅花落》的笛声飞满全城，诗人的忧愁、激愤也似乎充塞于天地之间了。所以明人钟惺《唐诗归》评此诗"无限羁情，笛里吹来，诗中写出"，是很有见地的。清人沈德潜说："七言绝句以语近情遥、含吐不露为贵，只眼前景、口头语，而有弦外音，使人神远。太白有焉。"（《唐诗别裁集》）这首绝句正是以"语近情遥，含吐不露"为其特色的，使人从"吹玉笛""落梅花"这些眼前景、口头语，听到了诗人的弦外之音。

毛泽东曾圈阅并手书过这首诗，说明他对这首诗比较欣赏。（毕英男　刘盛楠）

【原文】

听蜀僧濬弹琴

蜀僧抱绿绮⁽¹⁾，西下峨眉峰⁽²⁾。
为我一挥手⁽³⁾，如听万壑松⁽⁴⁾。
客心洗流水⁽⁵⁾，遗响入霜钟⁽⁶⁾。
不觉碧山暮⁽⁷⁾，秋云暗几重⁽⁸⁾。

【毛泽东圈评等情况】

毛泽东在一本 20 世纪 50 年代中华书局印行的清蘅塘退士编《注释唐诗三百首》"五言律诗"类这首诗《听蜀僧濬弹琴》题目上方画了一个大圈，又在正文上方天头空白处连画了三个小圈。

[参考] 中央档案馆整理：《毛泽东评点诗词曲精选（上册）》，

中国档案出版社 1998 年版，第 75—76 页。

【注释】

（1）绿绮，琴名。原指汉代辞赋家司马相如的琴。这里泛指琴。晋傅玄《琴赋序》："楚王有琴曰绕梁，司马相如有绿绮，蔡邕有焦危，皆名器也。"

（2）峨眉，山名，在今四川峨眉西南，有两山峰相对，望之如蛾眉，故名。

（3）一，助词，用以加强语气。挥手，弹琴。三国魏嵇康《琴赋》："伯牙挥手，钟期听声。"

（4）万壑松，这里是指蜀僧所弹奏的琴音像万壑松涛的声音一样。琴曲有《风入松》。壑，山谷。

（5）"客心"句，是说蜀僧的琴音绝妙，使听者的精神得到洗涤。客，李白自指。流水，《列子·汤问》："伯牙鼓瑟，志在高山，钟子期曰：'峨峨然若泰山。'志在流水，曰：'洋洋乎若江河。'子期死，伯牙绝弦，以无知音者。"这句诗中的"流水"，语意双关，既是对僧濬琴声的实指，又暗用了伯牙善弹的典故。

（6）遗响，琴的余音。入霜钟，谓琴音与钟声混和。霜钟，指钟声。西汉刘歆《山海经·中山经》载："丰山……有九钟焉，是知霜鸣。"郭璞注："霜降则钟鸣，故言知也。物有自然盛应而不可为也。"

（7）"不觉"句，意思是说，因为听得入神，不知不觉天就暗下来了。

（8）秋云，秋天的云彩。暗几重，意即更加昏暗了，把上句"暮"字意伸足。

【赏析】

现代学者詹锳《李白诗文系年》认为，此诗乃唐玄宗天宝十二载（753）李白在宣城（今属安徽）期间所作。这首诗写的是听琴，听蜀地一位法名叫濬的和尚弹琴。李白另有《赠宣州灵源寺仲濬公》诗，"蜀僧濬""仲濬公"疑为同一人。

《听蜀僧濬弹琴》是李白表现音乐的诗作。全诗从听觉的角度比喻了琴音的优美，同时也寓有知音的感慨和对故乡的眷恋。李白是在四川长大的，四川的奇山异水激发了他的艺术想象。因此，他对故乡一直很怀念，对来自故乡的琴师当然也感到格外亲切。

"蜀僧抱绿绮，西下峨眉峰"，首联两句是说这位琴师是从峨眉山上下来的，说明弹琴的人是自己的同乡。"绿绮"是汉代司马相如的一张琴名，这里强调琴的名贵。"下"字形容飘然而降之态，写出了僧人那种超尘脱俗的特点。首联两句表达了诗人对琴师的倾慕。

"为我一挥手，如听万壑松"，颔联两句从正面描写了蜀僧弹琴的自若神态。诗人借万壑松涛之声来比喻琴音的铿锵。这气势磅礴的万壑松涛声，如天风涌动，万马千军，足以动魄惊心。"挥手"是弹琴的动作，出自嵇康《琴赋》。

"客心洗流水，遗响入霜钟"，颈联两句写听琴的感受，诗人借远处的钟声来烘托琴声的悠扬和越传越远的特点。感人的音乐洗去了诗人客中的情怀，其间借用"高山流水"的典故，表现了诗人与蜀僧通过音乐所建立的知己之感。这一句写得含蓄自然，虽然用典，却不艰涩。"遗响入霜钟"一句是说：音乐终止后，余音久久不绝，与薄暮时分寺庙的钟声融合在一起。这句也用了典，"霜钟"出自《山海经·中山经》。"霜钟"二字点明节气，与下面的"秋云暗几重"相照应。

"不觉碧山暮，秋云暗几重"，尾联两句是从琴音效果上渲染烘托。这两句是说，诗人陶醉在琴音所造成的意境之中，忘记了一切，不知从什么时候开始，青山已罩上了一层暮色，灰暗的秋云布满了天空。这两句不单是表明时间的晚暮，也通过琴音深情抒发了诗人对故乡的怀念。"碧山""秋云"象征着诗人不尽的情思，也把琴音所表现的意境衬托得更加生动、鲜明。

全诗风韵健爽，兴味浓郁，清新明快。这首诗以描写琴音为重点，既有正面描写，又有侧面烘托，既写出了琴音的悠扬，又写出了诗人的主观感受，着重表现了听琴时的感受和弹者、听者之间的感情交流。近代学者高步瀛说："一气挥洒，中有凝练之笔，便不流入轻滑。"（《唐宋诗举要》）

唐诗里有不少描写音乐的佳作。白居易的《琵琶行》用"大珠小珠落玉盘"来形容忽高忽低、忽清忽浊的琵琶声，把琵琶所特有的繁密多变的音响效果表现了出来。另一位诗人李颀有一首《听安万善吹觱篥歌》，用不同季节的不同景物，形容音乐曲调的变化，把听觉的感受诉诸视觉的形象，取得很好的艺术效果。李白这首诗描写音乐的独到之处是，除了"万壑松"之外，没有别的比喻形容琴声，而是着重表现听琴时的感受，表现弹者、听者之间感情的交流。其实，"如听万壑松"这一句也不是纯客观的描写，诗人从琴声联想到万壑松声，联想到深山大谷，是结合自己的主观感受来写的。清俞陛云《诗境浅说》说："此诗前半首，质言之，惟蜀僧为弹琴一语耳。学作诗者，仅此一语，欲化作四句好诗，几不知从何下笔。试观其起句，言蜀僧抱古琴自峨眉西下，已有'入门下马气如虹'之概，紧接三、四句，如河出龙门，一泻千里，以松涛喻琴声之清越，以'万壑松'喻琴声之宏远，句法动荡有势。五句言琴之高妙，闻者如流水洗心，乃赋听琴之正面。六句以'霜钟'喻琴，同此清迥，不以俗物为譬，乃赋听琴之尾声。收句听琴心醉，不觉山暮云深，如闻韶忘肉味矣。"（东民）

【原文】

拟古十二首
其一　长绳难系日

　　长绳难系日[1]，自古共悲辛。黄金高北斗[2]，不惜买阳春[3]。石火无留光[4]，还如世中人。即事已如梦[5]，后来我谁身。提壶莫辞贫，取酒会四邻。仙人殊恍惚[6]，未若酒中真[7]。

【毛泽东圈评等情况】

毛泽东在读一本中华书局出版的清沈德潜编选《唐诗别裁集》中圈阅的《拟古四首》中有这首《长绳难系日》。

[参考] 张贻玖：《毛泽东评点、圈阅的中国古典诗词》，

中国工人出版社 1992 年版，第 227—228 页。

【注释】

（1）系，拴缚。傅玄《九曲歌》："岁暮景迈群光绝，安得长绳系白日？"

（2）"黄金"句，据后晋刘昫等《旧唐书·尉迟敬德传》："王曰：'公之心如山岳然，虽积金至斗岂能移之？'"

（3）阳春，温暖的春天，此指代美好的时光。即俗语"一寸光阴一寸金，寸金难买寸光阴"之意。

（4）石火，击石迸出的火星。东汉桓谭《新论》："人之短生，犹如石火，炯然以过。"《法苑珠林》："石火无恒焰，电光非久停。"

（5）即事，当前的事物。

（6）恍惚，隐约不清，难以捉摸和辨认。

（7）酒，一作"醉"。

【赏析】

李白有《拟古十二首》。毛泽东圈阅的《唐诗别裁集》中选录四首，题作《拟古四首》。本诗原列第三。

关于这组拟古诗，《唐宋诗醇》说："白之诸作，体虽仿古，意乃自运，其才无所不至，故辞意出入魏晋，而大致直比西京，正不必拘于句比字拟以求之。又其辞多有寄托，当以意会，正不必处处牵合。"

此诗作年不详，现代学者安旗等《李白集编年注释》谓此诗作于唐玄宗天宝四载（745）李白去朝后，引《太平广记》卷二〇一"李白……又于任城县构酒楼，日与同志荒宴，客至少有醒时"，并以为"此诗及以下《拟古》诗四首（即其五、其八、其九、其十），感叹日月迫促，年命有尽，浮云固不足珍，神仙亦不可求，遂转于饮酒中寻求寄托"。

　　全诗共十二句，前、后两节各六句。前六句为第一节，写光阴不驻。"长绳难系日，自古共悲辛"，起句用典，西晋傅玄《九曲歌》："岁暮景迈晨光绝，安得长绳系白日？"光阴似箭，日月如梭，古人不愿时光流逝，意欲用长绳系之。这当然不过是幻想而已，所以千古以来人们总是充满悲伤和酸辛。奇思妙想，用意显豁。"黄金高北斗，不惜买阳春"，三、四句又逼进一层。"黄金"句也是用事。据后晋刘昫等《旧唐书·尉迟敬德传》："王曰：'公之心如山岳然，虽积金至斗岂能移之？'""阳春"，温暖的季节。此指代美好的时光。前说光阴留不住，诗人就又想了一个办法：用黄金买，即使用高接北斗星那么多的黄金来买，也在所不惜。然而正如俗话所说："一寸光阴一寸金，寸金难买寸光阴。"所以用黄金来买也是行不通的。"石火无留光，还如世中人"，五、六句由光阴写到人，再透进一层。"石火"，击石迸出的火星。东汉桓谭《新论》："人之短生，犹如石火，炯然以过。"《法苑珠林》："石火无恒焰，电光非久停。"电光石火，稍纵即逝，常用来形容人生短暂，比喻生动形象，又由光阴过渡到人事。

　　既然人生短暂，来此人间，就应该不虚此行，第二节写饮酒享乐。"即事已如梦，后来我谁身。提壶莫辞贫，取酒会四邻。仙人殊恍惚，未若酒中真。""即事"，当前的事物。"恍惚"，隐约不清，难以捉摸和辨认。这六句是说，眼前的事情已经像做梦一样，后我来者是谁更不可知。提起酒壶不要说自己贫穷，赶快去沽酒与邻居们痛饮。神仙总是隐隐约约，不可捉摸，只有饮酒至醉来得真切。事如春梦了无痕，神仙缥缈不可寻，一比一衬，突出饮酒取乐为高；快人快语，一气贯注，令人不容置疑。

　　（毕桂发）

拟古十二首
其八　月色不可扫

　　月色不可扫⁽¹⁾，客愁不可道⁽²⁾。玉露生秋衣⁽³⁾，流萤飞百草⁽⁴⁾。日月终销毁⁽⁵⁾，天地同枯槁⁽⁶⁾。蟪蛄啼青松⁽⁷⁾，安见此树老？金丹宁误俗⁽⁸⁾，昧者难精讨⁽⁹⁾。尔非千岁翁⁽¹⁰⁾，多恨去世早。饮酒入玉壶，藏身以为宝⁽¹¹⁾。

【毛泽东圈评等情况】

　　毛泽东在读一本中华书局出版的清沈德潜编选《唐诗别裁集》时圈阅的《拟古四首》中有这首《月色不可扫》。

　　　　[参考] 张贻玖：《毛泽东评点、圈阅的中国古典诗词》，
　　　　中国工人出版社 1992 年版，第 227—228 页。

【注释】

　　（1）"月色"句，是说月色扫而复至，永不可却。

　　（2）"客愁"句，客愁道而复生，永无完了，故云"不可道"。

　　（3）玉露，即露珠。

　　（4）流萤，指萤火虫。一作"严霜"。

　　（5）销毁，指日月亦有尽时。一作"销尽"。

　　（6）枯槁，草木枯萎。

　　（7）蟪蛄，寒蝉。《庄子·逍遥游》："蟪蛄不知春秋。"陆德明注："司马云：蟪蛄，寒蝉也。一名蜩。春生夏死，夏生秋死。"青松，诗人自喻。

　　（8）金丹，古代方士从金石中提炼出来的药物，俗称仙丹。东晋葛洪《抱朴子·金丹篇》："余考览养性之书，鸠巢久视之方，莫不以还丹金液为大要者焉。然则此二事盖仙道之极也。服此而不仙，则古来无仙矣。"误俗，一作"误人"。

　　（9）昧者，愚昧的人，糊涂的人。《庄子·大宗师》："然而夜半有

力者负之而走，昧者不知也。"

（10）尔，指昧者。

（11）藏身，安身。

【赏析】

这是一首咏怀诗。诗中借客居秋悲，想到人不能长生不老，应及时饮酒、将养身体为好。本诗原列《拟古十二首》第八。

诗分为前、后两节，前八句为第一节，后六句为第二节。第一节写客居悲秋。"月色不可扫，客愁不可道"，起首二句用兴法，以月光的扫而复至，永不可却，引出客愁的道而复生，永无完了，生动形象。"玉露生秋衣，流萤飞百草"，三、四句写产生客愁原因。"玉露"，即露珠。"流萤"，指萤火虫。玉露、流萤均为深秋物候。秋天萧瑟，易使人生悲。《楚辞·宋玉〈九辩〉》："悲哉秋之为气也。"宋玉悲秋之语一出，古代文人一片悲秋之声。秋衣着露，是产生客愁的直接原因，而其深层原因则是："日月终销毁，天地同枯槁。""枯槁"，草木枯萎。日月有时而尽，故谓"销毁"；草木枯萎，地老天荒，故谓天地枯槁。这是说像日月、天地这些无始无终之物，也有衰老败灭之时，何况人乎？但诗人又有点不服气："蟪蛄啼青松，安见此树老？""蟪蛄"，寒蝉。《庄子·逍遥游》："蟪蛄不知春秋"。陆德明注："司马云：蟪蛄，寒蝉也。一名蜓。春生夏死，夏生秋死。"这二句是说，短命的蟪蛄还在青松上叫个不停，怎么见得松树就衰老了呢？此是诗人以青松自喻。

后六句为第二节，写保身为高。"金丹宁误俗，昧者难精讨。""金丹"，古代方士从金石中提炼出来的药物，俗称仙丹。东晋葛洪《抱朴子·金丹篇》："余考览养性之书，鸠巢久视之方，莫不以还丹金液为大要者焉。然则此二事盖仙道之极也。服此而不仙，则古来无仙矣。"这二句是说，金丹岂误人，愚昧的人讨不到好的仙丹自误耳。诗人一生信道，故对服丹成仙事持肯定态度。"尔非千岁翁，多恨去世早。""尔"，指昧者。这二句是说，你们这些愚昧的人不是活到千岁的料，即不能得道成仙，所以大多以早死为憾。那又怎么办呢？"饮酒入玉壶，藏身以为宝"。"藏身"，安身。这二句是说，以饮酒作为安身的法宝。这便是诗人开出的健身长生秘方。此与服丹成仙相为表里，既不废苦炼修行，又不忘现实享受，这正是诗人一生所躬行的。（毕桂发）

【原文】

拟古十二首
其十　涉江弄秋水

涉江弄秋水，爱此荷花鲜。攀荷弄其珠，荡漾不成圆。佳期彩云重[1]，欲赠隔远天。相思无由见[2]，怅望凉风前[3]。

【毛泽东圈评等情况】

毛泽东在读一本中华书局出版的清沈德潜编选《唐诗别裁集》时圈阅的《拟古四首》中有这首《涉江弄秋水》。

[参考] 张贻玖：《毛泽东评点、圈阅的中国古典诗词》，中国工人出版社 1992 年版，第 227—228 页。

【注释】

（1）佳期，男女的约会。重，一作"里"。

（2）由，因。

（3）怅望，惆怅地看望或想望。《新亭渚别范零陵云》："停骖我怅望，辍棹子夷犹。"

【赏析】

本诗原列《拟古十二首》第十一。

全诗共八句，可分为两节。前四句为第一节，叙事；后四句为第二节，抒情。"涉江弄秋水，爱此荷花鲜。"是说秋水澄澈，天色蔚蓝，"秋水共长天一色"（王勃语），逗人喜爱，所以抒情主人公边涉江边戏水，情绪很高。更令人喜爱的是那鲜艳的荷花。碧水荷花，红绿相映，景色宜人。也可能主人公不止一次和他（她）心爱的人儿来这里嬉戏，可是这次却是只身一人。于是想到折荷相赠："攀荷弄其珠，荡漾不成圆"。这两句写他（她）要折一枝鲜艳的荷花，赠其所爱之人，摇动了荷叶上的水珠，本来珠圆玉润的水珠便不圆了。这不正像他（她）和心爱的人儿本来团圆现在却离分了吗？前四句写折荷为赠，全用白描，生动之至。

　　"佳期彩云重，欲赠隔远天。相思无由见，怅望凉风前。"后四句写欲赠不能，心情怅然。"佳期"，一作"佳人"。"彩云"，绚丽的云。"怅然"，失意的样子。折了枝鲜艳的出污泥而不染的荷花，正要赠给自己所倾心的人儿，可他（她）却在那绚丽的云中，相隔在遥远的天边。苦苦地思念却没有办法见到他（她），只有失意懊恼地站立在凉风之中。后节写赠不得所赠，失意之态如立目前，真是写生妙手！

　　此诗语言通俗，风格明快，描景如画，写人欲活，有一种朴实清新的民歌风味。（毕桂发）

【原文】

拟古十二首
其十二　去去复去去

　　去去复去去⁽¹⁾，辞君还忆君。汉水既殊流⁽²⁾，楚山亦此分⁽³⁾。人生难称意⁽⁴⁾，岂得长为群？越燕喜海日⁽⁵⁾，燕鸿思朔云⁽⁶⁾。别久容华晚⁽⁷⁾，琅玕不能饭⁽⁸⁾。日落知天昏，梦长觉道远。望夫登高山，化石竟不返⁽⁹⁾。

【毛泽东圈评等情况】

　　毛泽东在读一本中华书局出版的清沈德潜编选《唐诗别裁集》时圈阅的《拟古四首》中有这首《去去复去去》。

　　［参考］张贻玖：《毛泽东评点、圈阅的中国古典诗词》，中国工人出版社1992年版，第227—228页。

（1）去去，走啊走。复去去，行而不止之意。《古诗十九首·行行重行行》："行行重行行，与君生别离。"

（2）汉水，水名，一名汉江。源出陕西，流经湖北西部和中部，至汉阳入长江，有牧马河、均水等多条支流，故说"殊流"。

（3）楚山，湖北古为楚地，故山曰"楚山"。

（4）称（chèn）意，合乎心意。《汉书·盖宽饶传》："以宽饶为太中大夫，使行风俗，多所称举贬黜，奉使称意。"

（5）越燕，越地的燕子。越地近海，故云"喜海日"。

（6）燕鸿，燕地的大雁。燕地在今北京一带，处于我国北方，故说"思朔（北）云"。《古诗十九首·行行重行行》："胡马依北风，越鸟巢南枝。"

（7）容华，美丽的容貌。《古诗十九首·行行重行行》："思君令人老，岁月忽已晚。"

（8）琅玕（láng gān），美石。南朝梁萧统《文选·张衡〈南都赋〉》："珍羞琅玕，充溢圆方。"李周翰注："琅玕，玉名，饮食比之，所以为美。"

（9）"望夫"二句，《太平御览》卷五二《世说》："武昌阳新县北山上有望夫石，状若人立者，传云昔有贞妇，其夫从役，远赴国难，携弱子饯送此山，立望而化为石。"

【赏析】

这首诗原列《拟古十二首》第十二，拟汉《古诗十九首》中的《行行重行行》。

全诗共十四句，可分为三节。诗的前六句为第一节，写夫妇初别。"去去复去去，辞君还忆君。""去去"，去，重叠"去"字，加重语气。"复去去"，行而不已之意。这二句是说，走啊走啊，越走越远，长路漫漫，没有尽头；和丈夫刚分别便想念起丈夫来了。写出夫妇初别相思。二句全仿《行行重行行》中起首二句："行行重行行，与君生别离。"分别已成事实，下面便强自宽解："汉水既殊流，楚山亦此分。"三、四句从眼前景物着笔，"汉水"，水名，一名汉江。源出陕南，流经湖北西部和中部，至汉阳入长江，有牧马河、均水等多条支流。故说"汉水既殊流"。"楚山"，湖北古为楚地，山曰楚山。这二句意谓自然界的山山水水皆有分离，何况人乎？诗人接着写道："人生难称意，岂得长为群？"五、六句议论。"称意"，合意，满意。二句是说，人生总难事事都合自己的意，夫妇哪得长相厮守呢？从人情事理上着想，对夫妇离别自我宽解。自设问，自解答，恰好表现了无可奈何的自我宽慰之情。

"越燕喜海日"以下四句为第二节，写别后相思之苦。"越燕喜海日，燕鸿思朔云。""越燕"，越地的燕子。越地近海故云"喜海日"。"燕鸿"，燕地的大雁。燕地在今北京一带，地处我国北方，故说"思朔（北）云"。此二句仿《古诗十九首·行行重行行》中"胡马依北风，越鸟巢南枝"，意谓鸟兽尚恋故乡，何况人乎？这是说别后相思是理所当然，无可非议的。接下去，"别久容华晚，琅玕不能饭"。"容华"，美丽的容貌。此二句即《行行重行行》中"思君令人老，岁月忽已晚"之意，是说别离太久，思念太甚，会使我美丽的面貌衰老。"琅玕"，美石。南朝梁萧统《文选·张衡〈南都赋〉》："珍羞琅玕，充溢圆方。"李周翰注："琅玕，玉名，饮食比之，所以为美。""琅玕不能食"，是说连最美的饭食也吃不下。以上四句是写相思之苦。

"日落知天昏，梦长觉道远。望夫登高山，化石竟不返"，末四句为第三节，是说由于思念太甚，直到日落才知道天黑了。这是说白天思念终日，夜晚睡觉又做梦，梦做得很长，梦中相会也觉得路途遥远，意谓昼思夜梦，相会无由，只有登上高山向你去的方向眺望，立之太久，竟化而为石，永不回返。《太平御览》卷五二《世说》载："武昌阳新县北山上有望夫石，状若人立者，传云昔有贞妇，其夫从役，远赴国难，携弱子饯送此山，立望而化为石。"末二句用典，不觉用典，直似雕塑，一个深于情专于情的思妇形象站立在我们面前，把思夫之情抒写得无以复加，充分体现了题旨。（毕桂发）

忆旧游寄谯郡元参军

忆昔洛阳董糟丘，为余天津桥南造酒楼[1]。黄金白璧买歌笑，一醉累月轻王侯[2]。海内贤豪青云客，就中与君心莫逆[3]。回山转海不作难，倾情倒意无所惜。我向淮南攀桂枝[4]，君留洛北愁梦思。不忍别，还相随；相随迢迢访仙城，三十六曲水回萦[5]。一溪初入千花明[6]，万壑度尽松风声。银鞍金络到平地，汉东太守来相迎。紫阳之真人[7]，邀我吹玉笙。餐霞楼上动仙乐[8]，嘈然宛似鸾凤鸣。袖长管催欲轻举，汉东太守醉起舞。手持锦袍覆我身，我醉横眠枕其股。当筵意气凌九霄，星离雨散不终朝，分飞楚关山水遥[9]。余既还山寻故巢，君亦归家度渭桥[10]。君家严君勇貔虎，作尹并州遏戎虏[11]。五月相呼度太行，摧轮不道羊肠苦[12]。行来北凉岁月深，感君贵义轻黄金。琼杯绮食青玉案[13]，使我醉饱无归心。时时出向城西曲，晋祠流水如碧玉[14]。浮舟弄水萧鼓鸣，微波龙鳞莎草绿[15]。兴来携妓恣经过，其若杨花似雪何！红妆欲醉宜斜日，百尺清潭写翠娥[16]。翠娥婵娟初月辉，美人更唱舞罗衣[17]。清风吹歌入空去，歌曲自绕行云飞。此时行乐难再遇，西游因献《长杨赋》[18]。北阙青云不可欺[19]，东山白首还归去[20]。渭桥南头一遇君，酂台之北又离群[21]。问余别恨今多少？落花春暮争纷纷[22]。言亦不可尽，情亦不可及。呼儿长跪缄此辞[23]，寄君千里遥相忆。

【毛泽东圈评等情况】

毛泽东曾圈阅这首《忆旧游寄谯郡元参军》。毛泽东圈阅较多的清沈德潜编选《唐诗别裁集》卷六七言古诗类载有这首《忆旧游寄谯郡元参军》。

[参考] 张贻玖：《毛泽东评点、圈阅的中国古典诗词》，中国工人出版社1992年版，第228页。

【注释】

（1）董糟丘，姓董的酿酒人。天津桥，故址在今河南洛阳西南洛水上。

（2）累月，好几个月。轻王侯，轻视权贵。王侯，天子与诸侯。后多指王爵与侯爵，或泛指显贵者。《易·蛊》："不事王侯，高尚其事。"《史记·陈涉世家》："王侯将相，宁有种乎？"

（3）海内，一作"四海"。青云客，比喻有美德及不凡声誉的人。就中，其中。莫逆，指彼此间意气相投、友谊深厚。《庄子·大宗师》："子桑户、孟子反、子琴张……三人相视而笑，莫逆于心，遂相与友。"

（4）攀桂枝，指自己到淮南去隐居访道的事。汉淮南小山《招隐士》："攀桂枝兮聊淹留。"

（5）仙城，李白有《冬夜于随州紫阳先生餐霞楼送烟子元演隐仙城山序》一文，这里的仙城大概就是仙城山。三十六曲，是说弯曲之多。回萦，迂回旋绕。

（6）千花明，诸花盛开。南朝梁萧统《文选》江淹《杂体诗》李善注："凡草木花实荣茂谓之明，枝叶雕伤谓之晦。"

（7）紫阳之真人，即胡紫阳道士。真人，道士的别称。李白有《汉东紫阳先生碑铭》一文记其生平。

（8）餐霞楼，胡紫阳的住所，在随州苦竹院中。

（9）星离雨散，比喻分别。朝，早晨。楚关，指随州，其地先秦时属楚。

（10）渭桥，有中渭桥、东渭桥、西渭桥三座，均在长安附近渭水上。这里当指长安城北的中渭桥。

（11）君家严君，指元参军的父亲。这句喻元参军的父亲是勇猛的将军。《易·家人卦》："家人有严君焉，父母之谓也。"貔（pí）虎，猛兽。并州，州治在今山西太原。遏，阻止。尹，官名。

（12）摧轮，折断车轮。三国魏曹操《苦寒行》："北上太行山，艰哉何巍巍。羊肠坂诘屈，车轮为之摧。"

（13）琼杯绮食青玉案，形容酒菜及食具的精美。案，有足的托盘。

（14）晋祠，周代晋国开国君主唐叔虞的祠庙，在太原西南。

（15）龙鳞，形容波纹的细碎。莎草，植物名，生于原野沙地。

（16）写，画，这里是映照的意思。翠娥，美女。

（17）婵娟，美好的样子。初月辉，形容面容像新月一样皎洁。更，轮流。

（18）"西游"句，借用汉代扬雄向成帝献《长杨赋》的典故，说明自己想以文章获取皇帝信用。

（19）北阙，指皇帝的宫殿。汉萧何为高祖建未央宫，立东阙、北阙，"上书奏事谒见之徒，皆诣北阙"（《汉书·高帝纪》颜注）。青云，指高位。

（20）东山，在今山东蒙阴南，此指隐居或游憩之地。据唐房玄龄等《晋书·谢安传》载，谢安早年曾辞官隐居会稽之东山，经朝廷屡次征聘，方从东山复出，官至司徒要职，成为东晋重臣。又，临安、金陵亦有东山，也曾是谢安的游憩之地。后因以"东山"为典。

（21）酂（cuó）台，酂县之台，即造律台，位于河南永城酂城镇，相传萧何曾在此造律。

（22）"问余"二句，一作"莺飞求友满芳树，落花送客何纷纷"。

（23）长跪，古人席地而坐，坐时两膝踞地，臀部靠在足跟上。跪时伸直腰，臀部离开足跟，身体伸长了，故叫长跪。

【赏析】

这首"忆旧游"是作者寄给好友元演的。"谯郡"，即亳州，在今安徽亳县一带。"元参军"，名演。参军是官职名，有录事参军、诸曹参军等不同职衔，隋唐时常为郡官。元演时为亳州（即谯郡，州治在今安徽亳州）参军。这首诗曾收入《河岳英灵集》，其中又提到长安失意之事，故当作于天宝三载（744）至天宝十二载（753）间。

诗中详细地叙述了诗人与好友元参军四次聚散的经过，表现了对旧友的深切怀念，也流露出岁月流逝、欢乐难再的感喟和世事蹉跎、怀才不遇的慨叹，是了解李白前期生活和思想的重要作品。

全诗共分五节，自开头至"君留洛北愁梦思"为第一节，叙述李白在洛阳时与元参军初遇，交情甚笃，随即相离。开头四句先从自身写起，"董糟丘"，姓董的酿酒人。"糟丘"是积糟成丘之意。"天津桥"，在河南洛阳西南洛水上。起首四句是说，在洛阳天津桥南有一座姓董的酒楼，李白经常去喝酒，一喝就是酩酊大醉，喝醉了连王侯将相也敢蔑视。酒楼当然不是专为李白而设，"为余""一醉累月"等都是夸张的说法。通过这种大胆的夸张，少年李白那种生活豪纵、充满进取精神的个性跃然纸上，诗人的自我形象十分突出。至于诗人交游的都是"海内贤豪青云客"，即品德高尚及不凡声誉的人，其中可称莫逆之交的就是元参军。二人感情交契，彼此"回山转海"一点也不犯难，"倾情倒意"更不惜牺牲一切。友谊开了个头，不久就分开了：李白赴淮南隐居访道，而元参军仍然留驻洛北。这便是二人第一次聚散。

自"不忍别，还相随"到"君亦归家度渭桥"为第二节，写偕元参军同游汉东，与汉太守、紫阳真人一起宴饮作乐又分别的情形。"不忍别"二句承上启下，写出第一次分手后依依不舍，又引起第二次相聚，过渡自然。先写二人往访随州仙城山，乘船骑马，水陆递进，来到汉东。千里迢迢，山川奇丽，水流环绕，繁花鲜艳，松涛吟啸，真是如行山阴道上，令人应接不暇。"相随"六句写行程，写风光，简洁入妙。接下八句写诗人与元参军、胡紫阳道士和汉东太守在餐霞楼醉饮歌舞。紫阳真人即胡紫阳道士。宴会是在餐霞楼胡紫阳住所举行的，几位朋友中有布衣、有道士、有官长，不分贵贱，意气相投，尽欢而醉，乘醉而舞。诗人与紫阳笙管伴奏，美妙动听，如鸾凤和鸣；汉东太守举袖起舞，飘飘欲仙。尽欢而卧，东倒西歪，太守拿锦袍盖在诗人身上，诗人却枕住了太守的大腿。无尊无卑，无拘无束，一派和乐景象，描绘逼真。常言说，天下没有不散的筵席，欢乐达到了顶点，接着便是"星离雨散"的分别。而且分别来得是那么快，连一个早晨都不到，便"余既还山归故巢，君亦归家度渭桥"，两地又相隔千山万水了。这便是诗人与元参军的第二次聚散。

自"君家严君勇貔虎"到"歌曲自绕行云飞"为第三节，追忆应邀至太原，在元参军家纵情游玩的情况。"君家严君"，指元参军的父亲。"貔虎"，猛兽。元演的父亲是勇猛的武将，当时在并州（今山西太原）作府尹，交代了元参军是将门虎子的身份，也是这次诗人北游的原因。此次诗人与元参军相携北上，心情愉快，暑天五月经过车轮为之折断的羊肠坂也不以为苦。此用三国魏曹操《苦寒行》"羊肠坂诘屈，车轮为之摧"诗意。下句"北凉"应为北京，唐代称太原为北京。元参军父子殷勤好客，饭菜食具精美，致使诗人醉饱而没有归心了。特别令人难忘的是到城西南的风景名胜之地晋祠的游玩。晋祠是周代晋国开国君主唐叔虞的祠庙，晋水从这里发源，清澈如碧玉琼浆。在箫鼓声中泛舟戏水，岸草葱绿，微波如同龙鳞。高兴时带着伎女纵情游赏，岂管杨花似雪、春光即逝。玩乐到傍晚还不想归去，"斜日"的光辉与欲醉的红妆歌女最是和谐；美丽的歌女的倩影倒映在清澈的泉水中，特别迷人。歌女们脸若初月，光彩照人，轻歌曼舞动罗衣，曲曲歌声响入云，让人流连忘返。这次欢聚用墨如泼，铺陈开来，写得兴高采烈，令人难忘。

自"此时行乐难再遇"以下六句为第四节，叙述并州别后的遭遇和谯郡的再遇。"此时行乐难再遇"一句收束上文，表现了诗人对并州之游的怀念。"西游"以下三句援引典故，说明自己的不幸遭遇。《长杨赋》，汉扬雄作，意欲对君主有所讽谏。"北阙"，指皇帝的宫殿。汉初萧何为高祖建未央宫，立东阙、北阙，"上书奏事谒见之徒，皆诣北阙"。"东山"，在今山东蒙阴南。"鄫台"，即鄫县，在谯郡。这几句是说，并州一别之后，诗人因欲对君主有所讽谏，所以西往长安。可是宫廷宦途，令人绝望，只好满头白发还归东山。在此期间，诗人与元参军曾一度在京城长安渭水桥头邂逅相遇，后来在谯郡的鄫台又一次见面，旋即分开。由于这两次相遇都极短暂，故一笔带过。此节叙述与并州游玩连看，可谓深得详略之法。

末六句为第五节，写李白对元参军的怀念，因寄此诗。"问余"二句，一作"莺飞求友满芳树，落花送客何纷纷"。"长跪"，古人席地而坐，坐时两膝踞地，臀部靠在足跟上。跪时伸直腰，臀部离开足跟，身体伸长，故叫长跪。"儿"，指送信仆童。这几句是说，诗人对元参军的情意之深，总写不完，让送信的仆童等了很久，才把信写完封上，寄送元参军，以表怀念之忱。明唐汝询撰《唐诗解》说："历叙旧游之事，凡合而离者四焉：在洛，则我就君游；适淮，则君随我往；并州，戎马之地，而携妓相过：

西游，落魄之余，而不忘晤对。此篇叙事四转，语若贯珠，绝非初唐牵合之比，长篇当以此为法。"

关于此诗的艺术特点，《唐宋诗醇》指出："白诗天才纵逸。至于七言长古，往往风雨争飞，鱼龙百变，又如大江无风，波浪自涌，白云从空，随风变灭，可谓怪作奇绝者矣。此篇最有纪律可循，历数旧游，纯用叙事之法。以离合为经纬，以转折为节奏，结构极严而神自畅。至于奇情胜致，使览者应接不暇，又其才之独擅者耳。"对于此诗层次井然而富于变化的结构和感情线索的捕捉都是极好的说明。（毕桂发）

【原文】

长相思二首
其一　长相思，在长安

长相思，在长安[(1)]。络纬秋啼金井阑[(2)]，微霜凄凄簟色寒[(3)]。孤灯不明思欲绝，卷帷望月空长叹，美人如花隔云端[(4)]。上有青冥之高天，下有渌水之波澜[(5)]。天长路远魂飞苦，梦魂不到关山难[(6)]。长相思，摧心肝[(7)]！

【毛泽东圈评等情况】

毛泽东曾圈阅此诗。毛泽东圈阅较多的清蘅塘退士编《唐诗三百首》和清沈德潜编选《唐诗别裁集》卷六中七言古诗类中都载有这首《长相思，在长安》。

[参考] 张贻玖：《毛泽东评点、圈阅的中国古典诗词》，
中国工人出版社 1992 年版，第 228 页。

【注释】

（1）长安，唐代京城，今陕西西安。

（2）络纬，昆虫名，俗名纺织娘。金井阑，精美的井上栏杆。阑，通"栏"。

（3）微，一作“凝”。簟（diàn），指竹席。

（4）美人，指所追求的理想人物。我国古典文学中常用这种比兴手法。汉枚乘《杂诗》：“美人在云端，天路隔无期。”

（5）青冥，指天，形容极高极远的天。青，天的颜色。渌，指水色清澈。高天，一作“长天”。

（6）梦魂，一作“梦行”。

（7）摧，伤。

【赏析】

长相思，本汉人诗中用语。《古诗》：“客从远方来，遗我一书札。上言长相思，下言久别离。”汉苏武诗：“生当复来归，死当长相思。”汉李陵诗：“行人难久留，各言长相思。”六朝时始以“长相思”为篇名，如南朝陈陈后主《长相思·久相忆》，南朝梁陈徐陵《长相思·望归难》，隋江总《长想思·久别离》诸作，并以长相思发端，故《长相思》是乐府旧题，属“杂曲歌辞”，多写怨妇之情。本篇是沿用旧题，而赋予新意。在这首诗中，诗人为我们创造了一个一往情深的思妇形象。李白《长相思》据《唐诗三百首》作二首，宋郭茂倩编《乐府诗集》作三首，另一首为“美人在时花满堂”。

全诗可分两节，“长相思，在长安”至“美人如花隔云端”为第一节。“长相思，在长安”，起句入题，点出思妇所在之地是在京都长安，这是思妇生活的大环境。“络纬秋啼金井阑，微霜凄凄簟色寒。孤灯不明思欲绝，卷帷望月空长叹”，这四句写出了思妇的具体生活环境及其思念之苦。“络纬”即纺织娘。“络纬秋啼”点明时令。“金井阑”说明其贵族少妇身份。这位贵族少妇，在深秋之夜，四周万籁俱寂，只有纺织娘在井栏杆旁边叫个不停。外面薄霜在地，寒气嗖嗖，床上簟席生凉，透着寒意。孤灯半明半暗，女子孤枕难眠。她不由得站起身来卷着窗帘，望着天边的明月，发出深深的浩叹。诗人通过思妇所闻、所感和一个卷帷望月的动作便勾画出一个美丽的思妇形象。人们不禁要问，她在思念谁呢？她为什么那样思念之深呢？“美人如花隔云端”给我们作了回答。“美人如花”言其所思之人美丽动人，令人难忘，"隔云端"是说这位美人似乎很近，近在眼前；又似乎很远，远在天边，打个比方就像那玲珑秋月一样，可望而不可即，无怪乎思妇要"空长叹"了。

"上有青冥之高天"至篇末为第二节。美人虽远隔云端，不可企及，但思妇还是想不辞辛苦以求相见。"上有青冥之高天，下有渌水之波澜。天长路远魂飞苦，梦魂不到关山难"，接下来这四句是说，上有幽远难极的冥冥青天，下有波涌浪翻的清澈之水，天长路远魂魄飞渡也以为苦，关山重重连做梦也难以到达，真是"上穷碧落下黄泉，两处茫茫皆不见"了！通过对这位思妇梦绕魂牵的描写，把她的执着追求又深化了。然而这个追求是不会有结果的。所以诗以摧肝裂肺的长叹作结："长相思，摧心肝！""长相思"三字回应篇首，而"摧心肝"则是"思欲绝"在感情上的进一步发展。结语悲恸但不萎靡，显得短促有力。

对于李白这首《长相思》，历来有不同理解，大体上有两种不同的见解：一种意见认为是爱情诗，写的是思妇想念她久出不归的丈夫，至于不归的原因又是多样的，或谓戍边，或谓服劳役，或谓经商，等等；另一种理解是政治诗，认为诗表面上写的是男女之情，实际上寄托着诗人对李唐王朝的期望，这正是继承了香草美人以配君子的传统。清代诗论家王夫之关于这首诗有这样的评论："题中偏不欲显，象外偏令有余。"（《唐诗评选》）意思是说，在这首诗中，诗人把他要表现的主题隐藏起来，而在形象之外却有弦外之音。仁者见仁，智者见智，有不同的理解是不奇怪的。（毕英男　刘盛楠）

【原文】

长相思二首
其二　日色欲尽花含烟

日色欲尽花含烟[1]，月明如素愁不眠[2]。赵瑟初停凤凰柱[3]，蜀琴欲奏鸳鸯弦[4]。此曲有意无人传，愿随春风寄燕然[5]。忆君迢迢隔青天，昔时横波目[6]，今作流泪泉。不信妾肠断[7]，归来看取明镜前。

【毛泽东圈评等情况】

毛泽东曾圈阅此诗。毛泽东圈阅较多的清蘅塘退士编《唐诗三百首》和清沈德潜编选《唐诗别裁集》卷六中七言古诗类中都载有这首《长相思日色欲尽花含烟》。

[参考] 张贻玖：《毛泽东评点、圈阅的中国古典诗词》，中国工人出版社1992年版，第228页。

【注释】

（1）花含烟，形容暮色之中鲜花含水汽，远望朦胧如含烟雾。

（2）素，洁白的丝织品。

（3）赵瑟，相传古代赵国的人善弹瑟。瑟，弦乐器。凤凰柱，指瑟柱上雕饰有凤凰的形状。西汉杨恽《报孙会中书》："妇赵女也，雅善鼓瑟。"

（4）蜀琴，西汉司马相如是蜀人，善鼓琴，曾以琴心挑逗卓文君，这里可能与此事有关。鸳鸯弦，指雌雄和合。

（5）燕然，山名，即杭爱山。东汉窦宪征伐匈奴时曾到过此山，并在此山勒石纪功。

（6）横波，形容眼神流动。南朝梁萧统《文选》载傅毅《舞赋》："目流涕而横波。"李善注："横波言目斜视，如水之横流也。"

（7）妾，古代妇女的自我谦称。

【赏析】

这是《长相思》的第二首，写一个闺中少妇对她戍边丈夫的深切怀念。

全诗共十一句，可分为两节，"日色欲尽花含烟"以下六句为第一节。"日色欲尽花含烟，月明如素愁不眠"，起首二句点明时间，从日落写到新月初上。夕阳西下，余晖尽收，薄暮时分，美丽的鲜花笼罩在一片暮霭之中，思妇最难将息的夜晚降临了；不久月出东山，银光遍洒，皎洁的月色勾起少妇多少美好的回忆，使她忧思愁闷不能成眠了。"赵瑟初停凤凰柱，蜀琴欲奏鸳鸯弦"，三、四二句是说，既不能入睡，便起来调理琴瑟，好借以排遣胸中的郁闷。"赵瑟"，指瑟。"凤凰柱"是刻瑟柱为凤凰形。南朝梁吴均《酬别江主簿屯骑诗》："赵瑟凤凰柱，吴醥金罍樽。""蜀琴"，指西汉司马相如，蜀郡人，善鼓琴。"鸳鸯弦"，谓雌雄和合。南朝宋鲍照《玩月城西门府中诗》："蜀琴抽白雪，郢曲发阳春。"操琴鼓瑟，说明思妇多才多艺，"初停""欲奏"，见其多愁善感。也许她是想借鸳鸯弦这吉利的名字弹一曲《凤求凰》吧，以表达自己对远戍丈夫的怀念，可是却无人代为传达此意，只有借春风吹送到遥远的燕然了。"此曲有意无人传，愿随春风寄燕然"，五、六二句中的"燕然"，山名，漠北极远之地，当是思妇丈夫戍边之处。南朝梁范晔等《后汉书·窦宪传》："遂登燕然山，去塞三千余里。"又唐代有燕然州，是突厥九姓部落所在（后晋刘昫等《旧唐书·地理志》）。

　　"忆君迢迢隔青天"以下五句为第二节，大意是说要想欢会，千里迢迢远隔千山万水比登天还难，所以才"昔时横波目，今作流泪泉"。"横波目"，顾盼神飞的眼光。清王筠《秋夜二首》："愁凝翠羽眉，泪满横波目。"南朝梁萧统《文选·傅毅〈舞赋〉》："目流睇而横波。"李善注："横波言目邪视，如水之横流也。"这二句以昔时眉目传情与今日的泪如泉涌构成强烈对比，正是"忆君"肠断的明证。写到这里，思妇之意已表露无余，就可搁笔了。诗人又作一顿挫，设想丈夫不相信，只好让他"归来看取明镜前"了，情余意外，耐人寻味。（毕英男　刘盛楠）

【原文】

北风行

　　烛龙栖寒门(1)，光耀犹旦开。日月照之何不及此(2)，惟有北风号怒天上来。燕山雪花大如席(3)，片片吹落轩辕台(4)。幽州思妇十二月，停歌罢笑双蛾摧(5)。倚门望行人，念君长城苦寒良可哀(6)。别时提剑救边去，遗此虎文金鞞靫(7)。中有一双白羽箭(8)，蜘蛛结网生尘埃。箭空在，人今战死不复回。不忍见此物，焚之已成灰(9)。黄河捧土尚可塞(10)，北风雨雪恨难裁(11)！

【毛泽东圈评等情况】

毛泽东曾圈阅这首《北风行》。

[参考] 张贻玖：《毛泽东评点、圈阅的中国古典诗词》，

中国工人出版社 1992 年版，第 228 页。

【注释】

（1）烛龙，古代神话中司冬夏及昼夜的神。《淮南子·地形训》："烛龙在雁门北，蔽于委羽之山，不见日，其神人面龙身而无足。"高诱注："龙衔烛以照太阴，盖长千里，视为昼，瞑为夜，吹为冬，呼为夏。"寒门，神话中极北酷寒之地。又《淮南子·地形训》："北方日北极之山日寒门。"高诱注："积寒所在，故日寒门。"

（2）此，指幽州，诗中女子所在地。在今北京及河北北部一带。治所在今北京大兴。这里指当时安禄山统治北方，一片黑暗。

（3）燕山，山名，在今天津蓟州东南。东经玉田、丰润，直达海滨，绵亘数百里。

（4）轩辕台，纪念黄帝的建筑物，遗址在今河北怀来乔山上。

（5）双蛾，女子的双眉。古代以蚕蛾的两个触角比作女子的眉毛，形容女子眉毛之美。双蛾摧，双眉紧锁，形容悲伤、愁闷的样子。

（6）长城，古诗中常借以泛指北方前线。良，实在。

（7）鞞靫（bì chāi），装箭的袋子，上面饰有虎形花纹。

（8）白羽箭，尾部装置白翎的箭。唐李百药《北史·突厥传》："（隋炀帝）取桃竹白羽箭一枚以赐射匮，因谓之日：'此事宜速，使急如箭也。'"

（9）"焚之"句，语出古乐府《有所思》："摧烧之，当风扬其灰。"

（10）"黄河"句，南朝宋范晔等《后汉书·朱冯虞郑周列传》："此犹河滨之人，捧土以塞孟津，多见其不知量也。"此反其意而用之。

（11）北风雨雪，这是化用《诗经·邶风·北风》中的"北风其凉，雨雪其雰"句意，原意是指国家的危机将至而气象愁惨，这里借以衬托思妇悲惨的遭遇和凄凉的心情。裁，消除。

【赏析】

《北风行》，乐府"时景曲"调名，内容多写北风雨雪、行人不归的伤感之情。南朝梁鲍照有《北风行》，咏北风雨雪，行人不归。李白此篇似拟鲍作。此诗作于唐玄宗天宝十一载（752）秋天（一说冬天），当时李白游幽州（今北京、天津与辽宁朝阳一带）。

这首诗表面看来是思妇诗，其实是一首政治抒情诗。全诗通过描写一位阵亡战士的妻子怀念丈夫的悲痛心情，为我们塑造了一个在悠长痛苦中挣扎的孤孀的典型形象，从而深刻地揭露了统治者的罪恶，反映了安史之乱前夕唐代社会的生活真实。全诗辞情悲愤，凄切动人。

全诗共二十句，可分为两节。"烛龙栖寒门"以下六句为第一节，写幽州燕地苦寒。李白是浪漫主义诗人，常常借助于神话传说。"烛龙栖寒门，光耀犹旦开"，开头两句用一个惊人的神话起兴，振起全篇。"烛龙"，《淮南子·地形训》："烛龙在雁门北，蔽于委羽之山，不见日，其神人面龙身而无足。"作者进一步描写足以显示北方冬季特征的景象："日月照之何不及此，唯有北风号怒天上来。燕山雪花大如席，片片吹落轩辕台。"这几句意境十分壮阔，气象极其雄浑。"日月照之"既承接了开头两句，又同"惟有北风"互相衬托，强调了气候的寒冷。"号怒"写风声，"天上来"写风势，此句极尽北风凛冽之形容。对雪的描写更是大气包举，想象飞腾，精彩绝妙，不愧是千古传诵的名句。诗歌的艺术形象是诗人主观感情和客观事物的统一，李白有着丰富的想象，热烈的情感，自由豪放的个性，所以寻常的事物到了他的笔下往往会出人意表，超越常情。这正是他诗歌浪漫主义的一个特征。以席来拟雪花，想象飞腾，精彩绝妙，生动形象地写出了雪花大、密的特点，极写边疆的寒冷。点出"燕山"和"轩辕台"，就由开头泛指广大北方地区具体到幽燕，引出下面的"幽州思妇"。

"幽州思妇十二月"以下十四句为第二节，写思妇的悲苦。大意是说，十二月的幽州思妇，不再唱歌不再言笑，双眉紧蹙。倚着大门而望，思念丈夫在长城那苦寒的地方作战，实在可哀。夫妇分别时他手提宝剑救边而去，丢下了虎文金鞞靫。中间有一双白羽箭，上面蜘蛛结网落满了灰尘。现在旧物还在，人已战死回不来了。我再也不忍心看到此物，已经把它烧成灰烬。这几句入木三分地刻画了思妇将种种离愁别恨、忧思悬想化为极端痛苦的绝望心情。"箭空在"作为衬垫引出了"人今战死不复回"的残酷现实。"不忍见此物，焚之已成灰"是通过行动细节的描写，表现女主人公内心异常激烈的情绪。

诗的最后两句"黄河捧土尚可塞，北风雨雪恨难裁"，继续抒写女主人公内心的悲愤心情。"黄河捧土"一语，鲜明地反衬出思妇愁恨的深广和她悲愤不已的强烈感情。结尾两句不仅照应了题目，使首尾呼应，更重要的是情和景和谐地交融在一起。

这首诗成功地运用了夸张的手法，对周围景物和人物心理的夸张描写，深化了诗的主题。尽管"燕山雪花大如席""黄河捧土尚可塞"这些夸张了的诗句，并不符合生活的逻辑，但由于它将事物的本质特征突出了，将人的感情集中化、典型化了，因而收到了比写实强烈得多的艺术效果。

全诗信笔挥洒，时有妙语惊人；自然流畅，不露斧凿痕迹。它抓住焚毁白羽箭的行为来刻划思妇睹物思人的矛盾心理状态，捧土塞黄河的比喻突出了思妇"恨难裁"的愤怒心情，有较强的艺术感染力。其他如"燕山雪花大如席，片片吹落轩辕台"等，也历来被人们称为诗歌中夸张的典范、比喻的佳句。明胡应麟《诗薮》："出鬼入神，惝恍莫测。"现代作家鲁迅《漫谈"漫画"》："'燕山雪花大如席'，是夸张，但燕山究竟有雪花，就含着一点诚实在里面，使我们立刻知道燕山原来有这么冷。如果说'广州雪花大如席'，那就变成笑话了。"（东民）

【原文】

关山月

明月出天山⁽¹⁾，苍茫云海间。长风几万里，吹度玉门关⁽²⁾。汉下白登道⁽³⁾，胡窥青海湾⁽⁴⁾。由来征战地⁽⁵⁾，不见有人还。戍客望边色⁽⁶⁾，思归多苦颜。高楼当此夜⁽⁷⁾，叹息未应闲⁽⁸⁾。

【毛泽东圈评等情况】

毛泽东在一本中华书局印行的清蘅塘退士编《唐诗三百首》"五言古诗"类中这首《关山月》诗题头上方画了一个大圈。

[参考] 中央档案馆整理：《毛泽东评点诗词曲精选（上册）》，

中国档案出版社 1998 年版，第 19 页。

【注释】

（1）天山，即祁连山，在今甘肃、新疆之间，连绵数千里。因汉时匈奴称"天"为"祁连"，所以祁连山也叫作天山。

（2）玉门关，故址在今甘肃敦煌西北，是汉唐时期通西域的要道。

（3）汉，汉朝。下，指出兵。白登，山名，在今山西大同东。《史记·高祖本纪》载公元前 200 年冬，汉高祖被匈奴围困平城东白登山七日之久。《汉书·匈奴传》："（匈奴）围高帝于白登七日。"颜师古注："白登山在平城东南，去平城十余里。"

（4）胡，秦汉以来的统治者，称北方的少数民族为"胡"，这里指吐蕃。青海湾，即今青海青海湖，湖因青色而得名。窥，窥探，侵扰。

（5）由来，自始以来，历来。《易·坤》："臣弑其君，子弑其父，非一朝一夕之故，其由来者渐矣。"

（6）戍客，征人，指驻守边疆的战士。边色，指边塞气候、植物等变化的景象，一作"边邑"。

（7）高楼，古代多以高楼指闺阁，这里指戍客妻室所居之处。三国魏曹植《七哀诗》："明月照高楼，流光正徘徊。思妇高楼上，悲叹有余哀。"此二句当本此。

（8）应闲，一作"应还"。

【赏析】

《关山月》是乐府旧题，属横吹曲辞。《乐府古题要解》说："《关山月》，伤别离也。"李白的这首诗在内容上继承古乐府，又有很大的提高。它用乐府古题写戍客、思妇的相互热切思念，反映了久戍边疆的战士思念家乡的痛苦。

全诗共十二句，可分为三节。"明月出天山，苍茫云海间。长风几万里，吹度玉门关"为第一节。其中的"天山"，指今甘肃西北部的祁连山，匈奴人称天为"祁连"。"云海"，云气苍茫像海。开头先从阔远处着墨，大笔挥洒，描绘了河西边地苍茫辽阔、雄浑壮伟的景色，展现出一种苍茫迷远的意境，这是一幅包含着关、山、月在内的辽阔的边塞图景。月亮从天山背后升起，在苍茫的云海间徘徊；过了一阵，月亮越过了玉门关，仿佛几万里的长风将它吹度过来似的。这四句是写士卒们身在西北边疆、月光下伫立遥望故乡时所见所感。这几句意境雄浑，想象动人，"长风""吹度"几字引人入胜。"长风几万里，吹度玉门关"两句是夸张手法。从表现上看似乎只是写自然景象，实则戍边战士那种怀念乡土的情绪已蕴含其中。

"汉下白登道，胡窥青海湾。由来征战地，不见有人还"四句为第二节，这是在前四句广阔的边塞自然图景上，叠印出征的景象。其中的"白登"，山名，在今山西大同东。此四句是慨叹由古及今征战之苦和征战生少亡多的感叹之情。"汉下"二句写历史上汉族政权对少数民族的征伐侵略和少数民族对内地的骚扰掠夺，以见战争连绵、争斗不息。"由来"二句是写远戍兵士对唐代边塞战争长年不止、造成自己远离家乡、夫妻离散的痛苦的抱怨。这四句在结构上起承上启下的作用，描写的对象由边塞过渡到战争、由战争过渡到征戍者。

"戍客望边色，思归多苦颜。高楼当此夜，叹息未应闲"，末尾四句为第三节，是戍边战士思想感情的继续发展。战士们望着边地的景象，仿佛看到了家乡的妻子脸上愁苦的颜色。设想家中高楼上的妻子，在这苍茫的月夜下，叹息之声是不会停止的。这几句一写戍边战士对此边域景象，盼望回乡而不可得；一写战士们想象中的妻子，在这月色凄清之时，必然也在不停地发出深长的叹息。景中含情，情中见景，情景交融。

全诗采用写景抒怀、情景相生的笔法，层层递进，完整紧凑，意境开阔，气势雄浑。明代胡应麟评论说："浑雄之中，多少闲雅。"如果把闲雅理解为不拘于一时一事，是带有一种更为广阔沉静的思索，那么，他的评语应是恰当的。（东民）

【原文】

山人劝酒

苍苍云松，落落绮皓⁽¹⁾。春风尔来为阿谁⁽²⁾？胡蝶忽然满芳草。秀眉霜雪颜桃花⁽³⁾，骨青髓绿长美好⁽⁴⁾。称是秦时避世人，劝酒相欢不知老。各守麋鹿志⁽⁵⁾，耻随龙虎争⁽⁶⁾。㰅起佐太子⁽⁷⁾，汉皇乃复惊⁽⁸⁾。顾谓戚夫人⁽⁹⁾，彼翁羽翼成⁽¹⁰⁾。归来商山下⁽¹¹⁾，泛若云无情⁽¹²⁾。举觞酹巢由⁽¹³⁾，洗耳何独清！浩歌望嵩岳⁽¹⁴⁾，意气还相倾⁽¹⁵⁾。

【毛泽东圈评等情况】

毛泽东曾圈阅这首《山人劝酒》。毛泽东圈阅较多的中华书局出版的清沈德潜编选《唐诗别裁集》卷六中载有《山人劝酒》。

[参考]张贻玖：《毛泽东评点、圈阅的中国古典诗词》，中国工人出版社1992年版，第228页。

【注释】

（1）落落，豁达，开朗。绮皓，即商山四皓，为秦末汉初隐居的四名高士东园公、甪里先生、绮里季、夏黄公。因四人年皆八十余岁，须发皓白，隐居在商山（又名地肺山、楚岫，在今陕西商县东南），故称"商山四皓"。

（2）阿谁，六朝、唐代口语，犹言谁。《古诗》："不知贻阿谁？"晋陈寿《三国志·蜀志·庞统传》："向者之论，阿谁为失？"

（3）秀眉，老人眉毛中的长毛，是长寿的象征。霜雪，雪白。颜，面颜。颜桃花，面容有青春之色。语出《神仙传》："鲁女生，绝谷八十余年，日少壮，色如桃花。"一作"颜桃李""桃李貌""桃花貌"。

（4）骨青髓绿，即《黄庭内景经》所说的"骨青筋赤髓如霜"，道家谓筋骨强健，精气老炼。一作"青髓绿发"。

（5）麋（mí）鹿，兽名，俗称四不象，生活于山野。古人常以与麋鹿为伴喻栖隐山林。麋鹿志，即归隐之志。麋，一作"冤"。

（6）龙虎争，龙争虎斗，指官场上的权力争夺。语出张华诗："龙虎方交争。"这里指刘邦和项羽之争。

（7）歘（xū 虚或 hū），忽然。太子，指吕后子汉惠帝刘盈。

（8）汉王，指汉高祖刘邦。

（9）戚夫人，汉高祖的爱姬，生赵王如意。曾与高祖议立其子赵王如意为太子，被吕后断肢剜目投入茅厕内，呼为"人彘"。

（10）彼翁，指四皓。羽翼，辅佐力量。羽翼成，即势力已经形成。四皓佐太子刘盈事，见于《史记·留侯世家》：汉高帝欲废太子，另立戚夫人子赵王如意，吕后甚忧，便用留侯张良计，以厚礼迎请商山四皓辅佐太子。四人年皆八十余岁，须眉皓白，衣冠甚伟，一日随太子侍宴去问候高帝。高帝见而怪之，责问他们为什么逃避朝廷征召，而今却又来跟从太子。四人直言回答说，因为高帝轻士，而太子仁教，恭敬待人，天下都乐于为太子效命。四人问过安退去。高帝见太子得高士辅佐，便对戚夫人说："我欲易之，彼四人辅之。羽翼已成，难动矣！"于是取消了更换太子的打算。

（11）商山，在今陕西商洛南。

（12）泛若，好像。泛，渗泛。云无情，浮云飘来飘去无情。

（13）觞酹（shāng lěi），以酒奠祭。酹，一作"酬"。巢由，巢父和许由，二人为唐尧时的隐士，尧欲让位于他们，他们认为受了玷污，便到河边洗耳，是隐居不仕的典故。何独清，何，一作"向"。独，一作"太"。

（14）嵩岳，即中岳嵩山，在今河南登封。许由隐居的箕山是嵩山的一个山峰，故以嵩岳指称许由隐居之地。

（15）还相倾，还，一作"遥"。相倾，指意气相投。

【赏析】

《山人劝酒》，乐府觞酹七曲，其一为此诗。宋郭茂倩编《乐府诗集》编这首诗入《琴曲歌辞》中。"山人"，即隐士。这是一首咏史诗，写的是"商山四皓"的故事。"四皓"指西汉初年隐居在商山的四位隐士，名叫东园公、甪里先生、绮里季、夏黄公，四人须眉皆白，故称四皓，高祖召，不应。后高祖欲废太子立戚夫人子赵王如意。吕后用张良计，迎四皓，使辅太子。一日侍太子见高祖。高祖问，俱以实对。"四人为寿已毕，趋去，上目送之。召戚夫人，指示四人曰：'我欲易之，彼四人辅之，羽翼已成，难动矣。'"遂不易太子。事见《史记·留侯世家》、《汉书·张良传》。诗人要把这样一个历史故事变成一首美妙的诗作也是颇具匠心的。

此诗通过对商山四皓稳固刘盈太子地位这一史实的概括，高度赞赏商山四皓不受屈辱、甘为隐沦的气节，一旦出山，扭转乾坤，功成身退，不为名利所牵的气度。诗人以此来表达自己的志向。

全诗可分为三节。开头至"耻随龙虎争"为第一节，写商山四皓的仪表风度及节操。诗人先从环境写起，点出事件主角——商山四皓。"绮皓"即商山四皓，他们隐居的商山，云雾茫茫，松柏苍苍，春风阵阵，繁花似锦，蝴蝶翻飞。在这仙境一般的地方，生活着四位遗世独立的老人。环境的描绘，突出了四皓孤独而不遇合的性格。接下来"秀眉霜雪"四句，刻画四皓形象，并正面揭出山人劝酒题意。"秀眉"，老人眉毛中的长毛，是长寿的象征。《诗经·小雅·南山有台》："乐彼君子，遐不眉寿。"毛传："眉寿，秀眉也。"这是说四位隐士眉须皆白，颜若桃花，仙风道骨，身轻体健，终日饮酒取乐，不知老之将至。"秦时避世人"，点出其隐士身份，这是外貌刻画，"各守麋鹿志，耻随龙虎争"二句则是心理描述。"麋鹿"，兽名，俗谓四不象。此二句是说，四皓恪守与麋鹿为友的志向，甘心做隐士，而以龙争虎斗的权力之争为耻。

但诗人笔法一转，"欻起佐太子"四句为第二节，写商山四皓力回高祖心意、稳固刘盈太子地位的成就。说他们一反常态，做了一件辅佐太子免遭废弃的大事，这不是和他们的隐士身份相违背吗？难道他们是些假隐士吗？这不能不使读者产生疑问。

末六句为第三节，用形象赞颂商山四皓归来的豪壮气概。诗人作了回答，"归来商山下，泛若云无情"。这是说四位隐士成就了惊天动地的大事之后，随即又回到了他们的隐居之地商山，像飘浮而去的白云一样无情。《唐宋诗醇》曰："白诗却只有五字曰'泛若云无情'，尤为深妙。"接着"举觞酹巢由，洗耳何独清！""巢由"，巢父和许由。二人为唐尧时的隐士，尧欲让位于他们。他们认为受了玷污，便到河边洗耳，是隐居不仕的典故。二句援引巢父、许由两位隐居不仕的高士作陪，说你们洗耳是多么清白，简直是天下独一无二。"浩歌望嵩岳，意气还相倾"，"嵩岳"，即中岳嵩山，在今河南登封。许由隐居的箕山是嵩山的一座山峰，故以嵩岳指称许由隐居之地。此二句说，我们望着许由隐居的嵩山高歌，意志和气概是很相投的，又归结到要做真正的隐士。这大概就是此诗所流露的诗人的真实思想。

关于这首诗的写作动机，论者认为是唐玄宗欲废太子瑛，当时隐士卢鸿等虽时召至朝，高谈阔论，却不能如四皓辅佐太子，李白有感而作，不无道理。《唐宋诗醇》说："泛咏四皓便是无情之文。故注家以为感时刺卢鸿辈，不为无见。"清王琦："此诗大意美四皓，当暴秦之际，能避世隐居，及汉有天下，虽一出而辅佐太子，乃功成身退，曾不系情爵位，真可以希风巢、许者矣。箕山、颍水是二子洗耳盘桓之地，俱在嵩山，故望之而慨焉生慕，巢、由如在，意气可以相倾，此正尚友古人之意。初无讥评独清之说，明皇一证，其见左矣。"（《李太白文集注》卷之四）

（毕桂发）

【原文】

长干行二首
其一　妾发初覆额

妾发初覆额，折花门前剧[(1)]。郎骑竹马来，绕床弄青梅[(2)]。同居长干里，两小无嫌猜。十四为君妇，羞颜未尝开。低头向暗壁，千唤不一回。十五始展眉，愿同尘与灰[(3)]。常存抱柱信[(4)]，岂上望夫台[(5)]？十六君远行，瞿塘滟滪堆[(6)]。五月不可触[(7)]，猿声天上哀。门前送行迹[(8)]，一一生绿苔。苔深不能扫，落叶秋风早。八月胡蝶黄，双飞西园草。感此伤妾心，坐愁红颜老。早晚下三巴[(9)]，预将书报家。相迎不道远，直至长风沙[(10)]。

【毛泽东圈评等情况】

毛泽东在一本中华书局印行的清蘅塘退士编《唐诗三百首》七言古诗

类中这首《长干行 妾发初覆额》诗题头上方画了一个大圈。

[参考] 中央档案馆整理：《毛泽东评点诗词曲精选（上册）》，
中国档案出版社 1998 年版，第 20—21 页。

【注释】

（1）妾发初覆额，是说童年时。妾，古代妇女的自称。古代小孩不束发，头发刚刚盖住前额。剧，游戏，嬉闹。晋左思《娇女》诗："玩弄眉频间，剧兼机杼役。"

（2）骑竹马、弄青梅和前面的折花，都是叙述幼小时儿女游戏的情事。

（3）尘与灰，比喻和合不分。此指思妇对丈夫表白，愿共生死。

（4）抱柱信，故事见《庄子·杂篇·盗跖》："尾生与女子期于梁下，女子不来，水至不去，抱梁柱而死。"后人用抱柱为守信约之词。

（5）望夫台，相传其台在今四川忠县。相传古代有人久出不归，其妻登台眺望，因而有望夫台、望夫石、望夫山等名。北魏郦道元《水经注·江水》有关于望夫山的记载。

（6）瞿塘，峡名，在今重庆奉节东，是长江三峡之一。滟滪（yàn yù）堆，瞿塘峡口一块巨大的礁石。猿声，古乐府《西曲歌·女儿子》："巴东三峡猿鸣悲，猿鸣三声泪沾衣。"三峡多猿，鸣声哀切，引起旅客愁思。

（7）触，碰撞。晋代民谣有"滟滪大如襆，瞿塘不可触"之句。

（8）送行迹，一作"迟行迹""旧行迹"。李白《自代内赠》诗："别来门前草，秋巷春转黄。扫尽更还生，萋萋满行迹。"与此处意思相近。

（9）三巴，古代巴东、巴郡、巴西的总称，指今四川东部一带。不道远，不言路远。

（10）长风沙，地名，又名石牌湾，在今安徽安庆东长江边上，水势险急。宋陆游《入蜀记》："自金陵至长风沙七百里。"

【赏析】

"长干"，古金陵里巷名，故址在今江苏南京南。乐府古题有《长干曲》，属《杂曲歌》，与《西洲曲》相近，其内容多描写商妇的离愁别绪。

李白受其影响，有《长干行》二首，这是第一首，表达了普通人的真挚纯洁的爱情，交织着深切的思念和甜美的回忆，细腻地写出了居住生长在长干里的一个年轻女子思念在外经商的丈夫的内心独白，并通过她的口吻描写了女主人公成长的不同生活阶段及其思想感情的变化。

全诗共三十句，可分为两节。"妾发初覆额"等前十四句为第一节，写夫妇二人结婚前后的相亲相爱。诗采用顺叙手法，从女子儿时写起。"妾发初覆额"六句，写女子回忆童年时与丈夫一起嬉戏玩耍，彼此青梅竹马，两小无猜，表现了一种童稚的天真烂漫情趣。"剧"，嬉戏。"竹马"，儿童骑竹竿为马。"青梅"，青色的梅子。诗人抓住青梅、竹马这两种典型事物，摹写女子幼时和丈夫天真无邪地在一起玩耍，这是二人相识的开始。

"十四为君妇"以下四句，写初婚时情景。这对儿时就一起嬉戏玩耍的青年男女，有情人结成了眷属，尽管很熟，作为新娘仍很羞怯，低着头面对墙壁，千呼万唤还不敢回头看，其新妇羞怯娇憨之态跃然纸上，笔触细腻。

"十五始展眉"以下四句，抒写婚后夫妇间发展起来的炽热爱恋，既写出女子对爱情的忠贞不二，也表现自己信任丈夫忠诚，根本没有想到会有离别的悲痛。"愿同尘与灰"，是说愿永远在一起，直到变作灰尘，即至死不渝之意。接着用了两个典故。"抱柱信"，故事见《杂篇·盗跖》，大意是说一个名叫尾生的人，与一个女子约会在桥下，尾生先到，女子还没有来，忽然涨水，尾生不愿离开，以免失信于女子，抱着桥柱，结果被水淹死。后人因称守信约为抱柱信。"望夫台"，在忠州（今重庆忠县）南数十里。相传古代有人外出不归，他的妻子在此台上眺望，故称望夫台。这两个典故是说，小夫妻但愿同生共死，常怀着尾生抱柱的信念，哪里想到有上望夫台的一天呢！

"十六始远行"以下十六句为第二节，写丈夫远行后的思念。"十六君远行"以下四句，写丈夫西去巴蜀经商，江行道险，表现了女子对丈夫安危的深切关怀。"瞿塘"，峡名，在今重庆奉节东西，是长江三峡之一。"滟滪堆"，在瞿塘峡口，是一块巨大的礁石。《唐国史补》："峡路峻急……四月、五月尤为险时，故曰'滟滪大如马，瞿塘不可下。滟滪大如斗，瞿塘不可留。滟滪大如襆（一种简便的帽子），瞿塘不可触。'"北魏郦道元《水经注·江水》："渔者歌曰：'巴东三峡巫峡长，猿鸣三声泪沾裳。'"诗中这四句话引用两首民谣，描写女子对于丈夫旅途安危、生活寂寞的忧虑和关切。

"门前送行迹"以下八句，写丈夫久出不归，门前旧时的行迹，都被青苔覆盖，况且时届八月，落叶纷飞，西园成双成对的黄色蝴蝶款款飞舞，触景生情，使自己青春的容颜也变得衰老了。这是女子深感忧伤所致。

最后四句，写寄语在远方的丈夫，何时从四川东部回家，都要报个消息，不嫌路途遥远，愿意到七百里外的长风沙去迎接，表现女子殷切盼望丈夫早日归来。"三巴"，巴东、巴郡、巴西的总称，都在今四川东部。"长风沙"，地名，在今安徽安庆长江边上。

这首诗写商人妻子的爱情和婚姻生活，从体裁上是个开拓，待唐白居易《琵琶行》一出，此类生活更成为热门题材，反映了唐代商业经济的发展，适应了市民的需要。从写法上，也突破了乐府旧题男女互答的形式，采用女子自叙口吻，有比较完整的情节，形象鲜明地塑造了女主人公的形象，在艺术上也是一种突破。（毕桂发）

【原文】

长干行二首
其二　忆妾深闺里

忆妾深闺里，烟尘不曾识(1)。嫁与长干人(2)，沙头候风色(3)。五月南风兴，思君下巴陵(4)。八月西风起，想君发杨子(5)。去来悲如何？见少别离多。湘潭几日到(6)？妾梦越风波。昨夜狂风度，吹折江头树。淼淼暗无边，行人在何处？好乘浮云骢(7)，佳期兰渚东(8)。鸳鸯绿蒲上(9)，翡翠锦屏中(10)。自怜十五余，颜色桃花红。那作商人妇(11)，愁水复愁风。

【毛泽东圈评等情况】

毛泽东在一本中华书局印行的清蘅塘退士编《唐诗三百首》七言古诗类中这首《长干行　忆妾深闺里》诗题头上方画了一个大圈。

[参考]中央档案馆整理：《毛泽东评点诗词曲精选（上册）》，
中国档案出版社1998年版，第20—21页。

【注释】

（1）烟尘，犹风尘，借指旅途辛劳。

（2）长干，应指长干巷中的小长干巷，古为商贾集居之地，巷西通长江。

（3）沙头，当指距小长干巷不远的长江渡口。旧说指湖北沙市。风色，风力。

（4）巴陵，地名，今湖南岳阳。后晋刘煦等《旧唐书·地理志》："江南西道岳州领巴陵、华容、沅江、汨罗、湘阴五县。"

（5）杨子，应作"扬子"，今江苏仪征、扬州一带的长江，古称扬子江。八月西风起，船从扬子江出发西向，顶风逆水而行。杨子，县名，地在今湖北襄阳一带。

（6）湘潭，今湖南湘潭。

（7）浮云骢，马名。相传汉文帝自代还，有良马九匹，一名浮云（见《西京杂记》卷二）。骢，青白色的马。

（8）佳期，男女约会。兰渚，长满兰草的沙洲。

（9）"鸳鸯"句，指鸳鸯被。鸳鸯，鸟名，雌雄偶居不离，后多比喻夫妇。蒲，水生植物名，一作"浦"。

（10）翡翠，指绣着翡翠鸟的屏风。东汉许慎《说文》："翡，赤羽雀也；翠，赤羽雀也。出生郁林。"此上四句，一作"此客至王公，朱衣满汀中。日暮来投宿，数朝不肯东"。

（11）那，"奈何"的合音，怎样。

【赏析】

《唐诗纪事》认为这首诗是张潮作，并从"昨夜狂风度"以下，断为二首。宋人黄山谷则认为是李益作，但又说"辞意亦清丽可喜，乱之太白诗中亦不甚远"。也就是说，从诗的风格来看，和李白的诗风是一致的，故历来李集都予收录。其实从内容来看，这首诗可视为第一首的续篇，因为两首都是以商人妻子自叙的口吻，述说其爱情婚姻生活，但第一首侧重写其相爱与相思，这首则主要写其离愁与哀怨，合而观之，方为全璧。

全诗共二十四句，分前、后两节。前十二句为第一节，写商人妻子"见少别离多"的婚后生活。"忆妾深闺里，烟尘不曾识。嫁与长干人，沙头候风色。"商人妻子以追忆口吻说，我做姑娘时，连什么是旅途辛劳都不懂得。自从嫁到长干（在今江苏南京南）作了商人的妻子，就经常跑到江边沙堤岸头去观察天气的好坏。"沙头"旧解为湖北之"沙市"，失当，因为南京至沙市有数百里之遥，商妇不可能也不需要跑那么远去看天气。开头四句既写出商妇对丈夫的思念，已隐含"见少别离多"之意，并以"候风色"逗起下文。五月南风劲吹，你却要到湖南的巴陵；八月西风猛烈，你却从湖北襄阳郡的杨子县出发。意思是风高浪险的时刻，丈夫来来去去分外艰辛。长年累月如此，我们这对少年夫妻也只能"见少别离多"了。"见少别离多"，一针见血指出商妇的可悲之处，言简意明，发人深醒。既然"见少别离多"，就难免昼思夜想，梦绕魂牵，丈夫这次到湘潭（今湖南湘潭）经商，梦中超越风浪去和他相遇，可见别思之苦何等强烈！

"昨夜狂风度"以下十二句为第二节，写商妇对丈夫的担心和期望。好梦难成，也许商妇乘风破浪到了湘潭正和丈夫欢会，不料风云突变，昨天夜里狂风大作，把江边的大树都折断了，长江浩浩，宽阔无边。天气这样恶劣，当然她对丈夫的安危倍加关心。"行人在何处？"是此时商妇急欲知道的。如果知道丈夫在什么地方，我就要乘上良马"浮云骢"，到长满兰草的沙洲去和丈夫欢会；在绣着翡翠鸟的锦绣屏风之中，像一对鸳鸯浮在绿水上。这是由对丈夫关切而期盼和丈夫欢会，以过少年夫妻应过的正常生活。这当然只是空想。所以诗人最后感慨地写道："自怜十五余，颜色桃花红。那作商人妇，愁水复愁风。"是说可怜我这妙龄女郎，颜若桃花，哪里想到做了商人妻子，整天又是愁雨又是愁风，担心害怕没个完。诗以商妇的无限感慨作结，意味深长。末句"愁水复愁风"，连用两"愁"字，写尽商妇之愁；"愁水""愁风"，正切合商妇丈夫行船经商的身份，形象鲜明，又准确地概括了商妇之愁，是对全篇的最好总结。（毕桂发）

【原文】

远别离

远别离，古有皇英之二女[1]，乃在洞庭之南、潇湘之浦[2]。海水直下万里深，谁人不言此离苦[3]？日惨惨兮去冥冥[4]，猩猩啼烟兮鬼啸雨，我纵言之将何补？皇穹窃恐不照余之忠诚[5]，雷凭凭兮欲吼怒[6]。尧舜当之亦禅禹。君失臣兮龙为鱼，权归臣兮鼠变虎。或云尧幽囚[7]，舜野死[8]。九疑联绵皆相似，重瞳孤坟竟何是[9]？帝子泣兮绿云间[10]，随风波兮去无还。恸哭兮远望，见苍梧之深山。苍梧山崩湘水绝，竹上之泪乃可灭。

【毛泽东圈评等情况】

毛泽东读古籍出版社 1957 年第一版卢弼撰《三国志集解》卷二《魏书·文帝纪》："督军御史中丞司马懿、侍御史郑浑、羊秘、鲍勋、武周等言：'……夫大人者，先天而天弗违，后天而奉天时，天时已至而犹谦让者，舜、禹所不为也。故生民蒙救济之惠，群类受育长之施。今八方颙颙，大小注望，皇天乃眷，神人同谋，十分而九以委质，义过周文，所谓过恭也。'"批注道："尧幽囚，舜野死。"

[参考] 毛泽东读《三国志集解》卷二《魏书·文帝纪》批语，《毛泽东读文史古籍批语集》，中央文献出版社 1993 年版，第 140 页。

【注释】

（1）皇英，尧的两个女儿娥皇、女英的并称。相传为帝尧二女，帝舜之二妃。《列女传·有虞二妃》："有虞二妃者，帝尧之二女也，长娥皇，次女英。"

（2）"乃在"二句，娥皇、女英神游于洞庭湘江之间。洞庭，即洞庭湖，在今湖南北部。潇湘，湘水在湖南零陵西合潇水称潇湘。北魏郦道元《水经注·湘水》："大舜之陟方也，二妃从征，溺于湘江，神游洞庭之渊，出入潇湘之浦。"浦，水滨。

（3）"谁人不言此离苦"，《河岳英灵集》作"人言不深此离苦"。

（4）惨惨，昏暗之状。南朝梁萧统《文选·王粲〈登楼赋〉》："风萧瑟而并兴兮，天惨惨而无色。"李善注："《通俗文》曰'暗色曰黪。'惨与黪古字通。"冥冥，弥漫之状。《楚辞·九歌·山鬼》："雷填填兮雨冥冥，猿啾啾兮狖夜鸣。"

（5）皇穹（qióng），皇天。汉扬雄《剧秦美新》："登假皇穹，铺衍下土，非新家其畴离之？"这里比喻皇帝。

（6）凭凭，雷声。

（7）尧幽囚，据《史记·五帝本纪》张守节"正义"引《括地志》引《竹书纪年》云："昔尧德衰，为舜所囚也。"

（8）舜野死，《国语·鲁语》："舜勤民事而野死。"韦昭注："野死，谓征有苗，死于苍梧之野也。"

（9）九疑，亦作"九嶷"，山名，即苍梧山。有九个山峰，形势相连而相似，故名九疑山。在今湖南宁远南，舜死后葬于此处。重瞳，指舜。《史记·项羽本纪》："舜目盖重瞳子。"指舜的眼珠有两个瞳孔。

（10）帝子，指娥皇、女英。屈原《楚辞·九歌·湘夫人》："帝子降兮北渚，目眇眇兮愁予。"王逸注："帝子，谓尧女也。"绿云，绿色的云彩，多形容缭绕仙人之瑞云。南朝宋鲍照《代陈思王京洛篇》："扬芬紫烟上，垂彩绿云中。"南朝齐祖冲之撰《述异记》载舜南巡，死于苍梧之野。娥皇、女英追舜不及而恸哭，泪洒竹上，竹上遂成斑纹，后来变成洞庭湖盛产的有斑痕的湘妃竹。

【赏析】

《远别离》，乐府《杂曲歌辞》。本篇见于唐殷璠编选《河岳英灵集》，应是唐玄宗天宝十二年（753）以前所作。天宝后期，唐玄宗贪图享乐，荒废政事，两次向宦官高力士表示，要把国家大事交给李林甫、杨国忠，边防委任安禄山、哥舒翰。事实上大权也逐渐落入这批人手中。李白深以国家安危为忧，但又没有进谏的机会。于是，在本篇中，他通过娥皇、女英及尧幽囚、舜野死的传说，以迷离惝恍的文笔，表现了诗人对当时权奸得势、政治混乱的忧虑。

本篇借舜及其二妃娥皇、女英事以见意，可分为三节。从开头至"雷凭凭兮欲吼怒"为第一节，叙娥皇、女英追舜不及之苦。这是一个古老的传说：帝尧曾经把自己的两个女儿娥皇、女英嫁给舜。舜南巡，死于苍梧之野。二妃追之不及溺于湘水而死，神游于洞庭之浦。太阳惨淡无光，云天晦暗，猩猩在烟雨中啼叫，鬼魅在呼唤风唤雨。这种生离死别之苦，是何等悲惨啊！故诗人说："谁人不言此离苦？""我纵言之将何补？"为什么呢？我觉得皇天恐怕不能照察我的忠诚，你听，雷声殷殷，好像正在对我发怒。

从"尧舜当之亦禅禹"至"舜野死"为第二节，追叙造成别离原因：奸邪当道，国运堪忧。如果君主失去权力，就不能不受臣的控制。尧舜失去权力也不得不"禅让"。"尧舜"句有省略，补足后应为"尧当之亦禅舜，舜当之亦禅禹"。所以接着说，如果君主用臣失当，大权旁落，就会像龙化成可怜的鱼类，而把权力窃取到手的野心家，则会像老鼠一样变成吃人的猛虎。此是用典，汉刘向《说苑·正谏》："吴王欲从民饮酒，伍子胥谏曰：不可，昔白龙下清泠之渊，化为鱼，渔者豫且射中其目。"又汉东方朔《答客难》："用之则为虎，不用则为鼠。"此处作者借来作喻，是说如果君主失去权力，就有遇害的危险。下面就用"尧幽囚，舜野死"作证。尧、舜为我国上古三皇，相传他们实行"禅让"。但我国古代典籍中也有一种说法，尧被舜囚禁，并隔绝尧子丹朱，使父子不能见面。舜征伐南方有苗国，不明不白地死于苍梧之野，都与失权有关。这样运用史料，表现了李白大胆怀疑的反叛精神。

从"九疑联绵皆相似"至篇末为第三节，娥皇、女英在舜死以后，悲痛之深如海。传说舜死在九疑山，但九座山峰连绵相似，究竟何处是舜的葬身之地呢？称舜墓为"孤坟"，并且叹息死后连坟都不能为人确切知道，不是死得暧昧，何至如此呢？挥泪成斑的两位帝女驾着彩色的祥云，随风飘荡在洞庭潇湘之间，而无去处，只能遥望苍梧深山，只有到苍梧山崩倒、湘水涸绝，竹上之泪才可泯灭。然而山崩水绝是不可能的，那么，二妃的悲痛将永无止期。诗写得迷离惝恍，但又不乏点醒题意之笔。诗所写是二妃的别离，但却说："我纵言之将何补？皇穹窃恐不照余之忠诚，雷凭凭兮欲吼怒。"这些话与《梁甫吟》中"我欲攀龙见明主，雷公砰訇震天鼓。……白日不照吾精诚，杞国无事忧天倾。"如出一辙，毫无二致。至于"君失臣兮龙为鱼，权归臣兮鼠变虎"式的议论，更是针对现实政治的有感而发，弦外之音十分明显。元代萧士赟认为，玄宗晚年贪图享乐，荒废朝政，政事交给权臣，边事委托蕃将，"太白熟观时事，欲言则惧祸及己，不得已而形之诗，聊以致其爱君忧国之志。所谓皇英之事，特借指耳"。李白之所以要危言尧舜之事，大概是要强调君主如果失去权柄，即使明君也难保社稷妻子。在随后安史之乱中发生的马嵬事变，玄宗和杨贵妃便上演了一出"远别离"的悲剧，可谓不幸正被李白言中。

毛泽东读《三国志集解》卷二《魏书·文帝纪》写到司马懿等人要曹丕接受汉献帝"禅让"说，"天时已至，而犹谦让者，舜、禹所不为也"。批注道："尧幽囚，舜野死。"就是出自《远别离》："或云尧幽囚，舜野死。"毛泽东是赞成李白的看法的，即认为即使像尧、舜这样的圣杰，也是在失权的情况下被迫"禅让"的，被历代史学家极力美化的古代"禅让"制度，不过是一种假说。而曹丕在汉朝天下"十分而九"的情况下，接受汉献帝刘协的"禅让"，实在是等于篡夺。（毕桂发）

【原文】

古朗月行

小时不识月，呼作白玉盘(1)。又疑瑶台境(2)，飞在青云端。仙人垂两足，桂树何团团(3)？白兔捣药成，问言与谁餐(4)？蟾蜍蚀圆影(5)，大明夜已残。羿昔落九乌(6)，天人清且安。阴精此沦惑(7)，去去不足观。忧来其如何？凄怆摧心肝(8)。

【毛泽东圈评等情况】

毛泽东曾圈阅这首《古朗月行》。毛泽东圈阅较多的清沈德潜编选《唐诗别裁集》卷一中五言古诗类载有这首《古朗月行》。

[参考] 张贻玖：《毛泽东评点、圈阅的中国古典诗词》，中国工人出版社 1992 年版，第 227 页。

【注释】

（1）呼作，称为。白玉盘，白玉做的盘子。

（2）疑，怀疑。瑶台，传说中神仙居住的地方。《穆天子传》卷三："天子宾于西王母，天子觞西王母于瑶池之上。西王母为天子谣曰：'白云在天，山陵自出。道里悠远，山川间之。将子无死，尚能复来。'天子答之曰：'予归东土，和治诸夏。万民平均，吾顾见汝。比及三年，将复而野。'"《武帝内传》称王母为"玄都阿母"。

（3）仙人，传说驾月的车夫，叫望舒，又名纤阿。这两句是形容月亮初升时逐渐明朗的情况。《初学记》卷一虞喜《安天论》说俗传月中有仙人和桂树，初生但见仙人的脚，渐明始见仙人和桂树之影成丛的形状。团团，圆的样子。青云，一作"白云"。何团团，"何"一作"作"，"团团"，一作"团圆"。白兔捣药，古代传说，见《太平御览》卷四傅玄《拟天问》："月中何有，白兔捣药。"

（4）"白兔"二句：白兔老是忙着捣药，究竟是给谁吃呢？言外有批评长生不老药之意。问言，问。言，语助词，无实意。与谁，一作"谁与"。

（5）蟾蜍，见《淮南子·说林训》："月照天下，蚀于詹诸（蟾蜍）。"高诱注："月中虾蟆食月，故曰融于詹诸。"大明，指月亮。南朝梁萧统《文选·木华〈海赋〉》："大明摭辔于金枢之穴。"李善注："大明，月也。"圆影，指月亮。

（6）羿（yì）：后羿，中国古代神话中射落九个太阳的英雄。《淮南子·本经训》记载：尧时十日并出，草木皆枯。尧命羿仰射十日，中其九。下面的"乌"即日。《五经通义》："日中有三足乌。"所以日又叫阳乌。乌，指太阳。相传太阳里有三足乌。屈原《楚辞·天问》："羿者日？乌焉解羽？"又见《淮南子·本经训》《山海经·大荒东经》。天人，天上人间。

（7）阴精，指月亮。《史记·天官书》："月者，天地之阴，金之精也。"阴精也指月。沦惑，沉沦迷惑。又汉丁鸿《日蚀上封事》："月者阴精，盈毁有帝，臣之表也。"

（8）凄怆，伤心之意。

【赏析】

《朗月行》是乐府旧题，属《杂曲歌辞》。南朝宋鲍照有《朗月行》写佳人对月弦歌。李白采用旧题，故称《古朗月行》，但没有因袭旧的内容。这是一首歌行体乐府诗，写诗人对明月的深厚情谊，抒发诗人的感慨。

诗人运用浪漫主义的创作方法，通过丰富的想象，神话传说的巧妙加工，以及强烈的抒情，构成瑰丽神奇而含意深蕴的艺术形象。全诗可分两节。"小时不识月"等前八句为第一节，写诗人儿时对月亮的幼稚认识。先从直感上来写，由于儿时不懂得月亮到底是什么，就以儿童可见的事物"白玉盘""瑶台镜"作比，说把它叫作皎洁的白色玉盘，有时又怀疑它是瑶台仙境的明镜忽然飞到乌云上面，生动地表现出月亮的形状和月亮的皎洁，使人感到新鲜有趣。"呼""疑"两个普通动词，表现了儿童的天真和稚气。"仙人垂两足"以下四句再从有关月亮的传说上写。小时候听大人们说，月亮升起时，人们可以看到仙人向下伸出的两只脚，而后才逐渐看见仙人和桂树，看见一轮圆月，看见白兔在捣药。它天天都在不停地捣药，不知道捣出这许多药来，到底是送给谁吃呢？这动人的神话传说，在诗人幼小的心灵里引出多少美妙的遐想啊！以上八句虽然写的是儿时的情景，但诗人回忆得如此美好，叙述得如此动听，不仅表现了对童年生活的怀念，而且反映了对明月的一往情深。

然而好景不长，接着月亮便由圆而蚀，"蟾蜍蚀圆影"以下八句为第二节，便写月蚀发生后的情形。"蟾蜍"，俗称癞蛤蟆；"大明"，指月亮。传说月蚀就是蟾蜍吞食造成的。月亮被蟾蜍啮食而残损，本来明晃晃的月亮变得昏暗不明了。"羿昔落九乌，天人清且安"，表现了诗人的感慨和希望。古时候，十日高照，人间和天上都处于灾难之中。幸而有后羿那样善射的英雄，射去九个太阳（即九乌），只留下一个，使天上、人间都清平而安康。

而今月亮遭难了，又有谁来拯救呢？"阴精此沦惑，去去不足观。"月亮既然已经沦没而迷惑不清，还有什么可让人观赏的呢！看到这一情景，诗人不禁忧愁满怀，黯然神伤。至此，儿时月亮之圆与此时月亮之缺、诗人此时的忧愁与儿时的欢乐便形成了强烈的反差。

在诗人心目中，前半部分的朗月喻开元盛世，后半部分的夜残喻天宝后期。蟾蜍喻安禄山、杨国忠之类的权奸、宦官、边将，昏蔽其君，紊乱朝政，把国家搞得乌烟瘴气。"大明夜已残"似是讽刺这一昏暗局面。然而诗人却不明说，而是通篇作隐语，化现实为幻景，以蟾蜍蚀月影射现实，说得十分深婉曲折。诗中一个又一个新颖奇妙的想象，展现出诗人起伏不平的感情。清人萧士赟评论这首诗说："按此诗借月以引兴，日君象，后月象，盖安禄山之叛兆于贵妃而作也。"他认为这首诗不是单纯的写景之作，而是借月兴怀，针对唐玄宗宠幸杨贵妃而导致安史之乱而发的。诗人不便明说，采用象征、隐喻的手法，化现实为幻景，写得十分曲折，体现了李白诗歌的雄奇奔放、清新俊逸的浪漫主义特色。（毕桂发）

【原文】

妾薄命

汉帝重阿娇，贮之黄金屋[(1)]。咳唾落九天，随风生珠玉[(2)]。宠极爱还歇，妒深情却疏[(3)]。长门一步地，不肯暂回车[(4)]。雨落不上天，水覆难再收[(5)]。君情与妾意，各自东西流[(6)]。昔日芙蓉花[(7)]，今成断根草。以色事他人[(8)]，能得几时好？

【毛泽东圈评等情况】

毛泽东曾圈阅这首《妾命薄》。他圈阅较多的清沈德潜编选《唐诗别裁集》卷二中五言古诗类载有这首《妾命薄》。

[参考] 张贻玖：《毛泽东评点、圈阅的中国古典诗词》，
中国工人出版社 1992 年版，第 227 页。

【注释】

（1）重，看重。一作"宠"。贮，藏。《汉武故事》载："武帝数岁，长公主（武帝的姑母）抱置膝上，问曰：'儿欲得妇不？'指左右长御百余人，皆云不用。末指其女：'阿娇好不？'于是乃笑对曰：'好！若得阿娇作妇，当作金屋贮之也。'"后世"金屋藏娇"就是从这个故事得来的。

（2）落九天、生珠玉，都是极力夸张此时阿娇的尊贵。语本《庄子·秋水》："子不见乎唾者乎？喷则大者如珠，小者如雾，杂而下之者不可胜数也。"

（3）歇，停止。《汉武故事》载，武帝即位后，长公主求欲很多，没有满足，武帝感到厌烦，对阿娇的宠爱也衰退了。阿娇很妒忌，叫女巫作妖术，武帝知道后废了她。

（4）"长门一步地"二句，形容武帝的感情淡薄。

（5）水覆难再收，语出南朝宋范晔等《后汉书·光武纪》："反水不收。"又《何逊传》："覆水不收。"

（6）各自东西流，指武帝和阿娇像东西分流的水一样。古乐府《白头吟》："沟水东西流。"以东西分流的水比喻夫妇分离，是本篇造语所本。

（7）芙蓉花，又名木芙蓉、拒霜花等。花于枝端叶腋间单生。其花语为纤细之美，贞操，纯洁。

（8）色，颜色，妇女的美好容貌。

【赏析】

《妾薄命》是乐府杂曲歌词，其内容多写妇女的哀怨。李白这首诗依题立义，通过叙述陈皇后阿娇由得宠到失宠之事，揭示了封建社会中妇女以色事人、色衰而爱弛的悲剧命运。

全诗十六句，每四句为一节，依照时间先后顺序来写，条理井然。诗的前四句"汉帝重阿娇，贮之黄金屋。咳唾落九天，随风生珠玉"为第一节，写阿娇受宠，得意非凡。先从"金屋藏娇"的典故写起。据《汉武故事》载："武帝数岁，长公主（武帝的姑母）抱置膝上，问曰：'儿欲得妇不？'指左右长御百余人，皆云不用。末指其女：'阿娇好不？'于是乃笑对曰：'好！若得阿娇，当作金屋贮之也。'长公主大悦，乃苦要上（汉武帝的父亲景帝），遂定婚焉。"后世俗语"金屋藏娇"就是从这个故事来的。刘彻即位后，阿娇做了皇后，果然得宠。这时的阿娇，咳嗽一声唾沫飞溅从天空落下，就随风化成珠玉。"落九天""生珠玉"，极力夸张此时阿娇的尊贵。诗人欲抑先扬，以反衬失宠后的冷落。

"宠极爱还歇，妒深情却疏。长门一步地，不肯暂回车"四句为第二节，写阿娇失宠。《汉武故事》载，阿娇得宠后，长公主求欲很多，没有满足，武帝感到讨厌，对阿娇的宠爱也衰退了。武帝弃阿娇，转而宠幸卫皇后（字子夫）。卫皇后本是平阳公主的歌女。武帝去那儿玩时，看上了她。后被收入宫中得幸。皇帝宠幸卫皇后，阿娇失宠，自己就妒恨起来。为了夺宠，阿娇曾以百金请司马相如作《长门赋》，企图感动武帝，重新得宠。诗人在《白头吟》中所说"但愿君恩顾妾深，岂惜黄金买辞赋"就是指的这件事。阿娇这样做并没有达到预期目的，又请女巫行妖术，被武帝知道了，废陈皇后（阿娇姓陈）。她被幽闭在长门宫内，虽与皇帝相距只有一步之地，但咫尺天涯，武帝也不肯停车眷顾。阿娇的失宠与过去得宠，一贵一贱，一高一低，形成了鲜明的对比，产生了感人的艺术力量。

"雨落不上天，水覆难再收。君情与妾意，各自东西流"四句为第三节，写君恩断绝，势难挽回。"雨落"了不能再回到天上，水洒了不能再收回来，事实中寓有哲理，形象地说明了阿娇挽回武帝宠爱的任何可能都没有了。武帝和阿娇已经不能再和好，像东西分流的水一样。古乐府《白头吟》："沟水东西流。"以东西分流的河水比喻夫妇分离，是本篇造语所本。诗人《白头吟》中"东流不作西归水"，与此意同。细味这个贴切的比喻，自然会想到阿娇的"薄命"。

"昔日芙蓉花，今成断根草。以色事他人，能得几时好？"四句为第四节，写诗人的感慨。"昔日"二句是说，过去面若芙蓉的阿娇是那么楚楚动人，如今却成了断根的衰草，今非昔比，写出了阿娇的"年老色衰颜色故"，因此阿娇也就失去了武帝的宠幸。诗人以此作兴，升华出一条哲理，指出以色事人是不能长久的。色衰爱弛本是男尊女卑的多妻制社会中一种普遍的现象，诗以"以色事他人，能有几时好"作结，反映了夫妻关系没有真诚健康的基础，就不能平等，也不能圆满。其中既有对君王贪花恋色的尖锐讽刺，更是对妇女的提醒。贵为皇后的阿娇也不能幸免，更何况平民女子呢！不用说，诗人的同情是在广大妇女一边。以此作结，精警动人，启人深思，是全诗的"点睛"之笔。

这首诗语言质朴自然，气韵天成，比喻贴切，对比鲜明，得宠与失宠相比，"芙蓉花"与"断根草"相比，比中见义。全诗半是比拟，从比中得出结论："以色事他人，能得几时好？"显得自然而又奇警，自然得水到渠成，瓜熟蒂落，奇警处，让人读之惊心动魄。（毕桂发）

【原文】

玉阶怨

玉阶生白露(1)，夜久侵罗袜(2)。
却下水晶帘(3)，玲珑望秋月(4)。

【毛泽东圈评等情况】

毛泽东曾圈阅这首《玉阶怨》。他圈阅较多的中华书局印行的清沈德潜编选《唐诗别裁集》卷十九中五言绝句类载有这首《玉阶怨》。

[参考] 张贻玖：《毛泽东评点、圈阅的中国古典诗词》，
中国工人出版社 1992 年版，第 227 页。

【注释】

（1）玉阶，玉台砌的台阶。白露，露水。

（2）罗袜，丝织的袜子。

（3）却下，回房放下。却，还。水晶帘，即用水晶石穿制成的帘子。

（4）玲珑，透明貌。玲珑，一作"聆胧"。聆胧，月光也。

【赏析】

这首诗是反映封建社会禁闭在宫中女子的怨诗，"玉阶怨"就是"宫怨"。李白的《玉阶怨》是拟乐府旧题，虽曲名标有"怨"字，但诗作中

却只有背面敷粉，全不见"怨"字，只是渲染孤独枯寂的气氛。在诗中，诗人没有明白直率地把自己的思想讲出来，而是采用含蓄的手法，着力描写一个女子的动作、形象。

"玉阶生白露"，首句看似很平常，但是"玉阶"与"白露"都具有暗示性。夜深人静，台阶上已生满了白露。"玉阶"即玉砌的台阶，暗示了诗中未露面的主人公居处的华美和身份的高贵。"白露"则点明了节令。"夜久侵罗袜"，次句紧接首句，以"罗袜"与"玉阶"隐隐相应，表明了诗中的主人公不但居处华美、身份高贵，而且是个女性。"罗袜"，表现出人的仪态、身份，有人有神。夜凉露重，罗袜知寒，不说人而已见人的幽怨如诉。二字似写实，实用曹植"凌波微步，罗袜生尘"意境。一位独守宫房的不幸女子，面对自己长期被幽禁的命运，从内心深处泛起了难以抑制的烦恼，无言地独立阶砌，以致冰冷的露水浸湿了罗袜，可见立时已久。一个"侵"字非常巧妙，一个细小动作把人物的精神状态就勾勒出来了。

"却下水晶帘，玲珑望秋月"，这后两句写了女子的两个动作"下帘"和"望月"。女子在感到凉意之后回到了空房，她怕黑夜，因而放下珠帘后，又对着玲珑的秋月，陷入了无限的感伤之中。"却下"，看似无意下帘，而其中却有无限幽怨。"却"字在这里直贯下句，意思是"却下水晶帘"，"却去望秋月"，在这两个动作之间，有许多愁思转折往复，字少情多，以虚字传神。以月之玲珑，衬人之幽深，从反处着笔。"下帘""望月"仍不涉及"怨"字，诗人没有写女主人公在叹息流泪，然而"怨"字已深藏其中了。

全诗中对于女主人公内心痛苦的揭示，主要写"怨"，但诗中"无一字言怨，而隐然幽怨之意见于言外"（萧士赟语）。（毕英男　刘盛楠）

【原文】

峨眉山月歌

峨眉山月半轮秋⁽¹⁾，影入平羌江水流⁽²⁾。
夜发清溪向三峡⁽³⁾，思君不见下渝州⁽⁴⁾。

【毛泽东圈评等情况】

1958年3月成都会议期间，毛泽东圈阅的《诗词若干首》（唐宋明朝诗人写的有关四川的一些诗和词）中有这首《峨眉山月歌》。

[参考] 刘开扬注释：《诗词若干首》（唐宋明朝诗人咏四川），

四川人民出版社1979年版，第9—10页。

【注释】

（1）峨眉，即峨眉山。在今四川峨眉西南。半轮秋，半圆的秋月，即上弦月或下弦月。

（2）平羌江，即青衣江，自宝兴经芦山、雅安、洪雅、夹江，到乐山与大渡河合流入岷江。本诗所指在乐山西北、峨眉山东北。

（3）青溪，应在平羌江边。过去说是犍为清溪驿，或说在纳西县西，都不可靠。三峡，指长江在重庆奉节至湖北宜昌之间的瞿塘峡、巫峡、西陵峡。一说指明月峡、巴陵峡、巫峡。

（4）君，指友人。渝州，今重庆一带，为唐朝渝州治所。

【赏析】

这首绝句之所以称歌，是因为绝句也是从乐府中发展来的。峨眉山是蜀中大山，也是蜀地的代称。李白是蜀人，因此峨眉山月也就是故园之月。这首诗大约作于唐玄宗开元十三年（725），第二年李白就出夔门到江陵去了。

这首诗是李白年轻时的作品，借峨眉山月写离乡怀人。点出了远游的时令是在一个秋天的夜晚。月仅"半轮"，使人联想到青山吐月的优美意境。"秋"字因押韵关系倒置句末。秋高气爽，月色特明，以"秋"字形容月色之美，信手拈来，自然入妙。

第二句"影入平羌江水流"，峨眉山月的影子投入平羌江水之中，随着江水的流动而流动。这个"流"字是指江水的流动，也是指月影的流动。只有诗人顺流而下，才会看到"影入江水流"的妙景。所以此句不仅写出了月映清江的美景，同时暗点秋夜行船之事。意境可谓空灵入妙。

次句境中有人，三、四句，诗意递进了一层，地点也改变了。第三句"夜发清溪向三峡"，诗人正连夜从清溪出发进入岷江，向三峡驶去。"仗剑去国，辞亲远游"的诗人，乍离乡土，对故土亲人不免恋恋不舍。江行见月，如见故人。夜里从清溪出发，当然还会有月亮相伴，但那不是"峨眉山月"了。所以第四句说："思君不见下渝州。"正如清代诗论家沈德潜在《唐诗别裁集》中指出："月在清溪山月之间，半轮亦不复见矣，君字即指月。""君"，代词，您，指峨眉山月。思念着峨眉山月，却见不到它，就这样，诗人在对峨眉山月的思念之中沿江而下，驶向渝州，再经渝州到三峡。这两句诗使人感到李白一路之上都在思念着那半轮峨眉山月，沉浸在对山月的美好回忆之中。明王世贞说："此是太白佳境，二十八字中有峨眉山、平羌江、清溪、三峡、渝州，使后人为之，不胜痕迹矣，益见此老炉锤之妙。"（《艺苑卮言》）指出了此诗写法上的一个重要特点：巧用地名。的确，一首七言绝句，四句二十八个字中，竟连用了五个地名，共十二字，这在万首唐人绝句中是仅见的。如果是一般作手，就会写得枯燥无味，像一篇地理说明书。可在李白笔下，却是那样新颖自然而又动人。究其原因，不外二途：一，诗境中无处不渗透着诗人江行体验和思友之情，无处不贯穿着峨眉山月这一具有象征意义的艺术形象，这把广阔的空间和较长的时间统一起来了。二，地名的处理富于变化。"峨眉山月""平羌江水"是地名修饰景物，是虚用；"发清溪""向三峡""下渝州"，则是实用，而在句中位置也有不同。读起来也就觉不着痕迹，妙入化工。（毕英男　刘盛楠）

【原文】

峨眉山月歌送蜀僧晏入中京

我在巴东三峡时⁽¹⁾，西看明月忆峨眉⁽²⁾。月出峨眉照沧海⁽³⁾，与人万里长相随。黄鹤楼前月华白⁽⁴⁾，此中忽见峨眉客⁽⁵⁾。峨眉山月还送君，风吹西到长安陌⁽⁶⁾。长安大道横九天⁽⁷⁾，峨眉山月照秦川⁽⁸⁾。黄金狮子乘高座⁽⁹⁾，白玉麈尾谈重玄⁽¹⁰⁾。我似浮云滞吴越⁽¹¹⁾，君逢圣主游丹阙⁽¹²⁾。一振高名满帝都⁽¹³⁾，归时还弄峨眉月⁽¹⁴⁾。

【毛泽东圈评等情况】

1958年3月成都会议期间，毛泽东圈阅的《诗词若干首》（唐宋明朝诗人写的有关四川的一些诗和词）中有这首《峨眉山月歌送蜀僧晏入中京》。

[参考] 刘开扬注释：《诗词若干首》（唐宋明朝诗人咏四川），

四川人民出版社1979年版，第11—13页。

【注释】

（1）巴东，唐高祖武德二年（619）分夔州秭归、巴东二县置归州，后为巴东郡，包括今湖北秭归等地。后晋刘煦等《旧唐书·地理志》："山南西道归州，天宝元年（742），改为巴东郡。"

（2）西看，三峡在川东，峨眉山在西，故云西看。

（3）月出峨眉，一作"峨眉山月"。沧海，沧通苍，海青色，故称沧海。

（4）黄鹤楼，在今湖北武昌西，传说费祎登仙于此，后忽乘黄鹤来归，故以为楼名（见陆游《入蜀记》）。月华，月光。

（5）峨眉客，指蜀僧晏。

（6）长安陌（mò），长安的市街。陌，街道。

（7）长安大道，唐代长安城内有东西街十四条，南北街十一条，朱雀门大街纵贯南北，约一百四十米宽。九天，天的中央和八方，这里指京城或宫禁。

（8）秦川，古地区名，泛指今陕西、甘肃秦岭以北平原地带，夹渭水南北岸，沃野千里，因春秋、战国时地属秦国而得名。

（9）黄金狮子，据唐释道世《法苑珠林》："龟兹王造金狮子座，以大秦锦褥铺之，令鸠摩罗什升座说法。"凡佛所坐不论床、地都叫狮子座。因狮子是兽中王，能伏一切，佛于外道也能降伏一切，故称人中狮子。乘，升，一作"承"。

（10）白玉麈（zhǔ）尾，白玉作柄的麈尾拂尘。麈，即驼鹿，又叫四不像。重玄，即《道德经》的"玄之又玄，众妙之门"，佛家常借用道家之说来张大自己的教义。

（11）"我似浮云"句，指诗人流放前长期在吴越漂泊。吴越，春秋时的吴国和越国，在今浙江、江苏一带。滞，滞留。

（12）君，称僧晏。圣主，这里指唐肃宗。丹阙，皇帝的阶上用丹漆，称为丹墀，宫阙也称丹阙。

（13）帝京，指唐都城长安。

（14）归时，一作"归来"。

【赏析】

蜀僧名晏。中京指长安。《唐书·肃宗本纪》："至德二载（757）十二月，以蜀郡为南京，凤翔郡为西京，西京为中京。"胡三省曰："以长安在洛阳、凤翔、蜀郡、太原之中，故为中京。"这首诗大约是李白因永王璘事流放夜郎遇赦归至江夏时作，即乾元二年（759），李白时年五十九。

这是一首七言古诗，内容为送别，以峨眉山月为线索，以人生际遇结构全篇。全诗分为四节。开头四句为第一节，歌颂峨眉山月。"我在巴东三峡时，西看明月忆峨眉"，一二句诗人开门见山，回忆自己出蜀，乘船东下，途经巴东三峡，明月下，西望家乡，依依不舍的美好情景又浮现在诗人的脑海里。写此诗时，诗人已经快六十岁了。然而，对峨眉山月的恋情日久弥深，郁结难舒，遇到送蜀僧晏入京的媒介，像开闸的洪水，又奔泻而出："月出峨眉照沧海，与人万里长相随"，三四句情入景中，沧海因峨眉月光而色彩斑斓，月亮如镜，人仿佛置身于万里月光之中，人与月融为一体。至此，热爱峨眉山月，思念故乡，送别友人，三者妙合无垠。

接着四句为第二节，写黄鹤楼送别。诗从逆挽开端而进入正叙："黄鹤楼前月华白，此中忽见峨眉客。峨眉山月还送君，风吹西到长安陌。"又是一个月光如水的月夜，诗人在黄鹤楼前饮酒宴月，忽然间发现从家乡峨眉来的游客僧晏。他乡遇故知，萍水相逢，不期而遇，自然惊异、兴奋不已，如见家乡，如睹故人。在惊异未定之时，又要匆匆告别。峨眉来客，联想起峨眉山月。还是那皎洁的峨眉山月，送我之后，又送你、伴你出川。几十年前，它已经伴我去过长安，今夜又伴你再去长安。三年长安的快慰与酸辛，记忆犹新，仕途荆棘，坎坷不平，诗人对僧晏的担心尽含诗中，揭出送行题旨。

接下四句"长安大道横九天，峨眉山月照秦川。黄金狮子乘高坐，白玉麈尾谈重玄"为第三节，预祝僧晏西行长安的美好际遇。中京长安大道纵横交错，直通遥远的天边，而峨眉山月伴随你，照亮八百里秦川。你将像佛教大师鸠摩罗什一样，高坐在黄金狮子座上，正襟危坐，布经传道，又像东晋名士王夷甫（衍）手拿白玉柄的麈尾拂尘，风神潇洒地讲经说法。前两句描写，后两句用典。前两句写环境，后两句写形神。暗寓蜀僧晏入京，风云际遇，荣耀快意，不可言状，是对蜀僧入京前景的展现，也是一种美好祝愿。

诗的末四句"我似浮云滞吴越，君逢圣主游丹阙。一振高名满帝都，归时还弄峨眉月"为第四节，抒发诗人感慨，预见其未来结局，渗透着诗人功成身退的思想。一滞一逢，一主一从，描绘出两人境遇不同，而结果各异。我作吴越名山之游，你谒丹阙圣主。我预见你名满京都之后，就会重返家乡蜀地，玩赏峨眉山月。言外之意，功成名就，就须身退，热望、关切，语意深长。在美好的祝愿中结束全篇，留给人们的是对人生的思索。

关于这首诗的艺术性，宋代诗论家严羽说道："是歌当识其主伴变化之法。题立峨眉作主，而以巴东三峡、沧海、黄鹤楼、长安陌、秦川、吴越伴之、帝都又是主中主。题用月作主而以风云做伴，我与君又是主中主。回环散见，映带生辉。真有月映千江之妙，非拟议所能学。"又说："巧如蚕，活如龙，迥身作茧，嘘气成云，不由造得。"严羽评点李白这首送别诗，以颂月兼送人，以月送人，关合主客际遇，寄寓理想，探索人生，确

是独具匠心，不落俗套。而行文运笔，挥洒自如，自然天成，非刻意雕琢之作所能望其项背矣。（毕桂发）

【原文】

沐浴子

沐芳莫弹冠⁽¹⁾，浴兰莫振衣⁽²⁾。

处世忌太洁，至人贵藏晖⁽³⁾。

沧浪有钓叟⁽⁴⁾，吾与尔同归。

【毛泽东圈评等情况】

毛泽东曾圈阅这首《沐浴子》。他圈阅较多的中华书局印行的清沈德潜编选《唐诗别裁集》卷二中五言古诗类载有这首《沐浴子》。

[参考] 张贻玖：《毛泽东评点、圈阅的中国古典诗词》，中国工人出版社 1992 年版，第 227 页。

【注释】

（1）沐芳，用香草水洗头。南朝梁萧统《文选·屈原〈渔父〉》："屈原曰：'吾闻之，新沐者必弹冠，新浴者必振衣。安能以身之察察，受物之汶汶乎？'"

（2）浴兰，用兰草水洗身。振衣，拂拭、抖擞衣服。

（3）至人，古代用以指思想道德等某方面达到最高境界的人。晖，日光。

（4）沧浪，《孟子·离娄上》："有孺子歌曰：'沧浪之水清兮，可以濯我缨；沧浪之水浊兮，可以濯我足。'"后遂以"沧浪"指此歌。

【赏析】

《沐浴子》为乐府旧题，原为南朝梁陈间乐曲，古辞："澡身经兰汜，濯发傣芳洲。折荣聊踯躅，攀桂且淹留。"这是讲一种处世哲学。南朝梁萧统《文选·屈原〈渔父〉》:"屈原曰:'吾闻之,新沐者必弹冠,新浴者必振衣。安能以身之察察,受物之汶汶乎?'"屈原是强调志行高洁,表里一致。这首诗则反其意而用之,是说立身行事不能"太洁",太绝对化了效果不好,讲得比较实际、辩证。"沐浴",洗发曰沐,洗身曰浴。

"沐芳莫弹冠,浴兰莫振衣",起首二句直接入题。"沐芳",用香草水洗头。"浴兰",用兰草水洗身。二者都是用来表示虔诚或高洁。"弹冠",弹去帽子上的灰尘。"振衣",拂拭、抖擞衣服。屈原《楚辞·九歌·云中君》:"浴兰汤兮沐芳,华采衣兮若英。"二句是说用香水洗了头发就不要再弹去帽子上的灰尘,用兰草香水洗了澡就不要再拂拭、抖擞衣服了。当然不是说不要清洁,而是说清洁要有个限度,不能过分,凡事皆应如此,不能苛求。这是比兴手法,既形象鲜明又逗起下文。

"处世忌太洁,至人贵藏晖",三、四句承上二句而来,揭示题旨:"处世忌太洁"。常言说,水至清则无鱼,人至察则无徒。无友则无援,孑然一身,则无法把事情办好,所以为处世之大忌。这个道理本来是沐芳、浴兰二事显示明白,为了加强说服力,诗人又用"至人贵藏晖"加以证实。"至人",古代用以指思想道德等某方面达到最高境界的人。《荀子·天论》:"故明于天人之分,则可谓至人矣。""晖",日光。这是说思想境界最高尚的人都以善掩藏自己的光彩为贵,当然应该成为我们的榜样,更加强了诗人提倡的处世态度的说服力。

诗人自然不是提倡不洁,或者与世沉浮的中庸态度,而是强调处世洁而不能太过分,过犹不及,差之毫厘,失之千里。正意已明,又作余波:"沧浪有钓叟,吾与尔同归。""沧浪",《孟子·离娄上》:"有孺子歌曰:'沧浪之水清兮,可以濯我缨;沧浪之水浊兮,可以濯我足。'"后遂以"沧浪"指此歌。屈原《渔父》中的钓者渔父唱了这首歌(只将二"我"改为"吾"字),意思是说,秋来水落则清,水清则洗我的帽子,喻世道清明,可以冠带而仕;初夏水涨则浊,水浊则洗我的泥脚,喻世道黑暗,则濯足远去。总的来说是喻人的言行应因时而异,与客观现实相适应。李白援引此歌,并说要"与尔(指钓叟即渔父)归",表明他与《渔父》中的渔父的思想相一致,实际上宣扬的是避世隐身、韬光含章、与世推移的

消极的道家思想。（毕桂发）

【原文】

子夜吴歌·秋歌

长安一片月[1]，万户捣衣声[2]。

秋风吹不尽，总是玉关情[3]。

何日平胡虏[4]，良人罢远征[5]？

【毛泽东圈评等情况】

毛泽东曾多次圈阅这首《子夜吴歌·秋歌》。他在一本中华书局印行的清蘅塘退士编《注释唐诗三百首》五言古诗类中这首《子夜吴歌·秋歌》诗题头上方画了一个大圈。

[参考] 张贻玖：《毛泽东评点、圈阅的中国古典诗词》，中国工人出版社 1992 年版，第 227 页。

【注释】

（1）长安，唐代都城，即今陕西西安。

（2）捣衣，洗衣时衣服放在砧石上，用棒捶打。谢灵运有《捣衣》诗。

（3）玉关情，指怀念玉门关外远戍的丈夫的相思之情。玉关，玉门关，故址在今甘肃敦煌西北小方盘城。

（4）胡虏，对敌方的蔑称。

（5）良人，指驻守边地的丈夫。《诗经·唐风·绸缪》："今夕何夕，见此良人。"毛传："《小戎》云：'厌厌良人。'妻谓夫为良人。"

【赏析】

《子夜吴歌》，南朝梁沈约《宋书》："《子夜歌》者，有女子名子夜，造此声。"唐吴竞撰《乐府古题要解》："子夜，旧史云：晋有女子曰子夜所作，声至哀，后人因为四时行乐之词，谓之《子夜四时歌》，吴声也。"

李白《子夜吴歌》共四，分写春、夏、秋、冬四季。此是《子夜吴歌》中的第三首《秋歌》，清蘅塘退士《注释唐诗三百首》径题作《子夜秋歌》，而清沈德潜编选《唐诗别裁集》则题作《子夜吴歌》。这首小诗先景后情，情景始终交融，诗中借着月色下阵阵的捣衣之声展开抒情，倾诉了广大妇女对于远戍的丈夫的刻骨思念，成功地描写了闺中思妇那种难以驱遣的愁思。

"长安一片月，万户捣衣声"，开头两句写景，为抒情创造环境气氛。清冷的月光，频繁的捣衣声，浓重的捣衣声反衬着月夜的寂静；而月色的清寒又反衬着捣衣之声的凄凉。两句相互衬托，含蓄地写出了妇女们内心的绵绵不绝的痛苦。"一片""万户"似对非对，措语天然而得咏叹味。

"秋风吹不尽，总是玉关情"，中间两句紧承一、二两句，直接从正面抒情，是对景物的虚写，是想象。思妇的深沉无尽的情思，阵阵秋风不仅吹拂不掉，反而勾起她对远方丈夫的忆念，更增加了她的愁怀。"不尽"既是写阵阵秋风，也是写情思的悠长不断，"总是"二字，情思益见长。秋月秋声与秋风织成浑成的境界，见境不见人，而人物俨在，"玉关情"自浓。清王夫之说："前四句是天壤间生成好句，被太白拾得。"（《唐诗评选》）

"何日平胡虏，良人罢远征"，末二句直接表明思妇的心声。写思妇直接倾诉自己的愿望，希望丈夫早日安定边疆，返回家园与亲人团聚，过上和平安定的生活。这两句诗是诗人借思妇的口吻，表达了"平胡虏""罢远征"、过和平生活的迫切愿望，从而集中概括了全诗的主题，表现了诗人对劳动人民的深切同情。这首诗正面抒情，具有浓郁的民歌气息，朴素自然，流丽婉转，真切感人。清沈德潜说："本闺情语而忽冀罢征。"（《说诗晬语》）全诗采用了剥茧抽丝的写法，从客观的写景入手，由景入情，由外到内，越抽越细，越转越深，将诗的核心托了出来。情致的缠绵与诗旨的显豁，兼而有之。（东民）

襄阳歌

落日欲没岘山西⁽¹⁾，倒着接篱花下迷⁽²⁾。襄阳小儿齐拍手，拦街争唱《白铜鞮》⁽³⁾。旁人借问笑何事，笑杀山公醉似泥⁽⁴⁾。鸬鹚杓⁽⁵⁾，鹦鹉杯⁽⁶⁾。百年三万六千日，一日须倾三百杯⁽⁷⁾。遥看汉水鸭头绿⁽⁸⁾，恰似葡萄初酦醅⁽⁹⁾。此江若变作春酒，垒曲便筑糟丘台⁽¹⁰⁾。千金骏马换小妾⁽¹¹⁾，笑坐雕鞍歌《落梅》⁽¹²⁾。车旁侧挂一壶酒，凤笙龙管行相催⁽¹³⁾。咸阳市中叹黄犬⁽¹⁴⁾，何如月下倾金罍？⁽¹⁵⁾君不见晋朝羊公一片石⁽¹⁶⁾，龟头剥落生莓苔⁽¹⁷⁾。泪亦不能为之堕，心亦不能为之哀。清风朗月不用一钱买，玉山自倒非人推⁽¹⁸⁾。舒州杓⁽¹⁹⁾，力士铛⁽²⁰⁾，李白与尔同死生。襄王云雨今安在？江水东流猿夜声。

【毛泽东圈评等情况】

毛泽东在一本中华书局印行的清沈德潜编选《唐诗别裁集》卷六中七言古诗类圈阅了这首《襄阳歌》。

[参考] 张贻玖：《毛泽东评点、圈阅的中国古典诗词》，中国工人出版社1992年版，第228页。

【注释】

（1）岘（xiàn）山，一名岘首山，在今湖北襄阳南面。

（2）接篱，一种白色的帽子。据南朝宋刘义庆《世说新语·任诞》载：晋代山简镇守襄阳时，常外出喝酒大醉而回。时有歌谣："日暮倒载归，酩酊无所知。复能乘骏马，倒着白接篱。"

（3）白铜鞮（dī），南朝童谣名，流行在襄阳一带。

（4）山公，即山简。一作"山翁"。

（5）鸬鹚杓，形如鸬鹚颈的长柄酒杓。鸬鹚，一种长颈水鸟。

（6）鹦鹉杯，用鹦鹉螺制成的酒杯。

（7）"一日"句，相传东汉郑玄酒量大，一次曾饮酒三百杯（见南朝宋刘义庆《世说新语·文学》注引《郑玄别传》）。

（8）鸭头绿，指一种像鸭头上的绿毛一般的颜色，此处形容汉水的清澄。

（9）葡萄，一种酒名。醱醅（pō pēi），重酿而没有滤过的酒。

（10）垒，堆叠。曲，俗称酒母，酿酒时用。

（11）千金骏马换小妾，是用魏曹彰的典故。唐李亢撰《独异志》载：三国时曹彰因看中别人的一匹骏马，曾用自己的一个美妾去交换。马叫白鹃，后献给文帝。

（12）落梅，即《梅花落》，乐府横吹曲名。

（13）凤笙，笙形像凤，古人常称为凤笙。龙管，指笛子。相传笛声像龙鸣，故称笛子为龙管。

（14）"咸阳市中"句，用李斯的典故（见《史记·李斯列传》）。

（15）罍（léi），酒器。《诗经·周南·卷耳》："我姑酌彼金罍。"孔颖达《毛诗正义》："韩诗说，金罍，大夫器也。"

（16）羊公，指羊祜，西晋名将，武帝时曾镇守襄阳。祜死后襄阳百姓于砚山建碑纪念。一片石，指堕泪碑。

（17）龟头，古时碑座下的石刻动物，形状像龟，叫赑屃（bì xì）。

（18）玉山自倒，形容人的醉态。典故见南朝宋刘义庆《世说新语·容止》，说三国文学家嵇康风度很好，人家说他平时如孤松独立，醉后如玉山将倒。

（19）舒州杓，舒州（今安徽潜山）出产的杓。唐代舒州以产酒器著名。

（20）力士铛（chēng），唐代豫章郡（今江西）出产的一种瓷制三足温酒器。

【赏析】

《襄阳歌》为李白创辞，属杂曲歌辞。襄阳，唐县名，今属湖北。

唐玄宗开元十三年（725），李白自巴蜀东下。开元十五年（727），在湖北安陆与退休宰相许圉师的孙女结婚。开元二十二年（734），韩朝宗在襄阳任荆州长史兼东道采访史，李白往谒求官，不遂，乃作此诗以抒愤。此诗是李白的醉歌。诗中用李白醉汉的眼光和心理来看世界，实际上是带有诗意的眼光来看待一切，思索一切，抒发了对于功名富贵的大胆否定，也流露了一种沉湎酒杯、携伎放浪的消极颓废思想，典型地反映了我国古代知识分子的一种心态。

李白一生嗜酒，有酒就有诗，"斗酒诗百篇"。本篇是诗与酒的结合，是李白的醉歌。开头"落日欲没岘山西"等十句为第一节，便借山简的典故，绘声绘色地描写了诗中主人公沉醉如泥的形象。据南朝宋刘义庆《世说新语·任诞》载，晋代山简镇守襄阳时，常常出外喝酒，大醉而归。当时有首歌谣说："日暮倒载归，酩酊无所知。复能乘骏马，倒着白接篱"。"白接篱"，一种白色的帽子。这几句是说，李白像当年的山简一样，在夕阳西下时，才倒着帽子摇摇晃晃地回来。街上一群天真烂漫的孩子拍着手，唱着"白铜鞮"。拦住了他的去路，正拿他寻开心。几句诗像一个电影特写镜头，摄下了一个醉汉形象。此时诗人酒兴正浓，满不在乎，在他看来，人生不过百年，三万三千六百天，每天都应该喝上三百杯才称心。一个终日醉眼迷离的人，自然会成为孩子们取笑戏谑的对象。

以上还是对诗人醉态的刻画，着重外貌描绘，"遥看汉水鸭头绿"以下八句为第二节，又宕开一笔，借曹彰的典故进一步渲染了诗人的放荡不羁。在酣醉中他觉得碧绿清澈的汉江水就是葡萄美酒；他幻想满江的汉江水假如变作春酒，那么，醇香的酒糟便可以堆成台丘了。为了快乐，他可以像三国的曹彰一样用小妾去换骏马骑，以供他坐在雕鞍上，随口唱着《梅花落》，车旁挂上一壶酒，在凤管龙笛的伴奏下，边走边唱，边唱边饮，自由自在，无拘无束。诗人抓住富于戏剧性的情节以及一系列酒后狂言，加以逼真描绘，活画出一个豪歌狂饮的醉汉形象。

"咸阳市中叹黄犬"至篇末为第三节，进一步开掘醉汉内心深处的复杂感情。诗中的主人公为什么如此颓废、终日醉酒呢？因为他从两位古人身上得到了启示："咸阳"二句是指李斯。李斯，秦时上蔡（今河南上蔡西）人，本为平民，辅佐秦始皇统一中国，位至宰相，后因赵高谗言，被秦二世斩于京都咸阳（故址在今陕西西安东）。临刑时他对儿子说："吾欲与若复牵黄犬，出上蔡东门，逐狡兔，岂可得乎？"他看到了李斯功成不退的可悲下场，觉得还不如作一个酒徒。另一位是西晋名将羊祜，镇守襄阳时，常游岘山，喝酒吟诗，整天不归，死后襄阳百姓于岘山羊祜生平游憩之地建庙立碑纪念。"一片石"，指此碑。"龟头"，古时碑石下的石刻动物，形状像龟，名叫赑屃。事见唐房玄龄等《晋书·羊祜传》。诗人从羊祜这个生前嗜酒、死后留名的人墓碑也被青草和绿苔淹没，看到了人生易逝的悲凉。面对这两种情况，他觉得无可奈何，所以说"泪亦不能为之堕，心亦不能为之哀"。不是不悲，是感伤至极，欲哭无泪，于是旷达地唱出了"清风朗月不用一钱买，玉山自倒非人推"的警句。"玉山自倒"，也是用典，晋代文学家嵇康风度很好，人们说他平时如孤松独立，醉后如玉山既倒，见南朝宋刘义庆《世说新语·容止》。后世因此常以玉山自倒形容人的醉态。诗人似乎想通了，还是得乐且乐、一醉方休的好。于是又轻松起来，在全诗的结尾，诗人以恣肆横荡的笔触写道："舒州杓，力士铛，李白与尔同死生。襄王云雨今安在，江水东流猿夜声。""舒州杓"，今安徽潜山生产的杓。唐代舒州以产酒器著名。"力士铛"，唐代豫章郡（今江西）出产的一种瓷制三足温酒器。此三句是说李白决意与酒器为伴，同生共死。这是他从上述种种事例得出的必然结论，然余意未尽，又引风流楚王为证。楚国文学家宋玉《高唐赋》《神女赋》中说，楚怀王游于高唐，曾梦见一神女，自称巫山之女，来与楚王幽会，临走时说："妾在巫山之阳，高丘之阻。旦为行云，暮为行雨，朝朝暮暮，阳台之下。"后来怀王子襄王复游高唐，宋玉为他说怀王会神女的事。其夜襄王也梦见神女，后人常把这故事归于襄王。此二句是说贵为皇帝的风流韵事又在哪里呢？于今只有大江东去，夜猿哀鸣。归结于一切都不如纵酒放诞为好，强化了主题。

这首诗一方面从李白的醉酒，从李白飞扬的神采和无拘无束的风度中，领受到一种精神舒展与解放的乐趣；另一方面，它通过李白所展开的那种活跃的生活场面，启发生活可能以另一种喜剧的色彩出现，从而能加深人们对生活的热爱。全篇语言奔放，充分表现出富有个性的诗风。

本诗艺术上的成功之处，在于用自然直率的笔调，通过一系列细节描写，塑造了一个天真烂漫的醉汉形象，艺术地再现了诗人自己的个性特征和某些思想感情，写得热情奔放、明快爽朗，给人以美的享受。（毕桂发）

江上吟

　　木兰之枻沙棠舟⁽¹⁾，玉箫金管坐两头⁽²⁾。美酒樽中置千斛⁽³⁾，载
妓随波任去留⁽⁴⁾。仙人有待乘黄鹤⁽⁵⁾，海客无心随白鸥⁽⁶⁾。屈平词赋
悬日月⁽⁷⁾，楚王台榭空山丘⁽⁸⁾。兴酣落笔摇五岳⁽⁹⁾，诗成笑傲凌沧州⁽¹⁰⁾。
功名富贵若长在，汉水亦应西北流⁽¹¹⁾。

【毛泽东圈评等情况】

　　毛泽东曾圈阅过这首《江上吟》。他圈阅较多的清沈德潜编选《唐诗
别裁集》卷六中七言古诗类载有这首《江上吟》。

　　[参考] 张贻玖：《毛泽东评点、圈阅的中国古典诗词》，
中国工人出版社 1992 年版，第 228 页。

【注释】

　　（1）木兰，树名，俗称紫玉兰，落叶乔木。枻（yì），舟旁划水的工具，
同"楫"。屈原《九歌·湘君》："桂棹兮兰枻"。沙棠，木名。古代传说，人
吃了它的果实入水不溺（见《山海经·西山经》）。南朝梁任昉《述异记》：
"汉成帝与赵飞燕游太液池，以沙棠木为舟。其木出昆仑山，人食其实，入
水不溺。"木兰枻、沙棠舟，这里是形容舟的名贵。

　　（2）玉箫、金管，用金玉装饰的箫笛，此指吹奏玉箫金管的歌伎。
坐两头，列坐在船的两头。

　　（3）樽，盛酒的器具。置，盛放。千斛，形容船中置酒极多。古时
十斗为一斛。

　　（4）妓，歌舞的女子。

　　（5）"仙人"句，采用了黄鹤楼的传说。黄鹤楼故址在今湖北武汉武
昌西黄鹤山上，下临江汉。旧传仙人子安曾驾黄鹤过此，因而得名。一说是
费祎乘黄鹤登仙，曾在此休息，故名。

（6）"海客"句，海客，海边的人。随白鸥，一作"狎白鸥"。《列子·黄帝篇》："海上之人有好沤鸟者，每旦之海上，沤鸟之至者百住而不止。其父曰：'吾闻沤鸟皆从汝游，汝取来，吾玩之。'明日之海上，沤鸟舞而不下也。"无心，无机心，故可与海鸥相得。

（7）屈平，即战国后期楚国大诗人屈原，平是名，原是字，著有《离骚》《天问》等。此句借用《史记·屈原贾生列传》中评价屈原《离骚》："自疏濯淖污泥之中，蝉蜕于浊秽，以浮游尘埃之外，不获世之滋垢，皭然泥而不滓者也。推此志也，虽与日月争光可也。"悬日月，如日月高悬，光芒四照，历久不磨。

（8）楚王台榭（xiè），台上建有屋的叫榭，泛指楼台亭阁。此特指战国时楚王游憩的场所。楚灵王有章华台，楚庄王有钓台，均以豪奢著名。空山丘，徒然剩下山丘。

（9）兴酣，诗兴浓烈。五岳，指东岳泰山、西岳华山、南岳衡山、北岳恒山、中岳嵩山。此处泛指山岳。

（10）凌，凌驾，高出。沧州，泛指江海之地。五岳、沧州都是隐者的去处。

（11）汉水，发源于今陕西宁强，东南流经湖北襄阳汇白河，折而南流至汉口汇入长江。汉水向西北倒流，比喻不可能的事情。

【赏析】

李白的一生有个矛盾，他是诗人，但政治抱负很大，以政治家自居。思想上，一方面对建功立业抱有强烈信心；另一方面因为谋求举荐受到不少冷遇，常表现出一种消极颓废、厌弃功名的情绪。这种矛盾具体地表现在诗人那种狂放不羁、傲岸不屈、极为自负的个性之中。《江上吟》这首诗就说明了这一点。

《江上吟》，李白自创之歌行体。江，指汉江。这首诗是李白在江夏泛舟时抒怀所作，是诗人在痛苦中由消极迷茫转为自信兀傲的绝好证明。全诗以江上的遨游写起，表现了诗人对庸俗、局促的现实生活的蔑弃，和对自由、美好的生活理想的追求。

全诗可分为三节。"木兰之枻沙棠舟"等开头四句为第一节，以夸饰的、理想化的具体描写，展示江上之游的即景画面，有一种超世绝尘的气氛。这是泛舟江上的即景。诗人写道：在木兰为桨、沙棠为舟的船上，两头坐着吹箫弄管的歌妓；他一边饮酒一边欣赏着乐曲，自由自在地荡漾于碧波之上。诗人之所以热情地赞美携伎纵酒的生活，完全是为了突出强调功名富贵不长在、应及时行乐这一主题。

"仙人有待乘黄鹤，海客无心随白鸥。屈平词赋悬日月，楚王台榭空山丘。"中间四句为第二节，中间两联，两两对比，前联承上，对江上泛舟行乐加以肯定赞扬，后联启下，揭示出理想生活的历史意义。"仙人有待"是待黄鹤的来临，海客狎鸥只可纵适一时。诗人否定了功名富贵长在，把"屈平词赋"与"楚王台榭"放在一起对比，借楚王台榭荡然无存，只剩寂寞荒山的景象反衬屈原词赋虽经岁月洗礼仍保持日月一般的光辉，对屈原作了崇高的评价。

"兴酣落笔摇五岳，诗成笑傲凌沧州。功名富贵若长在，汉水亦应西北流。"结尾四句为第三节，承前发挥，极意夸张。"兴酣"一联想象大胆，笔力纵横，辞情激荡，回应开头的江上泛舟，活画出诗人摇笔赋诗时藐视一切的神态。"功名"一联将"笑傲"进一步具体化、形象化，点明主题，对"功名富贵"作了彻底的否定，显示出不可抗拒的气势。宋杨齐贤集注、元萧士赟补注《分类补注李太白诗》说："此达者之词也。汉水无西北流之理，功名富贵不能长在，亦犹是乎！"

全诗形象鲜明，感情激扬，气势豪放，音调浏亮，无论在思想上还是艺术上，都充分显示了李白诗歌的特色。全诗在章法上着意安排，中间两联，对偶工整，四句起讫完整。全诗形象鲜明，感情激昂，气势豪放，将强烈的抒情与形象的论辩完美地结合在一起。（东民）

【原文】

侍从宜春苑奉诏赋龙池柳色初青听新莺百啭歌

东风已绿瀛洲草⁽¹⁾，紫殿红楼觉春好⁽²⁾。池南柳色半青青，萦烟袅娜拂绮城⁽³⁾，垂丝百尺挂雕楹⁽⁴⁾。上有好鸟相和鸣⁽⁵⁾，间关早得春风情⁽⁶⁾。春风卷入碧云去，千门万户皆春声。是时君王在镐京⁽⁷⁾，五云垂晖耀紫清⁽⁸⁾。仗出金宫随日转，天回玉辇绕花行⁽⁹⁾。始向蓬莱看舞鹤，还过茝若听新莺⁽¹⁰⁾。新莺飞绕上林苑⁽¹¹⁾，愿入《箫》《韶》杂凤声⁽¹²⁾。

【毛泽东圈评等情况】

毛泽东曾圈阅这首《侍从宜春苑奉诏赋龙池柳色初青听新莺百啭歌》。他圈阅较多的一本清沈德潜编选《唐诗别裁集》卷六中七言古诗类载有这首《侍从宜春苑奉诏赋龙池柳色初青听新莺百啭歌》。

[参考]张贻玖：《毛泽东评点、圈阅的中国古典诗词》，中国工人出版社1992年版，第228页。

【注释】

（1）瀛洲，传说中的仙山，指龙池中以瀛洲为名的小岛，与下文的蓬莱本是海上仙山。这里指池中洲渚。

（2）紫殿，帝王宫殿。《三辅黄图·汉宫》：武帝又起紫殿，雕文刻镂黼黻，以玉饰之。古人以紫微星垣比喻皇帝的住处，称皇宫为紫禁宫。紫殿红楼，指皇宫中的楼。

（3）绮城，美丽的皇城，即皇宫。

（4）雕楹，雕有花纹的厅堂前部的柱子。

（5）好鸟，即黄莺。相和鸣，指百啭，点明诗题。

（6）间关，黄莺的叫声。

（7）镐京，地名，西周国都，遗址在今陕西西安附近。这里借指唐京城长安。镐京故址在今陕西西安西南沣水东岸，周武王灭商后迁都于此。

《诗经·小雅·鱼藻》："王在在镐，岂乐饮酒。"郑玄笺："武王何所处乎？处于镐京乐八音之乐，与群臣饮酒而已。"

（8）五云，五色，青、白、赤、黑、黄五种云色。古人认为是一种吉祥的征兆。紫清，指紫微清都之所，天帝之所居。此指皇宫。

（9）玉辇，秦汉后帝王后妃所乘之车。《通志》："辇，秦为人君之乘。汉因之，以雕玉为之，方径六尺，或使人挽，或驾果下马（矮小的马）。"

（10）茝（zhǐ）若，汉宫殿名，在未央宫内。《三辅黄图》：未央宫有茝若殿。《西京赋》作"茞若"。

（11）上林苑，秦之旧苑，汉初荒废。汉武帝重新扩建。《三辅黄图》："汉武帝建元三年（前138），开上林苑……周袤三百里，离宫七十所，皆容千乘万骑。"

（12）《萧》《韶》，舜乐名。凤笙，即笙，像凤身，故曰凤笙。《尚书》："《箫》《韶》九成，凤凰来仪。"孔传：《韶》，舜乐名，言箫见细器之备。《公羊传疏》郑玄注："《箫》《韶》，舜所制乐。"

【赏析】

这首诗当写于唐玄宗天宝元年至三年（742—744）李白在长安供奉翰林期间。诗人作为唐玄宗的文学侍臣，写了一些奉诏应制之类的作品，歌咏宫廷享乐生活。本篇在宜春苑龙池观看柳色并听新莺百啭，春意盎然，清新可喜，是这类作品中较好的一篇。题下本有注文，侍从，一作"侍游"。"宜春苑"，秦离宫有宜春宫，宫东有宜春苑。汉称宜春下苑，即城东南之曲江池，故址在今陕西西安南。"龙池"，唐玄宗登皇位前旧宅在皇城内兴庆宫，宅东有井，忽涌为小池，常有云气，或见黄龙出其中，景德中其沼浸广，因名龙池。歌，明徐师曾《文体明辨序说·乐府》："《乐府》命题，名称不一。盖自琴曲之外，其放情长言，杂而无方者曰'歌'。""歌"后来发展成为古诗的一种。

全诗可分二节。开头至"千门万户皆春声"为第一节，写在龙池观看柳色，听新莺鸣啭。起首二句总写，写出宜春苑龙池春色，直接切题。"瀛洲"，当为龙池中以瀛洲为名的小岛。"紫殿红楼"，指皇宫中的楼。

"紫殿"，古人以紫微星垣比喻皇帝的住处，因称皇宫为紫禁宫，简称紫宫。此二句是说春风吹绿了龙池中小瀛洲的草，皇宫中春光十分美好，为全诗奠定了欢快的基调。"池南柳色半青青"三句，明写龙池柳色。"半青青"写出早春柳色特点，十分准确。"绮城"，美丽的皇城，即皇宫。"雕楹"，雕有花纹的厅堂前部的柱子。此三句是说，柳丝含烟随风飘荡拂拭着皇宫，长长的柳丝垂挂在厅堂的前柱上。以上三句写春色，着眼于视觉。"上有好鸟相和鸣，间关早得春风情。春风卷入碧云去，千门万户皆春声。""上有"句紧承上句，"好鸟"即新莺。"相和鸣"，指百啭，醒明题意。"间关"为黄莺叫声。这几句是说龙池岸边的垂柳上，一群黄莺叫得正欢，这悦耳动听的鸣啭声被春风卷入青云，于是千门万户一片春声。写听新莺百啭，是从听觉上着墨。草绿、柳青、风吹、鸟鸣，一派大好春光。

从"是时君王在镐京"至篇末为第二节，写诗人随皇帝在宜春苑览胜。"是时君王在镐京，五云垂晖耀紫清"，写玄宗在宜春苑宫殿内宴乐。"镐京"，地名，故址在今陕西西安西南丰水东岸，周武王灭商后迁都于此。《诗经·小雅·鱼藻》："王在在镐，岂乐饮酒。""五云"，五色彩云，古人认为是一种吉祥的征兆。南朝梁萧子显《南齐书·乐志》："圣祖降，五云集。""紫清"，《真诰》："仰眄太霞宫，金阁耀紫清。"指紫微清都之所，天帝之所居。此指皇宫。此二句是说这时皇帝正在与群臣饮酒，五色祥云辉耀着皇宫。"仗出"三句写皇帝赏花观鹤。"金宫"，即金殿，皇帝居所。"王辇"，即轿。此三句说仪仗从金殿出来，皇帝乘坐轿子绕花观赏，然后到大明宫内的蓬莱殿去看舞鹤。末三句则专写听莺。"还过苣若听新莺。新莺飞绕上林苑，愿入《箫》《韶》杂凤笙。"苣若，《三辅黄图》：未央宫有芷若殿。"上林苑"，《三辅黄图》："汉武帝建元三年，开上林苑……周袤三百里，离宫七十所，皆容千乘万骑。""《箫》《韶》"，《尚书》："《箫》《韶》九成，凤凰来仪。"孔传曰："《韶》，舜乐名。"《公羊传疏》郑玄注："《箫》《韶》，舜所制乐。"此三句是说，皇帝还乘轿到苣若殿去听新莺鸣啭，新莺又在上林苑飞来飞去，其鸣声和刻柱为凤凰形的笙吹奏的《箫》《韶》交相和鸣。以听莺收住，题旨显豁。

清人吴乔在《围炉诗话》中评论此诗说："《听新莺歌》首叙境，次出莺，次以莺合境，次出人，次收归莺而以自意结，甚有法度。"对其艺术特色的分析比较精当。（毕桂发）

【原文】

当涂赵炎少府粉图山水歌

峨眉高出西极天⁽¹⁾，罗浮直与南溟连⁽²⁾。名工绎思挥彩笔⁽³⁾，驱山走海置眼前⁽⁴⁾。满堂空翠如可扫⁽⁵⁾，赤城霞气苍梧烟⁽⁶⁾。洞庭潇湘意邈绵⁽⁷⁾，三江七泽情洄沿⁽⁸⁾。惊涛汹涌向何处？孤舟一去迷归年。征帆不动亦不旋⁽⁹⁾，飘如随风落天边。心摇目断兴难尽⁽¹⁰⁾，几时可到三山巅⁽¹¹⁾？西峰峥嵘喷流泉，横石蹙水波潺湲⁽¹²⁾。东崖合沓蔽轻雾⁽¹³⁾，深林杂树空芊绵⁽¹⁴⁾。此中冥昧失昼夜⁽¹⁵⁾，隐几寂听无鸣蝉⁽¹⁶⁾。长松之下列羽客⁽¹⁷⁾，对座不语南昌仙⁽¹⁸⁾。南昌仙人赵夫子，妙年历落青云士⁽¹⁹⁾。讼庭无事罗众宾⁽²⁰⁾，杳然如在丹青里⁽²¹⁾。五色粉图安足珍？真仙可以全吾身。若待功成拂衣去，武陵桃花笑杀人⁽²²⁾。

【毛泽东圈评等情况】

毛泽东曾圈阅这首《当涂赵炎少府粉图山水歌》。他圈阅较多的清沈德潜编选《唐诗别裁集》卷六中七言古诗类中载有这首《当涂赵炎少府粉图山水歌》。

[参考] 张贻玖：《毛泽东评点、圈阅的中国古典诗词》，中国工人出版社 1992 年版，第 228 页。

【注释】

（1）峨眉，也作峨嵋，即今四川峨眉山。有山峰相对如蛾眉，故名。西极，西方极远之处。屈原《离骚》："朝发轫于天津兮，夕余至乎西极。"此句言画中之山像峨眉山那样雄伟高峻。高出西极天，一作"西出高极天"。

（2）罗浮，山名，在今广东增城、博罗、河源等地间。长达二百余里，峰峦四百余座，为粤中名山。南溟，南海。

（3）名工绎思，形容画家创作时的构思。绎，抽丝。名工，指著名的画家，一作"名公"。绎，一作"逸"。

（4）"驱山"句，用拟人手法，把画山画水说成把山驱赶到画面中，让海水走入画面中。走，这里是使动用法，即"使山走"。

（5）空翠，山上草木的颜色。此指赵炎山水画的神妙。可扫，一作"何扫"。

（6）赤城，山名，在今浙江天台北，其土赤色，状如云霞，故云赤城霞气。苍梧，山名，即湖南宁远境内的九嶷山。烟，指云烟。此句言画中山岳云蒸霞蔚，烟雾缭绕。

（7）洞庭，湖名，即洞庭湖，在今湖南北。潇湘，水名，在今湖南境内。湖水源出广西兴安，至湖南零陵西合潇水，称潇湘。此句言画中江湖望去悠远隐约。

（8）三江七泽，形容河流之多，概指江河湖泽。洄沿，谓水流上下回旋。逆流而上曰洄，顺流而下曰沿。邈绵、洄沿，形容画上水景的渺茫绵远、回旋荡漾的状态。

（9）"征帆"句，言画面中的舟船停滞不前，好像失去回家的时间。迷，丧失。

（10）心摇目断，谓因欣赏画面而心情激动，因凝神而看不见画面。

（11）三山，传说中的海上仙山，蓬莱、瀛洲、方丈。

（12）"横石"句，谓乱石横卧，流水急促，波浪起伏。蹙水，指流泉为横石所碍，水流不畅。蹙，迫促。潺湲，水流声。

（13）合沓，高峻、重叠的样子。

（14）芊眠，草木茂盛、蔓延丛生之状。

（15）冥昧，本指宇宙形成前的混沌状态，这里指阴暗。

（16）隐几，伏在几案上。

（17）列羽客，指画上列坐在松树下的穿道服的人。羽客，道士。

（18）南昌仙，汉成帝时九江梅福为南昌尉，王莽专政，其舍妻子离开家乡，传说得道成仙（见《汉书·杨胡朱梅云传》）。此为双关语，赵炎为当涂县尉，以梅福相比，称他为南昌仙。

（19）妙年，少年。年，一作"龄"。历落，胸怀坦白。青云士，本喻指位高名显的人，这里称誉赵炎仕途顺畅。

（20）讼庭，指赵炎的衙署。

（21）沓然，深远之状。丹青，图画。

（22）武陵桃花，用东晋陶潜《桃花源记》典故。此是退隐之处的代称。

【赏析】

这是一首题画诗。诗题在当涂（今安徽当涂）赵炎少府（县尉）画的粉图山水画卷上。粉图，李白《金陵名僧公粉图慈亲赞》有"粉为造化，笔写天真"语，又《观博平王志安少府山水粉图》诗云："粉壁为空天，丹青状江海。"可见粉图是一种用色粉在粉壁上作的图画。在这首诗中，诗人对画的内容的生动描绘、对画家的赞美与自己赏画时的感受组织起来，写得井然有序，生动异常。赵炎在唐玄宗天宝十五年（756年，是年七月改元至德）春天由当涂流放南方，本篇应写于此之前。当涂，唐属江南东道宣州，今为安徽马鞍山属县。赵炎，即赵四，天宝中为当涂县尉，与李白过从甚密，李白诗中有《送当涂赵少府赴长芦》《寄当涂赵少府炎》等诗，均是赠赵炎之作。

诗开头"峨眉高出西极天"以下八句为第一节，是总写。诗人起笔入题，气势不凡，说由于赵炎杰出的艺术构思和巧夺天工的本领，为我们描绘了一幅雄伟壮观、森罗万象的巨型山水画卷：四川境内的峨眉山高出天外，广东增城东的罗浮山与南海相连，浙江天台的赤城山云蒸霞蔚，湖南宁远的苍梧山烟涛飞腾，洞庭湖和潇湘二水渺远绵远，"三江七泽"等众多的河流荡漾回旋，观此粉图，如处山水之中，名山大川，在眼前一一展现。祖国山水，尽入小小粉图，气势雄伟，神采飞动，真有咫尺万里之势！同时也表现了诗人在欣赏这幅粉图时的心理状态，人情画景，融为一体。

如果上面对粉图山水的总体描绘是大笔挥洒的话，下面便是对这幅粉图的具体描绘。第二节从"惊涛汹涌向何处"到"隐几寂听无鸣蝉"共十二句，是本诗的主体部分，诗人用墨如泼。"惊涛汹涌向何处？孤舟一去迷归年。"用设问自答方式作过渡，上句总结上面所指的水势，下句带出水上的船只。诗人就画面的景色，更向画外扩大了想象，由汹涌的惊涛推想它流向何处，由水面的孤舟而推想船上旅客遗世远游不归。"征帆不动亦不旋，飘如随风落天边"，二句写画船极妙。画中之船本来是"不动亦不旋"的，但画面上它是水天相接处的一叶孤舟，是远景，所以看起来似乎在随风飘动。这是以静写动，从不动见动，颇为奇妙！由于画的神妙，使人心摇目断，兴味益然，诗人欲登三山之巅，和神仙相接。"三山"，即传说中的我国东海上的蓬莱、方丈、瀛洲三座仙山。这句由写水过渡到写山。"西峰峥嵘喷流泉，横石蹙水泼潺湲"二句是山水兼写。西峰上是奇峰插天，间有流泉飞瀑，下面流泉为横石所碍，波涌浪翻。"潺湲"，水流声。东崖是山峰重重，林木苍苍，薄雾弥漫。"芊绵"是草木茂盛、蔓延丛生之状。由于山重水复云林苍茫，致使身处此间很难分辨出白天黑夜。在这寂静的山林里，有几位道士正在"隐几寂听"，多么传神！"无鸣蝉"，意谓一蝉不鸣，写无声疑有声，以静表动，真是神来之笔。

"长松之下列羽客"以下八句为第三节，由画写到人，赞美赵少府的画技与政绩。"长松之下列羽客，对座不语南昌仙"。"羽客"，汉代方士栾大曾穿羽衣（以羽毛为衣，取成仙飞升之意），后世因称道士所穿之衣为羽衣，称道士为羽客。"南昌仙"，汉成帝时，九江梅福为南昌尉。王莽专政，他舍弃妻子离开家乡，传说得道成仙，见《汉书·杨胡朱梅云传》。这二句是说，画上列坐在松树下穿道服的人，是九江得道成仙的梅福吧！其实，"南昌仙"在这里是语义双关，既指梅福，也指赵炎，因为赵炎为当涂县尉，故以梅福相比，称他为南昌仙。所以紧接着用顶针修辞的方式写道："南昌仙人赵夫子，妙年历落青云士。讼庭无事罗众宾，杳然如在丹青里。"直接指明是由画上人物联系到赵炎，称赞他年轻有才干，为政清明，闲时聚会宾客，衙署中的生活也像画里一样清闲。先由画写到人，再由人写到画，现实与画境不分，物我混一，妙不可言。末四句以诗人感慨作结，"五色粉图安足珍"，结论："真山可以全吾身。"逗露归隐之意。

"若待功成拂衣去，武陵桃花笑杀人。""武陵桃花"，武陵郡桃花源，用东晋陶渊明《桃花源记》典故，这里用作退隐之处的代称。这是说如果等到功成名就再拂衣而去，未免太迟了，不免受到"武陵桃花"的讥笑。言外之意是，迟归隐不如早归隐，由观画引起诗人对人生理想的追求，这便是这幅粉图山水所产生的强大艺术魅力。

这首题画诗与作者的山水诗一样，表现了大自然美的宏伟壮阔一面；从动的角度、从远近不同角度写来，视野开阔，气势磅礴；同时赋山水以诗人个性。其艺术手法对后来诗歌有较大影响。宋苏轼的《李思训画长江绝岛图》等诗，就可以看作是继承此诗某些手法而有所发展的。

这首题画诗视野开阔，气势磅礴，表现了山河的壮丽宏伟，赋山水以诗人的个性，"写画似真，亦遂驱山走海，奔辕腕下。'杳然如在丹青里'，又以真为画，各有奇趣。康乐之模山范水，从此另开生面。"（《唐宋诗醇》）此诗泯灭现实与绘画的界限，是臻于化境的成功之作。（毕桂发）

【原文】

赠汪伦

李白乘舟将欲行⁽¹⁾，忽闻岸上踏歌声⁽²⁾。
桃花潭水深千尺⁽³⁾，不及汪伦送我情。

【毛泽东圈评等情况】

毛泽东两次手书过这首《赠汪伦》。

[参考]中央档案馆整理：《毛泽东评点诗词曲精选（上册）》，
中国档案出版社1998年版，第137、140页。

李白有些诗语言明快爽朗，形象生动，感情真切，朗朗上口，具有"慷慨吐清音，明转出天然"民歌乐府风韵，如《赠汪伦》《早发白帝城》《子夜吴歌》等。毛泽东也多次圈画，很是爱读。

[参考]张贻玖：《毛泽东评点、圈阅的中国古典诗词》，
中国工人出版社1992年版，第82页。

【注释】

（1）将欲行，敦煌残卷作"欲远行"。

（2）宋司马光《资治通鉴》卷二〇六："间知微……为虏踏歌……"胡三省注："踏歌者，连手而歌，踏地以为节。"

（3）桃花潭，在今安徽泾县西南。

【赏析】

《赠汪伦》这首诗是李白唐玄宗天宝十四载（755）游历桃花潭时所作。李白在皖南泾县游历桃花潭，当地人汪伦常酿美酒款待他。临走时，汪伦又来送行，李白作了这首诗留别，来表达自己对汪伦十分亲切和感激的心情。

这首诗是一篇即兴作品，完全出于自然，不加任何雕饰。这首诗的好处，就在于其自然真切。"李白乘舟将欲行，忽闻岸上踏歌声。"一、二两句叙事，明白晓畅，给人以爽朗、率真之感。首句"李白乘舟将欲行"表明游子乘舟将起行，"舟"字易于使人联想到水，这句诗使我们仿佛看到李白在正要离开岸边的小船上向送行的人们告别的情景。次句"忽闻岸上踏歌声"却不像首句那样直叙而是采用曲笔，似乎出乎意料，诗人忽然听到了踏歌之声，所以用"忽闻"，"岸"字仍然暗示了"水"。这句诗比较含蓄，只闻其声而未见其人，但是人已呼之欲出了。

诗的三、四两句是由叙事转为抒情："桃花潭水深千尺，不及汪伦送我情。"这里诗人所要表达的是：纵然桃花潭水深千尺，也不及汪伦为我送行的情谊深。这是全诗的核心。前两句诗已暗含了"水"字，后两句诗人直接以水写情。第三句遥接首句，说明了乘舟的地点是在"桃花潭"。"深千尺"既描绘了桃花潭的特点，又为结句埋伏了一笔。结句"不及汪伦送我情"，以比拟的手法形象地表达了真挚纯洁的友情。"深千尺"是夸张，以夸张了的"桃花潭水"比拟友情，友情就显得十分深挚，然而诗中的比拟还有更妙之处。清人沈德潜说："若说汪伦之情比于潭水千尺，便是凡语。妙境只在一转换间。"（《唐诗别裁集》）此句妙就妙在"不及"二字上，委婉地表达出汪伦的情谊比千尺潭水还要深。诗人不用比喻而采用了比物的手法，变无形的情谊为生动的形象，空灵而有余味，自然而又情真。这两句诗颠倒了比拟的通常顺序，先说用作比拟的事物（桃花潭水），后说被比拟的事物（友情）。这样倒过来说，好像是触目而生，脱口而出，显得格外自然。句子的折拗，正表现了感情的深切。

《赠汪伦》这首诗的中心为情比水深。全诗的魂就是一个"情"字，它抒写了诗人与普通人之间那种质朴纯真的友情，因此深为后人所赞赏。"桃花潭水"就成为描写离情别意的代称。

毛泽东多次圈画过此诗，并手书过，说明他对这首脍炙人口的名篇的喜爱。（刘盛楠）

【原文】

<h1 style="text-align:center">沙丘城下寄杜甫</h1>

我来竟何事⁽¹⁾？高卧沙丘城⁽²⁾。城边有古树，日夕连秋声⁽³⁾。鲁酒不可醉⁽⁴⁾，齐歌空复情⁽⁵⁾。思君若汶水⁽⁶⁾，浩荡寄南征⁽⁷⁾。

【毛泽东圈评等情况】

毛泽东曾圈阅这首《沙丘城下寄杜甫》。他在一本中华书局印行的清沈德潜编选《唐诗别裁集》卷二中五言古诗类载有这首《沙丘城下寄杜甫》。

[参考] 张贻玖：《毛泽东评点、圈阅的中国古典诗词》，
中国工人出版社 1992 年版，第 227 页。

【注释】

（1）来，将来，引申为某一时间以后，这里意指自从你走了以后。竟，究竟，终究。

（2）高卧，高枕而卧，这里指闲居。唐房玄龄等《晋书·陶潜传》："尝言夏月虚闲，高卧北窗之下。清风飒至，自谓羲皇上人。"沙丘城，指唐代兖州治城瑕丘。沙丘城一说为位于今山东肥城汶阳镇东、大汶河南下支流洸河（今名洸府河）分水口对岸。而根据 1993 年出土于兖州城东

南泗河中的北齐沙丘城造像残碑（又名沙丘碑）。兖州古地名为沙丘，又名瑕丘，于唐代为鲁西南重要治所，李白应于此居住。

（3）夕，傍晚，日落的时候。连，连续不断。秋声，秋风吹动草木之声。

（4）鲁酒，鲁地的酒，酒薄，后常以鲁酒代称薄酒。《庄子·外篇·胠箧》："鲁酒薄而邯郸围。"此谓鲁酒之薄，不能醉人。

（5）齐歌，指宁戚饭牛作歌，为齐桓公相。空复情，徒然有情。此处化用南朝齐谢朓《同谢咨议咏铜雀台》"婵娟空复情"一句。鲁、齐，均指山东一带。

（6）汶水，鲁地水名，河的正流今称大汶河，其源有三：一发泰山之旁仙台岭，一发莱芜原山之阳，一发莱芜寨子村，流经兖州瑕丘县北，西南行，入大野泽。为山东中南部的主要河流。

（7）浩荡，广阔、浩大的样子。南征，南行，指代往南而去的杜甫。一说南征指南流之水。

【赏析】

此诗当作于唐玄宗天宝四载（745）秋，时李白四十五岁。天宝三载（744）春，李白离长安，开始漫游。在洛阳，遇见了已经三十三岁却仍未进入仕途的杜甫，二人同游。同年秋，李白、杜甫、高适三人在梁园（今河南开封）相会，并同游孟诸、齐州等地。第二年夏，两人又在东鲁会面。他们情投意合，亲密到"醉眠秋共被，携手日同行"的地步。天宝四载秋，两人分手，杜甫西去长安。李白在鲁郡东石门送别杜甫后，南游江东之前，曾一度旅居沙丘城，因怀念杜甫，写下此诗寄赠。

我国诗坛上的两位巨匠——李白与杜甫的友谊，千百年来为人们所称颂。在李白传世的诗歌中，公认的直接为杜甫而写的只有两首，一是《鲁郡东石门送杜二甫》，另一首就是这首诗。"沙丘城"，在今山东临清汶水之畔。李白在离开长安以后，在洛阳与杜甫相识，从此代表着盛唐诗坛上两种不同艺术倾向的两位伟大诗人结下了深厚友谊。天宝五年（746），两人在东鲁游历，自石门分别以后再也没有重逢的机会。《沙丘城下寄杜甫》这首诗就是那次分别之后不久写的，是诗人独自一人旅居沙丘城时怀念杜甫之作。

"我来竟何事？高卧沙丘城"，一、二两句劈面而来的一问一答造成了一种悬念。这两句看起来只是叙事，但实际上事中有情，实中有虚，含蓄地表现了诗人对杜甫的深切怀念。"我来竟何事"是诗人自问，心情是那样的寂寞和彷徨。"高卧沙丘城"是诗人无可奈何的自嘲，极简括而又极传神地写出了诗人的百无聊赖。这两句偏重于主观感情的抒发。

"城边有古树，日夕连秋声"，三、四两句则是对客观景物的描绘，进一步表现了诗人当时所处的环境和周围的气氛。眼中的沙丘城对诗人来说，只有城边的老树在秋风中日夜发出瑟瑟的声音。"古树""秋声"象征着秋日萧条的景色，构成了一种凄清的意境。处在这样一种环境之中，诗人心里所想的又是什么呢？

"鲁酒不可醉，齐歌空复情"，五、六两句是说诗人处在如此凄凉的环境之中，只能以饮酒来消愁，但酒却不能忘忧；以听音乐来解去心头的烦闷，歌声虽美，但也不能消愁。"齐""鲁"都是指诗人当时所在之地。"不可醉"，指没有兴趣去痛饮酣醉。"空复情"是指因为自己无意去欣赏，歌声也只能徒有其情。鲁酒、齐歌皆用典。《庄子·外篇·胠箧》："鲁酒薄而邯郸围。"据《淮南子》许慎注，楚国大会诸侯时，鲁国、赵国都向楚王献酒。管酒的官吏私下向赵国讨酒，赵国不给，官吏大怒，把鲁酒代替赵酒献给楚王。楚王误以为赵酒薄，便包围了赵国都邯郸。后来常以鲁酒代称薄酒。南北朝梁、北魏庾信《哀江南赋序》："鲁酒忘忧之用。"齐歌，则用宁戚饭牛而歌，被齐桓公用为相的典故。这两句说鲁酒齐歌（意谓求仕）都不足以打动自己的心，以衬托思念杜甫之深情。中间四句采用了化无形为有形、托物传情的表现手法，是融情入景。

"思君若汶水，浩荡寄南征"，结尾两句点明了诗的主题。这两句是说：我对你的思念之情，就如同这滚滚长流的汶水一样，永无休止的时候。以流水来比喻情思的不断，是古人的习惯用法。前六句无一"思"字和"君"字，直到结尾才说出"思君"二字，前六句都是为最后两句作铺垫和创造艺术气氛的。结尾两句是对全诗内容的自然收束，诗人巧妙地把情感寄托于流水，化流波为情思，言有尽而意无穷。

这首诗毫无修饰之感，直抒胸臆，散中有对，中间四句虽非工整的对仗，但却是古中有律。结尾两句运用比喻，形象鲜明地表达了诗人深厚的友情。（东民）

【原文】

寄王屋山人孟大融

我昔东海上，劳山餐紫霞⁽¹⁾。亲见安期公，食枣大如瓜⁽²⁾。中年谒汉主⁽³⁾，不惬还归家。朱颜谢春晖⁽⁴⁾，白发见生涯。所期就金液⁽⁵⁾，飞步登云车⁽⁶⁾。愿随夫子天坛上⁽⁷⁾，闲与仙人扫落花。

【毛泽东圈评等情况】

毛泽东曾圈阅此诗。他圈阅较多的一本中华书局印行的清沈德潜编选《唐诗别裁集》卷六中五言古诗类载有这首《寄王屋山人孟大融》。

[参考] 张贻玖：《毛泽东评点、圈阅的中国古典诗词》，
中国工人出版社 1992 年版，第 228 页。

【注释】

（1）劳山，古代又曾称牢山、崂山、鳌山等，在山东青岛东部，濒临黄海。餐紫霞，成仙得道。南朝梁萧统《文选·颜延年〈五君咏〉》："本自餐霞人。"李周翰注："餐霞，仙者之流。"

（2）"亲见"两句是用典。《史记·孝武本纪》："少君言于上曰：'……臣尝游海上，见安期生，食巨枣大如瓜。'"安期公，传说琅琊郡隐士，在海边以卖药为生，老而不死，后来得道成仙，被称为"千岁翁"。

（3）汉主，唐朝人避尊者讳，也是为了免祸，讽喻当朝时，常借汉喻唐。汉主实指唐玄宗。

（4）朱颜，青春健壮的面色。

（5）金液，葛洪《抱朴子》卷四《金丹篇》："金液太乙所服而成仙者也，不减九丹矣。合之用古秤黄金一斤，并用玄明龙膏、太乙旬首中石、

冰石、紫游女、玄水液、金化石、丹砂封之，百日成水。真经云：金液入口，则其身皆金色。"

（6）云车，仙人所乘之车。《淮南子·原道训》："昔者冯夷，大丙之御也，乘云车入云蜺，游微雾。"南朝梁萧统《文选·曹植〈洛神赋〉》："载云车之容裔。"刘良注："神以云为车。"

（7）天坛，王屋山的绝顶名天坛。

【赏析】

开元年间，唐玄宗李隆基在王屋山为道教上清派宗师司马承祯敕建阳台观。司马承祯是李白的诗友，可能是应他的邀请，唐玄宗天宝三年（744）的冬天，李白同杜甫一起渡过黄河，去王屋山，他们本想寻访道士华盖君，但没有遇到。这时他们见到了一个叫孟大融的人，志趣相投，所以李白挥笔给他写下了这首诗。

这首诗抒发了作者成仙得道的思想。"王屋山"，在今河南济源西北九十里，西临山西阳城。其名称来历，或说山有三重，其状如屋；或说以其山形如王者车盖；或说山空其中，仙人居之，其内广阔如王者之宫，其绝顶曰天坛。王屋山自古为道教圣地，号称"清虚小有洞天"，位居道教十大洞天之首。"山人"，即隐士。"孟大融"，生平未详。

全诗共十二句，可分为两节。"我昔东海上"以下六句为第一节。此诗以寄友人方式，叙述诗人生活经历。按时间顺序来写，先写青年时期："我昔东海上，劳山餐紫霞。"首二句叙事。"劳山"，又名崂山、牢山，即今山东东崂山，濒临东海。"餐紫霞"，指成仙得道。南朝梁萧统《文选·颜延年〈五君咏〉》："本身餐霞人。"李周翰注："餐霞，仙者之流。"起首二句是说，我青年时期就遨游东海之滨，在劳山求仙学道。李白于开元二十三年（735）举家移居山东任城（今山东济宁），游劳山当在此时。

"亲见安期生，食枣大如瓜"，三、四句是用典。《史记·孝武本纪》："少君言于上曰："……臣尝游海上，见安期生，食巨枣大如瓜。"以"亲见"的事实说明对道教的虔诚。当时，唐玄宗醉心追求长生，提倡道教，宫廷中养着不少道士，知识分子也往往假借隐居学道作为进身之阶。天宝元年（742）李白四十二岁时，到浙江嵊县跟著名道士吴筠一起做隐士。同年，吴筠受到玄宗赏识，召赴京师长安。李白因受吴筠的荐举，而被召往京都。不到二年，便被"赐金放还"。"中年谒汉主，不惬还归家"，五、六句说的就是这段经历。"汉主"实指唐玄宗，这是借汉喻唐。

"朱颜谢春晖"以下六句为第二节，写诗人晚年仍坚持学道。"金液"，葛洪《抱朴子》卷四《金丹篇》："金液太乙所服而成仙者也。"几句是说，晚年的诗人脸上失去了青春的光彩，满头白发是他坎坷经历的见证。他唯一的希望就是口服金液，快速地登上仙人所乘之车。希望随着孟大融道士住在王屋山顶峰天坛，闲暇时为仙人扫取地上的落花。意谓愿随孟大融学道求仙，过隐居生活，归结到寄孟大融本意。可见，求仙学道是李白的生活和思想的一个重要方面，是我们研究李白诗歌创作的一个重要切入点。

唐玄宗是李白诗歌的"粉丝"。李白离开了长安，他的诗通过各种渠道及时地传到皇帝的耳朵里。这首崂山诗激发了唐玄宗对崂山的浓厚兴趣，四年之后，他派遣几名道士前往崂山采药，并将崂山命名为"辅唐山"，简直把崂山视若左臂右膀了。上行下效，崂山因此而出了名。这不能不归功于李白的诗篇。（毕桂发）

【原文】

闻王昌龄左迁龙标遥有此寄

杨花落尽子规啼⁽¹⁾，闻道龙标过五溪⁽²⁾。
我寄愁心与明月⁽³⁾，随风直到夜郎西⁽⁴⁾。

【毛泽东圈评等情况】

毛泽东曾圈阅此诗。他圈阅的一本中华书局印行的清沈德潜编选《唐诗别裁集》卷十九中七言绝句类载有这首《闻王昌龄左迁龙标遥有此寄》。

[参考] 张贻玖：《毛泽东评点、圈阅的中国古典诗词》，
中国工人出版社 1992 年版，第 227 页。

（1）落尽，一作"扬州花落"。杨花，杨絮。子规，即杜鹃鸟，相传其啼声哀婉凄切。

（2）龙标，今湖南黔阳，唐时甚僻。诗中指王昌龄，古人常用官职或任官之地的州县名来称呼一个人。五溪，指巫溪、武溪、酉溪、沅溪、辰溪，在今湖南西部和贵州东部一带（见《通典》）。

（3）与，这里是给的意思。

（4）随风，一作"随君"。夜郎，汉代中国西南地区少数民族曾在今贵州西部、北部和云南东北部及四川南部部分地区建立过政权，称为夜郎。唐代在今贵州桐梓和湖南沅陵等地设过夜郎县。这里指湖南的夜郎（在今新晃侗族自治县境，与黔阳邻近）。李白当时在东南，所以说"随风直到夜郎西"。

【赏析】

《闻王昌龄左迁龙标遥有此寄》是李白为好友王昌龄贬官而作的抒发感愤、寄以慰藉的好诗。

素称"诗家夫子"的王昌龄是李白的挚友。约在唐玄宗天宝八年（749），王昌龄被贬到荒僻的龙标去做官，也就是现在的湖南黔阳。古时习惯称降职为左迁。李白闻知自己的好友遭受谗毁，同情关注之情难以抑制，写下了这首一往情深的诗篇。"遥有此寄"四字写得郑重，让人掂得出远隔千里寄去的这首小诗中饱含的一片真诚。

"杨花落尽子规啼，闻道龙标过五溪。"首二句以写景起兴兼点时令。"杨花落尽"是暮春景象，"子规啼"也是暮春时才能听到的，使人产生了一种空旷孤寂的情绪。用"落尽"和悲鸣，把"闻道"的气氛作了渲染。此句已于景中见情，因此次句便直叙其事："闻道龙标过五溪。"次句表明诗人听到了好友远谪的消息。此句所强调的是友人被贬之地的僻远，人心的悲戚也就更加深了一层。前两句诗还充满了诗人深深的遗憾。这种遗憾是因为听到友人被贬的消息太晚，未能为友人送行所造成的。在这里，诗人并没有明显地倾诉自己的感情，而是将自己对友人纯真的友情和对自然景物的描写交融在一起，景语中蕴含着浓郁的情味。

"我寄愁心与明月，随风直到夜郎西"，三、四两句抒情。诗人以浪漫主义的手法，用丰富的想象通过明快的语言，把他那种真挚的友情、焦急的关切高度地概括了出来。"寄"表露出对朋友的一片真情。这两句诗中饱含了诗人对友人无限的关切和思念。"直"字更写出了诗人那种急切要前往抚慰友人的深婉情致。"随风"二字，与题目的"遥有此寄"四字相切，情致颇为悠远。清沈德潜评此句曰："即将心寄明月，流影入君怀，意出以摇曳之笔，语意一新。"

这首诗借景抒情。起句只以口头语写眼前景，不言愁，而愁自见。诗句看似毫不经心，实则为"写景入神""词显情深"之笔。结句不仅想象超人，而且写得极为开阔，余意不尽，通过美好的想象，无形中使人陶醉在诗意盎然的境界之中。（毕英男　刘盛楠）

【原文】

庐山谣寄卢侍御虚舟

我本楚狂人，凤歌笑孔丘⁽¹⁾。手持绿玉杖⁽²⁾，朝别黄鹤楼⁽³⁾。五岳寻仙不辞远⁽⁴⁾，一生好入名山游。庐山秀出南斗傍⁽⁵⁾，屏风九叠云锦张⁽⁶⁾，影落明湖青黛光⁽⁷⁾。金阙前开二峰长⁽⁸⁾，银河倒挂三石梁⁽⁹⁾。香炉瀑布遥相望⁽¹⁰⁾，回崖沓嶂凌苍苍⁽¹¹⁾。翠影红霞映朝日，鸟飞不到吴天长⁽¹²⁾。登高壮观天地间⁽¹³⁾，大江茫茫去不还⁽¹⁴⁾。黄云万里动风色⁽¹⁵⁾，白波九道流雪山⁽¹⁶⁾。好为庐山谣，兴因庐山发。闲窥石镜清我心⁽¹⁷⁾，谢公行处苍苔没⁽¹⁸⁾。早服还丹无世情⁽¹⁹⁾，琴心三叠道初成⁽²⁰⁾。遥见仙人彩云里，手把芙蓉朝玉京⁽²¹⁾。先期汗漫九垓上⁽²²⁾，愿接卢敖游太清⁽²³⁾。

【毛泽东圈评等情况】

1959 年 8 月 6 日，毛泽东写信给刘松林说："娃：你身体是不是好些了？妹妹考了学校没有？我还算好。比在北京是好些。登高壮观天地间，大江茫茫去不还。黄云万里动风色，白波九道流雪山。这是李白的几句诗。你愁闷时可看点古典文学，可起消愁破闷的作用。久不见甚念。"

刘松林，原名刘思齐。1949 年 10 月同毛泽东的长子毛岸英结婚。1950年 11 月毛岸英在抗美援朝战争中牺牲。1957 年 9 月至 1961 年 8 月，刘松林在北京大学俄罗斯语言文学系学习。

[参考]《毛泽东年谱》(1949—1976)，第四卷，中央文献出版社
2013 年版，第 138 页。

毛泽东于 1963 年 9 月 16 日书写"登高壮观天地间，大江茫茫去不还。黄云万里动风色，白波九道流雪山"四句时，加了个小注云：李白"庐山谣"一诗中的几句。登庐山，望长江，书此以赠庐山党委诸同志。"

[参考]中央档案馆编：《毛泽东手书古诗词选》，文物出版社、
档案出版社 1984 年版，第 51 页。

毛泽东手书过这首《庐山谣寄卢侍御虚舟》(用中国人民军事委员会红色竖格每页八行信笺)。

[参考]中央档案馆编：《毛泽东手书选集·古诗词卷(上)》，
北京出版社 1996 年版，第 123—126 页。

李白那些强烈追求个性解放，不畏权贵，不崇拜偶像的诗，毛泽东都很欣赏。如《庐山谣寄卢侍御虚舟》中的"我本楚狂人，凤歌笑孔丘"，对封建社会尊为圣人的孔夫子都敢直呼其名；《梦游天姥吟留别》中的"安能摧眉折腰事权贵，使我不得开心颜"，表现了诗人蔑视世俗权贵的一身傲骨；《宣州谢朓楼饯别校书叔云》中的"弃我去者，昨日之日不可留；乱我心者，今日之日多烦忧。长风万里送秋雁，以此可以酣高楼""抽刀断水水更流，举杯消愁愁更愁"，反映诗人怀才不遇，极端沉重的苦闷心情。毛泽东在这些诗句旁都画有着重线；在好几本诗集中，这些诗的标题前都画着两个、三个圈，有的诗集中，标题后连画三个小圈。

[参考]张贻玖：《毛泽东评点、圈阅的中国古典诗词》，
中国工人出版社 1992 年版，第 82 页。

【注释】

（1）楚狂人，指春秋时楚国人陆通，字接舆，因不满楚昭王的政治，佯狂不仕，时人谓之"楚狂"。凤歌，在孔丘到楚国时，接舆在其车旁唱"凤兮，凤兮，何如德之衰也，来世不可待，往世不可追也。"（《庄子·人间世》）故称"凤歌"。这两句是用典。楚狂，在此是诗人以陆通自比，表现对政治的不满，而要像楚狂那样游览名山过隐居的生活。

（2）绿玉杖，镶有绿玉的杖，传为仙人所用。

（3）黄鹤楼，位于湖北武汉长江南岸的武昌蛇山峰岭之上，享有"天下江山第一楼""天下绝景"之称。

（4）五岳，即东岳泰山，西岳华山，南岳衡山，北岳恒山，中岳嵩山。此处泛指中国名山。

（5）秀出，突出。南斗，星名，即二十八宿中的斗宿。庐山所在地浔阳属南斗分野，江西星子即浔阳郡地，庐山在今江西北部星子西北长江南岸，故称"南斗傍"。这里指秀丽的庐山之高，突兀而出。

（6）屏风九叠，即庐山五老峰东北的九叠屏，因山九叠如屏而得名，也称屏风叠。云锦张，是说九叠屏像云霞锦绣似的张开着。

（7）"影落"句，指庐山倒映在明澈的鄱阳湖中。影，指庐山的倒影。明湖，指鄱阳湖。青黛光，青黑色。

（8）金阙，阙为皇宫门外的左右望楼，金阙指黄金的门楼。这里借指庐山的石门——庐山西南有铁船峰和天池山，二山对峙，形如石门。北魏郦道元《水经注·庐江水》："庐山之北有石门水，水出岭端，有双石高竦，其状若门，因有石门之目焉。"二峰，指香炉峰和双剑峰。

（9）银河，指瀑布，即屏风叠附近之三叠泉。王琦注："今三叠泉在九叠屏之左，水势三折而下，如银河之挂石梁，与太白诗句正相吻合。"三石梁，北魏郦道元《水经注·庐江水》引《浔阳记》："庐山上有三石梁，长数十丈，广不盈尺，杳然无底。"

（10）香炉，指南香炉峰。瀑布，黄岩瀑布。

（11）回崖，曲折的悬崖。沓（tà）嶂，重叠的山峰。凌，凌越。苍苍，指苍青色的天空。

（12）吴天，吴地上空。九江春秋时属吴国。

（13）壮观，雄伟的景象。

（14）大江，指长江。

（15）黄云，昏暗的云色。风色，天色，天气。

（16）白波九道，古谓长江流至浔阳分为九道。李白在此沿用旧说，并非实见九道河流。雪山，白色的浪花，形容白波汹涌，堆叠如山。

（17）石镜，古代关于石镜有多种说法，诗中的石镜应指庐山东面的"石镜"。传说在庐山东面有一圆石悬岩，平滑如镜，可照人影。清我心，清涤心中的污浊。《太平寰宇记》："石镜在东山悬崖之上，其状团圆，近之则照见形影。"

（18）谢公，指南朝宋诗人谢灵运。谢灵运曾进彭蠡湖口，登庐山，其《入彭蠡湖口》诗中有"攀崖照石镜"句。

（19）服，服食。还丹，道家术语，丹砂烧成水银，积久又还成丹砂，叫还丹。道家谓人取而食之，即可白日升天。见晋葛洪《抱朴子·金丹》。

（20）琴心三叠，道家修炼术语，指修炼有了一定的功夫。《黄庭内景经》言"其心和则神悦"，故谓"道初成"。

（21）玉京，传说是道教天神元始天尊所居之地。道教称元始天尊在天中心之上，名玉京山。

（22）先期，预先约会。汗漫，据《淮南子·道应训》载，卢敖游到北海，遇一个奇形怪状的神仙，笑卢所见不广。卢约他同游，他说他与"汗漫""相期于九垓（九天）之外"，遂跳入云中。汗漫，隐含不可知、无边际的意思。

（23）卢敖，秦始皇的博士，为秦始皇求仙不归。此是指卢待御。太清，最高的天空。道家以"玉清""上清""太清"为三清。《太平御览》卷六五九《太真科》曰："……三清之间各有正位，圣登玉清，真登上清，仙登太清。"

【赏析】

《庐山谣寄卢侍御虚舟》一诗作于唐肃宗上元元年（760），即诗人流放夜郎途中遇赦回来的次年。李白遇赦后从江夏（今湖北武昌）往浔阳

（今江西九江）重游庐山时，作此诗寄卢虚舟。当时李白已经历尽磨难，始终不愿向折磨他的现实低头，求仙学道的心情更加迫切。李白时年六十。

"庐山"，风景胜地，在今江西九江南。因古代有匡氏兄弟在此结庐学道而得名。"卢侍御"，名虚舟，字幼真，唐范阳（今北京大兴）人。以"遁世颐养，操持有清廉之誉"，被唐肃宗任为殿中侍御史。曾与李白同游庐山。李白另有《和卢侍御通塘曲》。这首诗写庐山名胜，并借以抒发寂寞痛苦心境。

诗的"我本楚狂人"等前六句为第一节，交代来庐山的行踪。"我本楚狂人，凤歌笑孔丘。"开头二句说，我本来就像楚国的狂人接舆，高唱凤歌嘲笑孔丘。这是一个典故。楚国的狂士接舆，在孔子去楚国时，曾对孔子唱道："凤兮凤兮，何如德之衰也，来世不可待，往世不可追也。"孔子下车追已不见了（见《庄子·人间世》）。李白以楚狂自比，表示已厌倦世事，要去过隐居生活了。"绿玉杖"，神话中仙人用的玉石手杖。"手持"四句说，我像仙人一样拿着绿玉杖，在晨曦中离开黄鹤楼，即使到五岳求仙也不怕远，因为我一生就爱到名山大川里游玩。在充满神话色彩的述说中，交代了他从武昌到庐山的行踪，也抒写了诗人寻仙访道的情怀。

"庐山秀出南斗傍"以下十三句为第二节。以下便展开了对庐山风景的生动描绘。描写又是极有层次的。"庐山秀出南斗傍"三句，用鸟瞰笔法，写庐山概貌："南斗"，星名，即斗宿，浔阳属南斗分野。江西星子即浔阳郡地，庐山在星子西北，故称"南斗傍"。"屏风九叠"，即庐山五老峰东北的九叠云屏。这三句是说，庐山秀丽挺拔坐落在南斗分野的旁边，九叠屏风像云霞锦绣似的张开着，它的倒影映在鄱阳湖中，闪烁着墨绿色的光芒。湖光山色，景色宜人。

接着"金阙前开二峰长"四句用工笔细描，写庐山的瀑布。"金阙"，指庐山的金阙岩，又名"金门"。北魏郦道元《水经注·庐江水》："庐山之北有石门水，水出岭端，有双石高竦，其状若门，因有石门之目焉。""三石梁"，清王琦注说："今三叠泉在九叠屏之左，水势三折而下，如银河之挂石梁，与太白诗句正相吻合。"这四句是说，金阙岩两边双峰对峙，三石梁瀑布好像银河倒挂，与香炉峰瀑布遥遥相对，两瀑布中间的悬崖峭壁直插云天，这是仰视所见。

"翠影红霞映朝日"二句逐渐从山中过渡到山外，是说旭日东升，翠绿山色与满天红霞相映成趣，连鸟也飞不出辽阔无边的吴地天空。以上诗人不断变化视角和手法，层层写来，把庐山壮丽的水光山色，写得引人入胜。这是写山里。然后，诗人笔锋转向山外，挥如椽大笔，描绘庐山脚下的万里长江的雄伟气势："登高壮观天地间，大江茫茫去不还。黄云万里动风色，白波九道流雪山。""九道"，指长江至浔阳分为九条支流。"白波""雪山"，泛指江流激起的波浪。这几句是说，登上庐山高峰，纵目四望，只见浩浩大江，东流入海，黄云万里，变幻无常，茫茫九派，白波奔流。诗人激情满怀，笔酣墨饱，将长江的境界写得雄伟壮丽，气象万千。

"好为庐山谣"以下十句为第三节，壮丽的河山使诗人的诗兴大发："好为庐山谣，兴因庐山发。"诗人一生中多次游庐山，写下了不少讴歌庐山的诗篇，这诗情都是由庐山的美景引发的。这是诗人晚年最后一次游山，情况有所不同："闲窥石镜清我心，谢公行处苍苔没。""石镜"，《太平寰宇记》："石镜在东山悬崖之上，其状团圆，近之则照见形影。""谢公"，指谢灵运。谢灵运《入彭蠡湖口》诗中有"攀崖照石镜"之句。这二句意思是说，我来庐山本来是要照照石镜以清除我的尘心杂念，却发现谢公的足迹已被苍苔所没。言外之意，是我已清醒过来，决心像谢灵运那样寄情山水，远离尘嚣，可很多人还不觉悟，这当然也包括卢虚舟。

诗的最后六句，抒写决心学仙得道遁迹山林的情怀。"早服还丹"句中的"还丹"，是道家术语，丹砂烧成水银，积久又还成丹砂，叫作还丹。人取而食之，即可白日升天。这是李白迷信道教，想入非非。"琴心三叠"，《黄庭内景经》："琴心三叠舞仙胎。"梁丘子注："琴，和也，三叠三丹田，谓与诸宫重叠也。"言"其心和则禅悦"，故说"道初成"。"玉京"，据说是道教天神元始天尊所在之地。"早服"四句是说，我早已服了九转金丹，再不留恋尘世的感情；按照道教的方法修炼，也初步得道。我仿佛看见仙人在彩云里，手拿着荷花到道教圣地朝拜。最后，"先期汗漫九垓上"二句，诗人用了一个典故。《淮南子·道应训》记载，卢敖（秦始皇的博

隋唐五代诗

士，为秦始皇求仙不归）游到北海，遇到一个奇形怪状的神仙，笑卢敖所见不广。卢敖约他同游，他不能应卢敖之邀，说他与"汗漫""相期（约会）于九垓（九天）之外"，遂跳入云中。"汗漫"，不可知。"太清"，最高的天空。道教以"玉清""上清""太清"为三清。末二句是说，自己和《淮南子》中所说的那个神奇人物一样，早已和"汗漫"约好要到九天之外聚会，希望早日迎接卢虚舟一道去遨游太空。至此诗便戛然而止，余味无穷。清沈德潜编选《唐诗别裁集》说："先写庐山形胜，后言寻幽不如学仙，与卢敖同游太清，此素愿也。笔下殊有仙气。"《唐宋诗醇》说："天马行空，不可羁绁。"

这首诗有对儒家思想的嘲弄，对世俗生活的厌倦，也有对祖国壮丽河山的挚爱，一面希望摆脱世情，追求神仙生活，一面又留恋现实，热爱人间风物。但主要思想是对道教的崇拜，对神仙生活的追求，这当然是消极的，但在当时学道成仙，意味着不和统治者同流合污，也不失为高尚、明智之举。

这首诗想象丰富，意境开阔，感情奔放，风格豪放飘逸，境界雄奇瑰玮，笔势错综变化，气势雄伟。诗韵亦随着诗人情感的变化几次转换，跌宕多姿，极尽抑扬顿挫之美，富于浪漫主义色彩，给人以美感享受，所以历来受到人们的珍爱。

毛泽东非常喜爱这首诗。在《毛泽东手书选集》里，收有《庐山谣寄卢侍御虚舟》全诗一帧，用纸为红线竖格的"中国人民军事委员会"稿纸，可知书写时间在 20 世纪 50 年代末 60 年代初。间或有几个别字，当是凭记忆书写。此诗中"登高壮观天地间"四句，毛泽东在 1959 年 8 月和 1963 年 9 月曾两次手书，一赠长媳刘松林，一赠庐山党委诸同志。其所重者，在于这四句诗所写壮阔雄浑之境，概与他的宽广胸襟相吻合。书以赠人，当是劝他人开阔胸襟之意。此外，游历名山大川，也是毛泽东一生所好。早在青年时代，他就在《讲堂录》中写道："汗漫九垓，遍游四宇""游之为益大矣哉！""益在何处？""陶写胸襟，可以养气。""消愁破闷""陶写胸襟"，正是毛泽东对文学审美娱乐作品的强调。（毕桂发）

秋日鲁郡尧祠亭上宴别杜补阙范侍御

我觉秋兴逸⁽¹⁾，谁云秋兴悲⁽²⁾？山将落日去⁽³⁾，水与晴空宜⁽⁴⁾。鲁酒白玉壶⁽⁵⁾，送行驻金羁⁽⁶⁾。歇鞍憩古木，解带挂横枝。歌鼓川上亭⁽⁷⁾，曲度神飙吹⁽⁸⁾。云归碧海夕，雁没青天时。相失各万里，茫然空尔思⁽⁹⁾。

【毛泽东圈评等情况】

毛泽东曾圈阅这首《秋日鲁郡尧祠亭上宴别杜补阙范侍御》。他圈阅较多的中华书局印行的清沈德潜编选《唐诗别裁集》卷二中五言古诗类载有这首《秋日鲁郡尧祠亭上宴别杜补阙范侍御》。

[参考] 张贻玖：《毛泽东评点、圈阅的中国古典诗词》，中国工人出版社 1992 年版，第 227 页。

【注释】

（1）逸，闲适，安乐。《国语·吴语》："今大夫老，又不自安恬逸，而处以念恶。"韦昭注："逸，乐也。"

（2）秋兴悲，战国楚宋玉《九辩》以"悲哉，秋之为气也"开头，接着描写秋天的萧瑟景象。后代文人常以悲秋作为诗赋的题材。

（3）将，带的意思。

（4）"水与"句，指绿水蓝天，相映成趣。宜，适当，适宜。

（5）鲁酒，鲁国出产的酒，味淡薄。后作为薄酒、淡酒的代称。庾信《哀江南赋序》："楚歌非取乐之方，鲁酒无忘忧之用。"

（6）驻金羁，即停住车马。羁，本是马络头，这里代指马。

（7）歌鼓，大约指唱歌打鼓。

（8）曲度，曲子的节拍。三国魏曹丕《典论·论文》："譬诸音乐，曲度虽均，节奏同检。"这里指音乐。神飙吹，形容吹奏得有力。飙（biāo），疾风。

（9）空尔思，徒然想念你们。尔，你们。

【赏析】

这首诗是李白与两友人分别时所作。"鲁郡"，后晋刘昫等《旧唐书·地理志》："河南道兖州，天宝元年改兖州为鲁郡。"在今山东曲阜东。"尧祠"，唐李吉甫《元和郡县志》卷十："尧祠在兖州瑕丘县南七里洙水之右。"在今山东兖州东北。杜补阙、范侍御，均为李白友人，名字、生平不详。补阙，是门下省属官，掌管供奉、讽谏。侍御，御史台属官殿中侍御史、监察御史之简称。此诗当作于李白漫游东鲁时期。诗中抒写了诗人送别友人时的豪情逸致和怅然情绪。

全诗可分三节。前四句为第一节，写送别的时间和地点。"我觉秋兴逸，谁云秋兴悲？"诗以议论开端，直陈自己的看法："秋兴逸。""逸"即快乐，就是说诗人认为秋天是快乐的。快乐的反面是悲哀，所以次句反问："谁云秋兴悲？"战国楚宋玉在《九辩》中有"悲哉秋之为气也"之类的话，把秋天的景象描绘得一片肃杀，令人悲伤。后代文人常以悲秋作为诗赋的题材，就连杜甫也有"万里悲秋常作客"的句子，说明这种看法相当普遍。而李白却大唱反调，表现了他的反传统的精神，同时也扣合了"秋日"题意。为全篇定下了基调。"山将落日去，水与晴空宜"，三、四句交代了送行的具体时间和地点。时间是夕阳西下、落日归山之时；地点是绿水蓝天、相映成趣的尧祠亭上。"将""与"两个主观色彩很浓的动词把"群山""落日""水""晴空"联结成一幅动人的图画，烘托出诗人欢乐的心情。"水与晴空宜"，使人想起唐王勃"秋水共长天一色"（《滕王阁序》）的名句。

"鲁酒白玉壶"等六句为第二节，写宴别场面。宴饯是欢快而热烈的：酒是当地产的上好"鲁酒"，酒器是名贵的白玉壶，送行的人都停下马来，在古树下休息，把佩带挂在横生的树枝上。宾主围坐在尧祠亭上，开怀畅饮，还唱歌击鼓助兴，欢快的乐曲像疾风似的飘荡。宴饮进行得热烈、欢快，逐渐达到了高潮。

末四句为第三节，写宴后送别。"云归碧海夕，雁没青天时。"两句写宴散时已是黄昏。时间本来是抽象的，但诗人用白云飘向碧海，大雁在天空中消失来表现，便生动形象。最后，全诗以"相失各万里，茫然空尔思"作结，此地一别，天各一方，留下的是朋友间的无尽的思念，便戛然而止，意味深长。

李白这首诗，既是送别，又是抒情，把主观的情感融注到被描写的各种对象之中，语言自然而夸张，层次分明而有节奏。尤其可贵的是，诗的格调高昂、明快、豪放，具有很强的艺术感染力。明代陆时雍《唐诗镜》说："所谓逸兴遄飞，此等处是太白本相。"《唐宋诗醇》说："飘然而来，戛然而止。格调高逸，有如鹏翔未息，翩翩而自逝。"（毕桂发）

【原文】

梦游天姥吟留别

海客谈瀛洲，烟涛微茫信难求[1]。越人语天姥，云霞明灭或可睹[2]。天姥连天向天横，势拔五岳掩赤城[3]。天台四万八千丈[4]，对此欲倒东南倾。我欲因之梦吴越，一夜飞度镜湖月[5]。湖月照我影，送我之剡溪[6]。谢公宿处今尚在，渌水荡漾清猿啼[7]。脚着谢公屐，身登青云梯[8]。半壁见海日，空中闻天鸡[9]。千岩万转路不定[10]，迷花倚石忽已暝。熊咆龙吟殷岩泉[11]，栗深林兮惊层巅。云青青兮欲雨，水澹澹兮生烟[12]。列缺霹雳[13]，丘峦崩摧。洞天石扉[14]，訇然中开。青冥浩荡不见底，日月照耀金银台[15]。霓为衣兮风为马，云之君兮纷纷而来下[16]。虎鼓瑟兮鸾回车[17]，仙之人兮列如麻。忽魂悸以魄动，恍惊起而长嗟[18]。惟觉时之枕席，失向来之烟霞。世间行乐亦如此，古来万事东流水。别君去兮何时还？且放白鹿青崖间[19]，须行即骑访名山。安能摧眉折腰事权贵[20]，使我不得开心颜！

【毛泽东圈评等情况】

毛泽东在一本中华书局印行的清蘅塘退士编《唐诗三百首》七言古诗类这首《梦游天姥吟留别》诗题头上方画了一个大圈，并在正文上方天头空白处连画三个小圈。

[参考] 中央档案馆整理：《毛泽东评点诗词曲精选（上册）》，
中国档案出版社 1998 年版，第 28 页。

1945 年 10 月 2 日，毛泽东在重庆红岩村八路军办事处同诗人柳亚子、画家尹瘦石晤时说："记得小时候，最不耐烦的是图画，在纸上画了一条横线，一条弧线交卷。先生问我画的是什么，我说是李太白诗意：'半壁见海日。'"

> [参考] 华音：《在红岩村画像——毛泽东和尹瘦石》，《毛泽东交往录》，人民出版社 1991 年版，第 146—147 页。。

毛泽东《答友人》诗中"我欲因之梦寥廓"系由李白《梦游天姥吟留别》中"我欲因之梦吴越"句化出。

> [参考]《毛泽东诗词集》，中央文献出版社 1996 年版，第 118 页。

毛泽东曾手书这首《梦游天姥吟留别》。

> [参考] 中央档案馆整理：《毛泽东评点诗词曲精选（上册）》，中国档案出版社 1998 年版，第 127—133 页。

李白那些强烈追求个性解放，不畏权贵，不崇拜偶像的诗，毛泽东都很欣赏。如《庐山谣寄卢侍御虚舟》中的"我本楚狂人，凤歌笑孔丘"，对封建社会尊为圣人的孔夫子都敢直呼其名；《梦游天姥吟留别》中的"安能摧眉折腰事权贵，使我不得开心颜"，表现了诗人蔑视世俗权贵的一身傲骨；《宣州谢朓楼饯别校书叔云》中的"弃我去者，昨日之日不可留；乱我心者，今日之日多烦忧。长风万里送秋雁，以此可以酣高楼""抽刀断水水更流，举杯消愁愁更愁"，反映诗人怀才不遇，极端沉重的苦闷心情。毛泽东在这些句旁都画有着重线；在好几本诗集中，这些诗的标题前都画着两个、三个圈，有的诗集中，标题后连画三个小圈。

> [参考] 张贻玖：《毛泽东评点、圈阅的中国古典诗词》，中国工人出版社 1992 年版，第 82 页。

【注释】

（1）海客，浪迹海上的人。瀛洲，古代传说中的东海三座仙山之一（另两座叫蓬莱和方丈）。烟涛，波涛渺茫，远看像烟雾笼罩的样子。微茫，隐约，迷离。信，果真、确实。

（2）越人，指浙江一带的人。越，古国名，在今浙江一带。天姥，即天姥山，唐代属越州。云霞，一作"云霓"。明灭，忽明忽暗。

（3）"势拔"句：山势高过五岳，遮掩了赤城。拔，超出。五岳，指东岳泰山、西岳华山、中岳嵩山、北岳恒山、南岳衡山。赤城，和下文的"天台"都是山名，在今浙江天台北部。

（4）天台，山名，在今浙江天台北，此指天姥山。四万八千丈，一作"一万八千丈"，是夸张的说法。南朝齐梁陶弘景《真诰》："天台山高一万八千丈。"

（5）因，凭借。之，指越人关于天姥山的传说。镜湖，即鉴湖，在今浙江绍兴南面。

（6）剡（shàn）溪，水名，为曹娥江上游，在今浙江嵊州南。

（7）谢公，指谢灵运。谢灵运喜欢游山，游天姥山时，他曾到剡溪这个地方住过。渌水，清水。

（8）谢公屐（jī），谢灵运所制作的一种登山用的木鞋，鞋底装有活动的齿，上山取掉前齿，下山取掉后齿，以保持平衡（见唐李百药《南史·谢灵运传》）。青云梯，仙人升天时凭靠的云叫云梯，这里指山上直上云霄的小路、石级。南朝晋宋谢灵运《登石门最高顶》："惜无同怀客，共登青云梯。"

（9）天鸡，南朝梁任昉撰《述异记》载："东南有桃都山，上有大树名曰桃都，枝相去三千里，上有天鸡，日初出照此木，天鸡则鸣，天下之鸡皆随之鸣。"

（10）千岩万转，一作"千岩万壑"。"迷花"句，迷恋着花，依靠着石，不觉天色已经很晚了。暝，日落，天黑。

（11）"熊咆"句，熊在怒吼，龙在长鸣，岩中的泉水在震响。"殷岩泉"即"岩泉殷"。殷，这里用作动词，震响。"栗深林"句，使深林战栗，使层巅震惊。栗、惊，使动用法。

（12）青青，深青，这里指阴沉。澹澹（dàn），水波动荡的样子。

（13）列缺，指闪电。

（14）洞天石扉，訇然中开，仙府的石门，訇的一声从中间打开。

洞天，道家称神仙所居之处为洞天。石扉，石门。扉，一作"扇"。訇（hōng）然，巨大的响声。

（15）青冥，指天空。金银台，传说中神仙所居之处。晋郭璞《游仙诗》："神仙排云出，但见金银台。"

（16）云之君，指云神，这里泛指神仙。屈原《楚辞·九歌》中有《云中君》篇。

（17）回，驾驭。如麻，形容很多。虎鼓瑟，东汉张衡《西京赋》："白虎鼓瑟，苍龙吹箎。"鸾回车，鸾鸟驾着车。鸾，传说中的如凤凰一类的神鸟。回，旋转，运转。据《太平御览·道部·真人上》引《白羽经》："太真丈人，登白鸾之车，驾黑凤于九原。"

（18）悸，惊动。恍，恍然，猛然。

（19）君，指东鲁的友人。白鹿，传说中仙人的坐骑。白鹿，《楚辞·哀时命》："浮云雾而入冥兮，骑白鹿而客与。"

（20）摧眉折腰，低头弯腰。事，侍候。

【赏析】

这首诗题名一作《别东鲁诸公》，是天宝四年（745）李白将离开东鲁南下吴越时所作。"天姥"，山名，在今浙江天台西，近临剡溪。传说登山的人听到过仙人天姥的歌唱，因此得名。本篇以梦游驰骋想象，驱使神仙成群罗列，虎为鼓瑟，鸾为回车，丘峦崩裂，日月照耀，创造了奇异瑰丽的神仙世界。诗中表现对神仙世界的热烈向往与追求，反映了诗人在政治上失意时追求个人解脱的苦闷心情。最后两句表现了对权贵的蔑视，具有鲜明的反抗性，是全诗的主旨。

这是一首记梦诗，也是一首游仙诗。该诗意境雄伟，变化惝恍莫测。其缤纷多彩的艺术形象，新奇的表现手法，向来为人传诵，被视为李白的代表作之一。

全诗分为三节。"海客谈瀛洲"等开头八句为第一节，写诗人梦游的对象——天姥山的高大。其实，天姥不过是"一小丘耳，无可观者"（方苞语），但在诗人笔下，神奇莫测。开头"海客"四句，便以传说口吻写天姥，并以海上仙山"瀛洲"作衬垫。我听从海外回来的人谈起东海上仙山瀛洲，虽然令人神往，但隔着渺茫的万顷波涛，实在难以找到；可是我听越人谈起天姥山，云霞变幻，历历在目，想去看看，倒是可以办得到的。以传言写出诗人对天姥山的向往。接着，诗人就因越人之语而浮想联翩，来写他想象中的天姥山。诗人采用夸张和衬托的手法，把天姥山写得高耸入云，神乎其神，为下文的梦游作了铺垫。"五岳"指东岳泰山、西岳华山、南岳衡山、北岳恒山和中岳嵩山，为我国五大名山。对五岳而言，天姥山实际上是小巫见大巫，但在诗人的想象中天姥山却超过五岳并盖过赤城山，"天台山"虽高达"四万八千丈"，但却好像拜倒在天姥山下。这一抑一扬，既表现了天姥山的神奇景色，又抒发了诗人对天姥山的向往之情。

"我欲因之梦吴越"至"仙之人兮列如麻"为第二节。诗人用"我欲因之梦吴越"二句作为过渡，展开梦游天姥山的描写，是本篇的主体。又分两层来写，先写梦中登天姥山。诗中的主人公在月光的照耀下，一夜之间就飞渡了波平如镜的浙江绍兴的镜湖，乘着月色又来到"剡溪"，在青山绿水之间找到了当年谢灵运游剡溪时的栖息之处，穿上了谢灵运式的登山木屐，攀上了高入云霄的崇山峻岭，在半山腰上便看见了海上日出，听到了高空中天鸡的啼叫。南朝梁任昉撰《述异记》说："东南有桃都山，上有大树曰桃都，枝相去三千里，上有天鸡，日初出照此木，天鸡则鸣，天下之鸡皆随之鸣。"以上数句从诗人的视觉和听觉中写出梦中登山过程。从"千岩万转路不定"以下写梦游天姥山。登上山顶是曙光初照，然而随着蜿蜒的山路不断变化，在烂漫山花与奇怪岩石中流连忘返，累了倚石憩息，暮色突然降临，景观骤变。熊咆龙吟震动着崇石和泉水，山巅丛林也不寒而栗，惊骇万状。天上，浓云密布山雨欲来，地上，静静的湖面烟雾缭绕，一片神秘色彩。接着连用四个四字短句写道："列缺霹雳，丘峦崩摧。洞天石扉，訇然中开。"电闪雷鸣，山崩地裂，洞天仙景在隆隆声中诞生。洞中天地幽远浩渺，不知有多深，只见日月轮流照耀着神仙们居住的宫阙，以霓虹为衣，风云作马的神仙们纷纷下降。老虎鼓瑟，鸾鸟驾车，仙人浩浩荡荡来到了。群仙聚会的隆重而热烈的场面把梦境推向高潮。清沈德潜编选《唐诗别裁集》说："'飞渡镜湖月'以下，皆言梦中所历，一路离奇灭没，恍恍惚惚，是梦境，是仙境。""托言梦游，穷形尽相以极洞天之奇幻；至醒后，顿失烟霞矣。知世间行乐，亦同一梦，安能于梦中屈身权贵乎？吾当别去，遍游名山，以终天年也。诗境虽奇，脉理极细。"

"忽魂悸以魄动"至篇末为第三节。正当诗人迷离惝恍，目不暇接，陶醉在金光灿烂的神仙世界的时候，笔锋急转，戛然之间又堕入了黑暗污浊的现实世界。"忽魂悸以魄动，恍惊起而长嗟。惟觉时之枕席，失向来之烟霞。"诗人所惊的是梦幻的破灭，所叹的是现实的污秽。当他回到现实世界的时候，回想起神仙世界的美好，诗人才有"世间行乐亦如此"的感慨。"且放白鹿青崖间，须行即骑访名山"，也就是到名山求仙去。在李白那个时代，拒绝与腐朽的统治者合作是反抗的一种表现，最后诗人发出了"安能摧眉折腰事权贵，使我不得开心颜"的愤怒吼声，使压抑在诗人胸中的愤懑不平之气尽情吐出，痛快淋漓。它敞开了诗人的肺腑，倾吐出诗人的真情，唱出了人民的心声，点明了本篇的题旨。在诗文的末尾把主旨揭示出来，这种结尾方法叫作"卒章显其志"。这首诗是诗人出游吴越前"告别东鲁诸公"，却通篇写梦写幻，岂不让人如坠云里雾中吗？所以诗人"卒章显其志"，揭出题旨，告诫朋友，惊醒世人，用得恰到好处。

诗贵独创。这首诗是别开生面的赠别诗，它以"梦游"的形式，虚构了一个超脱现实的神仙世界，并以此留给友人，这就把离别和对自由和理想生活的追求结合起来了，表现了诗人不与权贵妥协的斗争精神。这正是"化实景为虚境，创形象以为象征，使人类最高的心灵具体化、肉身化，这就是'艺术境界'"（宗白华《中国艺术境界之诞生》）。这首诗的突出艺术特色，就在于诗人创造了富有美感的意境。

这首诗是篇歌行体作品，基本上是七字句，但也有四、五、六、九字的，错综复杂，变化多端；用韵极自由，全篇有"求""睹""倾""月""鸡""暝""烟""台""下""霞""水""颜"等十二处换韵，因此音节声调，有时急促，有时舒缓，有时低沉，有时高昂，自然流转，生动异常。再加上大胆的想象、奇特的夸张、历史人物和神话传说的穿插，有力地表现了李白那高傲不凡的个性、奔放不羁的感情，洋溢着浓厚的浪漫主义精神。

从毛泽东手书、圈阅、引用、化用这首诗的情况来看，他对此诗极为欣赏。（毕桂发）

【原文】

金陵酒肆留别

风吹柳花满店香⁽¹⁾，吴姬压酒唤客尝⁽²⁾。

金陵子弟来相送⁽³⁾，欲行不行各尽觞⁽⁴⁾。

请君试问东流水⁽⁵⁾，别意与之谁短长？

【毛泽东圈评等情况】

毛泽东曾圈阅这首《金陵酒肆留别》。他圈阅较多的一本中华书局印行的清沈德潜编选《唐诗别裁集》卷六中七言古诗类载有这首《金陵酒肆留别》。

[参考] 张贻玖：《毛泽东评点、圈阅的中国古典诗词》，中国工人出版社 1992 年版，第 228 页。

【注释】

（1）风吹，一作"白门"（金陵城西门）。满，一作"酒"。

（2）吴姬，吴地的女子，这里指酒店中的侍女。压酒，米酒初熟，压紧榨汁取酒。唤，一作"劝"，一作"使"。

（3）子弟，指李白的朋友。

（4）欲行，将要走的人，指诗人自己。不行，不走的人，即送行的人，指金陵子弟。尽觞（shāng），喝尽杯中的酒。觞，酒杯。

（5）试问，一作"问取"。

【赏析】

此诗当作于唐玄宗开元十四年（726）。李白在出蜀当年的秋天，往游金陵（今江苏南京），大约逗留了大半年时间。开元十四年春，诗人赴扬州，临行之际，朋友在酒店为他饯行，李白作此诗留别。李白在《上安州裴长史书》中说，自己东游维扬期间，一年就"散金三十万，有落魄公子，悉皆济之"，可见李白是一位轻财好友、交游极广的诗人。

"风吹柳花满店香，吴姬压酒劝客尝"，诗的开头两句是写环境。暮春时节，柳花飞舞，金陵酒肆，吴姬劝尝，沁人心脾的香味也被风儿吹得四处飘散。柳絮并无香味，但诗人却说它香气浓郁，弥满了整个酒店。"香"字不仅透出春天的气息，同时又暗暗勾出下文的酒香。别离之际，本来未必有心饮酒，然吴姬一一劝人品尝，何等有情，又加上"金陵子弟"的前来送行，更觉得情深谊长，谁能离此而去？这两句诗诗人用平凡的字眼，毫不着力地把金陵的风物之美展现在我们的面前。

"金陵子弟来相送，欲行不行各尽觞"，三、四两句接着描写酒店饯别的情景。前来送行的都是金陵的年轻人，李白性格豪爽又轻财仗义，他们之间的谈吐志趣很融洽，因此"欲行"的诗人和"不行"的友人，临别畅饮都非常尽兴。诗人在这里用节奏明快的语言写出了分别时刻的真挚友情。全诗至此，送别的情意已经写了出来，但还没有写足写尽。

"请君试问东流水，别意与之谁短长"，五、六两句转为直抒胸臆。长江流水，切合金陵景色，将它比喻惜别之情，取其日夜经流而无有终时，言外之意清晰可见。这两句不仅形象生动，构思巧妙，而且情真意切，余韵悠然。

这首诗表现了青春奋发的情怀，字里行间洋溢着对生活热情的赞美，并透露出对前途的乐观情绪。全诗将惜别之情写得饱满酣畅，悠扬跌宕，唱叹而不哀伤。语言清新流利，具有质朴的民歌风味，是李白诗中的名篇。明人谢榛说："太白《金陵留别》诗：'请君试问东流水，别意与之谁短长'，妙在结语。"（《四溟诗话》）清人沈德潜说此诗"语不必深，写情已足"。（《唐诗别裁集》）（东民）

黄鹤楼送孟浩然之广陵

故人西辞黄鹤楼[(1)]，烟花三月下扬州[(2)]。

孤帆远影碧空尽[(3)]，唯见长江天际流[(4)]。

【毛泽东圈评等情况】

毛泽东曾两次手书这首《黄鹤楼送孟浩然之广陵》。

[参考] 中央档案馆编：《毛泽东手书选集·古诗词卷（上）》，
北京出版社1996年版，第137、139页。

毛泽东在一本清蘅塘退士编《注释唐诗三百首》七言绝句类中这首《黄鹤楼送孟浩然之广陵》诗题目上方天头空白处连画了三个小圈，在正文上方又画了一个大圈。

[参考] 中央档案馆整理：《毛泽东评点诗词曲精选（上册）》，
中国档案出版社1998年版，第130—131页。

【注释】

（1）故人，李白的朋友，指孟浩然。黄鹤楼，江南名胜，故址在今湖北武汉武昌蛇山的黄鹄矶上，属于长江下游地带，传说三国时期的费祎于此登仙，乘黄鹤而去，故称黄鹤楼。

（2）烟花，形容柳絮如烟、鲜花似锦的春天景物，泛指艳丽的春景。下，顺流向下而行。

（3）"孤帆"句，敦煌残卷作"孤帆远暎绿山尽"。碧空尽，消失在碧蓝的天际。尽，尽头，消失了。宋陆游《入蜀记》："八月二十八日访黄鹤楼故址，太白登此楼送孟浩然诗云：'孤帆远影碧空尽，唯见长江天际流。'盖帆樯映远山犹可观，非江行久不能知也。"

（4）唯见，只看见。天际流，流向天边。天际，天边，天的尽头。

【赏析】

唐玄宗开元十五年（727），李白东游归来，至湖北安陆，年已二十七岁。他在安陆住了有十年之久，不过很多时候都是以诗酒会友，在外游历，用他自己的话说就是"酒隐安陆，蹉跎十年"。也就是寓居安陆期间，李白结识了长他十二岁的孟浩然。孟浩然对李白非常赞赏，两人很快成了挚友。开元十八年（730）三月，李白得知孟浩然要去广陵（今江苏扬州），便托人带信，约孟浩然在江夏（今武汉武昌）相会。几天后，孟浩然乘船东下，李白亲自送到江边，送别时写下了这首《黄鹤楼送孟浩然之广陵》。

这首诗所表现的离别，可以说是一种充满诗意的离别，因为这是两位风流潇洒的诗人的离别。这首七言绝句既是一首写景诗，又是一首抒情诗；它既表现了自然之美——长江流域的无限风光；又表现了人情之美——李白和孟浩然的深情厚谊。写作此诗时，李白正处于意气风发、雄心勃勃的寻梦年华，孟浩然长李白十几岁，当时已是诗名满天下。更重要的是，此时为历史上著名的开元盛世，天下太平而又繁荣，季节又是烟花三月、春意盎然的时候，因此这次离别完全是在很浓郁的畅想曲和抒情诗的气氛中进行的。

"故人西辞黄鹤楼"，诗中首句点明了送别之地——黄鹤楼，开口就说"故人"，友情确非一般，当然是过去有过很深交往的人。此处指孟浩然。眼看着老朋友渐渐远去，诗人的心中自然就会涌起怅然若失的感觉。

"烟花三月下扬州"，次句交代了友人的行程，叙事之中兼有写景，顺笔一带，便描绘出一片暮春时节的绮丽风光，"烟花三月"，令人想起了"暮春三月，江南草长，杂花生树，群莺乱飞"的千古佳句。在"三月"上加"烟花"二字，就把送别环境中那种诗的气氛涂抹得尤为浓郁。"烟花三月"，不仅再现了那暮春时节、繁华之地的迷人景色，而且也显示了时代气氛。它既道出了诗人对扬州美景的向往，也写出了太平年间的盛景，更是诗人愉悦心情的自然流露。此句意境优美，文字绮丽，清人孙洙誉为"千古丽句"。

"孤帆远影碧空尽，唯见长江天际流"，三、四两句是诗人直接为自己造像，是借远望的景色来抒情，看起来似乎在写景，但在写景之中包含着一个充满诗意的细节。友人的船已经扬帆而去，一直到人形帆影隐于碧水蓝天相接之处，眼前只剩一派浩浩流波之时，诗人一直站在江边没有离去。一个画面是"孤帆远影"，一个画面是"长江天际流"，两个画面相接起来，就逼真地再现了远望中船儿消逝时的情景，同时也显示了诗人那翘首远望的神情，在更深的层次上写出了李白对朋友的情谊之深厚。明唐汝询撰《唐诗解》说："'黄鹤'分别之地，'扬州'所往之乡，'烟花'叙别之景，'三月'纪别之时。帆影尽，则目力已极；江水长，则离思无涯。怅望之情，俱在言外。"

毛泽东曾多次圈阅并手书过这首诗，说明他对这首脍炙人口的名篇十分欣赏。（刘盛楠）

【原文】

渡荆门送别

渡远荆门外[1]，来从楚国游[2]。
山随平野尽[3]，江入大荒流[4]。
月下飞天镜，云生结海楼[5]。
仍怜故乡水[6]，万里送行舟。

【毛泽东圈评等情况】

毛泽东在一本清蘅塘退士编《注释唐诗三百首》五言律诗类中这首《渡荆门送别》诗正文上方天头空白处连画了三个小圈。

[参考]中央档案馆整理：《毛泽东评点诗词曲精选（上册）》，
中国档案出版社 1998 年版，第 75 页。

【注释】

（1）荆门，山名，在今湖北宜都西北长江南岸，隔江与虎牙山对峙，上合下开，形势险要。北魏郦道元《水经注·江水》："江水又东历荆门虎牙之间。荆门在南，上合下开，暗彻山南；有门象虎牙在北，石壁色红，间有白文，类牙形，并以物象受名。此二山，楚之西塞也。"

（2）楚国，今湖北一带地方，春秋战国时属楚国。

（3）"山随"句，自荆门以东，地势平坦。

（4）大荒，辽阔的原野。《山海经·大荒西经》："大荒之中，有山名曰大荒之山，日月所入……是谓大荒之野。"

（5）海楼，即海市蜃楼。海上空气下层比上层密度大，使光线折射，在空中产生像城市、楼台等奇幻景观，叫作海市蜃楼。此形容江上云彩的变幻。

（6）"仍怜"句，长江自蜀东流，李白为蜀人，故呼为故乡水。怜，爱，一作"连"。

【赏析】

这是一首五言律诗，是李白出蜀时所作。李白这次出蜀，由水路乘船远行，经巴渝，出三峡，直向荆门山之外驶去，目的是到湖北、湖南一带楚国故地。它以雄奇飘逸的诗笔，热情地描绘了长江两岸奇丽壮阔的自然景象，反映了诗人乐观开朗的心情，抒写了对故乡山水的眷恋。

"渡远荆门外，来从楚国游"，首联两句交代了舟行的历程。点明了行踪之远和出蜀的目的。这两句是说，诗人从遥远的蜀地，乘舟东下，渡过险要的荆门，来到楚地漫游。

"山随平野尽，江入大荒流"，颔联两句着重从舟行的角度，写山写水，写江汉平原的开阔景象。前句形象地描绘了船出三峡、渡过荆门山后长江两岸的特有景色：山逐渐消失了，出现在眼前的是一望无际的低平的原野。后句写出了江水奔腾直泻的气势，从荆门远望，仿佛流入荒漠辽远的原野。一个"入"字用得非常贴切，颔联以高度的艺术概括，描绘了途中景物随着舟行所呈现的变幻多姿情景，景中蕴藏着诗人喜悦开朗的心情和青春的蓬勃朝气。

"月下飞天镜，云生结海楼"，颈联两句从静观仰视落笔写月写云，写夜幕降临时的情景。月影映入江中，像从空中飞下的明镜，远天凝骤变幻的彩云，如同海市蜃楼。这正是从荆门一带广阔平原的高空中和平静的江面上所能观赏到的奇妙美景。颈联以水中圆月反衬江水的平静，以天上彩云构成海市蜃楼衬托江岸的辽阔、天空的高远，生动形象地描绘了万里长江宽阔水面上那种波光流动、红云灿烂的奇丽景象。诗的中间两联，大力铺写景物，由白昼而入夜间，由地上而达天空，目力高远，意气飞扬，想象巧妙，构成了一个壮阔瑰丽的境界。这两联将初次出蜀的人见到广大平原时的新鲜感觉极其真切地写了出来。

"仍怜故乡水，万里送行舟"，尾联两句以拟人化的手法，赋予江水以人的特征，不说留恋故乡，而说故乡水万里相送，从而形象生动地表现了诗人对故乡山水的深厚感情。"怜""送"二字加强了诗的抒情的气氛，具有荡人心魄的艺术魅力。诗题中的"送别"二字并非多余，而是全诗情致所在。

这首诗意境高远，风格雄健，形象奇伟，想象瑰丽，首尾行结，浑然一体。"山随平野尽，江入大荒流"，写得逼真如画，有如一幅长江出峡渡荆门长轴山水图，成为脍炙人口的佳句。如果说优秀的山水画"咫尺应须论万里"，那么，这首形象壮美瑰玮的五律也可以说能以小见大，以一当十，容量丰富，包涵长江中游数万里山势与水流的景色，具有高度集中的艺术概括力。

清翁方纲《石洲诗话》云："太白云：'山随平野尽，江入大荒流。'少陵云：'星随平野阔，月涌大江流。'此等句皆适兴手会，无意相合；固不必谓相为依傍，亦不容区分优劣也。"所评甚当。（东民）

【原文】

鸣皋歌送岑征君

若有人兮思鸣皋[1]，阻积雪兮心烦劳[2]。洪河凌兢不可以径度[3]，冰龙麟兮难容舠[4]。邈仙山之峻极兮，闻天籁之嘈嘈[5]。霜崖缟皓以合沓兮[6]，若长风扇海，涌沧溟之波涛。玄猿绿罴，舔猰羷猱[7]；危柯振石，骇胆栗魄[8]，群呼而相号。峰峥嵘而路绝，挂星辰于崖螺[9]。送君之归兮，动鸣皋之新作。交鼓吹兮弹丝，觞清泠之池阁[10]。君不行兮何待？若返顾之黄鹄⁽¹¹⁾。扫梁园之群英，振《大雅》于东洛。巾征轩兮历阻折，寻幽居兮越巇崿⁽¹²⁾。盘白石兮坐素月，琴松风兮寂万壑⁽¹³⁾。望不见兮心氛氲⁽¹⁴⁾，萝冥冥兮霰纷纷⁽¹⁵⁾。水横洞以下绿⁽¹⁶⁾，波小声而上闻。虎啸谷而生风，龙藏溪而吐云。冥鹤清唳，饥鼯嚘呻⁽¹⁷⁾。魂独处此幽默兮，愀空山而愁人⁽¹⁸⁾。鸡聚族以争食，凤孤飞而无邻。蝘蜓嘲龙，鱼目混珍⁽¹⁹⁾。嫫母衣锦，西施负薪⁽²⁰⁾。若使巢由桎梏于轩冕兮，亦奚异于夔龙蟛蟆于风尘⁽²¹⁾。哭何苦而救楚？⁽²²⁾笑何夸而却秦⁽²³⁾。吾诚不能学二子，沽名矫节以耀世兮⁽²⁴⁾，固将弃天地而遗身。白鸥兮飞来，长与君兮相亲。

【毛泽东圈评等情况】

毛泽东曾圈阅这首《鸣皋歌送岑征君》。他圈阅较多的一本中华书局印行的清沈德潜编选《唐诗别裁集》卷六七言古诗类有这首《鸣皋歌送岑征君》。

　　　　　　　[参考] 张贻玖：《毛泽东评点、圈阅的中国古典诗词》，
　　　　　　　　　　　　中国工人出版社 1992 年版，第 228 页。

毛泽东对李白这类诗（指山水记游诗），如《上山峡》《鹦鹉洲》《鸣皋歌送岑征君》《梦游天姥吟留别》《庐山谣寄卢侍御虚舟》等都多次圈画。

　　　　　　　[参考] 张贻玖：《毛泽东评点、圈阅的中国古典诗词》，
　　　　　　　　　　　　中国工人出版社 1992 年版，第 83 页。

【注释】

（1）若有人，仿佛有个人，指岑征君。屈原《楚辞·山鬼》："若有人兮山之阿。"

（2）烦劳，烦恼伤神。东汉张衡《四愁诗》之一："路远莫致倚逍遥，为何怀忧心烦劳。"

（3）洪河，大河。凌兢，寒冷而令人战栗。径度，即径渡。

（4）冰龙鳞，冰凌层叠参差，如鱼龙的鳞片。舠（dāo），小船，形如刀。

（5）天籁，自然界的声音，由风的震荡而产生。嘈嘈，声音众多。

（6）霜崖，带雪的山崖。缟（gǎo）皓，洁白色。合沓，复杂的样子。

（7）玄猿，雄猿色黑。绿黑（pí），绿色的人熊。黑，亦称人熊。舔餤（tàn），吐舌的样子。崟岋（yín jí），山高的样子。

（8）栗魄，惊动魂魄。

（9）嶅（áo），多小石的山。

（10）鼓吹，鼓钲箫笳的合奏。弹丝，奏弦乐器。觞，酒器名，这里是宴饮的意思。

（11）黄鹄，大鸟名，一作"黄鹤"。古诗有"黄鹄一远别，千里顾徘徊"之句。

（12）巾征轩，用巾拂拭征车上的灰尘。征轩，征车。巘崿（yǎn è），山崖的别名。

（13）琴松风，操琴弹奏《风入松》曲。

（14）氛氲，同"纷纭"，繁盛之状。南朝梁萧统《文选·谢惠连〈雪赋〉》："氛氲萧条。"李善"氛氲，盛貌。"

（15）萝，一名女萝，地衣类植物。冥冥，晦暗之状。霰，雪珠。

（16）绿，一作"渌"，水色清澈。一说同"漉"，渗入。

（17）清唳，鹤鸣声。鼯（wú），状如蝙蝠的鼠类，能飞，常在夜间活动，其声如小儿啼。嚘呻，痛苦之声。

（18）魂独处，只身独处。愀（qiǎo），愁貌，这里是对空山而愁苦的意思。

（19）蝘蜓（yǎn tíng），俗称壁虎，状似龙，所以古人有"执蝘蜓而嘲龟龙"（西汉扬雄《解嘲》）的说法。鱼目混珍，《参同契》上："鱼目岂为珠，蓬蒿不成椟。"

（20）嫫（mó）母，古代的丑女。衣锦，穿锦衣。《淮南子·说山训》："嫫母有所美。"高诱注："嫫母，古之丑女。"西施，古代美女。负薪，背柴。

（21）巢由，指巢父和许由，都是唐尧时的隐士。桎梏，束缚人手足的刑具，这里比喻受羁束。轩冕，古代高官所用的车和帽。夔龙，夔和龙是虞舜时的贤臣。蹩躠（bié xiè），旅行。

（22）"哭何苦"句，用申包胥哭秦廷典故。《左传·定公四年》载：春秋吴楚交兵，吴军攻入楚都，楚大夫申包胥到秦求救，哀七日而感秦王，答应出兵。

（23）"笑何夸"句，用鲁仲连却秦故事。南朝梁萧统《文选·左思〈咏史〉》："吾慕鲁仲连，谈笑却秦军。"

（24）二子，指申包胥、鲁仲连。沽名矫节，指行为矫揉造作，用以博取名誉。耀世，向世人夸耀。

【赏析】

此诗当为李白离开长安后漫游梁宋时所作，具体时间约为唐玄宗天宝四年（745）冬。《鸣皋歌送岑征君》，宋本题下注云："时梁园三尺雪，在清泠池作。"可知当时梁园积雪三尺，李白在园内清泠池上作此诗，送岑征君去鸣皋山。"鸣皋"，又名九皋山，在今河南嵩县东北。"岑征君"，名勋，因曾被朝廷征聘故称岑征君。征君，美称，泛指虽应征入朝却没有任职的名士。"梁园"，在今河南开封东南，本名吹台，今俗称禹王台。汉梁孝王筑，以为游赏之所。"清泠池"，梁园内的池阁。这首诗描写与朋友的离情别绪，表达了诗人的理想与苦闷。

全诗共分三节，自开头至"挂星辰于崖嶅"为第一节，极力铺写岑征君归隐的鸣皋山一带的险阻幽深，含蓄地表达了对岑征君前去隐居的担忧。诗采用骚体来写，起首入题，"若有人兮"，指岑征君。屈原《楚辞·山鬼》："若有人兮山之阿。"开头两句点明岑征君要去鸣皋山，但阻于道路积雪，不能成行，心情烦躁不安。为此，诗人才写诗赠他。三、四两句写路途险阻。滔滔大河冻结成鱼龙鳞片般的冰浪，连小船也容纳不下，不能直接渡过。"舠"，小船，形如刀。大胆的夸张有力地表现了雪后的奇寒。接下去"邈仙山之峻极兮"以下共十二句是集中描写鸣皋山的险峻景象。在描写中诗人抓住鸣皋山的高邈、空旷、层峦叠嶂等特点，以丰富的想象、大胆的夸张和生动的比喻，把鸣皋山写得惊心动魄。先从听觉写，遥远的鸣皋山高峻到了极点，在那里可以听到大自然所发出的嘈杂声音；再从视觉上写，雪后的山崖重重叠叠一片洁白，如大海激起的波涛。如果以上五句是大笔勾勒，接下"玄猿绿罴"以下五句则是工笔细描，黑色的猿、绿色的罴在高山上吐弄舌头，在从危石间伸出来的树枝上，成群地奔走呼号，使人胆战心惊。"玄猿"，雄猿色黑。"绿罴"，有绿毛的人熊。"舔舕"，吐舌的样子。"崟岌"，山高的样子。"峰峥嵘"二句仍从视觉上写，再以星辰挂在山顶，渲染山的高峻。诗之所以要把鸣皋山写得如此恐怖，寄寓着世途艰险的感触。

自"送君之归兮"至"愀空山而愁人"是第二节，描写送别时的情景并设想岑征君到达鸣皋山后的隐居生活。前八句主要写送别岑征君的情形，饯别宴会在著名的梁园清泠池上举行的，宴饮中诗人频频举杯，即席赋诗，又有鼓吹丝弦助兴，气氛未尝不热烈，可能当时岑征君还有点恋恋不舍，于是诗人劝道："君不行兮何待？若返顾之黄鹄。"古诗有"黄鹄一远别，千里顾徘徊"。此处借黄鹄返顾形容岑征君临别时的依依不舍之情。接着，"扫梁园"两句是说，岑征君的才华出众，使聚集在梁园的群英逊色，他的诗歌有《诗经》中"大雅"的遗风，使东都洛阳一带的诗坛为之一振。接下去本应该是对如此英才不能见容于世表示惋惜，但诗人并没有这样写，而是就此一顿，便急急转入对岑征君隐居生活的描写。"巾征轩兮"以下十四句，集中描写了诗人想象中的岑征君归鸣皋后的隐居情景。"盘白石兮坐素月，琴松风兮寂万壑"，意在表现友人清静恬淡、与世无争的志趣。但诗人重点不在于抒写吟风弄月的隐居乐趣，而是着重渲染环境的幽深凄清，以表现隐居生活的寂寞和凄苦。所以诗人接着写道，在那空旷的山谷里，女萝蒙络，雪霰纷纷，溪水淙淙，声小也能听到；猛虎咆哮而刮起大风，龙潜水底而吞云吐雾，昏暗中鹤叫声凄清响亮，饥饿的鼯鼠在痛苦呻吟。你一个人独处在这晦暗死寂的地方，面对着空山而忧叹人生的不幸。由此可见，诗人刻意描写隐居环境幽深凄苦，鞭挞了黑暗现实排挤有为之士的罪恶，表现出诗人对朋友今后生活的关切和同情。

自"鸡聚族以争食"至结尾为第三节，描写不得志的苦闷，表示对现实的不满。"鸡聚族而争食"以下六句连用六个形象的比喻构成三组鲜明的对比：鸡聚集在一起相互争食，凤凰却孤独地高飞而没伴侣；蟋蟀得志而嘲笑龙，鱼目偏要冒充珍珠；丑陋的嫫母穿上锦绣，漂亮的西施却去背柴。"蝘蜓"即壁虎。西汉扬雄《解嘲》："执耀蜓而嘲龟龙。""嫫母"，传说中的古代丑女。诗人一连用了六个鲜明的形象构成强烈的对比，意在说明丑恶的小人志得意满，美丽的贤者却落拓飘零，讽刺统治者的贤愚不分。接着"若使巢由"以下四句引用典故加以说明，巢父、许由都是唐尧时的隐士，夔和龙都是禹舜时的贤臣。"桎梏"，束缚人手脚的刑具。"轩冕"，古代高官所用的车和帽。"鳖蘩"，旅行。两句是说，如果让巢父、许由被羁于官场，则和夔、龙被废弃于风尘一样，都是不合适的。上面两句援引四个历史人物，接着"哭何苦"二句则援引两个历史事件：一个是申包胥哭师。《左传·定公四年》载，春秋时吴楚交兵，吴国军队攻入楚都，楚国大夫申包胥到秦国求救。他在秦国的朝廷哭了七天，终于感动了秦王，答应出兵。一个是鲁仲连却秦。齐人鲁仲连，以任侠仗义、功成不受赏著称。一次，他游赵国，恰遇秦围赵国都城邯郸。赵国向魏国求救，魏国不敢出兵，派客将军辛垣衍到赵国，要赵尊秦昭王为帝，以求罢兵。鲁仲连在围城中面见辛垣衍，说得他放弃了原来的主张，秦将也为之退军五十里，恰逢信陵君窃符救赵，遂解邯郸之围。事后鲁仲连辞不受赏。诗人引这两个历史典故，说他们都是沽名钓誉，以表明自己要超尘出世的理想。结束"白鸥兮飞来"二句，是引用《列子》中的一个神话传说：有一个人住在海边，非常喜欢白鸥，常有许多白鸥围在他身边。有一次，他父亲要他捉一只白鸥来玩，白鸥便不再飞来了。这两句是勉励岑征君与白鸥做朋友，安心过隐居生活。这一部分指斥现实时多采用骈偶句式，音节铿锵，错落有致，而后又用散文的长句申述己志，有一种雷霆过后、长风万里的酣畅气势。

此诗以想象手法描写了岑征旅途中冰封雪飘、山高水深的艰险情景，刻画了鸣皋山幽深寂静的环境，抒发了诗人自己遭受排斥的不平心情。特别是诗的后半部分，通过一连串的比喻，生动地勾勒出一幅统治阶级内部尔虞我诈、争权夺利的画面。"鸡聚族以争食，凤孤飞而无邻"等句，不仅揭露和抨击了当时政治的黑暗，也表现了诗人不愿与权奸为伍的耿直性格。全诗在语言、结构方面富于变化，以含混、暧昧、朦胧的意象形成梦幻般的艺术效果，设想奇妙，气势奔放，具有声势夺人的气魄。

这首诗在艺术上一个显著特点是继承了《楚辞》的传统。清人沈德潜在《唐诗别裁集》中说："学《离骚》而长短疾徐，横纵驰骤，又复变化其体，是为仙才。"这一评论是很有见地的。诗中比类譬喻的方法、句式的构成、结构的安排都与《离骚》相近，当然，继承中又有创新。（毕桂发）

【原文】

送友人入蜀

见说蚕丛路(1)，崎岖不易行(2)。

山从人面起(3)，云傍马头生。

芳树笼秦栈(4)，春流绕蜀城(5)。

升沉应已定(6)，不必问君平(7)。

【毛泽东圈评等情况】

1958 年 3 月成都会议期间，毛泽东圈阅的《诗词若干首》（唐宋明朝诗人写的有关四川的一些诗和词）中有这首《送友人入蜀》。

[参考] 刘开扬注释：《诗词若干首》（唐宋明朝诗人咏四川），

四川人民出版社 1979 年版，第 18—19 页。

【注释】

（1）见说，闻说。蚕丛，相传是蜀地最早的国王。这里用"蚕丛路"借指蜀地。

（2）崎岖，山路或道路不平，很难通过。比喻处境艰难，有时也比喻人生艰难，险阻。东晋陶渊明《归去来兮辞》："亦崎岖而经丘。"

（3）"山从人面起"二句，极说蜀道艰难，人在栈道上走时，紧靠峭壁，山崖好像从人的脸侧突兀而起，见山之多。云傍马头生，云气依傍着马头而上升翻腾，见山之高，万一失足，非常危险。

（4）芳树，开着香花的树木。秦栈，自秦入蜀的栈道。一说秦时所筑栈道。

（5）春流，指锦江。蜀城，指成都。

（6）升沉，穷达，指功名进退。应已定，是说人的遇合本有定数。应，当。

（7）君平，西汉人严遵，字君平，隐居不仕，曾在成都上卖卜日得百钱为生，卜完，闭肆下帘著书。（见《汉书·王贡两龚鲍传》）不必问君平，是反其意而用之，表现诗人的旷放。

【赏析】

这是一首以描绘蜀道山川的奇美著称的赠别诗，是唐玄宗天宝二年（743）在长安为送友人王炎入蜀而作。全诗生动地描绘了蜀道的奇险与峭拔，含蓄地表达了对入蜀友人的关切之情，希望他乐天知命，在功名上不要过于追求。

全诗从送别和入蜀这两方面落笔描述。"见说蚕丛路，崎岖不易行。""蚕丛"，传说中古代蜀国开国的君王。首联先写入蜀道路，概括地指出蜀道"崎岖不易行"的特点。首联入题，提出送别之意，显得寄兴深微，有包举全篇之力。诗人在这里并没有大谈蜀道之险，只是很平静地叙述，并且还是"见说"，这样就显得委婉自然，浑然天成。

"山从人面起，云傍马头生。"颔联紧承上联，写李白的叮嘱，描写了山势的陡峭与高耸。崎岖的山路恰如直上直下的天梯，山好像是贴着人的脸峭然拔起，见山之多；云雾像从马头上飘浮而过，见山之高，万一失足，非常危险。"起""生"两个动词生动地表现了山中栈道的狭窄、高危和险峻，想象丰富，境界奇美。

"芳树笼秦栈，春流绕蜀城。"颈联以写为叙，所写又是想象中的情境，描写了入蜀之路景致的秀美。山间起伏的栈道被突出的树木枝叶所笼罩，春水环绕成都而奔流。前句写山上蜀道美景，后句写山下春江环绕蜀城奔流的美景，远景与近景相互映衬，风光旖旎，宛如一幅瑰丽的蜀道山水图画。此联中的"笼"字是评家所称道的"诗眼"，写得生动、传神、含意丰满，表现了多方面的内容。它包含的第一层意思是：山岩峭壁上突出的林木，枝叶婆娑，笼罩着栈道。这正是从远处观看到的景色。秦栈便是由秦（今陕西）入蜀的栈道，在山岩间凿石架木建成，路面狭隘，道旁不会长满树木。"笼"字准确地描画了栈道林荫是由山上树木朝下覆盖而成的特色。第二层的意思是：与前面的"芳树"相呼应，形象地表达了春林长得繁盛芳茂的景象。最后，"笼秦栈"与对句的"绕蜀城"，字凝语炼，恰好构成严密工整的对偶句。前者写山上蜀道景致，后者写山下春江环绕成都而奔流的美景。远景与近景上下配合，相互映衬，风光旖旎，有如一幅瑰玮的蜀道山水画。诗人以浓彩描绘蜀道胜景，这对入蜀的友人来说，无疑是一种抚慰与鼓舞。《唐宋诗醇》说："颔联极言蜀道之难，五六又见风景可乐，以慰征夫，此两意也。"

"升沉应已定，不必问君平。"尾联中，诗人明白友人入蜀的目的，因而临别赠言，指出友人入蜀后的政治前途，已成命中注定，不必再去询问善卜的严君平。严君平是古代在成都卖卜的高人。此两句婉转地启发友人不要沉迷于功名利禄，还是知人天命为好。此联写得含蓄蕴藉，语短情长。

这首诗是一首五律，平仄吻合，对仗工稳，风格清新俊逸，被推崇为"五律正宗"（《唐宋诗醇》）。章法上起承转合，亦极娴熟，中间两联对仗精工，尾联以议论作结，突出主旨，更富韵味。清赵翼说："盖才气豪迈，全以神远，自不屑束缚于格律对偶，与雕绘者争长。然有对偶处，仍自工丽；且工丽中别有一种英爽之所，溢出行墨之外。"（《瓯北诗话》）

（东民）

【原文】

送友人

青山横北郭⁽¹⁾，白水绕东城⁽²⁾。
此地一为别⁽³⁾，孤蓬万里征⁽⁴⁾。
浮云游子意，落日故人情⁽⁵⁾。
挥手自兹去⁽⁶⁾，萧萧班马鸣⁽⁷⁾。

【毛泽东圈评等情况】

毛泽东曾圈阅这首《送友人》。

[参考] 张贻玖：《毛泽东评点、圈阅的中国古典诗词》，

中国工人出版社 1992 年版，第 227 页。

毛泽东 1923 年写的（贺新郎）《别友》词："挥手从兹去。更那堪凄然相向，苦情重诉。"

[参考]《毛泽东诗词集》，中央文献出版社 1996 年版，第 1 页。

【注释】

（1）郭，外城。古代的城有内城、外城。

（2）白水，清澈的水。

（3）一，助词，加强语气，名词做状语。别，告别。

（4）孤蓬，一名飞蓬。蓬，古书上说的一种植物，干枯后根株断开，遇风飞旋。诗人用"孤蓬"喻指远行的朋友。征，远行。

（5）浮云游子意，三国魏曹丕《杂诗》："西北有浮云，亭亭如车盖。惜哉时不遇，适与飘风会。吹我东南行，行行至吴会。"后世用为典实，以浮云飘飞无定喻游子四方漂游。浮云，飘动的云。游子，离家远游的人。游子，指友人。故人，李白自称。

（6）兹，此。

（7）萧萧，马鸣声。《诗经·小雅·车攻》："萧萧马鸣，悠悠旆旌。"班马，离群的马。这里指载人远离的马。班，分别，离别，一作"斑"。

【赏析】

这首五言律诗是李白的众多情意深长的送别诗中又一首脍炙人口的作品，语言流畅明快，情致婉转，意境高远。作者通过送别环境的刻画、气氛的渲染，表达出依依惜别之意。

"青山横北郭，白水绕东城"，首联用对偶句来写景，点明了送别的地点，也暗含惜别情意。青山与白水，北郭与东城，对得极好。一"横"一"绕"更是传神之致，将山的庄重静穆之态与水的轻盈活泼之姿写出，

一静一动，相得益彰，令人赏心悦目。

"此地一为别，孤蓬万里征"，颔联属于流水对，以行云流水般的散文化句子，叙说了此去一别万里的情事，表现了对友人的眷恋和关切。此联紧扣题目，直写离别，抒发了诗人心中的依恋之情。

"浮云游子意，落日故人情"，颈联继续抒发自己的离别之情，真诚坦率。以无限的深情，一写游子今后飘忽不定的行踪，一写自己此时依依惜别的情意。诗人通过"浮云"与"落日"，来摹状双方分手时别情难遣的情绪，十分贴切，情景交融。清仇兆鳌说："太白诗'浮云游子意，落日故人情'对景怀人，意味深远。"

"挥手自兹去，萧萧班马鸣"，尾联直抒胸臆，包含无限的情思。《诗经·小雅·车攻》："萧萧马鸣。"这里诗人用典使事，浑然天成，实际是以马写人。这画龙点睛般的一笔使这幅动人的送别图告成，具有言虽尽而意未穷的审美效果。此联将全诗对离情的描写达到了最高潮。

这首诗虽然是送别诗，但它的基调整体来说是轻松愉快的。清人沈德潜说："苏李赠言，多唏嘘而无蹶蹙声，如古人之意在不尽矣。太白犹不失斯旨。"（《唐诗别裁集》）所说极是。

毛泽东多次圈阅并在自己写的（贺新郎）《别友》中借用李白此诗中"挥手自兹去"稍加变化，说明他对这首诗十分熟悉且很欣赏。（东民）

【原文】

宣州谢朓楼钱别校书叔云

弃我去者，昨日之日不可留；乱我心者，今日之日多烦忧。长风万里送秋雁，对此可以酣高楼(1)。蓬莱文章建安骨(2)，中间小谢又清发(3)。俱怀逸兴壮思飞(4)，欲上青天揽明月(5)。抽刀断水水更流，举杯消愁愁更愁。人生在世不称意(6)，明朝散发弄扁舟(7)。

【毛泽东圈评等情况】

李白那些强烈追求个性解放、不畏权贵、不崇拜拜偶像的诗，毛泽东都很欣赏。如《庐山谣寄卢侍御虚舟》中的"我本楚狂人，凤歌笑孔丘"，对封建社会尊为圣人的孔夫子都敢直呼其名；《梦游天姥吟留别》中的"安能摧眉折腰事权贵，使我不得开心颜"，表现了诗人蔑视世俗权贵的一身傲骨；《宣州谢朓楼饯别校书叔云》中的"弃我去者，昨日之日不可留；乱我心者，今日之日多烦忧。长风万里送秋雁，对此可以酣高楼""抽刀断水水更流，举杯消愁愁更愁"，反映诗人怀才不遇，极端沉重的苦闷心情。毛泽东在这些句旁都画有着重线；在好几本诗集中，这些诗的标题前都画着两、三个圈，有的诗集中，标题后连画三个小圈。

[参考] 张贻玖：《毛泽东评点、圈阅的中国古典诗词》，
中国工人出版社 1992 年版，第 82 页。

毛泽东在一本清蘅塘退士编《注释唐诗三百首》七言古诗类这首《宣州谢朓楼饯别校书叔云》诗题目上方画了一个大圈，在正方开头处天头空白处连画了三个小圈。

[参考] 中央档案馆整理：《毛泽东评点古诗词曲精选（上册）》，
中国档案出版社 1998 年版，第 29—30 页。

毛泽东三次手书过这首《宣州谢朓楼饯别校书叔云》。

[参考] 中央档案馆编：《毛泽东手书选集·古诗词卷（上）》，
北京出版社 1996 年版，第 141—147 页。

【注释】

（1）高楼，即题中"谢朓楼"，南齐诗人谢朓官宣城（即宣州，今属安徽）太守时所建。

（2）蓬莱，海中神山名，传说仙府难得的典籍均藏于此。蓬莱文章，汉代官家著述和藏书之所称东观。当时学者称东观为"老氏藏室，道家蓬莱山"。此指秘书省。李白族叔李云官秘书校书郎。这里蓬莱指李云。建安，东汉末年献帝年号（196—220），当时曹操、曹丕、曹植及建安七子的作品，形成了建安体，后世称为"建安风骨"。

（3）小谢，指谢朓。世称谢灵运为大谢，谢朓为小谢。清发，清新秀丽。明唐汝询《唐诗解》释"蓬莱"二句说："子（李云）校书蓬莱宫，文有建安风骨；我（李白）若小谢，亦清发多奇。"

（4）逸兴，飘逸豪放的兴致，多指山水游兴，超远的意兴。

（5）揽，用手撮持的意思。李白《挂席江上待月有怀》："素花虽可揽，清景不可游。"

（6）人生，一作"男儿"。称（chèn）意，合乎心意。《汉书·盖宽饶传》："以宽饶为太中大夫，使行风俗，多所称举贬黜，奉使称意。"

（7）散发，披发狂放之意。南朝宋范晔等《后汉书·袁闳传》："延禧末，党事将作，闳遂散发绝世。"扁（piān）舟，小舟。

【赏析】

《宣州谢脁楼饯别校书叔云》，又作《陪侍御叔华登楼歌》，是李白在宣城与李云相遇并同登谢脁楼时创作的一首送别诗。"谢脁楼"，南齐诗人谢脁所建，在今安徽宣城。"校书"，秘书省校书郎的简称。这首赠别诗共九十二字，诗人并不直言告别，而是以不可抑制的激情，重笔倾诉人间的不平，借送别友人抒发怀才不遇的苦闷，辞意豪迈，声调激昂。

这是一首七言古诗，并不囿于七言，其语句之长短可以随抒情的需要而伸缩。像开头两句就是用散文句法表达内心浓重的烦忧。"弃我去者，昨日之日不可留"，首句感叹时光流逝，自己壮志蹉跎，功业无成。"乱我心者，今日之日多烦忧"，接下次句恼恨今日的烦忧，报国无门，因而千愁万恨扰乱心头。这两句写出了诗人登楼饯别友人时的心情。劈空而下的发端以及重叠复沓的语言，极生动地显示了诗人郁结之深、心绪之乱，以及一触即发、发则不可抑止的强烈感情。

"长风万里送秋雁，对此可以酣高楼"，三、四两句突作转折，点明了饯别的时间和环境。这两句是说，遥望万里长风吹送鸿雁的壮丽景色，不由得激起酣饮高楼的豪情逸兴。"长风万里送秋雁"一句写得劲健豪放，一个"送"字将秋风与雁群的关系形象化，意境深邃，气象壮阔。

"蓬莱文章建安骨，中间小谢又清发"，五、六两句紧承上面高楼饯别两句，分写主客双方，写李云和诗人自己的才华壮志。上句写李云的文章风格刚健，下句诗人以谢脁自称，说自己的诗具有清新秀发的风格。

"蓬莱文章",指汉代官家著述和藏书之所——东观,被称为"道家蓬莱山"。据说蓬莱是仙符秘录之所在,此借指李云的文章。"建安骨",建安是东汉献帝年号,即曹操执政阶段,出现了"三曹七子"等杰出作家,诗作刚健清新,被称为建安风骨。这两句既赞美了李云的文章,也抒发了自己对谢朓的倾慕,自然地切合了题目中的谢朓楼和校书。

"俱怀逸兴壮思飞,欲上青天揽明月",七、八两句就"酣高楼"进一步渲染双方的意兴,说彼此都怀有豪情逸兴、雄心壮志,酒酣兴发,飘飘欲飞,想登上青天摘取明月。这两句笔酣墨饱,淋漓尽致,将面对"长风万里送秋雁"的境界所激起的昂扬情绪推向了最高潮,仿佛心头的一切烦忧都丢到了九霄云外,使诗的主题进一步得到深化。

"抽刀断水水更流,举杯消愁愁更愁",九、十两句使用了比兴手法。诗人的精神尽管可以在幻想中遨游,当他从幻想中回到现实时,感受到的是更深沉的悲哀而又无处诉说的苦涩味道。此时诗人在情绪上突然来了一个大转折,写出了"抽刀断水水更流,举杯消愁愁更愁"的警句。面对谢朓楼前经年流淌的宛溪水,李白发出了"抽刀断水"的奇想。用"抽刀断水"比喻"举杯消愁"的枉然。两句连用二"水"三"愁",不但不嫌重复,反更婉转流畅。这两句比得巧妙,兴得顺畅,浑然天成。

"人生在世不称意,明朝散发弄扁舟",最后两句是李白在理想与现实不可调和的矛盾中所发出的愤激之语。在不能称心如意的黑暗现实面前,诗人总是陷于"不称意"的苦闷中,而且只能找到"散发弄扁舟"这样一条摆脱苦闷的出路。

李白的可贵之处在于,尽管他精神上经受着苦闷的重压,但并没有因此放弃对进步理想的追求。诗中仍然贯注豪迈慷慨的情怀。"长风"二句,"俱怀"二句,更像是在悲怆的乐曲中奏出高昂乐观的音调,在黑暗的云层中露出灿烂明丽的霞光。"抽刀"二句,也在抒写强烈苦闷的同时表现出倔强的性格。因此,整首诗给人的感觉不是阴郁绝望,而是忧愤苦闷中显现出豪迈雄放的气概。这说明诗人既不屈服于环境的压抑,也不屈服于内心的重压。

全诗风格豪放,感情深沉,语言奔放,比喻新奇,构思尤妙。它起结无端，兴至则来，兴尽则去，神韵天成。句式长短错落，首四句抑郁悲慨，中间四句汪洋恣肆，末四句悲愁遁世，起落翻腾，构成纵横顿挫的节奏，具有强烈的艺术感染力。

从毛泽东圈阅和手书这首诗的情况来看，毛泽东很喜欢这首诗。（东民）

【原文】

送储邕之武昌

黄鹤西楼月[(1)]，长江万里情。

春风三十度，空忆武昌城。

送尔难为别，衔杯惜未倾。

湖连张乐地[(2)]，山逐泛舟行。

诺谓楚人重[(3)]，诗传谢朓清[(4)]。

沧浪吾有曲[(5)]，寄入棹歌声[(6)]。

【毛泽东圈评等情况】

毛泽东曾手书这首《送储邕之武昌》的前四句"黄鹤西楼月，长江万里情。春风三十度，空忆武昌城"。

[参考] 中央档案馆编：《毛泽东手书选集·古诗词卷（上）》，

北京出版社 1996 年版，第 163 页。

【注释】

（1）黄鹤，即今湖北武汉黄鹤楼。西，一作"高"。

（2）张乐，奏乐。《庄子·天运》："帝张咸池之乐于洞庭之野。"西汉司马相如《上林赋》："置酒乎昊天之台，张乐乎之宇。"谢朓《新亭渚别范零陵云》："洞庭张乐地，潇湘帝子游。"

（3）楚人，指储邕。此句典出《史记·季布栾布列传》："曹丘（生）至，即揖季布曰：'楚人谚曰：得黄金百（斤），不如得季布一诺。'"

（4）诗传谢朓清，谓谢朓诗以清丽著名。南朝梁萧子显《南齐书》：

"谢朓善草隶，长五言诗，沈约常云：'二百年来，无此诗也。'"

（5）沧浪，即《沧浪歌》。《孟子·离娄上》："有孺子歌曰：'沧浪之水清兮，可以濯吾缨；沧浪之水浊兮，可以濯吾足。'"后遂以"沧浪"指此歌。南朝梁刘勰《文心雕龙·明诗》："孺子《沧浪》，亦有全曲。"

（6）棹歌，行船时所唱之歌。东汉张衡《西京赋》："齐栧女，纵棹歌。"

【赏析】

此诗当是李白于唐肃宗上元元年（760）春作于巴陵（今湖南岳阳）附近。现代学者詹锳《李白诗文系年》云："此诗于上元元年春，李白游巴陵所作。"写送友人储邕到武昌去，表现了诗人与朋友间的深情厚谊。诗人另有《别储邕之剡中》诗，可参看。

"黄鹤西楼月，长江万里情"，一二句点明送别地点。"黄鹤西楼"，即黄鹤楼，在今湖北武汉，因传说仙人王子安骑黄鹤在此憩息而知名。首句以当地名胜暗点储邕所去之地武昌；次句则以万里长江比喻朋友之情绵长深厚。开端入题，点出送储邕之武昌题意。明李攀龙《唐诗训解》说："起语雄健，亦复自然，景物收入笔端如矢口唱出。"

"春风三十度，空忆武昌城"，三、四句点明送别时间、地点。"春风"，点明送别时间是在春天。"三十度"，是说与初游武昌相去已三十载了。"武昌"，三国时吴主孙权打败关羽，自公安迁都鄂城，改名武昌，其地在今湖北鄂城，这当是储邕所去具体地点。以上四句叙事。

"送尔难为别，衔杯惜未倾"，五、六句抒情。"尔"，第二人称代词，你，指称储邕。"衔杯"，含杯。"倾"，尽。这二句说，诗人在饯别储邕时依依惜别，含着酒杯却不肯把酒喝完。"衔杯惜未倾"，描绘依依惜别情状生动传神。

"湖连张乐地，山逐泛舟行"，七、八句叙事。"张乐"，奏乐。《史记·司马相如〈上林赋〉》："置酒乎昊天之台，张乐乎之宇。"南朝梁萧统《文选·谢朓〈新亭渚别范零陵诗〉》："洞庭张乐地，潇湘帝子游。"据谢朓诗意，送别地点当在巴陵（今湖南岳阳）附近。向武昌去，应是乘船北上，经洞庭湖入长江，所以说"山逐泛舟行"。"山逐"句本山静船行，却说静止不动的山好像追赶行进的船，以静形动，别出心裁。

"诺谓楚人重，诗传谢朓清。沧浪吾有曲，寄入棹歌声。"末四句临别致意，分别从储邕与自己两方面说。"楚人"，指储邕。这二句是说，储邕有重然诺的遗风，回到武昌这江南形胜之地，一定会写出像谢朓的清新的诗作。李白这位伟大诗人"一生低首谢宣城"，十分推崇谢朓的清新诗风。其《宣城谢朓楼饯别校书叔云》诗："蓬莱文章建安骨，中间小谢又清发。"又《金陵城西楼月下吟》诗："解道澄江静如练，令人长忆谢玄晖。"这里诗人以储邕比谢朓，是对储邕寄予厚望。这是从储邕着笔。末二句则从诗人自身落墨。"棹歌"，船歌。这二句是说，面对清清的流水我有诗相赠，愿它伴随着船歌送你远行。情余意外，韵味深长。收归送友情深，便戛然而止。

此诗全幅结体飘逸秀丽，自然浑成，情趣盎然。以古风起法运作排律，表现了诗人对武昌的怀念和对储邕的留恋。清沈德潜编选《唐诗别裁集》时说："以古风起法运作长律，太白天才，不拘绳墨乃尔！"

毛泽东曾圈阅并手书过这首诗的前四句，说明他对此诗十分熟悉。

（毕桂发）

【原文】

下终南山过斛斯山人宿置酒

暮从碧山下[1]，山月随人归。却顾所来径[2]，苍苍横翠微[3]。相携及田家[4]，童稚开荆扉[5]。绿竹入幽径，青萝拂行衣[6]。欢言得所憩[7]，美酒聊共挥[8]。长歌吟松风[9]，曲尽河星稀[10]。我醉君复乐，陶然共忘机[11]。

【毛泽东圈评等情况】

毛泽东曾圈阅这首《下终南山过斛斯山人宿置酒》。毛泽东圈阅较多的《唐诗别裁集》和《唐诗三百首》中载有这首《下终南山过斛斯山人宿置酒》。

[参考] 张贻玖：《毛泽东评点、圈阅的中国古典诗词》，
中国工人出版社 1992 年版，第 228 页。

【注释】

（1）碧山，指终南山。下，下山。

（2）却顾，回头观望。所来径，下山的小路。

（3）苍苍，指苍茫暮色。翠微，青翠掩映的山峦深处，此处指终南山。

（4）相携，下山时路遇斛斯山人，携手同去其家。及，到。田家，田野山村人家，此指斛斯山人家。

（5）童稚，一作“稚子”。荆扉，柴门，以荆棘编制。

（6）青萝，即女萝，一名松萝，地衣类植物，寄生在树木上，常自树体垂下，体如丝状，呈淡绿色或灰白色。行衣，行人的衣服。

（7）得所憩（qì），得到歇息的地方，指被人留宿。

（8）聊，姑且。挥，举杯。此为饮酒之意。《礼记·曲礼》郑玄注：“振去余酒曰挥。”

（9）长歌，引吭高歌。吟，唱。松风，古乐府琴曲名，即《风入松曲》，此处也有歌声随风而入松林的意思。

（10）河星稀，银河中的星光稀，表明夜已深了。一作“星河稀”。

（11）陶然，欢乐的样子。忘机，道家术语，忘记世俗的机心。此指心地旷达淡泊，与世无争。机，机巧之心。

【赏析】

关于此诗的创作时间，有两种说法。一种说法是：李白作此诗时，正在长安供奉翰林。李白一生中曾两入长安，第一次是在唐玄宗开元十八年（730），李白三十岁时；第二次是在天宝元年（742），李白四十二岁时。此诗写于李白初入长安隐居终南山时期。另一种说法是：李白此诗作于唐玄宗天宝十一载（752）春，时李白五十二岁，正隐居终南山。

这首诗写诗人在游终南山归途顺便造访一位姓斛斯（《全唐诗》引《文

苑英华》注云：斛斯山人，即斛斯融。）的隐士，和他一起饮酒言欢，陶醉于幽美景色中的乐趣，表现了诗人在长安时期生活和思想的一个侧面。

"终南山"，在陕西，西起周至，东至眉县，绵延八百余里。其主峰在长安之南，唐时士人多隐居此山。

诗依照时间顺序写诗人的这次借宿活动。开头四句写下山。首句"暮从碧山下"说诗人何所自来，切诗题"下终南山"意，"暮"字表示诗人整日在终南山游玩，到夜幕降临时才踏上归途。"碧"是深绿色，是说薄暮之中终南山一片苍翠。"下"字实写归途，又表现了诗人下山时毫无倦意、步履矫健的姿态。首句起得简洁有力，白日游山情景一概略去。"山月随人归"，月亮升起来了，淡淡的月光照着诗人一起走着，把山月人格化了，使山月显得很有人情味。"却顾所来径，苍苍横翠微"，三、四句紧承一、二句说，待我回过头来看看所走过的山间小道，只见一片苍翠铺满了幽深的山谷。"顾"字写出了诗人对终南山的余情。"翠微"，指青翠掩映的山林景色，"苍苍"起加倍点染的作用，"横"字写出了朦胧中只见一派苍郁深碧的感觉。这句写出了暮色苍茫中的山林美景。在这几句描写中，诗人炼字炼句，意在寓情于景，表现诗人对大自然的喜爱。明王尧衢《古唐诗合解》说："首言下山时明月随人，回顾行来路径，夜色苍苍，横于翠微之中矣。"

中间四句写到斛斯山人家。"相携及田家"句的"相携"，可以有两种理解：一，李白与斛斯山人同游终南山，二人一同至斛斯山人家；二，下山途中邂逅，斛斯山人邀李白至其家。两种解释于诗意皆通。"童稚"，指小孩，也可能是斛斯使唤的童子。"荆扉"是用荆条编成的柴门。李白应是斛斯的老朋友，所以下得山来，顺路造访，连孩子都热情欢迎。"绿竹入幽径，青萝拂行衣"，写斛斯山人庭院的幽静深邃。"青萝"，即女萝，一作松萝，地衣类植物，寄生在树木上，常自树枝垂下，体如丝状。这四句写斛斯山人的生活环境，是荆扉、绿竹、幽径和长丝拂荡的青萝，构成了一幅诗意盎然的清幽静谧的图画，符合斛斯隐士身份，也透露出诗人对隐居世外的向往。

末六句写诗人与斛斯山人交欢酤饮。"欢言得所憩"说二人说话投机。"美酒聊共挥"是说酒逢知己。"憩"是休息。"挥"，《礼记·曲礼》郑玄注"振去余酒曰挥",引申为饮酒之意。"长歌"二句是说,二人欢饮歌吟直到深夜。"长歌"是声调上引,拖得很长,所谓曼声、引吭高声之意。"吟松风",是说歌声与松涛声交响(或谓引吭高歌古乐府琴曲《风入松》)。"河星稀",银河星稀,说明夜已深了。诗人虽然没有正面写斛斯山人的形象,但是通过对他的生活环境的描写,已经足以表明他是一位超然世外的隐士,而且与诗人一拍即合。所以他们开怀畅饮,倾诉心曲,甚至忘情歌吟,快乐非常,几乎忘记了时间的流逝。"我醉君复乐,陶然共忘机",末二句放笔直写。"陶然",欢乐的样子。"忘机",道家术语,心地淡泊、与世无争的意思。这二句是说,欢饮直到深夜,宾主二人都沉浸在一片重返自然、与世无争的心境之中。这么一结,全诗就贯通了。上面所有的描写,已经蓄足了势,所以最后两句点明题旨就显得更有力量。

这首田园诗以田家、饮酒为题材,描写琐事人情,语言明快,感情平淡,风格清新淡远,虽然受陶渊明诗风的影响,而平淡中又有一种洒脱的英气,表现出清新俊逸的特色,则又与陶诗有别。(毕桂发)

【原文】

鹦鹉洲

鹦鹉来过吴江水[1],江上洲传鹦鹉名。

鹦鹉西飞陇山去[2],芳洲之树何青青[3]!

烟开兰叶香风暖,岸夹桃花锦浪生[4]。

迁客此时徒极目[5],长洲孤月向谁明?

【毛泽东圈评等情况】

毛泽东很喜欢这首《鹦鹉洲》,曾多次圈画过。他圈阅较多的中华书局印行的清沈德潜编选《唐诗别裁集》卷十三中七言律诗类载有这首《鹦鹉洲》。

[参考]张贻玖:《毛泽东评点、圈阅的中国古典诗词》,

中国工人出版社1992年版,第227页。

毛泽东对李白这类诗（指山水记游诗），如《上山峡》《鹦鹉洲》《鸣皋歌送岑征君》《梦游天姥吟留别》《庐山谣寄卢侍御虚舟》等都多次圈画。

[参考] 张贻玖：《毛泽东评点、圈阅的中国古典诗词》，中国工人出版社 1992 年版，第 83 页。

【注释】

（1）吴江，此指武汉一带的长江，因三国时属吴地，故名。

（2）陇山，在今陕西、甘肃两省边界，山甚高。相传鹦鹉产自陇西。南朝梁萧统《文选·祢衡〈鹦鹉赋〉》："惟西域之灵兮。"李善注："西域谓陇坻出此鸟也。"又《禽经》注："陇西出此鸟也。"

（3）芳洲，洲上香草丛生，所以叫芳洲。唐崔颢《黄鹤楼》诗："晴川历历汉阳树，芳草萋萋鹦鹉洲。"

（4）锦浪，锦是色彩缤纷的丝织物。桃花夹岸，花瓣落入江浪中，非常美丽，故用"锦"来形容它。

（5）迁客，指被贬放到外地的官员，此是李白自指。

【赏析】

这首七言律诗当作于唐肃宗上元元年（760）。当年春天，遇赦的李白经过一冬的巴陵之游又回到了江夏。在这里，诗人览胜访古，一度又恢复了诗酒放诞的豪情逸致。此诗借描写鹦鹉洲的艳丽春景以及古人祢衡的悲惨遭遇，反衬诗人自己饱经颠沛流离之苦的孤寂心情，抒发了诗人对大自然的喜爱，寄寓了对人生坎坷的感叹。

"鹦鹉来过吴江水，江上洲传鹦鹉名"，首联两句开门见山，直叙鹦鹉洲名字的由来。"吴江"，指武汉一带的长江，因三国时属吴地，故名。三国时江夏太守黄祖的长子黄射在洲上大宴宾客，有人献鹦鹉。祢衡文思敏捷，神采飞扬，技压群英，即席挥笔写就一篇"锵锵戛金玉，句句欲飞鸣"的《鹦鹉赋》。后祢衡被黄祖所杀，人们便以鹦鹉名此洲。诗人用这一故事开篇，也正是包含着对祢衡的怀念和同情，故具有吸引人的力量。

"鹦鹉西飞陇山去，芳洲之树何青青"，颔联二句在诗中起承上启下的作用。"陇山",在今陕西、甘肃两省边界,山甚高。相传鹦鹉产自陇西。祢衡《鹦鹉赋》说:"命虞人于陇坻(陇山),诏伯益于流沙。跨昆仑而播弋,冠云霓而张罗。""芳洲",洲上香草丛生,所以叫芳洲。唐崔颢《黄鹤楼》诗:"晴川历历汉阳树,芳草萋萋鹦鹉洲。"三句承上,说鹦鹉已西飞而去。既已"西飞",下面便不再围绕"鹦鹉"来写,而转入对眼前景物的描摹。四句是对鹦鹉洲满眼繁秀、苍翠欲滴景象的赞叹,是启下。

"烟开兰叶香风暖,岸夹桃花锦浪生",颈联两句是对鹦鹉洲明媚春光的具体描写。意思是说,和暖的春风吹动兰叶,冲破朦胧烟霭,送来馥郁香气;桃花夹岸,落英缤纷,把江水点缀得如同锦缎一般。两句写景,前句用白描,是从感觉上写,后句用比喻,是从视觉上写,角度不同,方法各异,效果俱佳。

"迁客此时徒极目,长洲孤月向谁明",尾联二句抒发感慨。"迁客",指被贬到外地的官员,李白并不是去做官,而只是流放赦回,自称迁客,似有不承认有罪之意。这二句是说,自己作为一个才从流放途中被赦归来的旅人此时面对这秀丽景色也是白看,长洲上空那轮孤独的月亮又为谁明呢?弦外之音是我心情沮丧,内心痛苦,哪有心思观赏这良辰美景。明媚的春光与孤独寂寞的心情形成了强烈的对比。诗人用的是以乐景写哀的手法。清代诗评家王夫之《姜斋诗话》说:"以乐景写哀,以哀景写乐,一倍增其哀乐。"诗的颈联二句写洲景,风和日丽,春光明媚,是乐景,尾联二句抒发人生坎坷的感慨,是哀情,正所谓"以乐景写哀",这种反衬手法的成功运用,收到了倍增其哀的艺术效果。

李白这首诗属于拗体七律,前两联不合律,后两联合律。汪师韩在《诗学纂闻》中曾说:李白《鹦鹉洲》一章乃庚韵而押青字。此诗《文粹》编入七古,后人编入七律,其体亦可古可今,要皆出韵也。因为七律的成熟是在李白之后。

毛泽东很喜欢这首诗,曾多次圈画。(毕桂发)

【原文】

秋登宣城谢朓北楼

江城如画里⁽¹⁾，山晚望晴空⁽²⁾。

两水夹明镜⁽³⁾，双桥落彩虹⁽⁴⁾。

人烟寒橘柚⁽⁵⁾，秋色老梧桐。

谁念北楼上⁽⁶⁾，临风怀谢公⁽⁷⁾？

【毛泽东圈评等情况】

毛泽东曾圈阅这首《秋登宣城谢朓北楼》。他圈阅较多的一本中华书局印行的清沈德潜编选《唐诗别裁集》卷十中五言律诗载有这首《秋登宣城谢朓北楼》。

[参考] 张贻玖：《毛泽东评点、圈阅的中国古典诗词》，
中国工人出版社 1992 年版，第 228 页。

【注释】

（1）江城，泛指水边的城，这里指宣城。因其在长江南岸，故称。唐代江南地区的方言，无论大水小水都称之为"江"。

（2）山晚，一本作"山晓"。山，指陵阳山，在宣城。

（3）两水，指绕宣城而流的宛溪、句溪。宛溪上有凤凰桥，句溪上有济川桥。明镜，指拱桥桥洞和它的倒影合成的圆形，形容水的清澈。

（4）双桥，指横跨宛溪上的上、下两桥。上桥即凤凰桥，在城的东南泰和门外；下桥即济川桥，在城东阳德门外，都是隋文帝开皇年间的建筑。虹，指水中桥的影子。

（5）人烟，人家里的炊烟。寒，一作"空"。

（6）北楼，即谢朓楼。

（7）谢公，指谢朓。

【赏析】

宣城，唐宣州，唐玄宗天宝元年（742）改为宣城郡，今属安徽。"谢朓北楼"，又名谢公楼，唐代改名叠嶂楼，是南齐诗人谢朓在宣城任太守时所建。故址在陵阳山顶，是宣城的登览胜地。天宝十三年（754）中秋节后，诗人李白从金陵来到宣城，登楼远眺作了此诗。这首诗对北楼周围的深秋景色作了生动的描绘，抒写了对北楼建造者谢朓一往情深的怀念之情。

这是一首五言律诗。宣城处于山环水抱之中，陵阳山冈峦盘屈，三峰挺秀；句溪和宛溪的溪水，萦回映带着整个城郊，"鸟去鸟来山色里，人歌人哭水声中"（杜牧《题宣州开元寺水阁阁下宛溪夹溪居人》）。一个晴朗的秋天的傍晚，诗人独自登上了谢公楼。岚光山影，景色十分明净。诗人凭高俯瞰，"江城"犹如在图画中一样。"江城如画里，山晚望晴空"，首联两句是诗人登临时对所见景物的高度概括。晚霞初照，秋风习习，晴空万里的时候，诗人登上北楼，极目远望，宣城于绿水青山之中如诗如画。这两句叙事写景，起势平稳，用笔洗练，概括地写出了诗人登高远望时所见到的宣城四郊的秀丽景色，并点明了登楼的时间是在傍晚。首句统领全诗，次句确定了全诗特定的背景和环境。

"两水夹明镜，双桥落彩虹"，颔联两句是对上联"如画"之景的具体描绘。两条溪水绕城而流，河水像明镜一样。双桥曲线优美，倒映水中犹如天上的彩虹降落人间。"两水"指宛溪和句溪。"明镜""彩虹"用以表现江南水乡秋天傍晚时节清澈澄明的景色，显得极为生动，令人赏心悦目。这两句所描绘的二水和双桥的景色与前面的"晴空"相应。

"人烟寒橘柚，秋色老梧桐"，颈联两句写秋景和秋色，与前句的"山晚"相呼应。秋天的傍晚，炊烟袅袅升起，弥漫于橘柚林中，令人心生寒意。秋色中，枯黄的梧桐显出凋零败落的苍老景象。清沈德潜在《唐诗别裁集》中批注曰："人家在橘柚林故寒，梧桐早凋故老。"诗人通过"人烟""橘柚""梧桐"三个具体事物，形象地表现了寒凝苍老的物候特征。"寒"与"老"字兼有动词与形容词的双重特性，既具有强烈抒情特征，又具有形象生动的描绘特征。

"谁念北楼上，临风怀谢公"，尾联二句直抒其情，写诗人暮色中登楼览景，油然而生思古之幽情。诗人从秋色的陶醉中又回到了登楼的现实。这两句是说，有谁能想到，今日面对瑟瑟秋风，登楼怀古凭吊的竟是修筑此楼的谢公。最后一句表现了诗人对谢朓怀有深沉的景慕之情，这不仅是触景生情，也是诗人在艺术实践上终生不渝的一种偏爱的自然流露。

全诗首句开门见山、统领全诗，第二句确立了景物描绘的典型时空环境，三、四、五、六句使景物描写与典型环境浑然一体，最后两句又以含蓄的语言使全诗的思想情感得以凝聚、升华。全诗从结构上丝丝入扣，在感情的表达上情随景变，层次分明。（东民）

【原文】

客中作

兰陵美酒郁金香⁽¹⁾，玉碗盛来琥珀光⁽²⁾。

但使主人能醉客，不知何处是他乡。

【毛泽东圈评等情况】

毛泽东曾圈阅《客中作》。他圈阅较多的一本中华书局印行的清沈德潜编选《唐诗别裁集》卷二十中七言绝句类载有这首《客中作》。

[参考] 张贻玖：《毛泽东评点、圈阅的中国古典诗词》，中国工人出版社 1992 年版，第 228 页。

【注释】

（1）兰陵，地名，故址在今山东枣庄东南峄城镇西，古时以产美酒著称。郁金香，一种香草，古人用以浸酒，浸后酒色金黄。《香谱》："《魏略》云：生大秦国，二三月花如红蓝。四、五月采之。其香十二叶，为百草之英。"

（2）玉碗，表明酒器贵重。琥珀，一种树脂化石，呈蜡黄或赤褐色，色泽晶莹。这里形容美酒色泽如琥珀。

【赏析】

本篇题目一作《客中行》，大约是李白青年时期漫游东鲁时所作。当时他流寓任城（今山东济宁），历访名山大川、佛寺道观，同佛子道士们往来。他不愿意像当时多数知识分子那样通过科举考试跻身仕途，而是企图通过广泛的结交和诗文投赠，提高声誉，引起统治者的重视，给予不平常的擢用。总之，他裘马轻狂，满怀希望，充满信心和勇气，所以即使流寓他乡之作，也一扫古诗中此类题材的抒写离别之悲、他乡作客之愁的萎靡不振之气，而洋溢着一种昂扬的斗志和乐观精神，给人以积极向上的感觉。

"兰陵美酒郁金香，玉碗盛来琥珀光"，一、二句中的"兰陵"，地名，在今山东枣庄东南峄城镇西。古以产美酒著名。"郁金香"是一种香草。古人用以浸酒，浸后酒带金黄色。琥珀是一种树脂化石，呈黄色或赤褐色，色泽晶莹。这两句是说，著名的兰陵美酒，用郁金香浸泡，香味浓郁，又盛在晶莹润泽的玉碗里，看上去就像琥珀般光艳照人。这自然对嗜酒如命、"斗酒诗百篇"的诗人有极大的吸引力。兰陵，点出作客之地；郁金香、琥珀光，形容酒色之美；玉碗，表明酒器贵重。一句话写出主人之殷勤好客。俗话说，主雅客来勤。主宾和合，笃于友谊，使诗人作客异乡的凄楚情绪为之一扫，愉悦兴奋之情跃然纸上。

"但使主人能醉客，不知何处是他乡"，三、四两句诗，既在人意中，又出人意料，把诗思向前推进一步。说在人意中，是说像嗜酒如命的诗人得主人美酒款待，自然是借酒浇愁，一醉方休，"但愿长醉不愿醒""与尔同销万古愁"（《将进酒》），这是合乎前面描写和感情发展的逻辑的；说出人意料，是因为"客中作"这样一个题目似乎是要写客愁的，诗人却说"不知何处是他乡"，言外之意，就是说不知不觉中，诗人已把兰陵当作自己的故乡了。当然，诗人并不是没有意识到是在他乡，也并非就不思念自己的故乡了。只是说在朋友面前的欢醉情绪的支配下，身在客中，也乐不思返，不觉把兰陵当作自己的第二故乡了。欢乐的情绪、深沉的思考、旷达的志趣，使这首诗不同于一般的羁旅之作。这种写法，也是诗人常用的，如稍后的唐刘皂《旅次朔方》中"却望并州是故乡"，就是说诗人把客居十年的并州当作第二故乡了。宋代诗人苏轼《食荔枝二首》中"不辞长作岭南人"，也是说苏轼把谪居之地当作故乡看待。其写法与李白同一机杼，或许是受了李诗的启发也未可知，不过李诗说得委婉，后二诗说得直率罢了。

总之，这首诗表现了诗人四海为家的宽阔胸怀和豪放不羁的个性，并从一个侧面反映出盛唐时期的时代风貌，构思巧妙，表现细腻，手法新颖，是一首脍炙人口的佳作。（毕桂发）

【原文】

上三峡

巫山夹青天⁽¹⁾，巴水流若兹⁽²⁾。

巴水忽可尽，青天无到时。

三朝上黄牛⁽³⁾，三暮行太迟。

三朝又三暮，不觉鬓成丝⁽⁴⁾。

【毛泽东圈评等情况】

毛泽东对李白这类诗（指山水记游诗），如《上山峡》《鹦鹉洲》《鸣皋歌送岑征君》《梦游天姥吟留别》《庐山谣寄卢侍御虚舟》等都多次圈画。

[参考] 张贻玖：《毛泽东评点、圈阅的中国古典诗词》，中国工人出版社 1992 年版，第 83 页。

1958 年 3 月成都会议期间，毛泽东圈阅的《诗词若干首》（唐宋明朝诗人写的有关四川的一些诗和词）中有这首《上三峡》。

[参考] 刘开扬注释：《诗词若干首》（唐宋明朝诗人咏四川），四川人民出版社 1979 年版，第 14、15 页。

【注释】

（1）巫山，山名，在今重庆巫山东。

（2）巴水，流经三峡中的三巴之水。若兹，如此。一说因水流曲折如巴字，《太平御览·三巴记》："阆、白二水合流，自汉中至始宁城下入涪陵，曲折三回如巴字，故曰巴江。"

（3）黄牛，山名，在今湖北宜昌西北八十里，山上有巨石如人负力牵牛状，故名。古时有歌谣云："朝发黄牛，暮宿黄牛。三朝三暮，黄牛如故。"

（4）鬓成丝，形容自己旅途艰苦，加上流放，因此愁白鬓发。鬓，耳边的发。丝，白色。

【赏析】

三峡是长江从重庆奉节流至湖北宜昌的一段，两岸皆山，颇多险峡，三峡即其中的西陵峡、巫峡和瞿塘峡（一说是巫峡、归峡和西陵峡）。唐肃宗乾元元年（758），李白因永王璘事获罪，长流夜郎。次年，行至三峡，诗当写于此时。全诗描写他逆水上行经过三峡时所看到的景色和感受，抒发了自己悲凉愁苦的心情。

诗的前四句写三峡的险峡。"巫山"，山名，在今四川巫山东。"巴水"，流经三峡中的三巴之水。《太平御览·三巴记》："阆、白二水合流，自汉中至始宁城下入涪陵，曲折三回如巴字，故曰巴江。""若兹"，如此。长江三峡，山高谷深，绵延七百余里，两岸峭壁入云，非正午半夜，不见日月。诗人抓住景物的这些特点，结合着自己的感受进行描写。一、二句写山高水长，一个"夹"字，形象地写出了山谷的陡峭和狭窄。三、四句写诗人的感受："巴水忽可尽，青天无到时"，是说巴水绵长总有尽头，而青天高邈终不可及。"可尽"是用水长衬托天的高远。

后四句写经过黄牛山的情形。湖北宜昌境内的黄牛山上有块巨石，形象如人负力牵牛状，故名黄牛山。其山高峻，江流经此处回环湍急，加以逆水行舟，舟行极为艰难，虽经几日，还能看到它。自古以来这里就流传有歌谣："朝发黄牛，暮宿黄牛。三朝三暮，黄牛如故。"诗人行至此处，看着船夫艰难负重，想起自己一生的坎坷不幸，百感交集，愁思难解，"三朝又三暮，不觉鬓成丝"，不知不觉已经满头飞雪了。诗人利用民谣，变四言为五言，又将"三朝又三暮"加以错综复迭，从诗歌形式上造成了回环往复的音乐美，加强了音节韵律上的沉郁顿挫，集中而形象地表现了"平生不下泪，于此泣无穷"的辛酸，突出了全诗的悲凉气氛。（毕桂发）

早发白帝城

朝辞白帝彩云间⁽¹⁾，千里江陵一日还⁽²⁾。

两岸猿声啼不住⁽³⁾，轻舟已过万重山⁽⁴⁾。

【毛泽东圈评等情况】

毛泽东曾两次手书这首《早发白帝城》。

[参考] 中央档案馆编：《毛泽东手书选集·古诗词卷（上）》，

北京出版社 1996 年版，第 134—136、139 页。

1958 年 3 月成都会议期间，毛泽东圈阅的《诗词若干首》（唐宋明朝诗人写的有关四川的一些诗和词）中也有这首《早发白帝城》。

[参考] 刘开扬注释：《诗词若干首》（唐宋明朝诗人咏四川），

四川人民出版社 1979 年版，第 16—17 页。

【注释】

（1）朝，早晨。辞，告别。白帝，即白帝城，在今重庆奉节东白帝山上。西汉末公孙述所筑。当初他到这里，据说殿前井中有白龙跃出，因自称白帝。山为白帝山，城为白帝城。山峻城高，如入云霄。彩云间，因白帝城在白帝山上，地势高耸，从山下江中仰望，仿佛耸入云间。

（2）江陵，今湖北荆州。从夔州白帝城到江陵一千二百里，其间包括七百里三峡。郦道元《三峡》："自三峡七百里中，两岸连山略无阙处。重岩叠嶂，隐天蔽日。自非亭午时分不见曦月。至于夏水襄陵，沿溯阻绝。或王命急宣，有时朝发白帝暮到江陵。其间千二百时里，虽乘奔御风不以疾也。春冬之时，则素湍绿潭，回清倒影。绝巘多生怪柏，悬泉瀑布，飞漱其间。清荣峻茂，良多趣味。每至晴初霜旦，林寒涧肃，常有高猿长啸，属引凄异。空谷传响，哀转久绝。故渔者歌曰：巴东三峡巫峡长，猿鸣三声泪沾裳。"还，归，返回。峡水流急，有时朝发夕至。

（3）猿，猿猴。啼不住，一作"啼不尽"。啼，鸣、叫。住，停息。

（4）轻舟已过，一作"须臾过却"。万重山，层层叠叠的山，形容有许多。

【赏析】

唐肃宗乾元二年（759）春天，李白被流放夜郎，取道四川赴贬地，行至白帝城，忽闻赦书，悲喜交加，立刻放船东归回到江陵。诗人怀着兴奋愉快的心情，以轻快的笔调，写下了这首气势奔放、妙语横生的千古绝句。诗题一作《下江陵》。

"朝辞白帝彩云间"，首句极写白帝城地势之高，如在"彩云间"。"朝辞白帝"以叙事写出兼有抒情，其后加上"彩云间"，为的是更进一步以写景来抒写喜悦之情。诗人在灿烂的曙光中，怀着兴奋的心情匆匆告别了白帝城。

"千里江陵一日还"，次句写行船之速。迢迢"千里"而"一日"可达，以空间距离的遥远和时间的短促作悬殊对比，极写行船之迅疾。最妙处却在"还"字上，它不仅表现出诗人"一日"而行"千里"的痛快，也隐隐透露出诗人遇赦后的喜悦心情。清黄生选评《唐诗摘钞》说："一、二即朝发白帝，暮宿江陵语，运用得妙。以后二句证前二句，趣。"

"两岸猿声啼不住"，第三句的境界更为神奇，诗人从听觉方面选择感受最深、印象最强的不绝于耳的猿啸声来写，着眼点仍然在表现船行之速，以景物描写来揭示。清人桂馥说："妙在第三句，能使通首精神飞越。"（《札朴》）清人施朴华也说："如'朝辞白帝彩云间，千里江陵一日还，如此迅捷，则轻舟之过万山不待言矣。中间却用'两岸猿声啼不住'一句垫之；无此句，则直而无味；有此句，走处仍留，语急仍缓。可悟用笔之妙。"（《岘佣诗说》）

"轻舟已过万重山"，为了形容船快，诗人除用猿声山影来烘托，还给船的本身添了一个"轻"字。诗人利用时间和空间的变化，给人以一种飞动之感，借用猿声山影等景物，烘托出诗人归心似箭的心情。三、四两句，既是写景，又是比兴，因物兴感，精妙绝伦。

《早发白帝城》全诗洋溢出诗人经过艰难岁月之后迸发出的一种激情，故雄峻迅疾中又有豪情欢悦，寓情于景，情景交融，节奏明快。这首诗被后人誉为"绝唱"。明人胡应麟说"乃太白绝中绝出者"。明人杨慎称此篇："惊风雨而泣鬼神矣。"（《升庵诗话》）

此诗是李白诗作中流传最广的名篇之一。诗人把遇赦后愉快的心情和江山的壮丽多姿、顺水行舟的流畅轻快融为一体来表达，充满夸张和奇想，写得流丽飘逸，惊世骇俗，但又不假雕琢，随心所欲，自然天成。全诗锋棱挺拔，一泻直下，快船快意，令人神远。

从毛泽东多次圈阅并手书过此诗的情况看，他对这首脍炙人口的名作是十分欣赏的。（毕英男　刘盛楠）

【原文】

苏台览古

旧苑荒台杨柳新[1]，菱歌清唱不胜春[2]。
只今惟有西江月[3]，曾照吴王宫里人[4]。

【毛泽东圈评等情况】

毛泽东曾圈阅这首《苏台览古》。他圈阅较多的一本清沈德潜编选《唐诗别裁集》卷二十中七言绝句类刊有这首《苏台览古》。

[参考] 张贻玖：《毛泽东评点、圈阅的中国古典诗词》，
中国工人出版社1992年版，第228页。

【注释】

（1）旧苑，指长洲苑。荒台，指姑苏台。故址均在今江苏苏州西南姑苏山。

（2）菱歌清唱，一作"采菱歌唱"。菱歌，东南水乡老百姓采菱时所唱的歌曲。清唱，指歌声清晰响亮。一作"春唱"。不胜春，指歌曲中包含了不尽的春意。

（3）西江月，西边江上的月亮。西江，长江的别称，唐人多称长江中下游为西江。一作"江西"。

（4）吴王宫里人，指吴王夫差宫廷里的嫔妃。

【赏析】

此诗当是唐玄宗开元十五年（727）春李白由越州回到苏州游姑苏台时所作。作为一首怀古咏史诗，它所涉及的历史事件是春秋时期的吴越争霸，诗中即景抒怀，谴责了吴王夫差的荒淫误国，寄寓了深沉的兴亡之感。"苏台"，即姑苏台，吴王夫差与西施行乐之处，故址在今江苏苏州姑苏山上。

这是一首七言绝句。"旧苑荒台杨柳新，菱歌清唱不胜春"，一、二两句描写姑苏台上一片盎然的春意。这两句是说，原来的楼台亭阁都荒废倒塌了，但杨柳依然年年发新叶，也还有清唱菱歌的采菱少女。诗人抓住"杨柳新""菱歌清唱"两个具有代表性的事物，稍加点染即突出了春和景明、人们怡然自乐的景象。首句采用"旧""荒"与"新"对比，充分表现出诗人"览古"的今昔之感，也是为了提醒人们：统治者一时的荣华以及他们的歌台舞榭，终究要被历史的风风雨雨冲洗刷尽，而杨柳及悦耳的菱歌则融进了丰富、深刻的思想内容。

"只今惟有西江月，曾照吴王宫里人"，三、四两句紧承上文，对全诗的意境作了更深一步的开拓。昔日吴王宫中的繁华景象，吴王的荒淫纵乐，如今都不存在了，留下来的只有当年照过"吴王宫里人"的一弯冷月。月夜静谧，采菱女轻柔婉转的歌声不绝如缕，面对着"旧苑荒台"不是更容易触动人们的吊古幽情？诗人用"只今惟有"来有力地一转，则吊古之情，慨然可见。清李锳《诗法易简录》说："一二句但写今日苏台之风景，已含起吴宫美人不可复见意，却妙在三、四句不从不得见处写，转借月之曾照见写，而美人之不可复见，已不胜感慨矣。"

情景交融是这首诗最突出的艺术特点。全诗虽然侧重写景，但句句言情。"杨柳""菱歌"是反衬。诗的首二句着重写今日苏台风景，三、四句妙在"只今惟有"四字，以月色作结，抒出"览古"之感，意境开阔深邃，含思无限。唐皎然《诗式》评："首句言苑已旧，台已荒，惟杨柳年年新，'新''旧'二字便寓感慨。二句言荒台寂然，只有菱歌清唱于春风，不胜怀古之思。三句'只今惟有'四字，用在转句，言只西江月为昔年所有，曾照到夫差时。有了三句，便有四句，两句作一句读。（品）凄惋。"（东民）

【原文】

越中览古

越王勾践破吴归⁽¹⁾，义士还家尽锦衣⁽²⁾。
宫女如花满春殿⁽³⁾，只今惟有鹧鸪飞⁽⁴⁾。

【毛泽东圈评等情况】

毛泽东曾手书过这首《越中览古》。

[参考]中央档案馆编：《毛泽东手书选集·古诗词卷（上）》，
北京出版社1996年版，第165—166页。

【注释】

（1）勾践破吴，春秋时期吴、越两国争霸。越王勾践于公元前494年，被吴王夫差打败，回到国内，卧薪尝胆，誓报此仇。公元前473年，他果然把吴国灭了。

（2）义士，指为越王破吴的臣下。锦衣，精美华丽的衣服，旧指显贵者的服装。《诗经·秦风·终南》："君子至止，锦衣狐裘。"毛传："锦衣，彩色也。"《史记·项羽本纪》："富贵不归故乡，如衣绣夜行，谁知之者？"后来演化成"衣锦还乡"一语。家，一作"乡"。

（3）春殿，宫殿。

（4）鹧鸪，鸟名，形似母鸡，头如鹑，胸有白圆点如珍珠，背毛有紫赤浪纹；叫声凄厉，音如"行不得也哥哥"。只今，一作"至今"。飞，一作"啼"。

【赏析】

　　此诗是诗人游览越中（唐越州，治所在今浙江绍兴），有感于其地在古代历史上所发生过的著名事件而写下的。在春秋时期，吴、越两国争霸南方，成为世仇。从越王允常十年（前510）吴正式兴兵伐越起，吴越经历了携李、夫椒之战，十年生聚、十年教训，以及进攻姑苏的反复较量，终于在越王勾践四十七年（前473）灭了吴国。此诗写的就是这件事。"越中"，指会稽，古代越国国都，即今浙江绍兴。

　　"越王勾践破吴归"，首句点明题意，说明所怀古迹的具体内容，直叙其事，写越王勾践打败吴王夫差凯旋，很有气势，隐含着战争胜利后的欢快自得。点明题意，说明了所怀古迹的具体内容。"义士还家尽锦衣"，次句叙写越王的臣子们衣锦还乡之盛。"宫女如花满春殿"，第三句叙写越王勾践灭吴以后的享乐之盛，高度概括了越王勾践灭吴兴邦、称霸一时的历史事实。曾经跟随越王勾践出征打仗取得胜利，如今凯旋的将士们，由于战事已经结束，大家都受到了赏赐，穿上了锦衣。"尽锦衣"三字，将越王勾践及其战士们得意归来，充满了胜利者的喜悦和骄傲的神情表露无遗。越王勾践回国以后，踌躇满志，不但耀武扬威，而且也荒淫逸乐起来。宫殿上被花朵儿一般的美女所充满，她们簇拥在越王的身边。"春殿"，并不是说此刻正是春天，"春"字既由于"宫女如花"，更由于"满"。二、三两句将都城中繁华胜景、越王及其将士志得意满、沉浸在狂欢中的情景，描绘得淋漓尽致，同时也反衬出越王将过去卧薪尝胆的往事忘得干干净净。"只今惟有鹧鸪飞"，末句突然一转：过去的胜利、荣华富贵、繁华热闹景象，全都不复存在了，人们如今看到的只是几只鹧鸪在王城故址上飞来飞去罢了。最后一句写人事的变化，盛衰的无常。"鹧鸪飞"三字，构成了一片萧索悲凉的境界。

　　全诗寓意含蓄、寄兴深微。前面所写过去的繁华与后面所写今日的荒凉，对照极为强烈。清人沈德潜说："三句说盛，一句说衰，其格独创。"（《唐诗别裁集》）明人敖英说："吊古诸作，大得风人之体。……《越中览古》诗，前三句赋昔日之豪华，末一句咏今之凄凉。大抵唐人吊古之作，多以今昔盛衰构意；而纵横变化，存乎体裁。"（《唐诗绝句类选》）李白的这一"纵横变化",由于以乐景反衬,使盛衰之感加倍地增强了。

毛泽东曾圈阅并手书过这首诗,可能是二千多年前吴越争霸及越王勾践卧薪尝胆的历史经验牵动着毛泽东这位开国领袖的思绪。(东民)

【原文】

经下邳圯怀张子房

子房未虎啸⁽¹⁾,破产不为家。沧海得壮士⁽²⁾,椎秦博浪沙⁽³⁾。报韩虽不成,天地皆振动⁽⁴⁾。潜匿游下邳,岂曰非智勇?我来圯桥上⁽⁵⁾,怀古钦英风。唯见碧流水,曾无黄石公⁽⁶⁾。叹息此人去,萧条徐泗空⁽⁷⁾。

【毛泽东圈评等情况】

1952年10月毛泽东视察黄河时,28日上午在徐州听了徐州领导人汇报后,他说:"……著名文臣武将,如刘邦、刘备、朱元璋、萧何、周勃等都在这里称雄。诗人李白专到下邳凭吊张良往事,写出了《怀张子房》名篇……"

[参考] 袁隆:《陪毛主席视察黄河》,《大河报》2003年2月11日B08版。

毛泽东曾圈阅这首《经下邳圯怀张子房》。他圈阅较多的中华书局印行的清沈德潜编选《唐诗别裁集》卷二中五言古诗类刊有这首《经下邳圯怀张子房》。

[参考] 张贻玖:《毛泽东评点、圈阅的中国古典诗词》,
中国工人出版社1992年版,第228页。

【注释】

(1)虎啸,比喻英雄得志。出自东晋陆机《汉高祖功臣颂》:"龙兴泗滨,虎啸丰谷。"

(2)沧海,隐士贤者的称号。《史记·留侯世家》:"良尝学礼淮阳,东见沧海君。得力士,为铁椎重百二十斤。"

(3)博浪沙,在今河南原阳东南。

（4）振动，《史记·留侯世家》："不爱万金之资，为韩报仇强秦，天下振动。"

（5）圯（yí）桥，在今江苏邳州南，即沂水桥。

（6）黄石公，即圯上老人，曾授张良《太公兵法》。《史记·留侯世家》："（圯上老人谓张良）'读此则为王者师矣。后十年兴。十三年孺子见我济北，谷城山下黄石即我矣。'（张良）后十三年过济北，果见谷城山下黄石，取而葆祠之。"

（7）徐泗，指徐州与泗州一带。

【赏析】

李白在"诏许还山"后，于唐玄宗天宝四至九年（745—750），重游吴越。在此期间，他经过今江苏邳州南的沂水桥——当年黄石公授张良以兵书的下邳圯桥。下邳初属泗州临淮郡，元和中改属徐州彭城郡。张良，字子房。祖父、父亲都是韩国的宰相。韩被秦灭后，张良"弟死不葬，悉以家财求客刺秦皇"（《史记·留侯世家》），为韩报仇。后得刺客，椎击秦始皇于博浪沙。不中，改名匿于下邳，在下邳的圯桥遇见黄石公，授以兵书，张良因而娴熟兵法，辅佐汉高祖统一了中国。这首怀古诗赞叹张良的智勇豪侠，暗寓诗人的身世感慨。

"子房未虎啸，破产不为家。沧海得壮士，椎秦博浪沙"，首四句叙事，直接切题，正面叙述张良的"椎秦"壮举。"虎啸"二字，出自东晋陆机《汉高祖功臣颂》"龙兴泗滨，虎啸丰谷"二句，比喻英雄得志。可是诗人却用"未虎啸"来比喻张良，意谓张良虽未得志却非同寻常，预示他必有惊人之举。以下三句，就是"未虎啸"所领起的内容。"破产不为家"，已如上述。"沧海"是隐士贤者的称号。《史记·留侯世家》说："良尝学礼淮阳，东见沧海君。得力士，为铁椎重百二十斤。秦皇帝东游，良与客阻击秦皇帝博浪沙中，误中副车。""博浪沙"，在今河南原阳东南。三句既不描写，也不夸张，只平叙史实，却把张良大义凛然的英雄气概写得十足，形象十分高大。

"报韩虽不成，天地皆振动。潜匿游下邳，岂曰非智勇"，中四句夹叙夹议，是对张良的由衷赞颂。《史记·留侯世家》："秦皇帝大怒，大索天下，求贼甚急，为张良故也。良乃更名姓，亡匿下邳。"张良行刺秦始皇，误中副车，虽然没得成功，但他敢于对秦始皇这个历史上有名的封建暴君动武，不仅使秦始皇为之寒栗，赶紧"大索天下"，而且对全国人民也是一个鼓舞。张良的英雄胆略，遂使"天下皆振动"，这就是大勇；失败后，逃往下邳隐藏起来做尺蠖之屈，以期将来为国报仇，这就是大智！张良逃避秦皇追捕，诗人着一"游"字，写得从容不迫，如同外出游历一般，不失其英雄本色。"岂曰"句不以陈述句正叙，而改用反问之笔，使文气更有力量。

"我来圯桥上，怀古钦英风"二句，紧承"潜匿游下邳"而来，但不是说张良，而是说千百年后的诗人自己，转换了主语，巧妙地略去了"圯桥进履"一节，而又不露痕迹。"圯桥"，在今江苏邳州南，即沂水桥。东汉许慎《说文》："东楚谓桥曰圯。"这二句是说，诗人来到圯桥上，想起了发生在这里的张良进履的故事，对张良的英雄气度非常钦敬，正面揭明题意。但这一切都很久远了，眼下可见的只是桥下流水依旧，而物是人非，再也见不到有识人之明的黄石公了。"黄石公"，即圯上老人，曾授张良《太公兵法》。《史记·留侯世家》：（圯上老人谓张良）"'读此则为王者师矣。后十年兴。十三年孺子见我济北，谷城山下黄石即我矣。'……（张良）后十三年过济北，果见谷城山下黄石，取而葆祠之。""唯见碧流水"之下，该是不见张良了，可是诗人偏偏越过张良，而说张良之师黄石公，其用意是：现在未尝没有像张良那样的英雄，只是没有慧眼识英雄的"黄石公"罢了。所以末二句说："叹息此人去，萧条徐泗空。""徐泗"，指徐州、邳地一带。这两句表面是说，张良一去，此地更无英雄；实际上，这里是以曲笔自抒抱负，揭出本篇题旨。怀古诗以情胜，不以理胜。这首诗写得如此虎虎有生气而又意味深长，主要在于诗人的真挚感情一气贯注，所以读来感人至深。

毛泽东认为："'运筹帷幄，决胜千里'，汉朝的张良和三国的诸葛亮都比较出色。"而张良之所以能成为杰出的谋略家和军事家，据传是因为他得到了黄石公所传的《太公兵法》，李白为此写了诗，博览群书的毛泽东也十分熟悉，所以在徐州时随口向人介绍。（毕桂发）

【原文】

夜泊牛渚怀古

牛渚西江夜⁽¹⁾，青天无片云。

登舟望秋月，空忆谢将军⁽²⁾。

余亦能高咏⁽³⁾，斯人不可闻⁽⁴⁾。

明朝挂帆席⁽⁵⁾，枫叶落纷纷。

【毛泽东圈评等情况】

毛泽东曾手书这首《夜泊牛渚怀古》。

[参考]中央档案馆编：《毛泽东手书选集·古诗词卷（上）》，
北京出版社 1996 年版，第 167—168 页。

毛泽东在一本中华书局印行的清蘅塘退士编《注释唐诗三百首》五言律诗类这首《夜泊牛渚怀古》诗题目上方画了一个大圈，在正文上方天头空白处又连画三个小圈。

[参考]中央档案馆整理：《毛泽东评点诗词曲精选（上册）》，
中国档案出版社 1998 年版，第 76 页。

【注释】

（1）西江，古时称江西到南京一段的长江为西江。牛渚山在西江这一段中。

（2）谢将军，指东晋镇西将军谢尚，今河南太康人。

（3）高咏，谢尚赏月时，曾闻诗人袁宏在船中高咏，大加赞赏。

（4）斯人，指谢尚。南朝宋刘义庆《世说新语·文学》记镇西将军谢尚舟行经牛渚，夜闻客船上有人咏诗，叹赏不止，遣人询问，乃是袁宏自吟他的《咏史》诗，因此定交。袁从此名声大振，后官至东阳太守。李白有感于这个故事，自叹世无知音。在《劳劳亭歌》中也说"昔闻牛渚吟五章，今来何谢袁家郎"。

（5）挂帆席，一作"洞庭去"。帆席，即船帆。南朝梁萧统《文选·木华·海赋》："维长绡，挂帆席。"李善注："《释名》曰：'随风张幔曰帆，或以席为之，故曰帆席也。'"

【赏析】

这是一首五言律诗，题下原注："此地即谢尚闻袁宏咏史处。""牛渚"，山名，在今安徽当涂西北，北部为采石矶。这是李白夜泊西江牛渚，有感于谢尚和袁宏的历史佳话，以及自己怀才不遇的遭遇，而用虚实结合、强烈对比的手法写成的一首律诗，抒发了世无知音的感慨。

"牛渚西江夜，青天无片云"，首联两句开门见山，点明诗题"夜泊牛渚"。这两句的意思是，牛渚西江的夜晚，天空中一片碧蓝、万里无云。寥廓空明的天空与浩瀚的西江，在夜色之中融为一体。

"登舟望秋月，空忆谢将军"，颔联两句由牛渚望月过渡到怀古。这两句的意思是，如今我乘舟游西江，秋月依旧，可那位奖掖人才的谢尚已再也见不到了。今古长存的明月，历来成为由今溯古的桥梁。因此，"望""忆"之间虽有大的跳跃，但却合情合理。"望"字，含有诗人由今及古的联想和无言的意念活动。"空"字暗启下文。在这里，诗人把历史和现实通过西江秋月，紧密地结合了起来，从而倾诉了心中不平的愤懑。

"余亦能高咏，斯人不可闻"，颈联两句将对历史的感叹转向了对现实的抨击。这两句的意思是说，尽管自己也像当年的袁宏那样，富有文学才华，而像谢尚那样的人物却不可再次遇上了。在这里，诗人的思绪由眼前的牛渚秋夜景色联想到过去，又由过去回归现实。"不可闻"回应"空忆"，暗含了世无知音的深沉感慨。

"明朝挂帆席，枫叶落纷纷"，尾联二句宕开写景，想象明天挂帆离去的情景。这两句的意思是说，既然世上无知音，那么在两岸枫叶纷纷飘落的时候，明天一早扬帆远去吧。秋色和秋声，进一步烘托出了因为不遇知音而引起的寂寞情怀。因情即景，写景抒情，这江上枫叶纷纷飘落的萧瑟画面，融进了诗人多少的辛酸和感慨。全诗意境浓郁，寄慨遥深。

这首诗语言清新自然，寓情于景，以景结情，浑然流畅，妙极天成。王士祯说："或问不着一字尽得风流之说，答曰：太白诗'牛渚西江夜……

枫叶落纷纷'，诗至此，色相俱空。正如羚羊挂角，无迹可求，画家所谓逸品是也。"（《带经堂诗话》）

从毛泽东曾圈阅并手书这首诗的情况看，他对此诗是十分欣赏的。（东民）

【原文】

望鹦鹉洲怀祢衡

魏帝营八极[1]，蚁观一祢衡[2]。黄祖斗筲人[3]，杀之受恶名。吴江赋《鹦鹉》[4]，落笔超群英。铿铿振金玉[5]，句句欲飞鸣[6]。鸷鹗啄孤凤[7]，千春伤我情。五岳起方寸[8]，隐然讵可平[9]？才高竟何施，寡识冒天刑[10]。至今芳洲上[11]，兰蕙不忍生。

【毛泽东圈评等情况】

在卢弼《三国志集解·卷一魏书》："《魏武故事》载公十二月己亥令曰：'……又刘表自以为宗室，包藏奸心，乍前乍却，以观世事，据有当州，孤复定之，遂平天下。'何焯曰：孙刘方睦，而云'遂平天下'，盖其器限之也。史家评操攻伐，至克绍而止，过此则鼎足虎争，非复所能勘定矣。''……或者人见孤强盛，又性不信天命之事，恐私心相评，言有不逊之志。'胡三省曰：言其将篡也。'……孤祖、父以至孤身，皆当亲重之任，可谓见信者矣，以及子桓兄弟，过于三世矣。孤非徒对诸君说此也，常以语妻妾，皆令深知此意。孤谓之言："顾我万年之后，汝曹皆当出嫁，欲令传道我心，使他人皆知之。"欲明心迹，何至令妻妾改嫁。择言不慎，以至如此。既临终遗令，卖履分香，登台奏伎，闺房恋恋，至死不忘，乃知汝曹出嫁之言，为奸雄欺人之语。'……然欲孤便尔委捐所典兵众，以还执事，归就武平侯国，实不可也。何者？诚恐己离兵为人所祸也。'上文但计投死为国，以义灭身之言，皆欺人语耳。既为子孙计，又己败则国家倾危，是以不得慕虚名而处实祸，此所不得为也。黄恩彤曰：'方操夷袁绍，下荆州，天下大势，骎乎折而入于己。惟其丧师赤壁，十年精锐，付之一炬。孙权既雄据江东，刘备复掩有荆楚。鼎足势成，始知大物，不能骤致邺中。下令鳃鳃以臣节自明。其令中所云："人见孤强盛，言有不逊之志。"此乃其肝鬲至言，欲盖弥彰者也。陈志削而不录，亦恶其言不由衷耳。''奉国威灵，仗钺征伐，推弱以克强，处小而禽大。意之所图，动无违事，心之所虑，何向不济。'然则汴水之战，何以为流矢所中？濮阳之围，何以坠马烧掌？淯水之难，何以丧昂及安民？乌林之役，何以狼狈北归？潼关北渡，何以为马超所困？志骄气盛，言大而夸。"

　　注释者们指责曹操的《让县自明本志令》是"奸雄欺人之语"，是"志骄气盛，言大而夸"，"文词绝调也，惜出于操，令人不喜读耳"等等。毛泽东不同意卢弼等人对曹操的评价，他认为："此篇注文，贴了魏武不少大字报，欲加之罪，何患无词。李太白云：'魏帝营八极，蚁观一祢衡。'此为近之。"

[参考]《毛泽东读文史古籍批语集》，中央文献出版社1993年版，
第138—139页。

　　毛泽东曾手书过这首诗《望鹦鹉洲怀祢衡》前四句"魏帝营八极，蚁观一祢衡。黄祖斗筲人，杀之受恶名。"

[参考] 中央档案馆编：《毛泽东手书选集·古诗词卷（上）》，
北京出版社1996年版，第113页。

【注释】

　　（1）魏帝，即曹操。曹丕代汉自立后，追尊操为太祖武帝。营八极，经营八方极远之地，完成统一中国大业之意。

　　（2）蚁观，祢衡把曹操看作是蝼蚁之辈。

　　（3）黄祖，刘表部将，任江夏（今武汉武昌）太守。斗筲人，心胸狭窄、才识短浅的小人。《论语·子路》："噫！斗筲小人，何足算也？"斗容十升，筲，竹器，容一斗二升，皆量小的容器。

　　（4）"吴江"句，指祢衡在黄射大会宾客宴席上作《鹦鹉赋》。

　　（5）锵锵，象声词。金玉，比喻文字珍贵。此句指《鹦鹉赋》的音韵之美。

（6）"句句"句，指《鹦鹉赋》的辞采之美。二句互文见义。

（7）鸷（zhì），凶猛的鸟，如鹰、鹯之类。鹗（è），鸟名，又叫鱼鹰，为渔业害鸟。鸷鹗，喻黄祖。孤凤，喻祢衡。

（8）五岳，人的五官，指人脸上器官。方寸，指心、脑海。唐刘知几《史通·自叙》："始知流俗之士，难与之言。几有异同，蓄诸方寸。"

（9）隐然，隐藏之状。讵，岂。

（10）天刑，上天的法则，指祢衡被杀。《国语·周语下》："上非天刑，下非地德，中非民则……而作之者，必不节矣。"又《国语·鲁语下》："少采夕月，与大史、司载纠虔天刑。"韦昭注："刑，法也。"

（11）芳洲，开满鲜花的小洲。语出《楚辞·九歌·湘君》："采芳洲兮杜若。"

【赏析】

此诗大约作于唐肃宗乾元二年（759）冬或上元元年（760）春。当时李白在江夏写了长诗《经乱离后天恩流夜郎忆旧游书怀赠江夏韦太守良宰》，诗中云："一忝青云客，三登黄鹤楼。顾惭祢处士，虚对鹦鹉洲。"可见李白对祢衡是很敬仰的，这首《望鹦鹉洲怀祢衡》，可能是同时所写。

据南朝宋范晔等《后汉书·祢衡传》记载：祢衡少有才辩，而尚气刚傲，好矫时慢物。孔融深爱其才，在曹操面前称赞他。曹操因被他折辱，就把他送给刘表。刘表又不能容，转送与江夏太守黄祖。黄祖之长子黄射在洲上大会宾客，有人献鹦鹉，令祢衡写赋以娱嘉宾。祢衡揽笔而作，文不加点，辞采甚丽，鹦鹉洲由此而得名。后黄祖终因祢衡言不逊顺，把他杀了。李白一生道路坎坷，虽有超人才华而不容于世。这时，他从流放夜郎途中遇赦回来，望鹦鹉洲而触景生情，思念起古人祢衡来了。故作此诗以表敬仰。

这是一首怀古诗。全诗共十六句，可分为两节，前八句为第一节。诗的前四句"魏帝营八极，蚁观一祢衡。黄祖斗筲人，杀之受恶名"，首先从刻画祢衡落笔，写他的性格和悲惨的遭遇。诗首句中的"魏帝"即魏武帝曹操，"营八极"，经营极远之地，换句话说就是要成统一中国的大业，

"蚁观一祢衡"，祢衡认为曹操是蝼蚁之辈。

诗人对曹操的看法比较公正。"斗筲人"，即心胸狭窄、才识短浅的人。三四两句说黄祖是才识短浅的，他把祢衡杀了，得到一种坏名声。以上四句从曹操、黄祖对祢衡的不同态度，写出了祢衡的不幸遭遇。

接下来四句"吴江赋《鹦鹉》，落笔超群英。锵锵振金玉，句句欲飞鸣"，举出祢衡的名作《鹦鹉赋》，极赞他的杰出才华。"吴江"即长江，因长江中下游古属吴越，故名。诗人抓住祢衡为黄射写《鹦鹉赋》的典型事例加以描写，说他文采超过所有的文人墨客，句句辞采飞扬，掷地做金石之声，突出了他的文学才华。诗人怀念的就是这么一个古人。像祢衡这样才华横溢的文人竟被黄祖杀掉，岂不太可惜了吗？

诗的后八句为第二节，是寄慨，诗人对祢衡的遭遇愤然不平。接着四句"鸷鹗啄孤凤，千春伤我情。五岳起方寸，隐然讵可平？"诗人把黄祖之流比作凶猛的恶鸟，而把祢衡比作孤凄的凤凰，一褒一贬，爱憎分明。诗人对祢衡被杀哀伤不已，心如五岳突起，久久不能平静。"才高"、"寡识"是诗人对祢衡的评价。这个评价应该说是比较公允的。当然这也与诗人的人生经验有密切关系。因为当时他刚因参加永王璘幕府被判充军夜郎而赦还，可以说险遭"极刑"，把它归之于"才高""寡识"，与他自己正相符合，这是痛苦的人生经验总结。正因为如此，诗最后说："至今芳洲上，兰蕙不忍生。"是说直到现在以芳草丛生著称的鹦鹉洲上，兰蕙这两种香草都不肯长出来，以免看到祢衡被杀在这里就伤感。诗人把兰蕙两种芳草拟人化，赋予它以人的感情，对祢衡寄予了深切的哀惋和同情。近人高步瀛说："此以正平自况，故极致哀悼，而沈痛语以骏快出之，自是太白本色。"（《唐宋诗举要》）评价是比较中肯的。

毛泽东圈阅、手书过这首诗，并以此诗三语批注《三国志·魏书·武帝纪》，赞同李白在此诗中对曹操的看法，这是很高的评价。（毕桂发）

【原文】

月下独酌四首
其一　花间一壶酒

花间一壶酒⁽¹⁾，独酌无相亲⁽²⁾。举杯邀明月⁽³⁾，对影成三人。月既不解饮⁽⁴⁾，影徒随我身⁽⁵⁾。暂伴月将影⁽⁶⁾，行乐须及春⁽⁷⁾。我歌月徘徊⁽⁸⁾，我舞影零乱⁽⁹⁾。醒时同交欢⁽¹⁰⁾，醉后各分散。永结无情游⁽¹¹⁾，相期邈云汉⁽¹²⁾。

【毛泽东圈评等情况】

毛泽东在一本中华书局印行的清蘅塘退士编《注释唐诗三百首》五言古诗中这首《月下独酌》诗正文开头处画了一个大圈。

[参考]中央档案馆整理：《毛泽东评点诗词曲精选（上册）》，
中国档案馆出版社1998年版，第6页。

【注释】

（1）间，一作"下"，一作"前"。

（2）独酌，一个人饮酒。酌，饮酒。无相亲，没有亲近的人。

（3）"举杯"句，我举起酒杯招引明月共饮，明月和我及我的影子恰恰合成三人。一说月下人影、酒中人影和我为三人。

（4）"月既"句，既，已经。不解，不懂，不理解。三国魏嵇康《琴赋》："推其所由，似元不解音声。"饮，喝酒。

（5）徒，空，白白地。

（6）将，和，共。

（7）及春，趁着美好的春光。

（8）月徘徊，明月随我来回移动。

（9）影零乱，因起舞而身影纷乱。

（10）同交欢，一起欢乐。一作"相交欢"。

（11）无情游，忘情游，拜托世俗、不计得失利害的交往。

（12）相期邈（miǎo）云汉，约定在天上相见。期，约会。邈，遥远。云汉，银河，这里指遥天仙境。"邈云汉"一作"碧岩畔"。

【赏析】

《月下独酌》宋本题下注明了"长安"二字，人们历来认为是李白在供奉翰林后期的唐玄宗天宝三年（744）春天所作。这一时期，李白遭到权臣奸宦谗毁，感到政治理想破灭，他常常痛饮狂歌，借以发泄郁愤，写了《月下独酌》四首。

这是第一首。诗人运用丰富的想象，表现了一种独而不独的复杂情感。全诗共十四句，可分为四节。"花间一壶酒，独酌无相亲。举杯邀明月，对影成三人"，开头四句为第一节，大意是说，在一个月色溶溶、花香浮动的春夜，诗人携着一壶酒来到花间，但遗憾的是独酌自饮。诗人对月举杯，邀月为友，而且自己的影子也前来助兴。前两句用白描手法叙写了"月下独酌"的环境，创造了一种美丽、幽静的春天月夜气氛。后两句一转，"举杯邀明月，对影成三人"辟出了一层新意。月亮人格化了，影子也活了起来，"独"变为"不独"。这两句语出率成，诗情绮丽。清人沈德潜说："脱口而出，纯乎天籁，此种诗人不易学。"（《唐诗别裁集》）

"月既不解饮，影徒随我身。暂伴月将影，行乐须及春"，接下四句为第二节，是写诗人月下独酌时，自我排遣的内心活动。前两句是说，月亮既不懂得饮酒，影子也徒然跟随着自己转。"既""徒"二字是来加重语气的，传达出了深深的憾意和无可奈何之情。这样一转，刚刚幻想出的两位朋友就若有若无了。后两句是说，暂时与明月和身影做伴，在这春暖花开的时候及时行乐吧。"将"字表示并列。这里又是一转。这四句把月和影之情说得虚不可测，这种细腻的内心活动的揭示，更进一步表明了诗人厌弃尘俗、甘于孤独的倔强性格。

"我歌月徘徊，我舞影零乱。醒时同交欢，醉后各分散"，再下四句为第三节，是写诗人与明月、影子一起酣歌醉舞的情景。这四句是说，诗人花间独酌，到了酒酣兴浓的时候，对月高歌，伴影起舞，月亮好似被歌声所感动，影子也好像随着他的舞步而变化。醒时互相欢欣，直到酩酊大醉，月光与身影才无可奈何地分别。前两句转出了一个绝妙的诗境，明月与影子果真成了诗人的知友。这四句将明月和身影写得对自己一往情深。

"永结无情游，相期邈云汉"，最后二句为第四节，是全诗的归结，集中地揭示了全诗的主题。诗人将与明月和身影永远结成忘情的好友，并期望将来在遥远的碧空中相见遨游。"永"字与前面的"暂"字相对。这两句表现了诗人对污浊现实的强烈不满，在孤独中向往自由和光明。

这首五言古诗，构思新颖，想象奇妙，情致深婉，诗情波澜起伏而又纯乎天籁。全诗成功地塑造了诗人的自我形象。诗人通过丰富的想象，使用拟人化的手法描绘了明月和影子，不仅有力地烘托了环境气氛的静谧，而且反衬出诗人在人世间无知音的孤独寂寞。这首诗的抒情基调，是一种深沉的孤独感。清孙洙说："本独酌诗，偏幻出三人。月影伴说，反复推勘，愈形其独。"（《唐诗三百首》）（东民）

崔　颢

崔颢（约704—754），汴州（今河南开封）人，原籍博陵安平（今河北安平）。唐朝著名诗人。出身唐代顶级门阀士族"博陵崔氏"。曾任许州扶沟县尉，官位一直不显。唐玄宗开元十一年（723）进士，曾任太仆寺丞，天宝中为司勋员外郎。秉性耿直，才思敏捷，其作品激昂豪放，气势宏伟。其早期诗多写闺情和妇女生活，诗风流于浮艳，反映上层统治阶级生活的侧面；后期的边塞诗慷慨激昂，雄浑奔放，诗风雄浑奔放；小诗淳朴生动，且接近民歌。《全唐诗》录存其诗一卷共四十二首。

【原文】

黄鹤楼

昔人已乘黄鹤去⁽¹⁾，此地空余黄鹤楼。

黄鹤一去不复返，白云千载空悠悠⁽²⁾。

晴川历历汉阳树⁽³⁾，芳草萋萋鹦鹉洲⁽⁴⁾。

日暮乡关何处是⁽⁵⁾？烟波江上使人愁⁽⁶⁾。

【毛泽东圈评等情况】

毛泽东曾两次手书过这首《黄鹤楼》。

[参考] 中央档案馆编：《毛泽东手书选集·古诗词卷（上）》，
北京出版社1996年版，第177—179页。

毛泽东在一本中华书局印行的清蘅塘退士编《注释唐诗三百首》七言律诗类中这首《黄鹤楼》诗题目上方天头空白处连画三个小圈，又在正文开头处上方画了一个大圈。

[参考] 中央档案馆整理：《毛泽东评点诗词曲精选（上册）》，
中国档案出版社1998年版，第99页。

【注释】

（1）昔人，指传说中骑鹤来过的仙人。黄鹤，一作"白云"。

（2）悠悠，飘荡的样子。

（3）晴川，指阳光照耀下的汉江江面。川，平原。历历，分明的样子。汉阳，今湖北武汉汉阳，与武昌黄鹤楼隔江相望。

（4）萋萋，草木茂盛的样子。鹦鹉洲，根据南朝宋范晔等《后汉书》记载，汉黄祖担任江夏太守时，在此大宴宾客，有人献上鹦鹉，故称鹦鹉洲。唐时长江中的小洲，在黄鹤楼东北，后被江水淹没。《清一统志》："湖北武昌府，鹦鹉洲在江夏县西南二里，祢衡墓在鹦鹉洲，今沦于江。"

（5）乡关，故乡。

（6）烟波，烟霭笼罩的江面。

【赏析】

这首诗是作者还乡途中逗留武昌时所作。作者登临黄鹤楼，遥望汴州感到家乡越来越近，思乡之情也因之更切，所以提笔写成了这首满怀乡愁的诗作。黄鹤楼，在今湖北武汉长江大桥武昌桥头，相传仙人王子安乘黄鹤过此，故名。《黄鹤楼》是一篇"擅千古之奇"的览胜名作。宋人严羽说："唐人七言律诗，当以崔颢《黄鹤楼》为第一。"（《沧浪诗话》）

"昔人已乘黄鹤去，此地空余黄鹤楼。黄鹤一去不复返，白云千载空悠悠。"首联和颔联四句从楼名的来历展开想象，用散调变格，概括地写出了黄鹤楼的古今变化，同时也表现了诗人登楼时古人不可见的寂寞心情。这四句是说，仙人骑着黄鹤飞走了，此地只留下一座黄鹤楼。黄鹤飞走不会再回来了，千年以来只见白云悠悠。首句由神话传说入笔，构思巧妙，隽永深长，起笔不同凡响。第二句转入写情，"空"字表现出诗人登楼寂寞之感。诗人从古今变化的叙述中，流露出"人生短暂，宇宙无穷"的感慨。这四句一气贯注，骋其笔势，旋转而下。

"晴川历历汉阳树，芳草萋萋鹦鹉洲。日暮乡关何处是？烟波江上使人愁"，颈联和尾联四句写登楼所见所感。这四句是说，隔着江水，汉阳东晴川平原上的树木挺拔，历历在目。远眺江心，鹦鹉洲上"芳草萋萋"，生机盎然。"鹦鹉洲"，唐时在汉阳西南长江中，后被江水冲没。诗人的目光由江心落在"日暮"时分的"烟波江上"，要透过迷茫的景色去寻觅自己的"乡关"。五、六两句突然一转，格调上由变归正，写景不事雕琢，流畅自然，直抒胸臆，音韵和谐。这两句以景寓情，七、八两句是触景生情，写烟波江上日暮怀归之情，使诗意重归于开头那种渺茫不可见的境界。"历历""萋萋"运用叠字，增强了音乐感。

全清人沈德潜评此诗说："意得象先，神行语外，纵笔写去，遂擅千古之奇。"（《唐诗别裁集》）元人辛文房《唐才子传》记李白登黄鹤楼本欲赋诗，因见崔颢此作，为之敛手，说："眼前有景道不得，崔颢题诗在上头。"传说或出于后人附会，未必真有其事。然李白确曾两次作诗拟此诗格调。其《鹦鹉洲》诗前四句说："鹦鹉东过吴江水，江上洲传鹦鹉名。鹦鹉西飞陇山去，芳洲之树何青青。"与崔诗如出一辙。又有《登金陵凤凰台》诗亦是明显地摹学此诗。

从毛泽东圈阅并手书这首诗的情况看，他是很欣赏此诗的。（东民）

【原文】

长干曲
"君家何处住"

君家何处住⁽¹⁾？妾住在横塘⁽²⁾。
停舟暂借问⁽³⁾，或恐是同乡⁽⁴⁾。

【毛泽东圈评等情况】

毛泽东在一本清蘅塘退士编《注释唐诗三百首》五言乐府类中这首《长干曲》的正文上方天头空白处连画三个小圈。

[参考]中央档案馆整理：《毛泽东评点诗词曲精选（上册）》，
中国档案出版社1998年版，第125—126页。

1923年，毛泽东写的《贺新郎·别友》词："挥手从兹去。更那堪凄然相向，苦情重诉。眼角眉梢都似恨，热泪欲零还住。知误会前番书语。过眼滔滔云共雾，算人间知己吾和汝。人有病，天知否？今朝霜重东门路，照横塘半天残月，凄清如许。汽笛一声肠已断，从此天涯孤旅。凭割断愁思恨缕。要似昆仑崩绝壁，又恰像台风扫寰宇。重比翼，和云翥。"

[参考]《毛泽东诗词集》，中央文献出版社1996年版，第1—2页。

【注释】

（1）君，对对方的尊称。您，指男方。

（2）妾，旧时女子自称的谦词。战国楚宋玉《高唐赋》："妾，巫山之女也。"横塘，堤名，在今江苏南京西南麒麟门外，与长干里相近。

（3）借问，请问别人。

（4）或恐，也许，猜测之词。

【赏析】

《长干曲》，是南朝乐府中《杂曲歌辞》，名由长江沿岸建康（今江苏南京）的一处街坊长干里而来，多反映这一带妇女的生活状况和思想感情。其古辞说："逆浪故相邀，菱舟不怕摇。妾家扬子住，便弄广陵潮。"

崔颢的《长干曲》共四首，采用男女对唱的形式，生动活泼，富于民歌风味，对古辞既有模仿，又有创新。此是第一首。

"君家何处住"，首句开门见山，航行在长江中的女子和另一船只不期而遇，便爽朗地向对方直接发问，一个"君"字，点明对方是男性。诗人单刀直入，让女主角开口问人，其形象跃然纸上，而使读者如闻其声、如见其人了。

"妾住在横塘"，次句是女子自报家门。"横塘"，三国时吴国所建，沿秦淮河南岸直至长江口，在今南京西南，与长干里相近。这位女子并不等待答话，便说出了自己的住处——横塘，女主角天真娇憨之态呼之欲出。

"停舟暂借问"，三句表面看是单纯叙事，实则含义丰富。单从她闻乡音而急于"停舟"相问，就可见她背井离乡，风行水宿，孤零无伴，没有一个可与共语之人。漂泊的艰辛，内心的孤独，使她听到乡音便喜出望外，开掘了她的个性和内心世界。

　　"或恐是同乡"，结句是写女子的心理活动。在男主角并未开口，而这位小姑娘之所以产生"或恐是同乡"的想法，当然是因为她听见了对方带有乡音的话语，尽管这话十之八九不是对女主角说的，这是读者可以补足的，所以诗人便略而不写，这从文学技巧来说，叫作"不写之写"。从女子的内心活动来看，她是希望遇到一位"同乡"可与共语，哪怕是萍水相逢，也可聊慰她那孤寂的情怀，心理挖掘是深刻的。

　　本诗是一首女子向男子发问的诗，寥寥数语，形象地将女子既想结识对方、又怕太过直白的心态描绘了出来。诗人巧妙地以口吻传达人的神态，用女子自报家门的急切程度，传达了这个女子大胆、聪慧、天真无邪的音容笑貌，纯朴清淳，饶有情趣。（毕桂发）

王　翰

　　王翰，字子羽，并州晋阳（今山西太原）人。出身豪贵之家，青年时豪放不羁，能写歌词，自歌自舞。唐睿宗景云元年（710）进士，举极言直谏，又举超群拔科。张说当政，召为秘书正字，张说罢宰相，王翰被贬为仙州别驾。仍行为狂放，终日与人游乐饮酒，再贬道州司马，死于任所。

　　王翰工诗，多古体，歌行《飞燕篇》借赵飞燕讽刺唐玄宗与杨贵妃的淫佚生活，有现实意义。边塞诗《凉州词》曾被推为七绝的压卷之作，成为人们广为传诵的名篇。《全唐诗》录存其诗一卷共十三首。

【原文】

凉州词

葡萄美酒夜光杯⁽¹⁾，欲饮琵琶马上催⁽²⁾。
醉卧沙场君莫笑⁽³⁾，古来征战几人回。

【毛泽东圈评等情况】

毛泽东手书过这首《凉州词》。

　　[参考] 中央档案馆编：《毛泽东手书选集·古诗词卷（上）》，
北京出版社 1996 年版，第 90 页。

毛泽东在一本中华书局印行的清蘅塘退士编选《注释唐诗三百首》七言绝句类这首《凉州词》诗正文上方天头空白处画了一个五星（☆）。

　　[参考] 中央档案馆整理：《毛泽东评点诗词曲精选（上册）》，
中国档案出版社 1998 年版，第 130 页。

（1）夜光怀，玉杯名。汉东方朔《海内十洲记》云："周穆王时西胡献夜光常满怀，杯受三升，是白玉之精，光明夜照。"这里指精致的酒杯。

（2）琵琶，本是西域马上弹拨乐器，后传入中国。催，指催饮。

（3）沙场，平沙旷野，指战场。

【赏析】

唐人七绝多是乐府歌词，凉州词即其中之一。它是按凉州（今甘肃河西、陇右一带）地方乐调歌唱的。宋欧阳修等《新唐书·乐志》说："天宝间乐调，皆以边地为名，若凉州、伊州、甘州之类。"这首诗地方色彩极浓。从标题看，凉州属西北边地；从内容看，葡萄酒是当时西域特产，夜光杯是西域所进，琵琶是西域所产，胡笳更是西北流行乐器。这些无一不与西北边塞风情相关。

王翰的这首边塞诗，曾被推为盛唐七绝的压卷之作，成为人们广为传诵的名篇。其以战场生活为题材，在一定程度上是即将奔赴"沙场"的将士们的思想感情的真实写照。

"葡萄美酒夜光杯，欲饮琵琶马上催"，开头两句并未从正面直接表达自己的观点，也没有去表现将士们报国杀敌的壮志和热情，而是用侧面衬托的手法，不写战争，却写饮酒。这两句是说，将士们喝的是西域特产的葡萄美酒，酒杯是西胡所献的夜光杯，犹如盛大的筵宴；正要开怀畅饮的时候，马上的乐队奏起了琵琶，催人出征，人们的情绪一下从平静欢快转入了紧张激昂。首句是描写筵席的豪奢，起句不凡，不仅给人以美感，而且还给人以想象的余地，是为了切合边地情调而带有夸张性的描写。第二句"欲饮"二字活画出面对如此盛宴的将士们的内心活动和神情，着意渲染一种欢快宴饮的场面。这句诗改变了七字句常用的音节，采用了上二下五的句法，音节顿挫新颖，更增强了感染力。"马上"二字，使人联想到出发，其实在西域胡人中，琵琶本来就是骑在马上演奏的，这两个字并不意味着马上就要出发。一、二两句极抑扬顿挫之能事。

"醉卧沙场君莫笑，古来征战几人回"，三、四两句是写筵席上的畅饮和劝酒，正面抒发将士们的感情。这两句是说，又要打仗了，即使痛饮后"醉卧沙场"之上，也没有什么可笑的，因为自古以来，战争之后又有几个人能活着回来呢！"醉卧沙场"表现出来的不仅是豪放、开朗的感情，而且还有视死如归的勇气。末句"古来征战几人回"显然是一种夸张的说法。这两句是用豪迈的语言表达旷达的胸怀，但所表现出来的是深沉而痛苦的感情；通过将士们因战争带来痛苦而厌战的思想情绪，来表达诗人自己对战争的看法。清人徐增说："此诗妙绝，无人不知，若非细细寻其金针，其妙亦不可得而见。……若论顿挫，'葡萄美酒'一顿，'夜光杯'一顿，'欲饮'一顿，'琵琶马上催'一顿，'醉卧沙场'一顿，'君莫笑'一顿，凡六顿，'古来征战几人回'则方挫去。夫顿处皆截，挫处皆连，顿多挫少，唐人得意乃在此。"

全诗语言节奏明快，跌宕起伏，给人一种向往和激动的艺术魅力。清人施朴华说："作悲伤语读便浅，作谐谑语读便妙，在学人领悟。"（《岘佣说诗》）全诗细读起来，有一种苍凉悲壮的感觉，但战士们的态度是乐观的，斗志是高昂的，这从那幽默而富有情趣的话语中不难体味出来。宋人洪迈原本、清人王士禛选《唐人万首绝句选评》说："气格俱胜，盛唐绝作。"

从毛泽东圈阅并手书的情况看，他对这首诗是颇为欣赏的。（东民）

高　适

　　高适（702—765），字达夫，一字仲武，沧州渤海蓨（今河北景县南）人，后迁居宋州宋城（今河南商丘睢阳）。性格落拓不拘，青年仕途不得意，长期浪游梁宋。因人举荐，中"有道科"，做过封丘县尉。后为河西节度使哥舒翰麾下记室参军。安史之乱爆发后，高适反对玄宗分封诸王，得到肃宗赏识，官职累升，曾官淮南、西川节度使，终散骑常侍，封渤海县侯，世称高常侍。高适是盛唐时著名的边塞诗人，与岑参并称"高岑"。有《高常侍集》等传世，其诗笔力雄健，气势奔放，"多胸臆兼有骨气""多佳句"，洋溢着盛唐时期所特有的奋发进取、蓬勃向上的时代精神。后人又把高适、岑参、王昌龄、王之涣合称"边塞四诗人"。

【原文】

燕歌行　并序

　　开元二十六年[1]，客有从元戎出塞而还者[2]，作《燕歌行》以示，适感征戍之事，因而和焉。

　　汉家烟尘在东北[3]，汉将辞家破残贼。男儿本是重横行[4]，天子非常赐颜色[5]。摐金伐鼓下榆关[6]，旌旆逶迤碣石间[7]。校尉羽书飞瀚海[8]，单于猎火照狼山[9]。山川萧条极边土，胡骑凭陵杂风雨[10]。战士军前半死生，美人帐下犹歌舞！大漠穷秋塞草衰[11]，孤城落日斗兵稀。身当恩遇常轻敌[12]，力尽关山未解围[13]。铁衣远戍辛勤久[14]，玉箸应啼别离后[15]。少妇城南欲断肠，征人蓟北空回首。边风飘飖那可度，绝域苍茫更何有[16]！杀气三时作阵云[17]，寒声一夜传刁斗[18]。相看白刃血纷纷，死节从来岂顾勋[19]。君不见沙场征战苦，至今犹忆李将军[20]！

【毛泽东圈评等情况】

毛泽东在一本中华书局印行的清蘅塘退士编《注释唐诗三百首》七言乐府诗中这首《燕歌行》诗题目上方天头空白处画了两个大圈。

[参考] 中央档案馆整理：《毛泽东评点诗词曲精选（上册）》，

中国档案出版社 1998 年版，第 56—57 页。

【注释】

（1）开元，唐玄宗李隆基的年号（713—741）。二十六年，即公元738 年。

（2）元戎，主帅，一作"御史大夫张公"，指张守珪。张开元二十一年（733）任幽州长史，二十三年（735）功拜辅国大将军、右羽林大将军兼御史大夫。宋欧阳修等《新唐书·张守珪传》，守珪二十三年败契丹后，"入见天子，会藉田毕，即酺燕为守珪饮至，帝赋诗宠之。……赐金彩，授二子官，诏立碑记功"。

（3）汉家，汉朝，这里代指唐朝。下文"汉将"借指唐将。烟尘，指战争。

（4）横行，横行敌境，所向无敌。语出《史记·季布栾布列传》樊哙语"臣愿得十万众，横行匈奴中"。

（5）赐颜色，给面子，即厚加礼遇。

（6）摐（chuāng）金，指敲击乐器。伐，击。榆关，山海关。

（7）旌旆（jīng pèi），军中的各种旗帜。一作"旌旗"。碣石，山名，在今河北昌黎东。

（8）校尉，汉代武官名，位次于将军。这里指唐军军官。羽书，即"羽檄"，插有鸟羽的军用紧急文书。瀚海，沙漠。

（9）单于（chán yú），古代匈奴部族首领的称号，这里借指敌方首领。猎火，打猎时点燃的火光。古代游牧民族出征前，常举行大规模校猎，作为军事性的演习。狼山，又称狼居胥山，在今内蒙古自治区乌拉特旗，其他地方也有同名山。

（10）凭陵，欺凌，侵犯。杂风雨，风雨交加，形容敌人来势凶猛如狂风暴雨。《新序·善谋》："韩安国曰：'且匈奴者，轻疾悍亟之兵也，来若风雨，解若收电。'"

（11）穷秋，深秋。塞，边塞。衰，一作"腓"，变黄。隋虞世南《陇头吟》："穷秋塞草腓，塞外胡尘飞。"

（12）轻敌，指张守珪部下裨将赵堪、白金陀罗矫诏胁迫平卢军使乌知义与契丹余部作战事。

（13）未解围，也未能解除敌人的包围。据宋欧阳修等《新唐书·张守珪传》："知义与虏斗，不胜，还。"

（14）铁衣，铁甲。《木兰辞》："寒光照铁衣。"

（15）玉箸（zhù），玉做的筷子，这里指思妇的眼泪。

（16）绝域，极远的地方。

（17）三时，指晨、午、晚，即一整天。阵云，场上象征杀气的云。

（18）刁斗，军中用铜器皿，白天作炊具，夜间敲打用以报更。

（19）死节，指为国而英勇献身。节，气节。

（20）李将军，指汉代名将李广。《史记·李将军列传》载，武帝时李广为右北平太守，防御匈奴，能身先士卒，而且爱惜士卒，能同甘共苦。

【赏析】

《燕歌行》，本是乐府《相和歌·平调》古题。《乐府广题》："燕，地名也，言良人从役于燕而为此曲。"曹丕、萧绎、庾信等所作，多写思妇怀念征夫。高适扩大其表现范围，多方面描写了唐代征战生活。从诗前小序知道，《燕歌行》写于唐玄宗开元二十六年（738）。序中所说"御史大夫张公"，指河北节度副使张守珪。开元二十三年（735），张以与契丹作战有功，拜辅国大将军兼御史大夫。其下属安禄山后败于契丹余部，张守珪隐而不报，掩盖败迹。高适从"客"处得悉其情，写下这首诗。诗托汉言唐，描写了东北边境战争的情况及军中苦乐的悬殊，表现了作者对广大战士的深切同情，对边疆守将耽于歌舞、骄逸荒淫的强烈愤懑以及对朝廷用人不当的严厉谴责。

全诗分为四节。前八句写战士慷慨赴边。开头就指出契丹侵入东北边地，燃起战火，这是"汉将辞家"的原因。"残贼"不当解为残余的敌人。《孟子·梁惠王下》："贼仁者谓之'贼'，贼义者谓之'残'。"应解为与仁义为敌的侵略者。这就是说唐朝进行的是一场正义战争，因而举国上下，同仇敌忾，血性男儿以报国为重，决心驰骋疆场，建立功勋。朝廷对出征将士大加称赞奖励，进军途中，敲锣击鼓，红旗招展，原因是前方守将告急，"单于"已经燃起了战火。"金伐鼓"，是从听觉写；"旌旆逶迤"，从视觉上写。"榆关"，即山海关。"碣石"，山名，在今河北昌黎东。"翰海"，大沙漠。"狼山"，在今内蒙古自治区中部，属阴山山脉西段。一个"下"字，气势非凡，大有望风披靡之概。"羽书"飞来，可见军情紧急。"翰海""狼山"，见出战区的广阔和规模之大。这八句既写出了唐军声威之壮，又写出了军情之急，一场恶仗迫在眉睫，为下文张本。

"山川萧条极边土"以下八句为第二节，写唐军战斗失利。战场的条件是："山川萧条极边土"，一望无际，萧条冷落，无险可守；敌人的情况是："胡骑凭陵杂风雨"，敌人骑兵入侵时像挟带风雨而来。将士和将帅的态度却截然不同："战士军前半死生，美人帐下犹歌舞。"战士们在战场上奋勇杀敌，存亡参半；将帅们却躲在营帐中欣赏随军歌伎的歌舞。这两句将发生在不同人身上、出现在不同场合的情景加以对照，既表现了军中将帅与士兵的尖锐对立，又揭示了将帅腐败是失利的原因，产生了触目惊心的艺术效果。战后的战场，大漠、衰草、孤城、落日，一派凄凉衰飒景象。由于将帅们"轻敌"，致使战士奋勇杀敌也未能解除敌人的围困，这揭示了失利的又一原因。

战斗失败，只好转攻为守，于是引出征人与思妇两地思念的描写。"铁衣远戍辛勤久"等八句为第三节，写的就是这方面的内容。诗人采用对比手法，一句少妇，一句征夫："铁衣远戍"，写征人对家中妻子的怀念，"玉箸应啼"，写妻子对远征丈夫的深情；城南少妇，愁肠百结，无法到边地会见亲人；蓟北征人，望眼欲穿，却看不到家乡亲人。一连六句，错综相承，相思之苦逐步加深，而且这种痛苦还要继续下去，因为战争形势还很严峻。你看，白天，时时可以见到杀气腾腾的战云，晚上，整夜都可以听到寒风传来的刁斗声。这些迹象表明，战争还要旷日持久地打下去。

结尾四句为末节，写由战败、久成引出感慨：思得良将守边，揭出全诗主旨。"相看"二句写士兵在战场上以死报国，并不是为了获取个人功勋。这是战士情怀的剖析，也是诗人对战士的深刻理解。看这样的好战士，本该有卓越的战功、安定的边塞、夫妇团聚的和平生活，但是事实却并非如此，这是为什么呢？归根结底是缺少一个像汉代名将李广式的人物。这既是对带兵将帅的尖锐讽刺，也是对朝廷用非其人的有力批判。杜甫赞美高适、岑参的诗："意惬关飞动，篇终接混茫。"（《寄高使岑长史三十韵》）"混茫"是一种混沌未开的蒙昧状态，这里指富有启发意义的形象描绘。高适此诗以"忆李将军"作结，寄慨遥深，意境更为浑成而深远。

高适的《燕歌行》境界开阔，气势雄放，广泛地反映了边地的征战生活。其突出的特征是采用了对比手法，融入了历史故事，将朝廷与边塞、将帅与士兵、征夫与思妇、敌骑与汉兵，出征时的声威与战败后的衰象、历史名将与唐代将帅进行对比，纵横交织的各种矛盾，组成一幅富于动感的极为壮阔而又和谐的边塞生活的长卷。（毕桂发）

【原文】

送李少府贬峡中王少府贬长沙

嗟君此别意何如？驻马衔杯问谪居[1]。巫峡啼猿数行泪[2]，衡阳归雁几封书[3]？青枫江上秋风远[4]，白帝城边古木疏[5]。圣代即今多雨露[6]，暂时分手莫踌躇[7]。

【毛泽东圈评等情况】

毛泽东在一本中华书局印行的清蘅塘退士编《注释唐诗三百首》七言律诗中这首《送李少府贬峡中王少府贬长沙》诗题目上方天头空白处连画三个小圈，又在正文上方画了一个大圈。

[参考]中央档案馆整理：《毛泽东评点诗词曲精选（上册）》，中国档案出版社1998年版，第102页。

毛泽东在1958年3月的成都会议期间圈阅的《诗词若干首》（唐宋

明朝诗人写的有关四川的一些诗和词）中也有这首《送李少府贬峡中王少府贬长沙》。

[参考] 刘开扬注释：《诗词若干首》（唐宋明朝诗人咏四川），

四川人民出版社 1979 年版。

【注释】

（1）衔杯，口含酒杯，指饮酒。晋刘伶《酒德颂》："捧承槽，衔杯漱醪。"谪居，贬官的地方。

（2）巫峡，长江三峡之一。数行泪，语义双关，既指猿啼之泪，也指李少府因贬峡中听猿啼而落泪。古代民歌："巴东三峡巫峡长，猿鸣三声泪沾裳。"

（3）衡阳，今湖南衡阳，城南有回雁峰，相传雁飞至此而北返。几封书，用《汉书·苏武传》雁足传书典故。

（4）青枫江，一名青枫浦，在今湖南长沙浏阳。秋帆远，指秋风吹着小舟，送友人远去。

（5）白帝城，故址在今重庆奉节东白帝山上。

（6）圣代，圣明的时代，此指唐朝。多雨露，比喻皇帝的恩泽普施。

（7）踌躇（chóu chú），犹豫，此是烦恼之意。

【赏析】

此诗作年究在何时，已难以考定。旧编在《同陈留崔司户早春宴蓬池》诗后，可能是高适在封丘尉任内，送别遭贬的李、王二少府（唐时县尉的别称）往南方之作。这是一首送别诗，送的对象李、王二少府（县尉），一贬"峡中"（今重庆巫山），一贬"长沙"（今湖南长沙）。二地在唐代还未开发，所以是古代贬谪官员的地方。"贬"，是古代官吏因罪被降职并流放到边远地方去做官。李、王二县尉被贬谪，临别时，高适写了这首诗给他们送行。

这是一首七言律诗。诗共八句。"嗟君此别意何如？驻马衔杯问谪居"，首联两句点明送别题意，表达了对李、王二少府的同情。"嗟"是叹惜的意思。"别意"，离别的感受，这是字面意思，其深层的含意应是遭贬的感受，不便明言罢了。"驻马"，停马。"衔杯"，口衔酒杯，即饮酒的意思。"问谪居"，也可两解，其字面意思是询问贬官的地方，实则"问"是慰问，对他们的被贬表示慰问，寄予同情。这两句，前句点明送别，后句表示同情，已写出了诗人与李、王二少府的关系非同一般。

领联、颈联四句，分别描绘他们即将到达谪居的南方荒远地方凄清肃杀的景象：高猿哀鸣，音讯隔绝；秋江萧瑟，古城索寞。诗人对李、王二少府贬所的景物交替着写：三句"巫峡啼猿数行泪"，写李少府，说他到了巫峡（西起重庆巫山，东至湖北巴东），听见那山上猴子哀鸣的声音，将会感到哀伤而掉泪；四句"衡阳归雁几封书"，是写王少府。"衡阳归雁"，比喻路途遥远，音信难通。"衡阳"，在今湖南衡阳。衡阳城南有回雁峰，相传雁飞不过此峰。"归雁"则是个典故，《汉书·苏武传》载：汉昭帝时，苏武出使匈奴，被扣留在北海边牧羊。汉派使者去讨还苏武，匈奴王假称苏武已经死了。汉使者对匈奴王说，汉天子在京城上林苑射雁，得雁足所系苏武的帛书，知道苏武还活在某草泽中。后来便把归雁借指送信的使者。这传说和典故，有力表达了王少府即使到长沙，路途遥远，今后连你的书信都不容易收到了。五句"青枫江上秋风远"，仍写王少府。"青枫江"，一名双浦江，在今湖南浏阳浏阳河中，"秋风远"，秋天的天空深邃高远。这是王少府贬所长沙一带的景物。六句"白帝城边古木疏"，再写李少府。"白帝城"，在今重庆奉节东白帝城山上，东临巫山。"古木疏"，指秋风落叶，树木显得稀疏，当然以缺少生机的古树为最。这句是写李少府被贬到巫山一带的景物。李、王二少府的贬所交替着写，显得活泼而不板滞；如果写完一个再写另一个，则未免失之于呆板。二人贬所景物极富地方特色，从整体上又构成了一幅冷落荒凉的图景，融情入景，蕴含着对李、王二少府贬后生活的深切关怀。

尾联"圣代即今多雨露，暂时分手莫踌躇"两句中，"圣代"，指唐朝。"多雨露"，比喻广施恩泽。"踌躇"，是犹豫不前。这两句是说，当今生逢圣世，朝廷会广施恩泽，你就放心地去吧！作者对他们两人的慰勉的语气中，曲折地透露了他对朝廷排斥贤能、政治黑暗的不满情绪。以此结束全篇，给被贬者以渺茫的希望，乃是送别朋友的本意。（毕桂发）

刘长卿

刘长卿（约709—780），字文房，河间（今河北河间）人，后迁居洛阳，河间为其郡望。唐玄宗天宝年间进士。肃宗李亨至德中官监察御史，后为长洲县尉，因事下狱，贬南巴尉。代宗大历中任转运使判官，知淮西、鄂岳转运使后，又被诬再贬睦州司马。德宗建中年间，官终随州刺史，世称刘随州。

刘长卿工诗，擅长近体，研练深意，而又婉曲多讽，七律以工秀见称，但缺乏雄浑苍劲之作，五言绝句成就尤高，享名于中唐诗坛，曾自诩为"五言长城"。其诗多写贬谪飘流的感慨和山水隐逸的闲情。有《刘随州集》。

【原文】

逢雪宿芙蓉山主人

日暮苍山远⁽¹⁾，天寒白屋贫⁽²⁾。
柴门闻犬吠⁽³⁾，风雪夜归人⁽⁴⁾。

【毛泽东圈评等情况】

毛泽东曾圈阅这首《逢雪宿芙蓉山主人》。《全唐诗》一百四十七卷载有这首诗。

[参考] 张贻玖：《毛泽东评点、圈阅的中国古典诗词》，
中国工人出版社1992年版，第229页。

【注释】

（1）日暮，傍晚的时候。苍山远，青山在暮色中影影绰绰显得很远。苍，青色。

（2）白屋，未加修饰的简陋茅草屋，贫苦家的住所。《尸子·君治》："人之言君天下者瑶台九类，而尧白屋。"《汉书·王莽传》："开门延士，下及白屋。"颜师古注："白屋，谓庶人以白茅覆屋者也。"

（3）柴门，用柴做的门，言其简陋，用以指贫寒之家。犬吠，狗叫。

（4）夜归人，夜间回来的人，指主人或指作者自己。

【赏析】

此诗题《逢雪宿芙蓉山主人》，一作《逢雪宿芙蓉山》。逢，遇上。宿，投宿，借宿。芙蓉山，山用芙蓉为名的很多，难以确指。主人，指留宿诗人的人家。

大约在唐代宗大历八年（773）至十二年（777）间的一个秋天，刘长卿受鄂岳观察使吴仲儒的诬陷获罪，因监察御史苗丕明镜高悬，才从轻发落，贬为睦州司马。《逢雪宿芙蓉山主人》写的是严冬，应在遭贬之后。上半首似言自己被害得走投无路，希望获得一席净土，可是，在冷酷的现实之中，哪有自己的立身之所。下半首似言绝望中遇上救星苗丕，给自己带来了一点可以喘息的光明，当然也包含无限的感激之情。以此看来，这首诗不仅是一幅优美的风雪夜归图，而且反映了诗人政治生涯中的酸辣。

这是一首五言绝句，用极其凝练的诗笔，描画出一幅以旅客暮夜投宿、山家风雪人归为素材的寒山夜宿图。诗是按时间顺序写下来的。首句写旅客薄暮在山路上行进时所感，次句写到达投宿人家时所见，后两句写入夜后在投宿人家所闻。每句诗都构成一个独立的画面，而又彼此连属。诗中有画，画外见情。

诗的开端，以"日暮苍山远"五个字勾画出一个暮色苍茫、山路漫长的画面。诗句中并没有明写人物、直抒情思，但其人呼之欲出，其情浮现纸上。这里，点活画面、托出诗境的是一个"远"字，从这一个字可以推知有行人在暮色来临的山路上行进时的孤寂劳顿的旅况和急于投宿的心情。接下来，诗的次句使读者的视线跟随这位行人，沿着这条山路投向借宿人家。"天寒白屋贫"是对这户人家的写照。一个"贫"字，应当是从遥遥望见茅屋到叩门入室后形成的印象。上句在"苍山远"前先写"日暮"，这句则在"白屋贫"前先写"天寒",都是增多诗句层次、加重诗句分量的写法。漫长的山路,本来已经使人感到行程遥远,又眼看日暮,就更觉得遥远;简陋的茅屋,本来已经使人感到境况贫穷,再时逢寒冬,就更显出贫穷。联系上下句看,这一句里的"天寒"两字,还有承上启下作用。承上,是进一步渲染日暮路遥的行色;启下,是作为夜来风雪的伏笔。《唐诗笺注》:"上二句孤寂况味,犬吠人归,若惊若喜,景色入妙。"

后两句诗"柴门闻犬吠,风雪夜归人",写的是借宿山家以后的事。在用字上,"柴门"上承"白屋","风雪"遥承"天寒",而"夜"则与"日暮"衔接。这样,从整首诗来说,虽然下半首另外开辟了一个诗境,却又与上半首紧紧相扣。但这里,在承接中又有跳跃。看来,"闻犬吠"既在夜间,山行劳累的旅人多半已经就寝;而从暮色苍茫到黑夜来临,从寒气侵人到风雪交作,从进入茅屋到安顿就寝,中间有一段时间,也应当有一些可以描写的事物,可是诗笔跳过了这段时间,略去了一些情节,既使诗篇显得格外精练,也使承接显得更加紧凑。诗人出人意料地展现了一个在万籁俱寂中忽见喧闹的犬吠人归的场面,这就在尺幅中显示变化,给人以平地上突现奇峰之感。

全诗纯用白描手法,语言朴实无华,格调清雅淡静,却具有悠远的意境与无穷的韵味。明唐汝询撰《唐诗解》说:"此诗直赋实事,然令落魄者读之,真足凄绝千古。"现代学者刘永济选释《唐人绝句精华》说:"此诗二十字,将雪夜宿山人家一段情事,描绘如见。"(毕桂发)

【原文】

送李中丞归汉阳别业

流落征南将⁽¹⁾,曾驱十万师⁽²⁾。
罢归无旧业⁽³⁾,老去恋明时⁽⁴⁾。
独立三边静⁽⁵⁾,轻生一剑知⁽⁶⁾。
茫茫江汉上⁽⁷⁾,日暮欲何之⁽⁸⁾?

【毛泽东圈评等情况】

毛泽东在一本中华书局印行的清蘅塘退士编《注释唐诗三百首》五言律诗类中这首《送李中丞归汉阳别业》诗题目上方天头空白处连画了三个小圈。

[参考] 中央档案馆整理：《毛泽东评点诗词曲精选（上册）》，

中国档案出版社 1998 年版，第 87 页。

【注释】

（1）流落，漂泊失所。征南将，指李中丞。

（2）师，军队。

（3）旧业，在家乡的产业。

（4）明时，政治清明的时代，对自己所处时代的美称。

（5）三边，汉时指幽、并、凉三州，其地皆在边疆。后世泛指边地。

（6）轻生，指为国抗敌，不怕牺牲。一剑知，只有身上那把佩剑知道。

（7）江汉，长江和汉水。此指汉阳，汉水注入长江之处。

（8）日暮，天晚，语意双关，暗指朝廷不公。何之，何往，何处去。

【赏析】

此题一作《送李中丞之襄州》。中丞，御史中丞，唐时为宰相以下的要职。汉阳，今属湖北武汉。别业，别墅。大致为安史之乱平息不久的诗作。诗人为主人公被斥退罢归的不幸遭遇所感，抒发惋惜不满与感慨之情。诗的感情色彩极为浓厚，既对李中丞的不幸命运寄予了深切的同情，又对封建统治者的愚昧和昏庸表示了无限的愤慨，语调慷慨悲凉，读来动人心魄。

首联以"流落征南将"和"曾驱十万师"作对比，故意把如今流落江汉的征南老将和当年曾经指挥过十万大军的统帅这一无法调和的事实摆在读者面前，起到发人深省、令人愤慨的作用。"曾驱十万师"一句还把昔日李中丞的英雄形象充分地表现了出来，给诗句增添了鲜明的对比度。

"罢归无旧业，老去恋明时"，颔联写友人困顿坎坷，仍眷恋朝廷。这是写李中丞的廉与忠。这位曾威震一方、为国家立过汗马功劳的老将军如今还归故里，但却两袖清风，无以为业，足见他一生"公而忘私、国而忘家"的可贵品质。尽管他已垂垂老矣，但仍以一片忠诚之心，眷恋着往日圣明的时代，希冀着国泰民安，世事清明。而对于这样一位忠诚贤明之士，统治者给予他的又是什么呢？是流落无业，是暮年孤凄，这不能不说是极大的讽刺。

"独立三边静，轻生一剑知"，颈联承接首句的"征南将"，写李中丞的英雄气概和巨大功绩。正是这位老将，当年曾威震三边，出生入死，使烽烟熄灭，边疆平静，可就是这样一位有功之臣，遭到的却是被遗弃的命运。尤其是"轻生一剑知"一句，把李将军为了国家的安危甘愿冲锋陷阵、舍生忘死的形象作了进一步的刻画。"一剑知"即只有身上那把佩剑才知道将军所付出的一切，这三个字把作者对老将军的敬佩、同情以及对朝政的不满等复杂情感都浓缩进去，也进一步激发了读者的情感与共鸣。

"茫茫江汉上，日暮欲何之"，诗的尾联为作者的感慨之词：在这茫茫江汉之上，你在飘泊流浪、日暮途穷之后，又欲奔向何方？作者在此为英雄无用武之地且晚景如此凄凉而愤愤不平，也是借李中丞之名，为千千万万遭受同等不幸的贤明之士表示惋惜，也对朝政日非深表怨恨。

此诗以深挚的感情颂扬了李将军的英雄气概、忠勇精神和卓著功绩，对老将晚年罢归流落的遭遇表示了无限的同情。诗的前六句，都是刻划老将形象的，用语豪壮，老将舍身为国、英勇奋战的神威形象表现得非常突出有力。结尾一联，寓情于景，以景衬情，含蓄地表现老将日暮途穷的不幸遭遇。全诗情调悲怆，感人至深。

这首诗落笔雄健，对比强烈，豪迈奔放，气势不凡。尤其是五、六两句中的一"静"一"知"，用法更妙。它不仅使诗意显豁，而且把李中丞那种勇往直前、势不可当的气概充分表达了出来。全诗感情激越，慷慨悲壮，显得苍劲沉郁。（刘磊）

【原文】

长沙过贾谊宅

三年谪宦此栖迟⁽¹⁾，万古惟留楚客悲⁽²⁾。

秋草独寻人去后⁽³⁾，寒林空见日斜时⁽⁴⁾。

汉文有道恩犹薄⁽⁵⁾，湘水无情吊岂知⁽⁶⁾？

寂寂江山摇落处⁽⁷⁾，怜君何事到天涯⁽⁸⁾！

【毛泽东圈评等情况】

　　毛泽东在一本中华书局印行的清蘅塘退士编《注释唐诗三百首》七言律诗类中这首《长沙过贾谊宅》诗题目上方天头空白处连画了三个小圈，又在正文上方画了一个大圈。

[参考] 中央档案馆整理：《毛泽东评点诗词曲精选（上册）》，
中国档案出版社 1998 年版，第 107 页。

【注释】

　　（1）三年谪宦，贾谊被贬长沙三年。栖迟，游息。《诗经·陈风·衡门》："衡门之下，可以栖迟。"朱熹集传："栖迟，游息也。"游息，居留之意。

　　（2）楚客，流落在楚地的客人，指贾谊。长沙旧属楚地，故有此称。一作"楚国"。

　　（3）人去后，指贾谊早逝，人去宅空。这里化用贾谊《鵩鸟赋》中"野鸟入室兮，主人将去"句意。

　　（4）日斜时，指在贾谊故宅逗留的时间。这里化用贾谊《鵩鸟赋》中"庚子日斜兮，集余舍"句意。

　　（5）汉文，指汉文帝。恩犹薄，指汉文帝不能重用贾谊，使他抑郁而死。

　　（6）吊，指贾谊作赋吊屈原。《史记·屈原贾生列传》："贾谊又以适（谪）去，意不自得，及渡湘水，为赋以吊屈原。"

　　（7）寂寂，寂寞萧瑟。摇落，零落荒凉。摇落处，一作"正摇落"。

　　（8）君，指贾谊。天涯，天边，这里指长沙。

【赏析】

刘长卿的诗歌题材，往往局限在个人得失范围里，无不与自己的迁谪生涯有关，这首诗就是如此。

刘长卿"刚而犯上，两遭迁谪"。第一次迁谪在唐肃宗至德三年（758）春天，由苏州长洲县尉被贬为潘州南巴县尉；第二次在唐代宗大历八年（773）至大历十二年（777）间的一个深秋，因被诬陷，由淮西鄂岳转运使被贬为睦州司马。从这首诗所描写的深秋景象来看，诗当作于诗人第二次迁谪来到长沙的时候，那时正是秋冬之交，与诗中节令恰相符合。

在一个深秋的傍晚，诗人只身来到长沙贾谊的故居。贾谊，是汉文帝时著名的政论家，因被权贵中伤，出为长沙王太傅三年。后虽被召回京城，但不得大用，抑郁而死。类似的遭遇，使刘长卿伤今怀古，感慨万千，而吟咏出这首七言律诗。

"三年谪宦此栖迟，万古惟留楚客悲"，首联中的"三年谪宦"，只落得"万古"留悲，上下句意钩连相生，呼应紧凑，给人以抑郁沉重的悲凉之感。"此"字，点出了"贾谊宅"。"栖迟"，这种生活本就是惊惶不安的，用以暗喻贾谊的侘傺失意，是恰切的。"楚客"，标举贾谊的身份。一个"悲"字，直贯篇末，奠定了全诗凄怆忧愤的基调，不仅切合贾谊的一生，也暗寓了刘长卿自己迁谪的悲苦命运。《昭昧詹言》："首二句叙贾谊宅，三四'过'字，五六入议，收以自己托意，亦全是言外有作诗人在，过宅人在。"

"秋草独寻人去后，寒林空见日斜时"，颔联围绕题中的"过"字展开描写。"秋草""寒林""人去""日斜"，渲染出故宅一片萧条冷落的景色，而在这样的氛围中，诗人还要去"独寻"，一种景仰向慕、寂寞兴叹的心情油然而生。寒林日斜，不仅是眼前所见，也是贾谊当时的实际处境，也正是李唐王朝危殆形势的写照。明胡震亨撰《唐音癸签》说："'秋草独寻人去后，寒林空见日斜时。'初读之似海语，不知其最确切也，谊《鵩鸟赋》云：'四月孟夏，庚子日斜，野鸟入室，主人将去。''日斜''人去'，即用谊语，略无痕迹。"

"汉文有道恩犹薄，湘水无情吊岂知"，颈联从贾谊的见疏，隐隐联系到自己。号称"有道"的汉文帝，对贾谊尚且这样薄恩，那么，当时昏聩无能的唐代宗，对刘长卿当然更谈不上什么恩遇了；刘长卿的一贬再贬，沉沦坎坷，也就是必然的了。这就是所谓"言外之意"。清施补华撰《岘佣说诗》曰："'汉文有道'一联可谓工矣。上联'芳草独寻人去后，寒林空见日斜时'疑为空写，不知'人去'句即用《鹏鸟赋》'主人将去'，'日斜'句即用'庚子日斜'。可悟运典之妙，水中着盐，如是如是。"

诗人将暗讽的笔触曲折地指向当今皇上，手法是相当高妙的。接着，笔锋一转，写出了这一联的对句"湘水无情吊岂知"。这也是颇得含蓄之妙的。湘水无情，流去了多少年光。楚国的屈原哪能知道上百年后，贾谊会来到湘水之滨吊念自己；西汉的贾谊更想不到近千年后的刘长卿又会迎着萧瑟的秋风来凭吊自己的遗址。后来者的心曲，恨不起古人于地下来倾听，当世更没有人能理解。诗人由衷地在寻求知音，那种抑郁无诉、徒呼负负的心境，刻画得十分动情，十分真切。

"寂寂江山摇落处，怜君何事到天涯"，尾联刻画了作者独立风中的形象。他在宅前徘徊，暮色更浓了，江山更趋寂静。一阵秋风掠过，黄叶纷纷飘落，在枯草上乱舞。这幅荒村日暮图，正是刘长卿活动的典型环境。它象征着当时国家的衰败局势，与第四句的"日斜时"映衬照应，加重了诗篇的时代气息和感情色彩。"君"，既指代贾谊，也指代刘长卿自己；"怜君"，不仅是怜人，更是怜己。"何事到天涯"，可见二人原本不应该放逐到天涯。这里的弦外音是：我和您都是无罪的呵，为什么要受到这样严厉的惩罚！这是对强加在他们身上的不合理现实的强烈控诉。读着这故为设问的结尾，仿佛看到了诗人抑制不住的泪水，听到了诗人一声声伤心哀婉的叹喟。

诗人联系自己与贾谊遭贬的共同遭遇，心理上更使眼中的景色充满凄凉寥落之情。满腹牢骚，对历来有才人多遭不幸感慨系之，更是将自己和贾谊融为一体。明邢昉编《唐风定》说："深悲极怨，乃复妍秀温和，妙绝千古。"清赵臣瑷《山满楼笺注唐诗七言律》说："笔法顿挫，言外有无穷感慨，不愧中唐高调。"（毕桂发）

【原文】

登余干古城

孤城上与白云齐⁽¹⁾，万古萧条楚水西⁽²⁾。

官舍已空秋草没⁽³⁾，女墙犹在夜乌啼⁽⁴⁾。

平沙渺渺迷人远⁽⁵⁾，落日亭亭向客低⁽⁶⁾。

飞鸟不知陵谷变⁽⁷⁾，朝来暮去弋阳溪⁽⁸⁾。

【毛泽东圈评等情况】

毛泽东读一本中华书局印行的清沈德潜编选《唐诗别裁集》卷十四中七言律诗时圈阅了这首《登余干古城》。

[参考] 张贻玖：《毛泽东评点、圈阅的中国古典诗词》，

中国工人出版社 1992 年版，第 229 页。

【注释】

（1）孤城，指余干古城。齐，一样高。

（2）楚水，此指安仁江，即今江西信江。古余干城在安仁江西北，属楚国，故称楚水西。

（3）官舍，官衙。空，人去楼空。没（mò），淹没，覆盖。

（4）女墙，城墙上呈凸凹形的小墙。《释名·释宫室》："城上垣，曰睥睨……亦曰女墙，言其卑小，比之于城。"犹，仍然。夜乌啼，夜里乌鸦在啼叫。乌，乌鸦。

（5）平沙，平旷的沙地。渺渺，幽远之状，悠远之状。《管子·内业》："折折乎如在于侧，忽忽乎如将不得，渺渺乎如穷无极。"尹知章注："渺渺，微远貌。"迷人远，令人迷茫。

（6）亭亭，高耸之状。南朝梁萧统《文选·张衡〈西京赋〉》："干云雾而上达，状亭亭以岌岌。"薛综注："亭亭、岌岌，高貌也。"向，朝。

（7）陵谷变，高岸为谷，深谷为陵，这里指世事俱变。《诗经·小雅·十月之交》："高岸为谷，深谷为陵。"比喻世事变迁，高下易位。

（8）弋阳溪，信江的别名。

【赏析】

唐肃宗上元二年（761）刘长卿从岭南潘州南巴贬所北归时途经余干，这里刚刚经过军阀战乱，触处都见战争创伤，显出国家衰弱、人民困苦的情状。诗人遭贬，本对当时政治腐败和官场污浊深感不满，此时更为唐朝国运担忧，故而创作了这首七言律诗。此诗在唐代即传为名篇。

这是一首山水诗，同时也是一首政治抒情诗。面对荒凉破旧的古城，诗人缅怀历史，鉴照现实，抒发自己忧国忧民的感伤心情。唐时余干城即今江西余干，"古城"（一本有"县"字）是指唐以前设置的余干县城。先秦时，其地因余水、汗水而名，是当时越国西界城邑，在安仁江（今江西信江）西北，汉代置余汗县，隋代改名为余干县，唐代迁移县治。

诗人写景抒情不拘泥于历史事实，甚至突出主旨而作了大胆的虚构和想象。"孤城上与白云齐，万古萧条楚水西"，首联是说，登上孤城，空旷天低，只觉人与白云齐，楚水以西像万古荒原没有人迹。颔联"官舍已空秋草没，女墙犹在夜乌啼"，写城内荒芜，醒目点出官舍、女墙犹在，暗示古城并非毁于战争。颈联"平沙渺渺迷人远，落日亭亭向客低"，写四野荒凉，农田化为平沙。尾联"飞鸟不知陵谷变，朝来暮去弋阳溪"，结到人迹湮灭，借《诗经·小雅·十月之交》的典故，点出古城荒弃是因为政治腐败，导致人民离乡背井，四出逃亡。旧说《十月之交》是"大夫刺幽王"之作，诗中激烈指责周幽王荒淫昏庸，误国害民，"下民之孽，匪降自天。噂沓背憎，职竞由人"，以致造成陵谷灾变。结合前三联的描述，可见这里用的正是这层意思。

从形式美学上看，这首诗歌在结构上呈现了一种内在的美学对称。中间两联对仗工整，形成诗歌画面的近景与远景、色彩与声响。首尾两联各用一个主语，句式相似，对应工稳。巧妙的诗歌结构不仅保持了诗歌形式上的对称之美，更形成了诗歌音律节奏的和谐变化。诗歌就在结构的统摄之下，不为篇幅所窘，不为法度所限，于严格的体式中，气韵飞动，神思飞扬。无怪乎前人评说刘长卿"诗体虽不新奇，甚能炼饰"（高仲武《中兴间气集》），此诗能写得如此沉迷哀婉、深沉悲凉，且情在景中，兴在象外，正是诗人"炼饰"功夫所至。（毕桂发）

【原文】

赠别严士元

春风倚棹阖闾城⁽¹⁾，水国春寒阴复晴⁽²⁾。

细雨湿衣看不见，闲花落地听无声⁽³⁾。

日斜江上孤帆影⁽⁴⁾，草绿湖南万里情⁽⁵⁾。

东道若逢相识问⁽⁶⁾，青袍今已误儒生⁽⁷⁾。

【毛泽东圈评等情况】

毛泽东在读一本中华书局印行的清沈德潜编选《唐诗别裁集》卷十四时圈阅了这首《赠别严士元》。

[参考] 张贻玖：《毛泽东评点、圈阅的中国古典诗词》，

中国工人出版社 1992 年版，第 229 页。

【注释】

（1）倚棹，停船。棹，原是划船的工具，后多用作船的代称。阖闾城，即苏州城，相传春秋时伍子胥为吴王阖闾所筑。

（2）水国，水乡。春寒，早春。阴复晴，忽阴忽晴。

（3）闲花，树上留着的残花。

（4）日斜，斜阳。江，长江。

（5）湖，指洞庭湖。当时作者贬官潘州南巴（今广东电白）尉，在洞庭湖南。作者有《谪潘州南巴尉春日思归》诗。

（6）东道，东道主的简称，指严士元。逢，碰到。相识，指认识作者的人。

（7）青袍，官服上的色彩。唐贞观年间，八九品官员官服为青色。上元间规定，八品官服深青，九品官服浅青。作者当时是八九品官员，穿青色官袍。儒生，作者自指。

【赏析】

关于这首诗的写作年代、背景和本事，现在难以考证确切。从"春风倚棹阖闾城"句知道，此诗当作于今苏州城。从目前考知的史料看，作者一生中曾有过两次离苏州，一次是被贬为南巴尉时，一次是赴淮西鄂岳转运使判官时。被贬南巴在唐肃宗至德三年（758）初，诗中"春风""春寒"句证明，作诗时是在冬末春初，时间与被贬南巴的时令相吻合。又诗末有"青袍今已误儒生"句，印证其作于遭贬之后，郁郁不得志之时。此外，青袍又称青衿，按唐朝的服饰制度，三品官以上服紫，五品以上服绯，六品、七品服绿，八品、九品服青。每品又有正、从和上、中、下之别。南巴尉属从九品下，正好服青。由此推断，此诗大约作于至德三年初，诗人第一次被贬，行将赴任之际。严士元，吴（今江苏苏州）人，曾官员外郎。作者贬官过吴，与严往还，临别时作此诗相赠。本篇一作李嘉祐诗。

这首七言律诗气韵流畅，音调谐美，景物描写细腻委婉，耐人寻味。诗中抒情，于惜别中流露出愁哀，使人感到深沉凝重。首联为"春风倚棹阖闾城，水国春寒阴复晴"。水国指苏州一带，因这一带多江河水流而名。这一联说，在春风乍起的时节，诗人将起程作万里之行，船停靠在苏州城外，故友严士元前来送别。二人执手相向，百感交集。回首往事，瞻念前途，心中就像水国变幻莫测的天气，忽晴忽阴，忽好忽坏，还不时带些初春的寒意。

"细雨湿衣看不见，闲花落地听无声"，颔联这两句诗，从字面上看，明白如话，但细细体味，会觉得韵味无穷。雨细得让人无从感觉，直到衣服由潮渐湿，方才知道。这种自然景象，只有"水国"常有。花儿落地，皆因春风春雨所致，前后相承，互为因果。此联历来为人们所称道，宋范晞文《对床夜语》卷三云："人知刘长卿五言，不知刘七言亦高。……散句如'汉口夕阳斜渡鸟，洞庭秋水远连天。''江上月明胡雁过，淮南木落楚山多。''细雨湿衣看不见，闲花落地听无声。'措思削词皆可法。"作者将要远行，对一景一物、一草一木都怀着依依惜别之情，所以观察得格外细致。

"日斜江上孤帆影，草绿湖南万里情"，颈联写作者想象中的景象，由具体的细写转向宏观景致的粗描。薄暮夕阳下，孤帆远去；湖南碧草如茵，越发勾起作者的情思。应该说，这情思是非常复杂的，有对朋友、亲人的思念，有对仕宦生涯变化无常的感慨，也有对前程黯淡、事业无成的忧愁，还有孤帆远行的寂寞，总之，作者设想着旅途上的景况和自己的心情。

"东道若逢相识问，青袍今已误儒生"，尾联中的"东道"可指严士元，即东道主的省称；亦可指东路上的故交相识，与作者的南行相照应。临行之前，关照朋友，若遇到打听我的知己，请转告他们，我已被"青袍"所误。儒生，是封建知识分子的代称。按古代传统观念，读书人当以匡世济国为己任，有一颗成就事业的勃勃雄心。但而今诗人一领青衿，官微职卑，满腹雄才大略无以施展，仕途生涯坎坷不平。从这句诗中，我们看到诗人这里既是对自己怀才不遇的感慨，同时也是对朋友们的劝诫，抒发了自己久抑心头的忧怨。（毕桂发）

【原文】

重送裴郎中贬吉州

猿啼客散暮江头⁽¹⁾，人自伤心水自流。
同作逐臣君更远⁽²⁾，青山万里一孤舟。

【毛泽东圈评等情况】

毛泽东在读一本中华书局印行的清沈德潜编选《唐诗别裁集》卷十四时圈阅了这首《重送裴郎中贬吉州》。

[参考] 张贻玖：《毛泽东评点、圈阅的中国古典诗词》，中国工人出版社1992年版，第229页。

【注释】

（1）暮江，日落时的江边。

（2）逐臣，被朝廷放逐的官吏。《战国策·秦策五》："太公望，齐之逐夫，朝歌之废屠，子良之逐臣，棘津之仇不庸，文王用之而王。"

【赏析】

刘长卿"刚而犯上,两遭迁谪",第一次迁谪在唐肃宗至德三年(758)春天,由苏州长洲县尉被贬潘州南巴县尉;第二次在唐代宗李豫大历八年(773)至十二年(777)间的一个深秋,因被诬陷,由淮西鄂岳转运留后被贬睦州司马。此诗当作于第二次遭贬谪之时。此时刘、裴二人一起被召回长安又同遭贬谪,同病相怜,发为歌吟。在作此诗之前,诗人已写过一首同题材的五言律诗《送裴郎中贬吉州》,因此此诗题曰"重送"。

这是一首七言绝句。"猿啼客散暮江头",首句描写氛围。"猿啼"写声音,"客散"写情状,"暮"字点明时间,"江头"交代地点。七个字,没有一笔架空,将送别的环境点染得"黯然销魂"。猿啼常与悲凄之情相关。《荆州记》载渔者歌曰:"巴东三峡巫峡长,猿鸣三声泪沾裳!"何况如今听到猿声的,又是处于逆境中的迁客,纵然不潸然泪下,也难免要怆然动怀了。"客散暮江头",也都不是纯客观的景物描写。

次句"人自伤心水自流",切合规定情景中的地点"江头",这就越发显出上下两句有水乳交融之妙。此时日暮客散,友人远去,自己还留在江头,更感到一种难堪的孤独,只好独自伤心了,而无情的流水却只管载着离人不停地流去。两个"自"字,使各不相干的"伤心"与"水流"联系到了一起,以无情水流反衬人之"伤心",以自流之水极写无可奈何的伤心之情。明代李攀龙《唐诗选》说:"两'自'字,有情、无情之别,最佳。"

三、四句"同作逐臣君更远,青山万里一孤舟",从"伤心"两字一气贯下,以前两句更推进一步。第三句在"远"字前缀一"更"字,自己被逐已经不幸,而裴郎中被贬谪的地方更远,着重写出对方的不幸,从而使同病相怜之情、依依惜别之意,表现得更为丰富、深刻。末句"青山万里一孤舟"与第二句的"水自流"相照应,而"青山万里"又紧承上句"更远"而来,既写尽了裴郎中旅途的孤寂,伴送他远去的只有万里青山,又表达了诗人恋恋不舍的深情。随着孤帆远影消失,诗人的心何尝没有随着眼前青山的延伸,与被送者一道渐行渐远!

从通篇来看,基本上采用了直陈其事的赋体,紧紧扣住江边送别的特定情景来写，使写景与抒情自然而巧妙地结合在一起，情挚意深，别有韵味。前人论刘长卿"诗体虽不新奇，甚能炼饰"（高仲武《中兴间气集》）。此诗写得如此清新自然，正见他的"炼饰"功夫。清代宋宗元《网师园唐诗笺》说："同病相怜，情词恺切。"（毕桂发）

【原文】

自夏口至鹦鹉洲望岳阳寄元中丞

汀洲无浪复无烟⁽¹⁾，楚客相思益渺然⁽²⁾。
汉口夕阳斜度鸟⁽³⁾，洞庭秋水远连天⁽⁴⁾。
孤城背岭寒吹角⁽⁵⁾，独戍临江夜泊船⁽⁶⁾。
贾谊上书忧汉室⁽⁷⁾，长沙谪去古今怜⁽⁸⁾。

【毛泽东圈评等情况】

毛泽东在一本中华书局印行的清蘅塘退士编《注释唐诗三百首》七言律诗中这首《自夏口至鹦鹉洲望岳阳寄元中丞》诗题目上方画了一个大圈，在大圈上面又连画三个小圈，又在正文上方天头空白处画了一个大圈。

[参考]中央档案馆整理：《毛泽东评点诗词曲精选（上册）》，
中国档案出版社 1998 年版，第 107—108 页。

【注释】

（1）汀洲，水中沙洲。《楚辞·九歌·湘夫人》："搴汀州兮杜若，将以遗兮远者。"指鹦鹉洲。

（2）楚客，诗人自称。夏口古属楚国境。益渺然，更加遥远。

（3）汉口，即上夏口，这里指汉水入口处。鸟，暗合鹦鹉。

（4）洞庭，洞庭湖，在今湖南北部，长江以南。

（5）孤城，指汉阳城。岭，指龟山。角，号角，古代军队中的一种吹乐器。

（6）独戍，一作"独树"。戍，戍楼，即哨所。

（7）贾谊上书，指贾谊为担忧汉朝安危曾向汉文帝上书《治安策》。

（8）长沙谪去，指贾谊被贬为长沙王太傅。谪去，一作"迁谪"。古今怜，古人和今人都为贾谊的遭遇而叹息。

【赏析】

《自夏口至鹦鹉洲望岳阳寄元中丞》当是诗人在至德（唐肃宗年号，756—758）间任鄂州转运留后，出巡到夏口一带时所作。夏口，唐鄂州治，今属湖北武汉，在汉水入江处。汉水自沔阳以下称夏水，故汉水长江汇合处称夏口。鹦鹉洲，在长江中，正对黄鹤矶。唐以后渐渐西移，今与汉阳陆地相接。岳阳，今属湖南，濒临洞庭湖。中丞，御史中丞的简称，唐常代行御史大夫职务。

这首七言律诗是遭贬后触景感怀之作。诗中对被贬于岳阳的元中丞，表示怀念和同情，也是借怜贾谊贬谪长沙，以喻自己的遭贬谪。

首联"汀洲无浪复无烟，楚客相思益渺然"，写船到鹦鹉洲时所见江间水波不兴、烟霭一空的景象，并逗起诗人对远在洞庭湖畔元中丞的相思之情：鹦鹉洲所在的江面无风无浪又无云烟，我这个途经楚地的客子对你的相思渺然无边。上句是诗人灵想独辟出来的晶莹洁净的水界，也是诗人思念元中丞的一个绝美的环境。下句以正面抒情承之，直写勃然于心的相思之情比江水还要广阔。"益渺然"三字结合眼前景物，极为夸张地写出诗人的怀友之情与江水同趋合流的一种艺术妙境。行文亦作流水之势，一无挂碍。

颔联"汉口夕阳斜度鸟，洞庭秋水远连天"，分写两地景物。上句写诗人回眸汉口所见的暮景，下句虚拟元中丞所在地——洞庭的浩渺水色。远眺汉口，夕阳西下，暮归的鸟儿斜着翅膀渡过江去；作者遥想洞庭湖，秋水浩荡，鼓涨到远方，似与远不可测的天边连在一起。在构图上更切近画理；颔联是工对，但形成了浑然一体的富于远势的图景，夕阳飞鸟着一"斜"字，画龙点睛，那暮色中斜飞的江鸟，似乎牵引着诗人的愁思，顺着秋波，与洞庭相连，而一个"远"字更使那愁思由一点而荡溢为浩渺无际。一近景，一远景；一实写，一虚拟，创造了极富张力、饶有空间感的"形"。一个身在汀洲、心驰洞庭的诗人形象隐约其间,他的心已由此地(鹦鹉洲)飞越到彼地(洞庭湖)了。笔力清爽,情思渺远。结构上,上、下两句似无联系,但这种切割空间的手法正好造成诗人凝眸飞鸟、思接远方的艺术空白,诗人的相思之情充盈激荡于其中。

颈联"孤城背岭寒吹角,独戍临江夜泊船",转折到眼前诗人在自家的小船上,怀思久之,不知不觉时间由夕阳西下推移到夜色沉沉的晚间。从与汀洲隔江相对背靠龟山的汉阳城里传来令人寒栗的号角声;一棵孤树下临大江,诗人的行船泊在沉沉夜色中,融没在浩渺的江面上。这一联因感情由上文的激扬陡转为低抑,所以这里所写的景物亦呈现出孤独凄寒的特征。城曰"孤",角曰"寒",树曰"独",都是诗人特定心境物化的另一种自然风貌。此次诗人被贬载痛南行的悲苦,置身异地的孤独情怀以及由号角传出的战乱气息,均借景物淡然映出,互藏其宅,是此联的妙处所在。

尾联"贾谊上书忧汉室,长沙谪去古今怜",自然而然地结出诗旨,用贾谊之典,含蓄地表示了对元中丞此贬的不平,而"古今怜"三字,更不仅表达了这是一种历史性的悲剧,而且隐含了自己曾遭贬南巴的同病相怜之感。

全诗是向友人遥寄相思和暗诉心中隐痛的,感情绵邈而凝重,语言整饰而流畅。特别是中间两联,落笔于景,而暗关乎情,情景融洽,相为珀芥,自是中国古典抒情诗的正道。

【原文】

江州重别薛六柳八二员外

生涯岂料承优诏⁽¹⁾,世事空知学醉歌⁽²⁾。
江上明月胡雁过⁽³⁾,淮南木落楚山多⁽⁴⁾。
寄身且喜沧州近⁽⁵⁾,顾影无如白发何⁽⁶⁾。
今日龙钟人共老⁽⁷⁾,愧君犹遣慎风波⁽⁸⁾。

【毛泽东圈评等情况】

毛泽东在一本中华书局印行的清蘅塘退士编选《注释唐诗三百首》七言律诗中这首《江州重别薛六柳八二员外》诗正文上方天头空白处画了一个大圈，并在三、四、六、七四句末右侧各画一个圈，在五句末右侧点了一个点。

[参考] 中央档案馆整理：《毛泽东评点诗词曲精选（上册）》，

中国档案出版社 1998 年版，第 107 页。

【注释】

（1）生涯，生计。承优诏，承蒙皇帝给予厚恩的诏令，此指诗人贬谪南巴（今广东电白）时所奉诏一事。

（2）醉歌，醉饮歌唱。

（3）胡雁，指从北方来的雁。

（4）淮南，指江州，唐时淮南道。楚山，江州古为楚国地，因此称其山岭为"楚山"。

（5）寄身，寄居异乡，指南巴县。沧，通"苍"，海水深青色。沧州近，指临近南海。

（6）顾影，回看自己的身影。无如，无奈。

（7）龙钟，指衰老迟钝之态。老，一作"弃"。

（8）愧君，愧感友人。遣，使，教，此有叮嘱之意。慎风波，谨慎小心风浪，暗喻当时险恶的政治环境。

【赏析】

《江州重别薛六柳八二员外》是一首七言律诗。唐德宗李适建中三年（782），李希烈叛军占据随州（湖北随州），刘长卿正为随州刺史，失州而流落江州（今江西九江），后应辟入淮南节度使幕。行前先有五律《江州留别薛六柳八二员外》，故这首诗题作"重别"。薛六、柳八，名未详。六、八，是他们的排行。员外，员外郎的简称。原指正额成员以外的郎官，为中央各司次官。

这首诗抒写了诗人迁居沿海之地悲喜交集的心情，和自伤老大的感慨，隐含着对于所受打击的愤懑不平，以及对友人殷切关怀的由衷感谢。

"生涯岂料承优诏，世事空知学醉歌"，首联写诗人奉诏内移沿海的感受。起句字面上称美皇恩浩荡，实际用春秋笔法，以微言而寄讽意。诗人曾被贬南巴，此次奉诏内移，也是一种贬谪，只不过是由极远的南巴内移到较近的近海之睦州罢了。所以"承优诏"云云，实是反说，愤激不平才是其真意。对句则由上句之婉讽陡然转为无可奈何的一声浩叹，是真情的淋漓尽致的倾吐，也将上句隐含的讽意明朗化了。醉歌，它常常是古之文人浇愁遣愤的一种方式。刘长卿两次被贬在其心灵上留下创伤，借"醉歌"以排遣，已属无奈，前面冠以"空知"二字，则更进一层透出诗人徒知如此的深沉感慨，这就将苦情暗暗向深推进了一步。

首联二句已点出诗人情绪，颔联"江上明月胡雁过，淮南木落楚山多"，则以江州景色而染之，诗脉顺势而下。颔联所写即眼前之景：江水、明月、北雁、落木、楚山，渲染清秋气氛，借以抒写宦海浮沉的深沉感慨。浩荡江水，凄清明月，一群北来南去的大雁掠空而过；江州一带万木凋零，落叶飒飒，原先被树木遮蔽的古楚地的山岭突然裸露出来，似乎比往日增加了许多。二句写景，一天上，一地下；一写水，一写山；一近一远，一动一静，上下俯仰，参差交互，成就了两幅水天空寂、江山寥落的江州秋色图。而作者的真正用意则在于通过这貌似孤立的景物画面，来抒写孤寂凄凉的心境和贬谪天涯的感恨。北雁南飞，暗寓诗人迁播；落木飒飒，隐含诗人晚景萧条，且与尾联"老"字遥相呼应；楚山之多亦正好反衬出作者的一己之微。所以，此联妙在以景传情，情从景出，情景相为珀芥，二者互藏其宅。

"寄身且喜沧州近，顾影无如白发何"，颈联的感喟即由此种氛围中生发。"寄身且喜沧州近"，努力想从萧瑟感中振起，但下句"顾影无如白发多"又跌落到感伤中。这一联的脉理很细腻，寄身沧州，自然是从上联将往淮南引起的悬想，而"沧州近"，就离自己北国的家乡更远了，其意又隐隐上应颔联上句的"胡雁过"。"沧州近"又有悬想此后得遂闲适初志之意，但忽见明镜里，白发已多多，"白发"又隐隐与颔联下句萧瑟的

"楚山多"在意象上相呼应。生涯如同一年将尽的深秋，遥远的故乡更回归无日，因此这"喜"只能是"且"喜，而白发缘愁长，却是"无如"其"何"的严酷的现实。

"今日龙钟人共老，愧君犹遣慎风波"，尾联以感愧友人情谊作结，并隐隐透出前路上尚有风波之险。在关合诗题"重别薛六柳八二员外"的同时，以"慎风波"暗暗反挑首联的"生涯""世事"之叹。分别之际，诗人感愧万端地说：如今我和你们都已老态龙钟，多亏二位旧识还叮嘱我警惕旅途风波。在此之前，刘长卿因"刚而犯上"被贬到遥远的南巴，此次奉诏内移，薛柳二人担心他再次得罪皇帝，故有"慎风波"之劝。对此，诗人深深地为之感愧。"风波"一词，语意双关，既指江上风波，又暗指宦海风波。这样一结，既写出了薛柳二人对诗人的殷殷叮嘱之情，又传出了诗人感愧友人的神态。

综观全诗，或委婉托讽，或直抒胸臆，或借景言情，运用多种笔墨，向友人倾诉了因犯上而遭贬谪的痛苦情怀。语言看似质实，却不乏风流文采。前人评刘长卿七言律诗云："工绝秀绝。"当不为溢美之词。

李隆基

李隆基（685—762），即唐玄宗，又称唐明皇。唐睿宗李旦第三子，初封楚王，后封临淄郡王。唐中宗李显景龙元年（707），韦后杀中宗，临朝摄政。李旦策动羽林军袭杀弄权乱政的韦后，睿宗即位后，李隆基被立为太子，先天元年（712）继位。在位前期，励精图治，改革弊政，发展经济，有"开元盛世"之称。后期骄奢淫逸，重用蕃将，宠信宦官，酿成"安史之乱"。天宝十五年（756）逃蜀，太子李亨即位，被尊为太上皇。至德二载（757）冬回长安，后抑郁而死。新、旧《唐书》有纪。《全唐诗》存诗一卷共六十余首。

【原文】

幸蜀西至剑门

剑阁横云峻[(1)]，銮舆出狩回[(2)]。
翠屏千仞合[(3)]，丹嶂五丁开[(4)]。
灌木萦旗转，仙云拂马来。
乘时方在德[(5)]，嗟尔勒铭才[(6)]。

【毛泽东圈评等情况】

1958年3月成都会议期间，毛泽东圈阅的《诗词若干首》（唐宋明朝诗人写的有关四川的一些诗和词）中有这首《幸蜀西至剑门》。

[参考]刘开扬注释：《诗词若干首》（唐宋明朝诗人咏四川），
四川人民出版社1979年版，第81—83页。

【注释】

（1）剑阁，在今四川剑阁东北大剑山、小剑山之间，为川陕要道，自古为攻守要地。唐于此设剑门关。横云，山云缭绕。峻，高。

（2）銮舆（luán yú），皇帝的车驾。銮，古代皇帝车驾所用的铃。舆，车。出狩，皇帝到诸侯国（地方）去叫巡狩，即巡视所守之土。李隆基则是因"安史之乱"而逃蜀。

（3）翠屏，山色苍翠，其状如屏。千仞，形容极高。仞，七尺，或说八尺。西晋张载《剑阁铭》："是曰剑阁，壁立千仞。"

（4）丹嶂，红色的山峰。嶂，高险的山。五丁开，传说秦惠王想伐蜀，因不识路，便作五头石牛，置黄金于其下，说是牛所便，蜀王叫五丁（力士）去牵牛，得成道路。

（5）乘时，因时。《汉书·韩安国传》："凤鸟乘于风，圣人因于时。"方在德，当在于德。晋世祖司马炎派人刻于石上。西晋张载《剑阁铭》："兴实在德，险亦难恃。"方，当。

（6）嗟，嗟叹。尔，指张载。勒铭才，西晋张载父收为蜀郡太守，载随其父入蜀，作《剑阁铭》。益州刺史张敏见而奇其文，便上表录呈，武帝遣使镌石记之。勒铭，刻铭于石。铭文最后说："凭阻作昏，鲜不败绩。公孙既没，刘氏衔璧。覆车之轨，无或重迹。勒铭山阿，敢告梁益。"

【赏析】

对于这首《幸蜀西至剑门》诗的创作背景，南宋计有功编《唐诗纪事》卷二载有该诗的本事："帝幸蜀，西至剑门，题诗曰：'剑阁横云峻，銮舆出狩回。翠屏千仞合，丹嶂五丁开。灌木萦旗转，仙云拂马来。乘时方在德，嗟尔勒铭才。'至德二年，普安郡守贾深勒石。"后晋刘昫等《旧唐书》本纪和宋司马光主编《资治通鉴》的记载相同："十月，肃宗遣中使啖廷瑶入蜀奉迎，当月车驾离蜀，十一月至凤翔，十二月至京。"又唐李吉甫《元和郡县图志》："普安郡即剑州，剑门就在剑州境内。玄宗车驾返京，经行剑阁，作有是诗，州刺史以为中兴盛事，勒石以示纪念。"因诗中说"銮舆出狩回"，故应为唐玄宗于至德二载（757）冬还京（长安）

过剑门时所作。蜀，四川。成都地处三国蜀汉西部，故名蜀西。剑门，古县名，今四川剑阁东北，因剑门山而得名。其大剑山、小剑山二山东北至西南走向，长达 70 余公里，有剑门 72 峰，峰峦连绵，峭壁中断，两崖相嵌，下有隘路，其状如门，故名。地势险要，为古代戍守要地。唐于此设立剑门关。唐代诗人咏剑门的颇多。发生在天宝十四年（755）的"安史之乱"对唐玄宗影响很大，此前他开创了"开元盛世"，是中兴名主，此后，天宝十五年（756）逃蜀，太子李亨即位于灵武（今宁夏银川），他被尊为太上皇，失去了权柄。在这次逃蜀事件中，玄宗最不能忘记的当是马嵬坡兵变，其爱妃杨玉环被迫自缢而死。在仓皇逃跑之中连自己最宠幸的妃子都不能顾，也许过了剑门雄关心神也安定下来，因此他对剑门留下了深刻印象。至德二载（757）冬回长安时，唐玄宗怀着复杂的心情写了这首诗。

"剑阁横云峻，銮舆出狩回"，首联描写兼叙事，开门见山，点出题意。首句描写剑阁山高险峻。横云，山云横布，缠于山腰，山高险可知矣。次句叙事，点明自己的车驾回长安途经过剑阁。至于把因战乱"逃蜀"说成"出狩"，则是帝王常见之事。

也许玄宗逃蜀时仓皇之中，并没有仔细看剑阁这天下雄关一眼，而回京途中已无急务在身，才有闲情打量一下这一雄关："翠屏千仞合，丹嶂五丁开。"颔联描写兼用典，描写剑阁的雄伟险峻。放眼望去，高山相连，竟有千仞之高，悬崖峭壁便是五丁开凿。此二句借用张载《剑阁铭》中"壁立千仞"的句子和古代传说五丁开凿蜀道的传说，显得举重若轻。

"灌木萦旗转，仙云拂马来"，颈联接着继续对剑阁进行描写。上句见林木多阻，下句见山路高绝，极为生动具体。

"乘时方在德，嗟尔勒铭才"，尾联用典，抒写感慨。上句用东汉班固《汉书·韩安国传》"圣人因于时"和西晋张载《剑阁铭》"兴安在德，险亦难恃"之典，是说圣人（皇帝）行时兴起当在于德行好。下句则称赞张载写出有名的《剑阁铭》确实是有文才，张载与弟协、亢，都能文，文学史上称为"三张"。两句含而言之，是说据守剑阁这样的雄关，当需德才兼备之人。至于治国平天下就更是如此了。这大概就是这位"明皇"诗句的弦外之音了。清李因培《唐诗观澜集》说："四十字中雄浑工密，气象万千，觉沈宋、燕许皆在度内。"清沈德潜《唐诗别裁集》说："雄健有力，开盛唐一代先声。"

　　总之，由于剑阁雄险为玄宗这位风流天子亲历目见，故有真情实感。这首诗写得形象生动，气势豪壮，虽与名家名作不能比肩，但写得还是不错的。所以，毛泽东把它编入《诗词若干首》（唐宋明朝诗人写的有关四川的一些诗和词），也认为它写剑阁是较好的。（毕桂发）